張謇と渋沢栄一

近代中日企業家の比較研究

周 見

日本経済評論社

日本語版によせて

本書の日本語版が日本の読者のみなさまにご紹介できたことは私にとって非常に光栄なことであります。中国では比較経営史の研究は現在初歩的段階にあり、近代中日企業家の比較研究の成果はまだそれほど多くはありません。それゆえ二〇〇四年の原書（中国語版）によって、学界において思いもよらぬ注目と評価を得ることができました。特に二〇〇五年五月、日本の渋沢栄一記念財団、中国の張謇研究センターおよび復旦大学歴史学部の共催で開催された「中日近代企業家の文化事業と社会事業——渋沢栄一と張謇の比較研究——」と題した国際シンポジウムで、中日両国および台湾、香港の学者の方々から私の研究に多大な興味・関心を示して頂きました。多くの学者が論文を提出される中、拙著の観点に言及して下さり、非常に大きな励ましとなりました。本書が中日両国の学術交流に多少なりとも貢献できるとすれば、それはこの分野の研究に導いてくださった私の恩師である中川敬一郎、植松忠博両先生のおかげであり、お二人をはじめその他多くの先生方のご指導がなければ、今日のような成果を得ることは難しかったのではないかと思います。

張謇と渋沢栄一は中日両国の近代史上最も代表的な企業家ですので、二人に関する個別研究は両国にすでに数多くありますが、本書が両者を比較研究する主な目的の一つには中日両国の工業化が異なる結果に帰結することになった背景と原因を探ることにあります。すなわち、このような比較方法によって初めて張謇と渋沢栄一に関する研究に新たな問題を提起することができるようになり、学界の論議に新たな地平を開きうる可能性も生まれてくるでしょう。シュムペーターが言うように、もし企業家の最も本質的な特徴が新たな創造にあるとすれば、その企業家を研究する者にも新たな研究の基軸を設定するという認識が求められるのだと思います。新たな観点を大胆に提起し、新史料の発掘あるいは新たな方法の採用に努めつつ、新しい視点から問題を分析していくという面において、私は可能な限り努力いたしました。私の提起する観点や結論のすべてには賛同することはできないと考える日本の読者もおられるかもしれません。中国には「煉瓦を投げて玉を引き出す」という諺がありますが、拙著が同分野の研究において新たな成果を引き出すきっかけになればと考える次第です。

本書を日本で上梓することができたのは、多くの先生方のおかげです。まず、神戸大学経済学部の加藤弘之教授、北海商科大学の西川博史教授からご指導を頂いたことに御礼申し上げます。私の古い友人である賀村道弘先生は一番初めに日本語の訳稿を読み通し、二回目の訳稿校正の労をおとりくださいました。渋沢栄一記念財団理事長渋沢雅英先生の多大なご支援と同財団研究部部長木村昌人、渋沢史料館館長井上潤両先生からは渋沢栄一に関する史料面でのご教示を頂きました。

日本経済評論社の栗原哲也社長は本書の出版をお引き受けくださいました。また、木村昌人、井上潤両先生および日本経済評論社出版部の谷口京延氏が、日本の読者のみなさまに理解しやすいように翻訳文の改訂作業を担当してくださらなければ、日本での出版は至難のことだったと思います。ここで以上のかたがたに対して深く御礼を申し上げます。

北京にて　周　見

二〇一〇年四月二〇日

周見氏著作まえがき

二〇〇五年五月、初めて訪れた江蘇省南通は、私ども夫婦が予想していた以上に美しい町でした。上海から西へ高速道路で約二時間、フェリーで揚子江の北岸にわたり、今度は東へ一時間余りで南通の町に入ります。超高層ビルが林立し、むせかえるような熱気にあふれた上海と比べて、南通は見るからに良く整頓され、そこにいるだけで気持ちが落ち着くような町でした。

ホテルには広大な庭園があり、泰山木が白くて大きい花を付けていました。豊かな水をたたえた掘り割りの岸辺には、色とりどりの花が咲き乱れ、無数の蝶が舞っています。幾つかの橋を渡ってゆくと、そのさきに設備の完備した会議場があり、そこで「渋沢栄一と張謇の比較研究」に関するシンポジウムが行われていました。そして、そこへの道すがら、初めて周見先生にお目にかかりました。微笑を浮かべて近寄ってこられ、流ちょうな日本語で自己紹介を頂き、中国語がわからないため、何となく心細く思っていた私どもをたいへん安心させて下さいました。

会議にもご一緒に参加し、朝夕の食事などをともにするなかで、周見先生が、長い間中日両国の企業家の業績を比較研究され、二年ほど前に「張謇と渋沢栄一」という重要な研究成果を発表され、高い評価を受けて居られることを伺いました。また神戸大学をはじめとする日本でのご研究も長く、その成果を日本人にも知らせたいという想いから、日本語に翻訳されたということで、その貴重な原稿を拝見させて頂きました。

張謇先生は一九世紀末から二〇世紀にかけて、南通を拠点として、紡績、海運、農場など二〇社に及ぶ企業を経営するほか、公園や各種の学校、博物館や植物園など多くの社会的な施設を遺し、中国の近代化の先駆者の一人として広く尊敬されています。そして南通の町並の持つ、優れて文化的な香り、生活の質を優先した都市計画は、張謇先生の先見性と、中国社会の近代化に懸けるその想いが、今に受け継がれた結果だということでした。

そう言われれば、五つの公園をはじめ、南通の町には、張謇先生の構想に基づく記念碑的な施設がたくさんありました。「算盤博物館」は、斬新な構想とデザインのもとに歴代の算盤を展示していますし、先生が設立された「女紅教習所」の関係者の作品を集めた「刺繍博物館」は美しく精緻な刺繍技術の粋を集めていました。夕方になると、町の中心にある広大な壕で、船による周遊に招かれました。日が落ちると、周辺の高層住宅や水辺のレストランの灯りが美しく水面に映り、ライトアップされた橋の下をいくつもくぐってゆきながら、張謇先生の願いがようやく実現し、都市の近代化と生活の向上が進んでいることに感銘しました。

一方張謇先生とほぼ同時代に、日本に生を受けた渋沢栄一は、同じように多くの企業を興し、国の近代化と成長に貢献するとともに、数多くの教育機関の設立や運営を助け、国際交流、社会福祉など広範囲な社会貢献を行ったことで広く知られています。したがってこの二人の先駆者の業績の比較研究は非常に興味深い企画で、会議には復旦大学、華中師範大学、そして周見先生の所属される北京の中国社会科学院など各方面から多数の専門家が集い、活発な議論が展開されました。

この二人の先達が活躍した一九世紀の東アジアは、全世界的に拡大を続ける西欧近代文明への対応という困難な課題に揺れていました。日本の場合は、長い間の鎖国の結果、国際情勢の認識については、中国と比べて大きく遅れていましたが、明治の開国とともに、国民全体が外部からの脅威に対する危機感を共有し、それを背景として渋沢栄一は、全国的な規模で新しい産業の設立育成を強力に推し進めることが出来ました。対照的に中国は「清末民初」といわれる政治的に不安定な時期が続き、張謇先生の事業は主として南通周辺の地域に限定され、中国社会全体の近代化という雄大な構想の実現は困難でした。

周見先生は、両国のこうした歴史の違いや、それぞれの社会構造を綿密に分析し、「言商向儒」や「通官商之郵」、あるいは「義利両全」「論語と算盤」など二人の先人が共有していた儒商思想が、社会にもたらした影響について、詳細で緻密な議論を展開されました。一読してこれらすべてがきわめて興味深いだけでなく、中日両国の経済関係の将来の発展についても多くの示唆を与える貴重な労作であるという強い印象を受けました。そこで、日本語版の出版へのご意向を伺い、ご快諾を得た結果が今回の発刊となったものです。私どもの財団にとって画期的な企画であるだけでなく、日本の学会、経済界にとっても喜ぶべき成果であると考えております。

会議の最後の日には、参加者全員で張謇先生の墓所を訪れました。それは、生前ご自身で計画され、実現された広大な植物園の一隅の、緑濃い閑静な場所にありました。文化大革命の時には、反動資本家として激しい批判を受けたこともあったと聞きましたが、そうした激動も今は過去のものとなり、鬱蒼とした森に囲まれた立派な墓石は、南通の町、そして中国のめざましい発展を、満足げに見守っているように思われました。

二〇〇六年六月

財団法人渋沢栄一記念財団理事長　渋沢　雅英

序

周見先生と初めてお会いしたのは二〇〇〇年の秋であった。「一九八〇年代は戦後日本経済の研究をしていたが、九〇年代初頭に比較経営史の研究を始め、近代中国の著名な企業家である張謇を研究の対象にしたのはつい最近のことで、それほど長くはない」とその時、彼からお聞きした。その後しばらくして、彼は「近代中日両国企業家に関する比較研究——張謇と渋沢栄一を中心にして」というテーマを携えて日本に赴き各地の視察や研究者と交流をされ、私にも張謇についての説明と資料についての協力を求められた。私は比較経営史という学問分野についてあまりよく知らなかったが、周見先生のお話をお聞きし、彼の研究課題の内容と方法に深い興味をもった。そして彼の研究成果が一日も早く結実し、張謇研究の分野に新たな息吹きを吹き込んでくれるものであろうと思い、それを快諾した。

この三年間、周見先生はたびたび私に連絡を寄こされた。私が彼に張謇の故郷・南通を紹介したり、実際に赴き現地調査をするようにすすめたこともあれば、周見先生もまた彼の恩師である日本の神戸大学の教授の植松忠博先生と夫人にお供され、私を訪ねられたこともあった。当初の計画では、私は張謇の生誕一五〇周年の学術研究会に彼らをお招きする予定であったのだが、ＳＡＲＳの発生により実現できなかった。しかし、数カ月後に周見先生は本書の最初の原稿を携えて私を訪ねて見え、私に序文を書いてほしいと依頼された。私は仕事に忙殺されていたが、本書が彼の心血の注がれた力作であること、また張謇および近代企業家の研究の中でも注目すべき新しい成果となると感じた。

一九八〇年代中期に中国の史学界では再び張謇研究のブームが起き、それは今でも続いている。さまざまな研究成果が発表されたことで張謇研究はさらに深まり、取り扱われる問題も幅広く、そして深く掘り下げられてきている。

このことは、張謇研究のレベルが絶え間なく上がっていることを示している。しかし同時に、中国社会が発展していることをも考慮しなければならない。改革のもたらす社会変化は、研究成果の学術的価値、現実的意義への要求をも高めている。よってその研究が、さらに一歩踏み込んで改革と社会発展の要求に即したものになっているかどうか、そして新しい研究方法を取り入れ活用しているかどうか、また新しい分野を開拓し、新しい問題を発見、提起し、張謇やその他の代表的な近代企業家の研究に新しい階を重ねられるかどうかは、もはや多くの歴史学者にとって無視できない課題となっている。それゆえ私は本書は非常に貴重な研究成果であると考えている。周見先生は張謇と渋沢栄一を近代中日における代表的な企業家と見なしている。両者の経歴や実業思想、企業活動の方式や理念に対して具体的に比較考察と分析を行い、二人の企業家間の異なる部分や共通する部分を指摘し、同時にその中から、異なる政治制度、経済的条件、歴史や社会的文化的背景の間の差異が両国の企業家の運命にもたらした多大な影響をも読み取ろうとしているのである。これによって中日両国の近代化の歴史的な分析はさらに説得力をもち、読者に多くの示唆を与えるであろう。これが本書の顕著な特徴であり、また素晴らしい部分といえる。

さらに本書は学術性の非常に高い著作であり、多くの新鮮で興味をそそる問題が多く提起されている。例えば、アヘン戦争後の中国と同じように、日本も西洋列強の経済的収奪の対象となったにもかかわらず、なぜ近代日本では買弁企業家が巨大な存在となりえなかったのか。「洋務運動」以前には、例えば「晋商」のような中国の封建時代の商人が巨万の富を生み出し、その規模と実力は必ずしも日本の封建社会の特権商人に劣るとは限らなかった。しかしながら彼らはなぜ伝統的社会が近代社会に移り変わっていく過程の中で近代的産業を経営する企業家となっていかなかったのか。また、中日両国社会の文化は似通っており、張謇と渋沢栄一も似た実業思想――「言商向儒」――を主張しているが、渋沢の儒家思想は日本の多くの企業家の支持を受け、一種の日本的資本主義精神となっていったのに対し、なぜ儒教文化の母国である中国では、張謇の儒家思想は多くの人の支持を得られなかったのか？　張謇も渋沢栄一も株式会社制度を取り入れ普及させることに大きく貢献したが、なぜ近代中国では株式会社が正常な発展を遂げなかったのか。張謇と渋沢栄一の「通官商之郵（官商ノ郵ヲ通ズ）」活動の目的は非常に似通っているにもかかわらず、なぜ同じような結果をもたらさなかったのか。本書ではこのようにさまざまな問題が取り上げられ、読者を飽きさせない。これら一連の問題は国際的な比較分析を通して提起されたものであり、しかも言及した範囲も相当広範にわたっている。これらの問題に対する解答は、一つの学問分野の知識のみで導かれたものではなく、非常に広範囲にわたる分野の書籍や資料にあたることによって完成されたものであることは明らかである。周見先生は学者としての素晴らしい素質を発揮され、三年余りの月日と精力を注ぎ込み、研鑽を積まれたのであろう。そしてさまざまな角度から上記の一連の問題に対し、非常に緻密な分析を行っている。彼の分析についてはさまざまな評価があろうが、全体的に根拠がしっかりしており、論理的で、しかも一貫性があり、その謹厳で地道な研究姿勢と功績は、賞賛に値する。これが本書を通読して感じたもう一つのことである。

最後に、本書は視野がかなり広いということが言える。張謇と渋沢栄一以外の代表的な企業家についても触れており、さらに近代中日両国の企業家たちの形成の条件および過程、そして相違点などについても分析している。これらの分析は綿密で、理論と実証は多面的な理解のもとに書かれている。それゆえに全篇の内容は膨大なものであるが、論旨がしっかりしているので、読者にとっては大変わかりやすいものとなっている。また本書の結論も示唆に富んでおり、企業家の本質的特徴を掘り下げ新機軸を打ち出すところから出発し、張謇と渋沢栄一の企業活動が異なる帰結になるに至った原因について分析を加え、さらには近代社会が発展しながら変化していく過程での張謇と渋沢栄一の歴史的役割と貢献の評価についても見解を示している。

思うに強烈な社会的責任意識こそ、張謇と渋沢栄一が後世の人々に残した価値ある精神的財産であろう。そしてそれは企業家が社会的な賞賛を勝ち取るための重要な条件であり、現代の企業家に突きつけられた切実な要求なのである。したがって、本書で明らかにしようとしたのは、張謇と渋沢栄一の企業家としての評価であるが、そこから私達は、近代企業家を代表する人物の研究が、非常にいきいきとした、そして今日的意義に富んだ課題であるということを感じ取ることができる。

総じて言えば、本書はレベルの高い優れた作品であり、また学術上での新境地を開拓したものといえよう。張謇および企業家の研究史に新たな道筋を切り開いたという点においても注目に値するものである。周見先生は、この課題についてはこれからも限りなく、まだまだ多くの探究すべき問題がある、と語っておられる。私は彼が今後もいっそう研究を押し進められ、高いレベルの研究成果を続々と発表されることを願ってやまない。

二〇〇四年春

中国人民政治協商会議全国委員会常務委員（張謇の嫡孫）　張緒武

目次

第6章　張謇と渋沢栄一の異なった歴史的結末と教訓……339

序章　研究の目的、方法と構成

第1節　研究の目的と意義

一九世紀後半、侵略と拡張に走るヨーロッパ資本主義工業文明の挑戦を受け、日本と中国は相次いで、「富国強兵」の実現を目指し、ヨーロッパに学び近代化運動を繰り広げた。伝統的農業社会から近代的工業社会への歴史的変化の過程において、日本は民族的危機を克服し、「文明開化」、「富国強兵」を実現した。一方、中国では近代化の歩みは紆余曲折を経、最終的に経済的立ち遅れや侵略によって悲惨な状況を招くことになった。同じ時期、同じ国際環境下にありながら、日中両国の近代化の運命はなぜこのように異なるに至ったのであろうか。甲午（日清）戦争後、中国では国家の安危に関心を抱く人々が、中日両国の比較を始めた。そして一世紀以上にわたり内外の研究者はこの問題に対する研究を続けてきた。特に一九八〇年代以後、改革開放を背景に、再び中国の社会科学研究者の注目を集めるところとなった。そして、この問題に関する多くの著述が発表され、これまでに豊富な研究成果が蓄積されるに至っている。しかし、今までの成果を詳細に検討すると、われわれは中日両国の近代化に関する比較研究の領域において、未着手の多くの問題があることに気づくであろう。本書で取り上げる近代中日両国企業家の比較研究もその一つであると言うことができる。

近代の中日両国における企業家に対する比較研究は、これまであまりなされなかった領域である。それには多くの原因があげられる。私が近代中日両国企業家を比較研究の対象として取り上げたのは、主に以下の理由による。

第一に、伝統的農業社会から近代的工業社会への移行は、近代的企業家の形成や発展と密接な関係があったことがあげられる。企業家は近代資本主義経済における行動主体として、土地、労働、資本という三つの生産要素を一つに組織し、結合させた。また彼らは商品の生産や交換を通して富を蓄え、また新たな投資を行うことによって、社会や経済の絶え間ない発展を促した。企業家が社会や経済の中で果たしたこの重要な役割は、一国の近代化の歩みや経済の持続的な成長がその国の企業家の数、彼らが企業を組織し管理する方法や効率性、また彼らがさまざまな新しい活動を絶えず行うことができるかどうかに深く関わっていた。ゆえに、中日両国企業家の比較研究は、両国の近代化が異なる歴史の局面を生んだことを研究する際に重要な方法であると思われる。多くの経営史研究者が指摘するように、「経済人」を前提とした経済理論の分析において、異なる国家の経済発展の中に現れた明らかな違いを説明し解釈することは不十分であった。なぜなら、今日まで多くの歴史事実が示しているように、それぞれ異なる国家において、たとえ同じ数の生産要素を投入してもその結果は異なるからである。この相違を生む重要な原因は、両国の企業家が経営活動を行う目的や方法および社会環境に大きな違いがあるためである。この客観的事実は、近代における中日両国の企業家の比較研究が「経営史学」の領域における「発展途上国」の企業家研究の発展に貢献することを示している。

第二に、企業家は創意や開拓の精神に富んでおり、伝統的農業社会から近代的工業社会への変革を推進する力を持っている。しかし、その一方で企業家はまた社会的存在でもある。このため、彼らの生産活動や経営活動は一種の社会現象であり、社会環境の制約や影響を受けざるを得ない。ここで言うところの社会環境とは、経済構造や市場条件を含むばかりでなく、同時にまた政治制度、文化、教育、宗教等も含んでいる。マックス・ウェーバーの著書『プロテスタントの倫理と資本主義の精神』における資本主義の出現と文化背景の間には密接な関係があるという分析は、企業家には社会人的性格があることをはっきりと説明している。言うなれば、いかなる企業家の活動も、その時代や社会環境を反映しているのである。そしてそれはわれわれがその国家の近代化の過程を考えるのに重要な糸口となる。周知の通り、「上からの工業化」は中日両国の共通する特徴である。このヨーロッパ諸国と異なる社会変革の方法は、中日両国政府の近代化への移行過程における特殊な地位と役割を決定づけた。他方で、中日両国が直面していた国際環境や社会環境は、よく似たところもあれば違うところもある。では、中日両国政府の近代化に対する関与およびその他の社会条件は両国の経済発展過程にどのような影響を与えたのだろうか。われわれは中日両国の企業家を比較研究の対象とすることによって包括的な解答を得ることができるのではないだろうか。

第三に、周知の通り、計画経済体制の下において、中国には企業家のいない時代があった。改革開放後、政府の企業領域からの撤退や市場経済体制の形成にともなって、企業は独立法人の地位を得た。企業の指導者の行動にも明らかな変化が発生した。彼らは自分の意志や判断に基づいて企業活動を行えるようになり、企業家へと変化していった。これと同時に私営企業の経済活動の合法化の波が高まるにともなって、いろいろなタイプの郷鎮企業や私営企業が多く生まれた。これらの企業の創業者や経営者は新しい時代の企業家として、経済や生活の中において重要な役割を果たしている。彼らは日々ものすごい数で増えており、今日では中国経済の高度成長を支える主要な原動力にまで発展した。しかし、同時に考えなければならないのは、この新しい企業家の形成は常に上から下への改革と密接な関係があり、彼らの企業活動には近代中国の企業者とよく似た特徴が多く見られることである。一方、戦後長期にわたる高度経済成長を達成した日本は、一九九〇年代に入ってから未曾有の不況にあい、需要は長期間落ち込み、産業構造の調整も遅々として進まず、企業倒産や失業が増加した。この長期にわたる経済停滞からわかることは、日本経済がすでに成熟したことである。この時最も必要なのは積極的な財政政策でなく、企業家の創意や開拓精神を刺激し、新たな需要を開拓することであろう。しかし、このことは長い間政府の保護の下にあった日本の企業家からすれば、容易にできることではない。これらの事実から見ると、近代における中日両国の企業家の比較研究には、中日両国の近代化において異なる結果を生んだ原因をさらに深く理解するためばかりでなく、今日における中日両国の企業家、企業活動を理解するうえにも重要な意義があるといえる。

第2節　研究方法

本書では、国別の比較研究を行う。比較研究の方法については、主に二種類がある。一つは、比較対象の間に存在する類似性に着眼し、その類似性に対する具体的な考察を通して、比較対象が持っている普遍性や共通性を探し出すこと、そしてその普遍性や共通性の中から、比較対象の間に存在する個性や差違を探し出すことである。もう一つの方法は、まず比較対象の間に存在する差違に着眼し、その対比を通して、両者の個性や性質上の違いを論証するものである。中川敬一郎は前者を狭義の「比較研究」と称し、後者を「比較対照研究」と称している(1)。中川の定義に基づけば、本書の研究方法は狭義の「比較研究」に属する。すなわち本書はまず近代における中日両国の企業者間に存在する類似性に着眼し、それらの類似性に対する考察や分析を通して両者の間に存在する共通性や独自性を分析したものである。

比較自体は一種の研究方法であるが、研究対象に対して具体的にどのような比較を行うかについては、いくつか方法がある。本書における近代中日両国の企業家に対する比較では、二種類の方法を用いた。すなわち、学際的分析と典型的な分析である。この二つの研究方法を用いたのは、研究対象の特徴による。前述したように、企業家は社会人であり、その企業活動は企業家自身の価値観およびさまざまな社会要素の影響、制約や支配を受けるものである。このため、その研究は経済、政治、文化、哲学等多くの分野に及ばなければならず、経済学や社会学によるだけでは企業家活動に対して現実的な解釈をするうえで限界があろう。例えば、経済学において最大限度の利潤を得ることは、企業家が求める主な目的であるとみなされる。しかし、実際の生活において、企業家が経営活動を行う出発点や目的は多様である。つまり、周辺分野の研究を取り入れることで、説得力のある解釈ができるのである。本書はこのような認識に基づき、学際的分析を通してさまざまな角度（政治体制、経済条件、文化伝統など方面）から近代の中日両国における企業家活動の主観的条件や客観的環境に対して比較を行い、それを糸口として両国の近代化が異なる歴史の結果を招くに至った原因を明らかにしようとするものである。典型的な事例の分析は本書が用いたもう一つの研究方法であり、経営史学の代表的な研究方法でもある。経済の発展過程における行為主体は、独立した一人の企業家の行為の集成であり、すべての経済活動も、また一人の企業家活動を基礎としているのである。

そして渋沢栄一と張謇を取り上げたのは、主に以下の理由によってである。

(1)渋沢栄一と張謇は基本的に同じ時代に生きており、またよく似た社会環境の下で青年時代を過ごし、かつ企業家としての生涯を送り始めた時期も近かった。彼らは近代の中日企業家における誰もが認める代表的人物であり、それぞれの国の工業化を推し進めるうえで重要な役割を果たし、多くの偉大な業績を残した。彼らはまた、実業思想、株式会社制度の導入や普及、社会公益事業への関与等の方面において功績を残している。このように、二人には多くの共通性があるが、また生まれ育った国による違いもある。彼らを比較することによって、われわれは近代東アジアにおける企業家の形成と発展の過程や特徴に対する分析を深めることができるであろう。

(2)渋沢栄一と張謇は、企業家活動を行うと同時に、自伝、日記、手紙、文書、講演の原稿等の多くの貴重な資料が残されている。それらには、彼らが経験したさまざまな重要な事柄が書かれている。そのほか、親族や子供たちおよび同僚や友人が書いた彼らに関する伝記や文章もまた価値あるものである。これらの貴重な資料は、われわれの研究に対して確かな根拠を提供しており、彼らの思想や行った事業を広く歴史的事実に沿って分析する際に、また彼らに対するさらに客観的かつ実証的な比較を行う際に、役立つものである。

(3)渋沢栄一と張謇の企業家活動は、日本と中国の近代化の過程において重要な地位を占めている。そのため、彼らに対する研究は中日両国の経済史・経営史研究で重視されている。しかし、残念なことに企業者史学の視角から両国の比較研究を行った成果は極めて稀であり、まだ多くの課題が残されていることを示している。

第3節　内容構成

本書の目的は、近代における中日両国の企業家の形成過程、渋沢栄一や張謇の実業思想や経営理念、企業家活動の内容や方法等の問題に対する比較分析を通して、両国の近代化過程に存在したさまざまな差違およびそれらの差違を生んだ主観的、客観的原因を解明することである。本書は六つの章からなっており、その概要は以下の通りである。

第1章では、中日両国の企業家に対して総体的な考察を行い、両国のさまざまなタイプの企業家（日本における武士出身の企業家、政商型企業家、専門的経営者および指導型企業家、中国における買弁型企業家、官僚型企業家や郷紳型企業家および工商庶民型企業家）の形成過程や企業活動の基本的な特徴を述べる。これを基礎として、近代の両国における企業家の構成上の主な差違を説明するとともに、それらの差違を生んだ原因や条件について分析と論証を行う。買弁型企業家は近代日本においてなぜ一つの大きな集団を形成しなかったのか、中国における封建的特権商人はなぜ日本式の政商のように変わらなかったのか、専門的経営者の近代中国における形成速度がなぜ遅かったのか、また彼らにはどのような特徴があったのかを分析する。

第2章では、近代の中日両国における企業家の代表的人物である張謇と渋沢栄一について概括的な理解と把握をするために、彼らが過ごした時代背景、家庭状況および人生各段階における主な経験に対して概括的な考察を行う。その中から二人の過ごした人生の中における主な類似点と差違を探し出し、それらの類似点と差違を生んだ主観的、客観的原因に対して具体的分析を行う。

ところで、近代の中日両国における企業家の代表的人物である張謇と渋沢栄一は、企業家活動において、多くの偉大な業績を残したばかりか、多くの価値ある実業思想を残した。これらは彼ら共通する特徴である。

そこで第3章では、二人の実業思想に対して考察を行う。また、渋沢栄一の道徳経済合一論、私利公益一致論や張謇の綿鉄主義が形成された背景やその起源を分析する。加えて、両者の実業思想に現れている儒家の道徳倫理観念について具体的な比較を行い、両者の間に存在する主な差違と特徴を解明する。このほか、われわれはまた両者の実業思想がそれぞれの国の商工界において生じた異なる反応とその原因に対する比較分析を行う。

第4章では、渋沢栄一が日本における株式会社制度の普及に対して果たした役割を考察する。続いて近代中国における株式会社制度の形成過程とその背景について述べ、株式会社制度を積極的に推し進めた張謇の実践活動や彼が中華民国農商総長にいた時期に会社法制度を整えるために行った貢献について考察する。渋沢や張謇はともに株式会社制度の普及に力を尽くしたが、中日両国の株式会社制度の発展状況はまったく異なるものになったが、この結果を招いた主な原因について比較分析を行う。

第5章では、われわれは渋沢栄一と張謇が企業家活動に従事した状況や方法を比較する。渋沢と張謇の企業家活動の範囲は非常に広く、また内容も豊富である。このような二人の間に存在する共通の特徴を踏まえて、四点の比較分析を行う。⑴渋沢栄一の第一国立銀行の創立と、張謇の大生紡績工場の創立の具体的な過程、および両者が経営活動において成功を収めた原因、⑵渋沢栄一が企業設立活動を行った方法と張謇の経営多角化発展戦略、⑶渋沢栄一と張謇の財界や商工業界における活動状況、(4)渋沢栄一や張謇の政府要員との交際、である。これら四点の比較分析を根拠として、本章の最後では渋沢と張謇の「通官商之郵（官商ノ郵ヲ通ズ）」活動の比較を行い、両者の間に存在する差異やその原因を分析する。このほか、墾牧事業の創立に力を尽くした張謇の独特な企業家活動を糸口として、彼の経営多角化発展戦略や地方自治主義経営理念と農本思想の間に内在する関係を分析する。

第6章は、本書の総括である。渋沢栄一と張謇は愛国主義と創造精神に富んだ企業家である。彼らは富国強兵を実現するという一つの理想を抱きながら企業家活動に従事したのである。また、彼らは中日両国の近代化の過程において大きな足跡を残したばかりか、今までにない大きな貢献をした。しかし、彼らの企業者としての人生には、大きな違いがある。渋沢は日本の繁栄を見ることができたが、張謇は中国の繁栄を見ることができなかったばかりか、自身の大生企業グループの経営でさえ失敗に終わったのである。では、われわれはいったいどのように渋沢の成功や張謇の失敗を評価すべきであろうか。本書ではこの課題について検討を試みる。

（1） 中川敬一郎「経営史学の国際比較と国際関係」土屋守章・森川英正編『企業者活動の史的研究――中川敬一郎先生還暦記念』日本経済新聞社、一九八一年、三～四頁。

第1章　中日両国近代企業家の発生およびその構成上の差異

はじめに

本書の課題は渋沢栄一と張謇という二人の代表的企業家の比較分析を通じて、比較経営史の視角から中日両国企業家の近代化を推進した要因とそれぞれの歴史的帰結に至る経緯を検討することにある。しかし渋沢と張謇は結局は両国の企業家集団の中で活躍した一員であり、彼らが従事する一切の企業家活動は両国の企業家集団の形成がその前提になっている。そのため両者に対して個別的かつ具体的な考察を行う前に、中日両国の近代企業家集団が形成された時代的背景、歴史的条件、経済的基盤およびその構成状況について総合的な考察と比較を行い、両国の近代企業家の全体像を理解する必要があるであろう。

第1節　江戸時代の商品経済の発達と商人

1　商品経済の発展とその原因

江戸時代、幕府と藩によって構成されていた封建統治制度はほかの封建統治制度の形式とは異なっていた。しかしそれを存在せしめた経済的基礎が土地の所有権に依拠した幕藩領主の農民に対する搾取である点は同様であった。このような封建社会特有の富の占有方式と分配原則が必然的に商品経済発展の大きな障害となることは明らかであった。しかし江戸時代中期以降、商品経済は比較的顕著な発展を遂げ、特に江戸時代の末期にはかなり高い水準にまで達していたこともまた事実であった。

まず商品型農業がすでに比較的広範囲にわたって普及していた。江戸時代のいわゆる商品型農作物は主に綿、菜種、藍、煙草、茶、甘蔗、蚕等であった。一九世紀以後これらの商品型農作物の栽培地はすでに日本各地に分布しており、地域間の分業体制が形成されていた。例えば、綿は最も重要な商品型農作物で、江戸中期以後は東北・北陸地方を除きほとんど全国に普及した。菜種も各地で栽培され、主要な集散地は大坂であった。染料の原料である藍の栽培も各地で行われたが、特産地は四国の阿波であった。藍葉の多くは藍玉として製造されたが、藍葉は後期にはかなり商品化されるようになった。煙草は近畿、四国などの先進地に限らず東国・中部・九州等でも多く産出された。茶栽培の中心地は宇治、山城などであり、砂糖の原料である甘蔗は、薩摩および四国の讃岐が特産地であった。蚕糸業は江戸時代中期以降著しい発達を遂げ、各地で行われていた(1)。商品型農業の普及と地方分業体制の形成に伴い、商品型農作物の農業生産中に占める比重は次第に高まった。江戸時代末期に商品型農作物が最も普及していた近畿地方において一般の農作物と商品型農作物の農産品総生産の中に占める比重は、それぞれ七四・二%と二五・八%であり、全国規模で見れば、この両者の統計の比重はそれぞれ八三・四%と一六・六%であった(2)。

工場制手工業の発達と工業部門の形成も重要であった。商業的農作物の生産発展の下、農民の家内制手工業も比較的急速に発展し、一九世紀以後には多くの地域で経営規模の大きい農民の家内制手工業が工場制手工業にまで発展した。例えば桐生地域の下広沢村は生糸産業のかなり発達した村であり、一八四六(弘化三)年に全村において織機を保有する農家は三三戸、その中で五台の織機を保有する農家は一一戸、一〇台の織機を保有する農家が三戸であったという(3)。また、当時一台の織機は平均二・七人によって操作され、一〇台の織機を保有する農家は三〇人の労働力を必要とした(4)。つまり農家自体の労働力だけではるかに不足し、少なくとも半数の労働力は外部からの雇用に依存していた。

家内制手工業の普及と工場制手工業の出現に伴い、手工業生産部門の生産量と分業水準も大きく向上した。紡績業の急速な発展は突出した事例の一つである。一九世紀初頭に日本各地から大坂に運ばれた白綿布は一七三六年の六~八倍に相当した。その生産工程は種子の除去、紡績、染色、白綿布あるいは縞柄の布の紡織などの専門工程に分けられる。また分業にも明らかな地域的特色があった。紡績の中心は摂津、和泉、紀伊、淡路、白布の紡織の中心は河内、摂津、大和、淡路など、縞柄の布の紡績の中心は和泉、摂津、紀伊などであった(5)。江戸時代末期に至り、手工業生産の発達した地域には代表的な産業が形成された。これらの産業部門の種類は比較的そろっており、織物業、生糸業、醸造業、製油業、製紙業、製糖業、製鉄業、窯業、漆器業、鉱山業などが含まれていた。

さらに、大坂を中心とした全国的統一市場が形成された。江戸時代中期以降、商品流通の範囲は拡大し、藩内市場の数量が増加しただけでなく、さらに多くの商品が藩外に持ち出されて販売され、大坂を中心とする全国的な統一市場が次第に形成されていった。大坂は貢米の主な集散地として各藩内市場とは性格が異なるが、江戸時代中期以降全国的な商品流通のうえで果たした機能と役割には明確な変化が現れた。このような変化は市場流通を構成する主要商品が年貢米から各種手工業商品へと移り変わっていった事実に端的に現れている。また、一七一四年に大坂市場に投入された蔵米は一一七万石であり商品総額の三五・八％を占めていた。一九世紀初頭には蔵米量は一五〇万石まで増加したが、市場における占有率は一五％まで低下した。逆に同時期に白綿布の交易量は二〇六万反から八〇〇万反にまで増加し、原綿は四・八万貫から二〇〇万貫にまで増加し、木炭は六九万表から二五〇万表にまで増加した(6)。注意すべきことは、この時期大坂の人口はほとんど増加しておらず、増加した商品の大部分が全国各地に発送され売却されていったことである。

江戸時代末期の商品経済の発展はまだ十分に成熟した水準に到達したわけではないが、成熟までの時間が大いに縮まったことは以上からも理解できる。商品経済が江戸時代に比較的急速に発展した原因は多くの方面から説明が可能であろう。例えば、幕藩体制下の封建統治は依然として強固であり、二〇〇年以上にわたる鎖国政策は他国の先進的技術を導入することによる経済発展の進展を阻害した。一方では幕府の各藩大名に対する統制は再び戦国の時代への逆戻りを防止し、長期の安定した平和な社会環境を構築し、商品経済の発展に有利な環境を創出した。また幕藩領主の農民に対する搾取は非常に苛酷であったが、このような搾取は二つの結果を生み出した。一つは農民を貧困に陥れたことであり、もう一つは彼らが農具と耕作方式の改良を行い生産性を向上させ、また家内制手工業への従事を通して収入を増加させ、あらゆる手段を尽くして自分たちの生計を維持しようとしたことである。しかしここで特に強調すべきことは、これらの一般的な原因以外に、参勤交代制も商品経済の発展に重要な役割を果たしたということである。参勤交代制度の下で各藩の大名は江戸と自らの領地の間を何度も往復しなければならなかった。それは彼らの財政支出と各方面の消費を莫大に増加させたが、彼らが各種商品を購入し、自己の需要を満足させるためには年貢米を貨幣に換えなければならず、それが商品市場の急速な拡大に繋がることになった。江戸時代の商品経済の発展は必ずしも幕府封建統治の枠から出たものではなかったが、幕藩体制という独特な封建統治方式と深く結びつきながら実現したものであり、幕府封建統治の内在的矛盾により導かれた必然的結果であった。

2　江戸時代の商人

商品経済の発展と商人層の拡大は極めて典型的な経済的相互連動関係にある。そのため江戸時代の商品経済の発展に伴なって、幕府によって社会の最下層に置かれた商人階層の台頭も顕著であった。そしてそれは時代の発展および変化のもう一つの象徴であった。

(一)農村商人

各国商人の形成過程を見ると、農村商人の歴史は一般的に都市商人よりも歴史が古い。それは日本も同様であった。中世の鎌倉、室町時代において商業はそれほど発達しなかったが、農村商人はすでに各地に存在しており、その中でも近江地域出身の行商は最も有名であった。商人らは数人で構成される行商人を率いて、当地の各種特産品を全国各地に運送販売し、交通条件の悪い僻地も回りながら、各地の特産品を近江に持ち帰りあるいは途中で販売するなどして一種の小型の流通市場としての機能を果たしていた。

江戸時代以降、農村商人の活動には明確な変化が現れた。由井常彦によれば、このような変化には二つの側面があった。第一に、近江や伊勢出身の商人は江戸や関東、または東北地域に移住し、そこで商店を営み行商から座商へと変化していったという。長期の戦乱の終結と治安状況の好転により、辛苦を辞さず本業を堅持する行商人の活動範囲は日増しに広くなり、彼らの足跡は日本各地にまで広まっていった。第二に、資金の蓄積量の増加に伴い、近江商人は固定販売ルートの構築に着手し始めた。彼らは交通の要所に固定の店舗を設けて適任者を派遣し、それらの経営の任にあたらせた。また商人本人は近江を本拠地として総指揮にあたり、定期的に各地の固定店舗に赴き巡回監督を行った。これらの店舗は卸売と小売を兼ね、近江やその他の地域からの商品を販売したのみならず、当地の特産品の買い付けを行い、取扱品の種類と数量は以前とは比較にならないほど拡大した。このような変化以外に近江商人の活動には特に注目すべき点がある。彼らは農民に肥料などの生産財と日常生活品を販売すると同時に信用と各種担保による貸付を行った。また作業場の創設の際にも直接投資し、清酒、醤油等の食品の生産と加工をしていく。このような多角的経営を通して自身の以前のイメージを大きく変えていった。「彼らは都市商人とはちがってそれほど旧套墨守的態度をかならずしもとらなかったが、そのことは、比較的その企業家的な行動が、強力な株仲間の統制や幕府諸藩の公的な規制によって抑制されなかった(7)」のである。

前述したように、江戸時代の商品経済の発展は農村の家内制手工業の発展と連動したものであった。それゆえ、江戸時代の農村商人を考察する際、家内制手工業の発展地域において活躍した仲買商にも特に触れておく必要がある。いわゆる仲買商というのは綿布と製糸業等の家内制手工業の商品の売買に専門的に従事した農村商人である。仲買商の大量出現は、都市の卸売業者が家内制手工業の商品の農村における買い付けを単独では行いがたかったことと関係している。江戸時代の絶対多数の家内制手工業商品の卸売販売は主に大坂などの都市の卸売市場を通して行われた。大坂の卸売業者は直接代理人を産地に派遣して商品の買い入れ、輸送を行うこともあったが、日本のすべての農村に同じように派遣することはできないので、農村商人の力を借りることによって家内制手工業の製品の買い入れを行い、小量生産と大量販売の間の矛盾を解決する必要があった。このように大都市の卸売業者と農村の家内制手工業者の間の仲介役として仲買商は日本の広汎な農村地域を背景に発生したものであった。これら仲買商には自己の資金を使用する者もいれば、都市の大卸売業者から資金を借り入れる者もいたが、彼らはともに産地において商品を集積し、それを都市の卸売業者に転売して利益を得ていた。江戸時代中期以後、仲買商の存在はかなり普遍化していて、江戸時代末期には膨大な数にまで発展した。彼らは都市の卸売業者にある程度依存していたが、家内制手工業の生産に従事する農民にしてみれば重要な存在であった。さらに多くの利潤を得るため、仲買商は常に家内制手工業生産に資金や貸付金を提供することを通して、家内制手工業者を自己の統制下に置こうとした。あるいは生産機器や原料を農民に貸し与えそれを使用させ、彼らと市場との関係を遮断した。そのため日本の研究者は仲買商を「前貸資本家」と呼び、彼らの経営活動が封建的経済体制の崩壊に重要な役割を果たしたとしている。

㈡都市の卸売業者

卸売業者は日本では問屋と呼ばれる。問屋に関する記載は室町時代の資料の中にすでに見られるが、当時の問屋の主な業務は領主のために年貢の運送、保管などを行うことであった(8)。しかし、江戸時代初期に大坂、江戸、京都等の都市の問屋が請け負った主な業務内容は、非幕藩統制物資の仲介販売とその貯蔵、代理販売であった。問屋が貯蔵保管の職能を担ったのは、当時の各地農村商人が販売市場の情報に欠けており、収集した大量の交易商品を大坂などの都市に運送した後、すぐに買い手を探すことが困難だったからであった。このような背景の下、問屋は貯蔵と代理販売および買い手の紹介を引き受けるという需要が生じ、主に仲介販売と貯蔵、代理販売を請け負うことによって収益を得た。商品型農業の発展が商品の大量交易の受給を日ごとに増加させたことにより、大坂、江戸、京都および各藩の都市でこのような商売に従事する問屋の数は次第に多くなっていった。これらはいずれもある特定の藩あるいは地域と固定的関係を保持していた。そのため藩あるいは地域の名称を店舗の名称として採用し、取り扱う商品の種類も比較的多く、ある特定の商品の売買業務にのみ専門的に従事する問屋の数は比較的限られていた。

江戸時代中期になってから、農村の家内制手工業の急速な発展を背景に、各地から大坂、江戸等の都市に輸送される商品の数は大幅に増加した。この変化は問屋の流通市場における地位をさらに向上させただけでなく、同時に商業部門の分業の発展と問屋自身の機能の分化を促進した。すなわち総合的な問屋が減少するようになり、ある特定の商品を取扱対象とした専業的問屋が大幅に増加し、主流的地位を占めるようになった。宮本又次の考察によれば、正徳年間（一七一一～一五年）の記録にある問屋の総数は五千以上に上り、綿花、絹、布、油、木製工具、薬材、釘、包丁、木炭などの農産加工品と鉱工産品を専門に扱う問屋の数が増加した。一方、総合問屋の数は正徳年間には一七二七家であったが、安永年間には一一六二家にまで減少した(9)。

都市の問屋の専業化は問屋の経営活動に多方面にわたる影響をもたらした。まずもともと地域性の比較的強かった状況から脱却し、その活動範囲は明らかに拡大していった。次に経営の専業化により、問屋の市場情報に対する理解はさらに細かく正確になり、市場予測が比較的容易に把握できるようになった。また経営における危険性が低下したため、彼らは仲介販売、貯蔵、代理販売のみでは満足しなくなっていた。卸売業が成長するにともない、もともとの顧客商人を各地農村における支店として、都市と農村との間に新たな流通経路を作ろうとした。さらに安定した流通経路と貨物に対する統制を確保するため、都市の問屋は農村商人に各種形態の資金貸与を行い、現地生産加工過程に関与するようになった。

(三)両替商

商品交換は貨幣の存在を前提としたものであり、貨幣の正常な流通は貨幣経済の基本である。江戸時代、貨幣流通活動に従事した商人は両替商と呼ばれ、彼らが創設した店舗は両替屋と呼ばれていた。幕府は両替屋の合法性を認めており、一六七〇（寛文一〇）年には大坂の天王寺屋など三つの両替屋を幕府業務代理の両替商として認定した。その後、貨幣経済の普及発展に伴い、両替商は各藩ばかりではなく大坂、江戸、京都等商業の発達した大都市において増加し、天保年間（一八三〇～四三年）には大坂の両替商だけでも二〇〇近くに上った(10)。

両替商業務には貨幣兌換、金銀売買、貯金、貸付、手形割引、為替などがあるが、規模の違いにより、金融業における地位と機能には大きな差があった。江戸時代中期には資金力が最も豊富で信用度の最も高かったのは天王寺屋、平野屋、鴻池屋など一〇の大坂両替商であった。彼らは「十人両替」と呼ばれる同業組合を組織し幕府の認可を得て、中小両替商の活動を統御・監督、融資することによって貨幣市場における日常の金銀交換率を左右し、一種の中央銀行のような機能を果たしていた。同様に江戸にも多くの富裕な本両替が存在した。多くの大両替商の業務は各藩大名と密接な繋がりがあり、中には「蔵元」、「掛屋」を兼任する場合もあり、大名に代わって年貢物資を売却することによって得た代金の回収・保管を行った。

大両替商とは異なり中小両替商の主な取引相手は各種問屋であったが、その業務内容は大両替商と同様、金銀の売買、貨幣の兌換、貯金と借款等であった。「一般に当座預金には利息は支払われなかった。しかしその代わり預金者は、十分な信用があれば、両替商から預金を超えた金額をひき出すことも可能で、希望すればどんな額面の預かり手形をも振り出すことが出来た。これら預かり手形は、今日の小切手のように商人の間に流通した。また商人たちは、取引ある両替商からふつう年間八％、高くても一五％以下の利率で商業信用を売ることさえ出来、必要に応じて業務を拡大できた。……商人間での商業信用は、それぞれの両替商によって定期的に決済されたから、どんな多額の取引でも現実には大量の現金は殆ど使われずにすんだ、ことに大坂は全国の金融の中心地となり、江戸後期に至って、有力な両替商の名義で発行された約束手形と為替手形の流通市場における使用はかなり普遍的に広まっていた[11]」。このことから、両替商の大量出現と金融業の発展が江戸時代の商品経済の発展と拡大に非常に重要な機能を果たしたことが窺える。

㈣特権商人の蔵元と掛屋

参勤交代および兵農分離制度は大名と武士を都市に集結させた。換金して貨幣を得て生活必需品と奢侈品を購入するために、彼らは農民が納めた年貢米およびその他の物資を大坂を中心とした全国市場に持ち込んで売り込まなければならなかった。しかし大坂が幕府の直接管轄下にあり、各藩の大名はそこで自分の土地、家屋を保有することは制度上認められていなかった。それゆえ各地の大名は大坂商人の店舗を借りて年貢米等を売り出すしかなく、いわゆる「蔵屋敷」が生まれた。

「蔵屋敷」は封建領主と都市商人の提携の産物として、経営方式上独自の特徴を有していた。蔵屋敷の主な管理人には「蔵役人」、「蔵元」、「掛屋」がいた。「蔵役人」は各藩から派遣された武士にがその任にあたり、大名の代わりに蔵屋敷を管理した。「蔵元」と「掛屋」はそれぞれ大坂の富商と両替商によって担われ、前者は貢米等の物資の運輸、保管、売り出しの任を担当し、後者はこれらの物資を売却したことによって得られる代金の回収・保管を担当したが、彼らは大名が蔵屋敷に貯蓄した物資を担保に大名に貸付を行った。つまり蔵屋敷の日常業務は実際には商人である「蔵元」、「掛屋」の手中に握られており、彼らはその業務を通して収入を得ていた。

士農工商という封建的身分制度の下、商人の社会的地位は最も低かったが、蔵屋敷の出現によって商人が特権商人になりうることもあり、彼らの社会的環境と実質的地位を大きく変化せしめた。大名は経済的に常に都市の特権商人に頼り、彼らの援助がなければ、自藩の財政運営の困難を克服することが難しかったのである。交換条件として大名はこれらの富商に高額の手数料を支払い、また彼らに藩営の専売品の売買を行うことを許可したり、貢米などの物資の売却によって得られる代金を特権商人が一定期間内無償で使用できることを許可する等の経済上の優遇措置を講じただけでなく、社会的地位を変えたいという彼らの願望を満足させるために、統治階級の象徴である一定の権力を附与し、帯刀を認め、家老のような待遇を与える場合もあった。これら特権商人は士農工商制の中の例外的存在であり、封建領主も彼らに対し譲歩し特別な対応をせざるをえなかったように思われる。

しかしもう一つ指摘すべきことは、封建領主と「蔵元」、「掛屋」等の特権商人の間に利害の衝突がなかったわけではなく、時には非常に厳しいものがあった。幕藩体制の下、領主の農民に対する搾取は過酷であったが、取り立てた各種年貢だけでは厖大な支出を補えないことが一般的であった。そのため各藩の大名は「蔵元」、「掛屋」等の特権商人から借金をせざるをえなくなり、借入れ金額は日が経つに従って膨れ上がり、返済不能な状態に至ることさえあった。このような状況下で多くの大名はさまざまな方法で借金を踏み倒し、一方的に債権債務の無効を宣言したので、借款を提供した特権商人が莫大な損失を受けて破産するケースもあった。このため、自己の利益を保護する必要から、「蔵元」、「掛屋」等の特権商人たちも自衛手段を取り、連合一致して債務を破棄した大名との取引を拒否した。

第2節　工業化と近代企業家集団の形成

明治維新を転換期として、日本社会は新たな時代へと入った。新政府が成立するや否や、各種封建制度の撤廃に取り組み、一〇年と経たないうちに「廃藩置県」、身分制度の撤廃、地租改正など一連の重大な制度変革を成し遂げ、資本主義生産方式の確立のために必要不可欠な条件を作り上げた。では、このような一種新たな社会環境のもと、明治新政府は一体どのように工業化を推し進めたのだろうか。工業化の主力としての近代企業家集団はどのように形成されたのだろうか。

1　殖産興業と工業化の組織者としての新政府の役割

(一)殖産興業政策の提起と調整

殖産興業とは、商工業の発展、あるいは現在の言葉を用いれば工業化を展開するということである。殖産興業ははじめに越前藩士由利公正によって提唱されたが、殖産興業が重要な国策として実行されたのは明治以降である。一八七〇（明治三）年、大隈重信、伊藤博文ら開明派の積極的な計画のもと、明治政府は工部省の設置を決定した。工部省の主な任務は「工学開明」、「百工勧奨」を旨とし、具体的に殖産興業の展開を請け負うものであった。「百工勧奨」とは農工商の全面発展を意味し、民間実業活動の発展を促すというものであったが、当時の実施状況から見ると、工部省の事業は鉄道、電信と鉱山の三部門に集中していた。しかもこれらの産業を短期間に育成して工業化体系を築き上げるというものであった。しかしながら当時政府の財力には限度があり、この方針を推進するにあたり多くの困難に直面した。例えば、大量の設備輸入が金銀の流出を招き、政府が大量に発行した各種紙幣が国内の急激なインフレを招いた。そこで新政府はこの路線を修正する必要があると決断し、岩倉具視、大久保利通、木戸孝允、伊藤博文らを欧米各国に派遣し、各国の有益な経験を視察させることとした。

一年九カ月にも及ぶ視察を経た後、彼らは殖産興業の問題において、新たな共通の認識を得るに至った。大久保利通は帰国後の一八七四年六月、天皇に「殖産興業に関する建議書」を上奏した。この建白書はどのように殖産興業を展開するかについて、三点の具体的な主張をしている。(1)本国の実情に顧みず、安易に「欧化」を模倣することに反対し、実効に努め虚名に努めざるべきである。(2)一切の事業をすべて官営にすることはならず、政府は民業を奨励し扶植することに努めるべきである。(3)新興工業を発展させると同時に、農業とその他在来の産業をも扶助すべきであり、輸出拡大に努めるべきである。工部省の従来の方針と比較すると、大久保利通の提出した方針は殖産興業の重要性を説き、官と民、新興産業と伝統産業の共存を重視したことが窺える。

(二)企業活動における政府の役割

大久保の提起した新しい方針と新組織体系の形成を背景として、殖産興業の活動は一八七五年から新たな段階へと入った。新政府は一切の事業を官営で行う方針を変えようと試みたが、従来の商工業者は新興の産業に関して理解に乏しかった。ゆえに近代企業活動に従事する態度は積極的なものとはならず、このことは政府の方針に基づいて殖産興業の推進を阻む要因となった。このような状況のもと、新政府はただ「身先士卒（長たる者が自ら陣頭指揮を取る）」し、継続して殖産興業を主導して組織することと「官営模範工場」の創設を通して、民間資本を一歩一歩新型産業に誘導するしかなかった。これに関し、後の政府文書中に以下のような記載がなされた。「生産実業を興すことはまた急務ではあるが、人民がまだこのような願望を持っていないゆえ、暫時官立事業を創業し、実例としてこれを示し、人民を誘導すべし(12)」。

そして明治政府は官営企業創設の過程において以下の点に特に注意を払った。(1)政府が創設した官営企業のほとんどに西洋の技術と設備を導入し、また大金を惜しまず外国の専門家と技術者を招聘し指導に当たらせた。(2)近代軽工業の発展によって対外貿易格差を是正させようとした。一八七五年以降に創設された官営企業の多くは民生用工業に属し、しかもその中の多くは対外貿易格差を転換させるためであった。例えば、当時日本の輸入製品で木綿と毛織物の占める割合は相当大きかったので、明治政府は大々的に機械紡績工業と毛織物工業を発展させることを決め、一八七八年にイギリスから二千スピンドルの紡績機を二台購入し、愛知紡績所と広島紡績所を創設した。また、一八七九年には大久保の提案のもと千住ラシャ工場を建設し、国外から毛紡績生産設備を輸入し、さらに五名のドイツ人技師を招聘した(13)。(3)金、銀、銅鉱山の産出量を高め、金銀流出のもたらす損失を防ごうとした。そして鉱山、機械等の部門を重視し、採掘、排水、通風、精錬など各生産過程の機械化レヴェルを高めることに努めた。これと同時に、これらの分野の官営企業に対する管理を強め、工部省は一八七七年に工作局を設立し、赤羽、深川、兵庫、長崎、品川などの大型官営企業を統一管理とした。

殖産興業政策は、約一〇年間続いた。この間、多くの失敗や挫折を経験したとはいえ、そこから得た成果は大きなものであり、短時間のうちに一連の近代産業部門と多くの先進技術、設備と近代企業を創出した。同時に、官営企業の創立と経済環境の変化は、民間資本の商工業活動を日増しに積極的なものにしていった。言うまでもなく、この変化は、国民の啓蒙という政府の目的が基本的に実現したことの証左であった。しかし一方では、殖産興業費の度重なる増加により財政支出の規模は急激に拡大し、財政は常に赤字状態に陥った。一八七四年から八〇年の間、官営事業費一項目だけの支出で財政総支出中の平均二二%を占めた。民間企業のために立て替えた資金などを加算すれば、殖産興業事業に関連する費用が財政総支出に占める割合は四三・五%に上った(14)。また事業の収益状況から見ても、ほとんどが赤字であり、「国庫の財源にならないばかりか、在庫金の底なしの損失を招く恐れがある(15)」と評価されていた。このような状況が長期的に続いていくならば、遅かれ早かれ経常的な財政危機を招くことになるのは目に見えていた。

以上のように、明治政府は、自ら工業化を推進してきたが、その役割を終える時期を迎えていた。そして、一八八〇年一一月、明治政府は工場払下概則を定め、内務省・工部省・大蔵省・開拓使に官営工場の漸次民有化を命じた。その後、一八八四年に明治政府は官営鉱山を長期の無利息分割払いで売却することを許可した。官営企業の売却対象は江戸時代の大商人ないしは明治政府の関係者であった。しかし、大量に官営企業を処理したことは民間企業の発展に有利な環境と機会を提供し、日本の工業化がこれより本格的に展開する段階に入ったことを示すものであった。

2　日本の近代企業家の特徴

㈠武士の近代企業家への転換

西洋諸国における近代企業家の多くは商工・手工業出身で、彼らは工業化以前から存在しており、しかも自らの経営革新活動によって工業化を生み出した。しかし、日本の場合はこれと異なっていた。工業化の開始と資本主義制への移行が同時に進行されたため、近代企業家集団の形成は工業化開始以前ではなく、工業化過程において生み出されたのである。また企業家集団の構成を見ると、総人口に占める割合がわずか六％でしかない武士あるいは武家出身者が大きな比重を占め（関連資料の統計によると、明治期ビジネス・エリートの二三％が武士階級出身であり、大正期の一九二〇年には三七％までに上昇した）[16]、その工業化過程における地位と役割は突出していた。周知の通り、武士階級は封建的幕藩体制の統治階級に所属していたが、彼らは社会の生産過程とは遊離し、寄生的な性格が強かった。では、明治維新以降、旧武士階級はいかにして近代企業家の仲間入りができたのであろうか。

武士の近代企業家への転換には次のような背景があると考えられる。つまり、明治維新後の身分制度の撤廃、秩禄公債の発行および士族授産の実行など一連の重要な制度的変革は武士の近代企業家への転換の障害を取り除いた。しかしこれは客観的要素の一つにすぎない。武士が近代企業家になる条件としてその他の社会階級より独特の優位性を持っていたことも無視できないのである。中川敬一郎が指摘したように、日本の工業化過程と資本主義制度の確立過程は同時に推進されたものであり、西洋近代産業と先進技術の導入によっていた。それゆえ、日本の工業化は模倣性が強いという特徴を有していた。日本の場合は、新技術の開発と伝統的手工業が機械制大工業に向かう過渡的段階に発生したのではなく、西洋技術の導入模倣と新興産業部門の移植過程中に生まれたものであった。そしてこのことは企業家に一定の知識と外来経験を吸収する能力を求めただけでなく、強固な信念と探究心、万一の危険を恐れない意識を有することをも要求した。彼らの中にはかつて幕府統治期に藩営工場を管理した経験を持つ者や、幕府が開国を迫られたのち、西洋に留学や視察に行ったことがある者もいた。このことは彼らがほかの階級よりも高い総合的素質をもち、そして近代企業家に転化しうる可能性を備えていたことを意味する。

このように武士が近代日本の企業家になった背景と条件は独特なものであったが、もう一方で注目すべきは、彼らが商業を軽んずる観念の束縛から解放され、日本の工業化の波に乗れたのは、思想上における前代未聞の啓発と洗礼を経験したからである。この点に関しては、第4章で渋沢栄一の実業思想について考察する時に再び検討したい。

(二)官営事業における経営理念の確立およびその経営活動への影響

武士の封建統治階級から近代企業家への転換は、日本資本主義形成と工業化開始過程における特殊性を反映している。では、武士出身の企業家は一体どのような理念を抱いて企業経営活動に従事していたのだろうか。

いわゆる経営理念とは、企業家が企業経営活動に従事する目的を遂行するうえで遵守すべき思想信条である。経営理念が異なれば企業活動にも当然違いが生まれる。周知のように、一九世紀の西洋国家では、企業家が企業活動に従事する最大の動機は利益を得ることにあった。一方、明治期の武士出身企業家の場合は一種国家主義色彩に満ちあふれた経営理念であった。武士出身の企業家にとって、企業経営活動に従事する目的は個人や家庭の生計のためではなく、忠君愛国に報いるためであった。ゆえに彼らは常に「商権回復」、「市場奪回」、「産業報国」を企業活動の第一の目標とし、この目標を実現させるために個人の得失を顧みなかった。この種の官営事業経営理念の形成は伝統的な儒教文化にその淵源を見ることができるが、それは武士出身企業家の経営活動に極めて重要な影響を及ぼした。

まず、西洋国家の企業家にしてみれば、政府は資本主義経済秩序を維持する「夜警国家」にすぎず、その任務は企業が最大限の私利を追求する自由を保証することであった。したがって彼らは政府の経済生活への関与、企業活動への介入を最小限にとどめることを極力主張した。しかしながら、武士出身の企業家はこれとはまったく異なるものだった。官営事業経営理念の下、彼らは終始政府の経済生活への関与、企業活動への介入を当然のものととらえ、政府との関係を良好的に保つことに意を払った。さらには政府を自身の守護神や道先案内人とみなし、政府の関与と指導に完全な服従と協力の態度をとった。それゆえ、明治期の武士出身の企業家はしばしば政府の制定したある具体的な経済政策や制度が自らの事業にはなはだ不利な影響をもたらしかねない場合でさえ、彼らは躊躇することなく支持を表明した。たとえば、一八九七年、大蔵卿松方正義は甲午（日清）戦争の勝利の際、日本の国際社会における地位と名誉を向上させるため、金本位制の採用を提案したが、一方では金本位制の実施は必然的に銀鉱の経営に大きな衝撃をもたらした。武士出身の企業家藤田伝三郎が当時経営していたのは主に銀鉱であり、彼はこの制度の実行が自身の利益の巨大な損失を意味することを知悉していたが、これに強烈な不満を表さないばかりか、自主的に松方正義との会見を要求し強力な支持を表明し、「金本位制の実施はもとより自身が所有する銀鉱の大暴落を招き、個人的損失は非常に大きいが、国家の長期的な利益のため、私は金本位制の成功を切望する」(17)と述べた。

ところで、資本主義的経営のもとでは、企業同士は本質的に競争関係にあるが、企業がいかにこのような競争関係に対処するかもまた経営理念の違いによって異なる。武士は強烈な進取の精神を持っており、これは企業競争意識を起こさせた。明治維新後、特権制度の撤廃は武士を平民と同様に人生の新たな選択に直面させたが、人口の六％しか占めない武士階級が時代の先端をリードし多くの企業家を生み出すことができたのは、彼らの挫折に甘んじない進取の精神と競争の意識によるものであった。よって、武士出身の企業家の出現に伴い、企業間競争も相当激しいものとなった。しかし、ここで特に注意すべきは官営事業の経営理念を持つ武士出身の企業家の競争に対する認識と態度は一般とは異なっていたことである。彼らにとっては、西洋列強の経済的圧力に直面し、企業自身の生存と発展の主な脅威は国内からではなく国外からくるものであった。よって競争の矛先をまず向けるべきは国内の同業者ではなく国外の企業であり、規模と技術などが外国企業と大きな差がある状況のもとで強大な外国企業と対抗するには、企業間の組織的な連携があって初めて可能となるものであった。ゆえに彼らにとっては企業間の協調を保つことが競争よりもさらに重要であった。まさにこのような理由により、自由競争の意識は、武士出身の企業家の頭の中にはまだ本格的に形成されていなかった。こうして彼らは西洋の企業家のように独占に反対し、自由競争の環境を維持することが何よりも重要であると思うようには至らなかった。またこれと同時に注意すべきもう一つの点は、武士出身企業家が追求する第一の目標は私利ではなく国益であったことである。これは彼らの間の利害衝突を調和させることのできる思想基盤を持たせただけでなく、彼らに企業の売り上げと市場占有率の増加や社会的地位の向上を目指すこと、すなわち国家に対していかに貢献しているかという意識を抱かせるかであった。こうして事実上競争は一種の終わりなき「競技」へと変化した。

前述したように、明治維新後の日本では起業機会は新興産業と先進技術の導入と結びついていたが、新興産業と先進技術の導入のリスクは伝統産業に比べて非常に大きく、企業家は開拓と自己犠牲を惜しまない精神を備え持つことが求められた。そのため、保守的な旧来の商人は相当量の資本を蓄えていたにもかかわらず、新興産業に対する投資態度はかなり冷淡なものであった。一方、武士出身の企業家の態度はこれとまったく異なっていた。経営理念の確立は彼らに巨大な精神力を与えるとともに個人の得失の束縛から解放させ、リスクの大きい新興産業に進んで従事させることとなった。これに関する事例は、非常に豊富である。例えば藩士出身の五代友厚があげられる。早くも明治初期に、彼は日本の染料業が技術の遅れから輸入製品に大きく押されていることに気づき、自分の経営する藍染工場で技術改良を行った。また一八七三年に彼はヨーロッパの染料精製法を導入し、従来の伝統染料を製造する原料で試験製造を行い、上等な国産染料である青靛を生み出し、染料製造業の技術革新を大きく推し進めた。このほか、彼はまた危険を顧みず大量の資金を投じ鉱山とその他の部門の企業経営に従事し、のちに多くの挫折と失敗を経験するに至った。しかし彼は自らの事業目的と利害得失について述べる時、一種の驚くべき自己犠牲の精神を見せている。彼は、「余は生涯決して安逸愉楽を希望せず、且つ天下の貨財は決して之を私すべきものに非ず……余は仮に失敗して産を空くするも、国家国民を幸福ならしむことを得ば、即ち以て余が望み足れりとなすのみ」[18]と語ったのである。

以上三つの側面から国営事業の経営理念の確立が武士出身企業家の経営活動にもたらした影響を考察した。実際にはこの経営理念が生み出した社会的影響は相当広範なものであるが、紙数に限りがあるためここではこれ以上立ち入らないこととする。

3　政商の形成とその財閥への転換

(一)政商およびその形成条件

近代日本の企業家の形成過程と彼らが企業活動に従事する特徴を考察するうえで、政商型企業家の存在は疑うべくもなく研究に値する対象である。日本の研究者は一般的に、政商とは明治期に政府利権との密接な結合を通して、各種の経済権益を獲得した商人企業家と定義している。では、一体政商はどのように生み出されたのか。

明治維新以降、新政府は全力を挙げて諸制度の変革を行った。しかしまた一方で、新経済体制は創設過程にあったため、制度と機構はまだまだ未熟であり、しかも財政基礎も相当脆弱であった。これら多くの自力では克服しがたい困難を民間の力を借りて解決する必要があった。たとえば、政府の財政収入は主に各種税金であったが、明治初期の政府は全国各地から税金を徴収することができなかったため、各地に支店を持つ民間の金融業者に、政府の代理業務を行わせるほかなかった。また、資本蓄積が依然として不足する状況のもと、工業化の開始には株式会社制度と銀行制度の迅速な導入が必要とされたが、株式会社と近代的銀行の創設には莫大な資本が必要であり、手元に大量の資金を握る旧来の商人との協力なくしてすすめるには困難であった。ゆえに政府は民間商人に対し一方では権威でもって圧力を加え、他方では彼らに対して保護と経済的特権を与えざるをえなくなった。こうして両者の間には一種のお互いに利用しあう特殊な関係が形成された。

政商の出現と明治政府の上からの工業化の開始とは密接な関係があるが、政商はこの過程において必ずしも受け身であったわけではない。実際殖産興業の展開に伴い、すでに多くの商人は新しい社会経済環境のもと、彼らの生存と発展のチャンスが政府の施策からくるものだと気づいていた。よって彼らは極力政府の高官に寄り添うことに気を配り自らの頼みの綱を見出そうとした。そして政府高官を通して政策決定に関与することに八方手を尽くし、そこから利益をむさぼった。このように、政商と政府の間に形成された相互関係は、一種の公私混同であった。すなわち、政府の保護を得られるか否かは多くの場合、商人と政府要人との私的関係に基づいて決められるものであった。このような公私混同の関係は政治腐敗の温床となったことは言うまでもない。一方で政商は工業化の過程で重要な機能を発揮したが、他方で彼らはまた常に世論の攻撃と批判の的となった。加えて、政府要人との私的な関係を頼りに事業の発展を追求することは政商自身にとっても大きな危険をはらむものであり、政府内部の派閥闘争およびそれから起こる人事紛争は、常に彼らの運命に大きな影響をもたらす可能性があった。そのため多くの政商はある程度事業を発展させると、経営方針を変更して新たな事業領域を開拓し始めた。

㈡政商の二類型

明治期に出現した政商は、ほぼ二つの類型の商人から転じている。一つは江戸時代に相当量の財産を蓄積した旧来の商人であり、三井がその代表に挙げられる。もう一つは明治維新前後に新たに登場した商人であり、三菱がその代表である。三井と三菱は世に登場する時代が離れているばかりでなく、政商へと転換する過程にも違いが見られる。

三井の創業は一六七三（延宝元）年であった。初代創業者三井高利が最初に開いたのは呉服店であり、その後両替商も始めた。数代の努力を経て、江戸時代の末期には、三井は知らぬ人のない大商人にまで発展していた。倒幕運動勃発ののち、三井は政治の変化を座視し続け、幕府勢が衰えるのを待ち、やがて新政府に従うことを公表したが、新事業に対する態度は曖昧なものであった。だが、新政府の要人井上馨（大蔵大輔）、渋沢栄一（紙幣頭）らは、多くの事業を推進するうえで、また金融の混乱を整理する猶予もなく、さらには政府機能と組織機構がまだ未整備のもとで、三井のような昔日の金融商人の力を借りることが急務であると認識していた。こうして三井への支援と〝改革〟が開始された。

一八六八年、新政府は三井を会計官附御用に任命する決定を下した。翌年には貿易振興と金融安定のため、新政府は三井など商家を組織し株式会社方式で通商会社と為替会社を創設し、併せて三井八郎右衛門をこの二つの会社の社長に任命した。三井は出資に対して頗る疑問を持っていたが、政府の要請に従わざるをえなかった。この二社は事実上ずっと政府の通商司の管理下にあり、官営商人的であったため経営状況は芳しくなく、まもなく失敗に陥った。しかし政府はこれによって三井への援助の手を緩めることはなかった。一八七二年、政府はアメリカの経験に倣い国立銀行（実際には民営株式会社銀行）を創設する決定をし、まず三井をその中に組み込むことを考えた。三井が希望していたのは独自の銀行を創設することであったが、最終的には井上馨、渋沢栄一らの説得に逆らうことはできず、自らの願望をしばらく放棄せざるを得なくなった。こうして三井は小野、島田などと共同出資し第一国立銀行を創設するに至った。その見返りとして、政府は無利息で手中に掌握する官金を運用する許可を与えた。民間の金融業務に限りが見られる当時の状況の中、これらの扶助措置が第一国立銀行の立ち上げに大きな影響を与えたことは言うまでもない。

三井への援助と改革を行う過程において、明治新政府の高官井上馨は終始最も重要な役割を演じた。三井を早急に新しい経済情勢に適応させるため、井上は一八七一年に三井に家業の改革を要求し、経営状況が絶えず変化する呉服商を早急に手離させ、新たな事業分野に取り組ませようとした。呉服商で創業した三井には先祖から受け継いだ事業を手放すことは受け入れがたかったが、最終的には井上馨の意を汲み呉服店を処理し、新たに三越呉服店を設立して和服売買を続けた。一八七三年、井上馨は財政問題紛糾の責任を取って辞職した。下野の期間、彼は益田孝らと先収会社を設立し、主に軍用品、茶葉、貴金属および米などの物資の国内外貿易に従事したが、まもなく政局の変化に伴い、また政界へと返り咲いた。井上は三井の大番頭三野村と協議し、先収会社の業務をすべて三井に託すことを決め、これを基礎として三井物産が創設された。益田孝は継続して経営権を握った。三井物産は当時日本で初めての総合的な貿易商社であり、同社の成立後の事業発展は相当迅速なものであった。この成功は三井の事業近代化の重要な一歩であっただけでなく、明治政府が三井に行った改革が明確な効果を表したことをも意味していた。そしてそれはその後、両者間のさらなる密接な協力の前提条件となった。

三井と比較して、三菱の政商への道はまた別の経路を辿った。三菱の開祖、岩崎弥太郎は土佐藩の地下浪人の家に生まれた。幕末の変動期、岩崎は土佐藩士であった後藤象二郎の信頼を得、頭角を現わし始めた。一八六八年に岩崎は後藤により土佐藩権少参事に任命され、大坂土佐商会の経営管理の全権を任された。岩崎は政商としての才能を開花させ始め、アメリカの商人から銀三〇万両を借り入れ、汽船を購入し海運に従事することにした。岩崎は上司や有用な人物に取り入ることに極めて優れており、大坂土佐商会の責任者の任にある間、土佐藩の権力者が大坂に立ち寄る際には大宴席を設け接待して藩政要人たちの好感を得た。これにより廃藩置県ののち藩営企業を処理する際、低廉な価格で大坂土佐商会の所有する船の払下げを受けることができた。一八六九年、岩崎は土佐開成商社を九十九商会と改称、一八七三年には三菱商会と改称した。三菱成立から二年後には、各種船舶一一艘を擁して、大阪から土佐、横浜から神戸および博多、伊勢、瀬戸内海の航路を開通させ、日本海運業のパイオニアとなった。しかし、三菱がその後一挙に日本海運業の覇権的地位にのし上がれたのは、政府の強力な扶助があったからである。

一八七四年、日本政府は台湾出兵を決定した。当時、米国のパシフィックメイル社は中立を理由に海運業務を請け負うことを拒み、郵便蒸気船会社もこの種の軍事物資運輸を請け負うことに対する態度は相当消極的なものであった。

これは政府を瞬く間に焦燥させるに至った。岩崎は敏感にもこの得がたい発展の機会に目をつけた。そこで大久保と大隈との関係を利用してすべての海上業務を独占し、併せて政府が巨額を投じて外国から購入した一三艘の大型汽船の使用特権を獲得し、そこから大きな利益を得た。日本の台湾出兵の後、明治政府は岩崎の功績に報いるために、一三艘の大型汽船を継続して岩崎に使用させることを決定し、これにより三菱の実力は大きく増強された。

事業規模の迅速な拡大に伴い、三菱はさらに利益を追求する意欲を示していった。一八七五年、三菱商会は三菱汽船会社と改名し、岩崎は社長を務め、競争の目標を直接欧米の汽船会社に向け始めた。この新たな戦略は早急に海運自主権を確立するという政府の方針と完全に一致したため、内務卿大久保利通らの強力な支持を得た。同年九月、大久保の建議に基づき政府は「第一命令書」を下し、台湾出兵時に岩崎に割り当て使用させた船舶を、付属の各種機械とともにすべて無償で岩崎に供与する決定をした。また毎年、郵便汽船三菱会社に二五万円の資金と一万円の船員訓練費を補助する決定をした。その後、政府はまた巨額を投じてパシフィックメイル社の船舶および同社の横浜、神戸、長崎、上海における建物と財産を購入し、三菱の最大の競争相手を排除する手助けをした。一八七七年に西南戦争が勃発すると、西郷隆盛の反乱を鎮圧するため、三菱と政府は緊密な連携をとり上海、香港で使用する船舶以外の船舶すべてを政府の軍事物資と人員輸送のためにあてがった。この戦争を通して三菱は再び莫大な利益を得、その純利益は一四〇万円にも上った。資産総額は六三二万円となり、汽船三六艘を所有し、総トン数は二万五六三四トン、三菱以外の汽船会社総トン数の四倍にも相当し[19]、日本全国にその名を轟かす「海運王」となった。

これからわかることは、三井財閥の形成とは対照的に、三菱財閥は成金であるということである。岩崎は無名の徒から誰一人知らぬもののない海運王となるのに、わずか一〇余年しか要さなかった。彼は三井のように継承しなければならない家業もなく、あるとすれば創業者精神と個人の財産をできるだけすばやく蓄積するという意欲だけであった。よって新しい事業に従事するに際して受動的で保守的な三井のように随所に及ぶ政府の庇護は必要なく、あらゆる危険を恐れず常に政府の殖産興業の動向を窺い、積極かつ能動的に政府との付き合いと協力の中から富を築く機会を探し出すという一種独特の時代適応性を有していた。しかしもう一方では、三菱は三井との共通点も多かった。すなわち、三菱内部では岩崎は封建家族主義的経営路線を実行し、一族の企業資産に対する完全占有を維持していた。それは強烈な閉鎖性と排他性を持っていた。この共通点は三菱と三井が最終的に行きつくところは同じとなることを決定づけ、両者はともに財閥への道を歩むこととなった。

㈢政商から財閥へ

政商と同様、財閥もまた極めて日本的特色を持つ概念である。長い間、日本の経営史研究者は財閥の定義を巡って議論を続けてきたが、しかし、どのような観点を取るにしても、いずれも財閥の形成と政商とが極めて密接な関係を持っていることは否定していない。

財閥の特徴の一つは経営の多角化と資本の莫大さにある。これについては、三井、三菱など大政商は明治初期にすでに財閥への転換過程を歩み始めたと言える。しかし総じて言えば、明治初期の三井と三菱はまだ財閥と呼ぶには早い。なぜならば彼らの実力は全体的にまだ限りがあり、しかも官営企業の存在が彼らに国民経済を左右しうるほどの力を備えさせなかったからである。しかしながら、官営企業の処理に伴い、政商から財閥への転換への第一歩を踏み出した。その一つは官営企業の安価な払下げが三井、三菱に莫大な実益をもたらし、資本規模の増大と、優良な鉱山資源を獲得するに至ったことである。三井は新町、富岡の二カ所の製糸工場を得たばかりでなく、かねてより待ち望んでいた三池炭鉱を獲得した。三菱は佐渡金山、大葛金山、生野金山、高島炭坑、油戸炭坑、長崎造船所などを獲得した。これらは彼らの経済的な実力と経営多角化が大きく飛躍し、量と質の面で明らかな変化が現れたことを意味する。二つ目は、政府の鉱山およびその他の生産領域などからの撤退が、少数の大政商たちの経済的な地位を大きく引き上げ、彼らの独占的地位の形成に必要な環境を提供したことである。こうして官営企業の処理後、政府とこれら大政商との間に元来あった支配者と被支配者との関係に明らかな変化が現われ、政府の絶大な地位は低下し、大政商の経済と政治における発言力は日増しに大きいものとなった。このような状況は、これら大政商たちが事実上すでに財閥とほぼ変わりなくなったことを示している。それはただ羽毛がまだ生えそろっていなかっただけにすぎないのである。

財閥組織のもう一つの特徴は外部資本の導入を排除し、家族資本の絶対的な占有と管理を維持する点にある。この占有と経営上の閉鎖性は明らかに新たに生まれた経済現象ではなく、旧商家の封建的家業意識と経営理念の中からその歴史的起源を探ることができる。このことから、家族資本が企業を統治するという既定方針が変わりさえしなければ、資本規模の増大と経営多角化の絶え間ない進展により必然的に生み出される結果こそが財閥の形成となる、と理解することができる。理論上から言えば、家族資本統治を堅持するという濃厚な封建的色彩を持つ企業組織は、客観的に事業の発展に有利であるとは必ずしもいえない。しかし、実際、三井と三菱の明治期の発展過程から見ると、紆余曲折はあったにせよ、全体的に事業の発展は制約されてはいなかった。では、一体なぜそうであるのか。次にみるように、その原因は必ずしも政府による強力な扶助にあるのではなく、専門経営者が財閥企業に早期に出現した点にあると考えられる。

4　専門経営者の早期出現とその企業経営における役割

(一)専門経営者の早期出現とその特徴

近代日本経営史のうえで、専門経営者の早期出現は十分注目に値する現象である。これについて、中川敬一郎はかつて次のように述べた。「三井、三菱、住友いずれもその資本の所有関係では完全な家族企業であったが、その経営には企業に持分をもたない経営者が重要な役割を果たしていた。……財閥家族の成員ではない実業家たちが、経営のトップやミドルの重要意思決定に参加していた。このことは、産業革命開始後一世紀あまり、家族メンバーの所有経営者が経営の全権を掌握していたイギリスやアメリカの場合と比べて注目すべき特色であり……[20]」。

一般的に、専門経営者の出現は主に株式会社制度の確立と普及に関連する。維新後、明治政府は積極的に株式会社制度の導入と普及に力を入れたが、これは専門経営者の早期出現に制度上の条件を作り出した。その一方、専門経営者を起用することに対する財閥企業の態度も相当積極的であり、第一陣の専門経営者が頭角を現わす重要な舞台にさえなった。これは確かに特殊な現象であり、その発生は多くの要素によって促されたものである。まず、歴史的に、江戸時代の大商家はいわゆる「番頭」制を、すなわち日常の経営事項をすべて家族と血縁関係のない管理人に委託していたことがあげられる。その目的は家族内経営による人材欠乏が家業の衰退を防ぐためであったが、このような伝統的経営方針は専門経営者の形成に十分役立つものとなった。次に、明治期の企業家活動のチャンスは主に新興産業部門の開拓と西洋先進技術の導入からくるものであったが、それは一方では企業家に必ずといっていいほど高度な管理と技術知識を有することを要求したから、専門経営者の早期出現は理にかなうものであった。たとえば、銀行を興すことは明治初期においては最も利益が見込める事業であった。しかし、近代銀行はその規模においてもその職能面においても、旧時代の金貸し、両替屋とは比較にならないものであり、経営者は十分な組織管理能力を備えることに加えて、近代銀行業務知識に系統だった理解を持つことも求められていた。このような状況の下では、知識と能力が相対的に限界のある家族構成員だけでは銀行業務の正常な運営を保証できないのは明らかであった。こうして外部の人材を引き入れ、銀行の経営と管理を家族構成員ではない専門経営者に委託することは自然な成り行きであった。

専門経営者の早期出現は日本の近代企業発展の客観的需要に合致していただけではなく、個人的な条件も影響していた。明治維新後、文明開化の旗印のもと、日本では上から下までの教育の普及と、近代企業発展のために人材を育成することが重要視されていた。この方面において、福沢諭吉の創設した慶應義塾と渋沢栄一が組織化に協力した東京商法講習所およびのちに政府が創設した帝国大学はいずれも十分重要な機能を発揮し、企業のために専門経営者を育て送り込む重要な基地となった。森川英正の明治期財閥（三井、三菱、住友、安田、古河、大倉、浅野、藤田）における専門経営者の考察によれば、五六名の専門経営者のうち、高等以上の学歴を有する者（慶應義塾、東京商法講習所と各帝国大学卒業生）は三一名、留学および海外視察の経験のあるものは三二名、中等学歴を有するもの（商船学校、商業学校など専門学校卒業生）は一五名、武士階級出身者は三五名であった(21)。これらの数字から明治期の専門経営者たちの学歴は相当高いものであることがわかる。これらの人々は近代企業の管理知識と技術に通じていただけでなく、同時に思想的にも開明的であり改革と新しいものを生み出す精神に富み、旧時代の商家の大番頭とは本質的に異なっていたのである。

(二)三井の成長と専門経営者

近代日本の企業形成と発展過程の中で、専門経営者は終始極めて活力のある存在であった。彼らは資本家ではなく雇用された企業経営者であるが、財閥企業あるいは非財閥企業といえども、彼らの存在が企業の興亡と命運を握っていた。この点に関しては三井の旧商家から政商、そして財閥への転換過程にかかわった専門経営者の姿が、最も代表的な事例である。

明治維新以後、激しい社会変革の渦中にあって商家経営は前代未聞の試練に直面していた。何代にも及ぶ努力を重ねて巨万の富を蓄えてきた大商家の中で窮地に陥ったものが少なくなかったにもかかわらず、三井がその難関をしのぐことができたのは大番頭三野村利左衛門に負うところが大きい。三野村は一八七三年から三井大元方に家政の全権を担うよう命じられた。大元方総裁に就任後、三野村は二つのことを実行した。一つは呉服店の恒常的な減収と官金取扱業務の大幅な増益の状況から三井家の事業内容に断固とした改革を加える一方、両替店、御用所（官金業務代理）の金融業務を改革し、第一国立銀行への出資を積極的に主張すると同時に三井銀行設立の準備をしたことである。他方で三井大元方に政府の提案を受け入れるよう説得し、創業理念の束縛を打ち破り、呉服店の経営から商品貿易の経営に転換して三井物産を設立し、三井の旧商家から近代企業への転換を成しとげた。もう一つは三井家の事業方針を大胆に改革したことである。三野村は、三井の家業の繁栄を継続させるためには必ず次のような方針を明確にしなければならないと考えた。すなわち「三井の家産は三井組に所有されるべきであり、三井の姓を持つものにあるべきではない」[22]ので主人と従業員の主従関係を改めるべきである。そして主従双方が心を一つにし、どちらも「社員」の資格で三井の事業に参与すべきである、と。三野村のこの主張は三井家の反対に遭ったが、政府の大きな支持を得、一八七四年に制定された「大元方改正条目」と「大元方規則」に採り入れられた。これにより、被雇用管理人員の経営上の地位の向上に大きな影響を与え、三井が近代企業へと転換する道が拓かれた。

三井の近代企業への転換に大きな貢献をしたもう一人の重要な人物は中上川彦次郎である。中上川は一八五四年に中津藩藩士の家に生まれた。母が福沢諭吉の姉であった関係から中上川は一六歳の時上京し慶應義塾に入塾、その後またイギリスに留学すること七年に及んだ。帰国後は工部省に入省し、その後、時事新報や山陽鉄道の社長に就任した。一八九一年井上馨の推薦で、中上川は三井銀行の常務理事およびその他の重要職務に就くこととなった。西洋の経済合理主義の影響を深く受けていたため、中上川は企業経営上の独立性と合理性と工業生産部門の発展を非常に重視していた。それゆえ三井に入った後、彼は企業経営の近代化と工業化を目指し三井の事業の改革を行った。その第一は、三井銀行が長期にわたり請け負ってきた官金取扱業務をすべて政府に返還することを決断したことである。これによって両者の関係をはっきりと区別し、長年蓄積されてきた不良債権を徹底的に整理し、欠損状態にあった支店を閉鎖した。第二は、三井の事業の中核を金融、商業から工業生産部門に転換したことである。まず芝浦製作所を買収し、その後また三井銀行内に工業部を設け、芝浦製作所、富岡製糸工場、新町所、前橋紡績所などの工場を工業部の管理下においた。また鐘淵紡績会社と王子製紙会社の株式を大量に購入し、事実上この二社を三井に属する会社とした。第三は、有能な人材を大量に選抜採用し、三井の持続的な発展に不可決な条件を整えたことである。第四は、三井の組織改革である。三野村と同様に、中上川は、三井財閥の法人化や、所有権と経営権のさらなる分離を主張し、経営者の管理部門における主導的地位を確立する一方で三井家内部の事業関与を制限しようとした。家族構成員と雇用経営者からなる三井家臨時評議会を設け、これを経営戦略決定機関とした。この一連の改革措置から見て取れるように、中上川の追求する目標は明確であった。すなわち従来の政商経営路線から抜け出し、徹底的に三井の家業体制を改造し、日本式の「コンツェルン」にしようとしたのである。中上川が主張したこれらの改革は三井家の抵抗によって最後まで推し進めることはできなかったが、三井の近代企業への転換に大きな影響を与えたことは疑い得ない。

以上、三野村、中上川の二人を例として、簡単に専門経営者の近代財閥企業形成と発展の過程における役割を説明してきた。十分に明治期の専門経営者のイメージを描き出せたわけではないが、専門経営者が近代企業家の中の新興勢力として台頭してきたこと、そして彼らの最大の特徴は能動的に時代の潮流に適応し、制度改革と創造に対する情熱と実践精神に満ちていたということがわかる。彼らはさまざまな抵抗や困難に直面し、改革と創造にありがちな挫折や失敗をも経験した。しかしまさに彼らの早期出現によって、企業制度改革と技術革新が日本では一般的となり、それによって工業化を実現させる歩みを大きく速めることができたのである。

5　指導者型企業家と商工庶民型企業家について

(一)指導者型企業家について

日本の近代企業家の研究では、企業活動のうえで明らかに他国と異なった企業家が重視されている。日本の経営史研究者は一般に、彼らを指導者型企業家と呼んでいる。少数派であったとはいえ、彼らの出現は日本が上から下への社会変革を実現させる流れに応えたもので、工業化の過程を進めるにあたり非常に重要な役割を果たした。

指導者型企業家の存在は近代日本の企業家の特徴的な点だといえる。他国の企業家と異なる特徴を四点あげよう。第一は、彼らは主にかつて明治政府の中で重要な職務を経験したことのある人物であったことである。彼らは西洋諸国の事情に通じる一方、強い国家意識を抱いており、官職を捨て商業に転じた目的は個人の利益のためではなく、富国強兵を実現させるためであった。そして自らの実際の行動により官尊民卑という封建的伝統意識を打ち破ろうと試みた。第二は、彼らは明治政府要人との間に緊密な関係を維持し、明治政府の制定した各種政策に深い理解を示していたことである。それゆえ彼らは、主体的に工業化の組織者であるという使命を担い、より多くの人が近代企業活動に従事できるよう努め、かつ明治政府と商工業界間の関係を緊密化させることを自己の企業活動の重要な職責とした。第三は、彼らは熱心に西洋先進技術と近代企業制度を導入したことである。その企業活動の及ぶ領域は相当広く、直接または間接に関与、創設した企業は相当数にのぼり、工業部門の近代化を推し進める過程において大きな役割を果たした。第四は、彼らは企業活動に従事するとともに、人材を育て実業道徳を高めることを重視したことである。彼らは多くの価値ある実業思想を育み、工業化の思想啓蒙に幅広く貢献した。

以上に述べた指導者型企業家に備わったいくつかの特徴から、近代日本の工業化過程における彼らの地位と役割は、他の企業家とは比べることも取って代わることもできないものであったといえる。彼らは近代日本が工業化を実現させる際の功労者であり、本書が考察、分析しようとする中心人物渋沢栄一はまさにこの種の企業家の典型的な代表であった。

(二)商工庶民型企業家

ここまで武士出身の企業家、政商型企業家、専門経営者および指導者型企業家についてそれぞれ考察と分析を進めてきたが、近代日本の工業化と企業家形成の歴史は彼らによってのみ作り上げられたものというわけではない。明治期企業家の構成比率を見てみると、商工庶民型企業家が常に上位を占めていた。彼らの存在は資本主義生産方式が確立するための必要条件であるだけでなく、同時にまた工業化が広範に普及した重要な意味をもつ。

商工庶民型企業家は主に商人、手工業者および農民等の社会階層出身であった。一八五三年日本が開国を迫られると、社会は混乱と動乱の状態に陥り、特権商人は流通ルートを制御する能力を失って苦境に立たされた。しかしその一方、この前代未聞の変化はまた封建経済勢力の束縛から抜け出せなかった農工商階層に、新たな経済活動に従事する機会をもたらした。こうして、中下層の武士階級が政治変革の目標を完成させようと奮闘する中、農工商階層の中で新しいチャンスを掴み取るのに長けた人々は先手を取り、新しい事業に身を投じ始めた。彼らの多くは創業精神に富んでいた。それゆえ輸出入貿易や金融など当時変化が最も激しかった領域で活躍し、裸一貫から身を起こし苦労を重ね創業するなど多くの逸話を残した者もいた。

明治維新の後、上から下への社会変革の展開は近代企業家の形成に大きな影響を与えた。これら新たに出現してきた商人の中で、一部はすでに事業基盤と一定の実力を持っており、それにより明治政府の扶助を受けることができた。彼ら自身も新しい発展のチャンスは新政府の要求に応ずることと密接に関係があると明確に意識していたため、政商型企業家への道を歩み始めた。しかし彼らの多くは政府方面の特別の扶助や「恩恵」とは無縁であり、主にそれぞれの市場変化に対する洞察力と危険を恐れぬ創業精神とに頼っていた。したがってその生成と発展の過程はその他の企業家と比較してより困難と曲折に満ちており、企業活動の内容にも独自の特徴があった。たとえば、資金力が比較的弱いため、彼らの大部分の企業活動は主に在来産業部門と紡織、製糸など技術水準が相対的に低い工業部門に集中し、企業規模も小さく、経営内容も比較的単純なものであった。しかしこれら在来産業部門と綿紡織製糸工業部門は当時いずれも日本の輸出産業に属しており、その企業活動は日本が外貨を獲得するうえで大きな貢献をなした。また、彼らの多くは地方都市や農村各地に分布しており、在地の資源を開発利用していたので事業内容は比較的強い地方的色彩を持ち、地方経済の振興と発展に重要な役割を果たした。しかしその一方で事業拡張と資本蓄積が一定の制約を受け、最終的に失敗に終わった例も少なくなかった。だが留意すべきは、商工庶民型企業家集団の発展過程から見てみると、その全体規模は絶えず拡大していたことである。このことは彼らに一種不屈の創業精神があること、しかも彼らは日本の工業化の舞台に欠くことのできない役割を持っていたことを雄弁に物語っている。

第3節　アヘン戦争前の中国社会構造と商人

一八四〇年に発生した中英アヘン戦争を歴史の転換点として、中国社会は「一夜にして」半植民地、半封建社会へと転じた。アヘン戦争の前、中国の封建社会は二千年近く続いていたが、一体どのような遺産を残したのであろうか。また、アヘン戦争前の中国は一体どのような社会状況の下に置かれていたのであろうか。

1　清朝の経済基盤

秦の始皇帝は中国を統一したのち、分封制を撤廃し、「国内を郡県とし、法令を統一する」ことを治国の策とし、皇帝を最高権威とする中央集権式封建統治体制を確立した。その後、この封建統治体制は数代の王朝の変遷に伴い徐々に強化され、完成されたものとなり、明朝の頃には極めて成熟したものに発展した。一六四四年、清軍が入関し、満族貴族統治者が中国全体を統治する権利と地位を得たが、新たな王朝である清朝は依然として「漢族地主階級の文化とその政治統治方式を受け継いだ[23]」中央集権統治体制であった。

歴代封建王朝と同様に、清朝中央集権封建統治の社会経済基盤も小農経済であった。だが清朝時代の小農経済は形式上江戸時代の日本とは異なるが、これは主に土地制度の違いに現われている。幕藩統治体制のもと、小農とは土地所有権を有し大名に年貢を納める義務のある「本百姓」のことであった。しかしこの種の所有権は条件のつくものであり、承認されるのは土地の世襲占有と使用権だけで、自由売買権があるわけではなく、事実上土地の所有権は売買を禁止されていた。厳立賢がその著書『日本資本主義形体研究』で論述しているように、この制度の存在は江戸時代の土地譲渡と流動化を「質地」の方法のもとでのみ行わさせるものであった。すなわち再生産能力を喪失した「本百姓」が質入の方法で土地を裕福な「本百姓」に譲渡し、その結果前者は徐々に質地小作と零落し、後者は質地地主へと転じたのである。ここで注意すべきは、この種の変化は小農経済条件のもと両極分化を必然的に招く現象であるが、幕藩統治体制にとっては体制を脅かすものであったことである。なぜなら質地地主の出現は幕藩領主と「本百姓」の間に第三者が現われたことを意味し、幕藩領主の農民に対する統治と搾取は間接的なものとなり、元来覇権を握っていた政治と経済利益はにわかに侵食を受けることとなったからである。よって幕藩領主は事実上この新興地主勢力の形成を阻止することができないにもかかわらず、質地地主の土地占有拡大の合法性を一切承認しなかった。しかも「質地地主と質地小作が〝地代〟交付時に紛糾が発生した際、統治者は常に迷うことなく質地小作の利益を保護した」[24]。

それに対し、中国の土地所有関係は日本のように複雑ではなかった。秦漢以降土地はすでに売買ができ、しかも法律制度の保護を受けていた。この制度の早期の確立は、地主階級の形成と拡大化の条件を作り出した。それゆえ中国の小農経済と地主経済の結合は特に密接なものとなり、地主経済と地主階級抜きでは中央集権統治の特徴を説明できないほどとなった。なぜなら中国の封建地主階級の身分は貴族地主、豪族地主と一般地主に分けることができるからである。貴族地主は主に皇族であり、大量の「官田」を所有しているばかりか、特権を盾に農民の土地を奪うことができた。豪族地主もその多くは名門官僚であり、しばしば政治権力と宗法勢力を利用しあらゆる名義で農民の土地を占有する土地所有者であった。それに対して一般地主は大まかに二つに分けられる。一つは商人地主であり、主に商業で得た財産で土地を大量に購入した。もう一つは農民層の富裕階級が転じたもので、占有する土地は限定的であった。これにより、土地所有権が自由に売買できる前提のもと、商人、農民など本来平民百姓に属する階級でも地主階級の一員となることができたので、彼らが地主となったのち皇帝、貴族や官僚と利益上の共通点が生まれた。日本の質地地主と領主の間にあるような矛盾は存在しなかったのである。その一方、土地所有権の自由売買は、土地が地主階級の手中に集中する過程を大幅に推し進め、農民が土地を失う現象に拍車をかけた。それにより農民と地主階級との土地を巡って展開される闘争が中国封建社会の主要な矛盾となるに至った。清朝になっても、この種の社会階級状況と土地所有関係上の矛盾はそれほど変化がなかった。王侯貴族あるいは官僚、商人といえども、土地占有拡大に対する欲望は依然強烈であり、土地が地主階級に集中する勢いは強まり続けた。これは皇帝を頂点とする地主階級と農民階級との対立と衝突を回避できない状況を招いた。

土地が際限なく地主に集中することは、地主経済を中国小農経済の代表的な特徴とした。すなわち、占有した土地を農民に貸し出し耕作させるというものである。こうして租税負担の軽重が社会発展状況を決定づける基本要因となった。しかしながら中国では、農民の租税負担は一貫して極めて重いものであり、明清時代になってもほとんど変化はなく、租税率は同時期の日本よりはるかに高かった。厳立賢の研究によれば、日本の平均年貢率は三五%以下であったのに対して中国では朝廷に納める賦税（小作農は無税、地主が納税）が収入に占める比重はそれほど高くはなく、明清両代でも二〇%を超えなかった。しかし借地耕作する小作農（清朝後期南方の小作農は当地の全農家数の五〇～六〇%を占め、北方は約三〇～四〇%を占める）が納める租率は賦税率より大幅に高く、一般では五〇～六〇%、富裕地帯では常に七〇%以上であった。[25] このように高い地租率は農民がいったん土地を失い小作農になってしまうと、貧困の深淵から這い出せる日が永遠に来ないことを意味していただけでなく、同時に土地は最も有利な投資対象だと人々に悟らせ、商人を絶えず地主階級に転換させることを促した。このように土地所有権の流動化という本来商品経済発展に有利な要素が、封建経済体制瓦解の過程においては正常な役割を発揮することが困難となってしまっていたのである。

2　清代商品経済の発展水準

中国封建時代の社会経済基盤は、個別小農業と家内手工業が緊密に結びついていることを基本的特徴としていた。農民は自ら消費する農産物だけでなく、生活するうえで必要とする多くの手工業品をも生産していた。他方、地主と貴族は農民から搾取した地租については主に自己のために使用し、交換に使う部分は相当限りがあった。これは商品経済の形成と発展を遅らせた。しかし明末清初になると、自給自足経済体制の衰弱と瓦解はすでに明確に現われてきており、以下で見るように商品経済はある地域ではかなり発展してきていた。

第一に、手工業と農業の分離が独立した手工業業種を形成した。たとえば江南地域では、民間絹織物業はずっと農民家内工業に頼っていたが、明清期になるとこのような状況に明らかな変化が現われ始めた。当地の県誌にはたとえば「絹を多く織り利益を得、それに従事する民家は七千家に達し、農業は行わない」、「織機を田とし、梭を耒となす」、「家々が機を織り、その専業者は万戸のみならず」といった類の記載が多い(26)。これは当地ですでに大量の絹織物手工業者が完全に農業を離れて専門商品の生産者となっていたことを示している。清代初期、官庁は「機織戸は百張を超えるべからず」と規定していたが、この規定により当時の絹織手工業生産者の規模が絶えず拡大し、相当な数に上っていたことがわかる。

第二に、農業生産内部の分業に明らかな発展があった。清代中期、商品作物の栽培はすでに普及し、江蘇、浙江、河南、山東、湖北などの地域はすでに綿花の重要産地になっており、専門に綿花を栽培する農民さえ現われた。たとえば松江、太倉、通州などの地域では、各村の稲作農家は二、三割を超えることはなかったが、綿花を栽培するものは七、八割いた。こうして「毎年の食物はすべて商人の供給に頼る」といった現象が出現した[27]。綿花のほかに、煙草や茶葉などの経済作物の栽培も伝播が早かった。煙草ははじめ福建で栽培され、清代中期以降は各地に広がっていった。茶の産地は主に安徽と湖南であり、広東や四川などでも茶葉の栽培は急速にすすんだ。

第三に、小都市が大量に出現するのに伴い、地域性商品の流通市場も徐々に発達した。段本洛の研究によれば、清朝以降、特に康熙、乾隆時代になると、蘇南地区の小都市の数はすでに相当な数にのぼった。蘇州府管轄区域内の小都市は明朝期には四八市三五鎮、乾隆期になると六〇市七三鎮に増加した。松江府でも市鎮の数は明末の六十数個から乾隆期の百十数個にまで増加し[28]、ほぼ二倍となり、規模の上でも明らかに拡大した。明朝期、鎮が有する住民は一般的に三、四百戸ほどであったが、清朝期になると三、四千戸ほどにまで増加した。盛沢鎮などは、明朝嘉靖時代には「住民百戸」の小都市であったのが、明末から清の初めにかけては「住民一万余戸」の大都市となり、乾隆時代になるとすでに「商人輻湊し、万家に炊煙立ち、昔の百倍」という状況になった[29]。「貿易の所を市と呼び、市の大きなものを鎮と呼ぶ」といった当時の人の市鎮に対する理解によれば[30]、市鎮は明らかに手工業が相対的に集中する場所であるだけでなく、同時に手工業製品の集散地の役割も担っていたといえる。たとえば呉江県の盛沢鎮は明末時には絹織物の集散地であったが、清の乾隆年間には遠方にまで名の知れるほどに発展していたという。

以上いくつかの側面から簡単にアヘン戦争以前の長江デルタ地区の商品経済発展状況について述べてきた。こうした状況を踏まえて、中国の経済史研究者は一般的に、アヘン戦争前の中国の少数先進地域における商品経済の発展水準は江戸時代末期の日本と比べそれほど遅れていたわけではなかったが、その発展はきわめて不均衡であり、北方と内陸の絶対多数の地域は、総体的には明らかに同時期の日本に及ばなかった。厳立賢の研究によると、中国の食糧商品率と綿布商品率はそれぞれ一〇・一％、五二・八％であるが、日本の同商品率はそれぞれ一五～二〇％、六三・

七％である。[31] 中国の食糧商品率に対する厳立賢の推定は従来多く引用された呉承明の推定より高いが、それでも日本より五～一〇％低い。

3　アヘン戦争以前の中国商人

中国封建社会と同様に、中国商人の歴史もそれほど変わることはなかった。中央集権専制統治のもとにあっても、重本抑末（農業を重んじ、商業を抑える）という思想は長く歴代統治者の治国の大計とされ、商人は社会からの差別を受け続けていたが、彼らの存在は社会にとって必要不可欠なものでもあった。そして明清期になると商品経済の発展を背景とする、商人集団の急速な拡大は中国社会の最も重要な現象の一つとなった。

(一)販商の勃興とその特徴

販商（仕入れ商人）とは品物を仕入れてよそへ売ることを職能とする商人のことである。販商の特徴は移動をしながら商品を売買するので、行商とも呼ばれる。移動範囲の違いにより、販商は遠距離販商、中距離販商と短距離販商に分けられるが、販商の中でも遠距離販商の地位が最も重要であり、彼らこそが販商の特徴と性格を最もよく表わしていた。

中国の販商と西洋の行商の商品流通における役割はそれほど大きな違いはないが、他の商人と比較して、これら遠距離貿易に従事する商人は大きな資本を拠りどころとし、その事業は危険も大きく利潤もまた大きいという特徴を持っている。また商品経済発展が緩やかだったが、中国の遠距離販商の活動は明清時代以降に初めて活発になった。また、明清期の史料や文献には遠距離販商の活動状況を記載したものが相当ある。たとえば南北行商は「一千億の資金を携え、山々を東西に、関所の内外に、馬を駆り、日夜奔放、凍った河を渡り、長江を越え、野宿をし、蘇州常州に至る」[32]、「行商は資金を携え世間を渡り、下は武漢、上は四川、塩、鉄、油、魚塩の利は多く、舟の行き交いは絶えることなし」[33]と記載されている。これらの記述から行商の資金規模は相当なものであったこと、活動範囲が全国中に広がったこと、さらには仕入れ販売する商品の種類もとても豊富であったことが窺える。

前述したように、日本の江戸時代では近江地域に行商が多く出たが、近江商人の足の及ばぬ所はなく、その名は全国に知れわたっていた。それと同様に明清期の中国の行商の筆頭に挙げるべきは山西商人であり、彼らは中国行商の典型例であるとみなされていた。興味深いのは、山西商人と近江商人の間に類似点を多く見出せることである。上村雅洋はその著書『近江商人の経営史』の中で、以下のような指摘をしている。近江地域に行商が多いのは、主に近江が日本で人口が多く土地が狭少な地域に属しているため、庶民は農業と漁業だけに頼っては生存していけなかったからである。地理的条件から見ると、近江は日本のほぼ中間に位置し、しかも当地は麻布、蚊帳、莫蓙、漆器、薬剤、茶などの特産物に恵まれていた。また歴史的に商売で成功した人物を多く輩出し、さらに多くの人が行商を志すうえで先導的な役割を果たした[34]。張正明は山西商人の勃興原因について同様の点を指摘している。彼によれば、山西は中原と北方遊牧民族地域との物資交流の要所に位置し、地理的条件で恵まれていた。また塩、鉄、石炭を産出し、商品の仕入れ販売に従事するうえでの条件が整っていた。さらに山西南部は土地が狭く人口が多く、商売は生きていくための手段であった[35]。ここから、日本の近江商人にしても中国の山西商人にしても、彼らが故郷を離れ外に出て商売をしたのは、人口が多く土地が狭少という自然と人との間の地理的位置、自然条件と密接な関係があることがわかる。注目に値するのは、二人の研究がともに封建統治体制と政策の行商に対する影響を強調していることである。張正明は明朝初期に実行された開中制が山西商人の勃興の契機を作ったとしている。開中制とは統治者が軍事目的のために創設した一種の商人誘致代理販売制度のことであるが、明朝初期中国北方の辺境には大量の軍隊が駐屯しており、政府は財力物資ともに限りのあるため兵糧の供給問題が深刻であった。明朝政府は商人の力を利用して兵糧を辺境地帯に送るため、この任務を望む商人に、塩販売に従事する専売特許（塩引）を発行することにした。山西は地理的に辺境地帯に近いため、この地の商人たちは開中活動に従事することに積極的であり、多くの人物がこれを機に財産を蓄え、各種商品（絹、鉄器、茶葉、綿花、木材など）を仕入れ販売する大商人へと発展した。また上村雅洋の研究も政治体制の変化の側面に触れている。上村は近江地域は藩主の交代が頻繁で、土地領属関係が複雑であり、藩主の変化は常に政策上の変化をもたらしていたこと、城下町の発展はその影響を受け、商人が地域外に出て商売することを促したと指摘している。山西商人と近江商人が外に出て行商する具体的背景と契機は全く同じというわけではないが、彼らの商業機会に対する理解と選択には相当の共通点があったといえよう。

活動範囲から見ると、明代に山西商人は南北の交易を開始している。清代になると、その行商の足跡はすでに全土に及ぶほどになっていた。「北京、天津、張家口、漢口、南京、蘇州、広州などの商府はどれも彼らの活動が比較的集中する場所で、同時にまたその足をロシア、日本、中央アジアにまで伸ばした[36]」。この点において、日本の近江商人の行動範囲はかなり限られていた。彼らは幕府の鎖国政策のために一八五三年以前には国外に出たことがなく、島国であったため、商業活動は中国のように簡単に隣国へ往来できなかった。それに対して山西商人は行商活動範囲が広いため、商業機会に恵まれ、資本蓄積の速度と規模は日本の近江商人とは比較にならないほどであった。たとえば山西祁県の巨大商人渠家は明の初めから小規模な仕入れ販売を始め、村々を駆け巡る「小間物担ぎ」をしていた。歳月を経て一定の蓄えができたのち、包頭一帯で食用油と茶葉類の行商を始めた。清朝乾隆嘉慶年間になると、渠家はまた二つの大きな茶荘を開き、湖北より紅茶を仕入れて西北各地およびモンゴル、ロシアに販売し、財産は日に日に増していった。渠家の伝承によれば、渠映璜が逝去した頃には銀一二〇万両を有し、津々浦々に名の知れわたる巨大商人となっていた。しかも渠家のような「山西の長者、巨万の富を有するものは一つにはあらず」と言われている。しかし日本の近江商人の資本蓄積と規模は相対的に限りのあるものだった。近江商人の中でずば抜けた存在であった初代伝右衛門家は一六四五年前後に父に従い商売を始め、越後地域を中心に雑貨や菓子を仕入れ販売した。彼は典型的な行商出身であり、徐々に頭角を現わし、経営する商品の種類は増え続け、併せて漁業と海上運輸を経営し始め、江戸時代には当地で有名な大商人となった。蓄積した資金も近江では指を数えるほどまでになったが、史料によると、一八六〇年に達した資産銀一一万両は[37]、山西商人渠家には及ぶものではなかった[38]。

山西商人が関わる市場は近江商人よりも広かったため、蓄積した財産も近江商人よりもさらに莫大なものであった。しかし、経営方式について言えば両者にはそれほど大きな差異はなかった。岩崎継生は『大同風土記』の中で、「山西商人は、元来の近江商人のような商道に対する機敏さと持久力をもっており、……両者の商業組織とその他の所にはほぼ違いがなく、同じく単独経営と共同経営の二つの形式を持っている。単独経営は日本の状況と似ており、共同経営者には財東（資本家）と掌櫃（営業管理）の区別がある。商店の営業権は掌櫃に委託し経営管理させる。店内にはほどよく小掌櫃と伙計（店員）を配置する[39]」と指摘している。当然、このほかにも山西商人と近江商人には共通した部分がある。第一に、事業がある程度発展すると、各地に支店（分号）を設け、ネットワークを構築した。一例をあげれば支店の管理人と店員はすべて山西人であり、経営上ではほとんどが独立採算であった。そして山西にある本店（総号）と緊密な業務関係を保ち、本店の指揮に従って常に書簡で経営状況その他の情報を報告するとともに、山西に業務報告をするために定期的に里帰りした。つまり山西は彼らにとって本拠地なのである。第二に、比較的大きな商家には何代にもわたり伝わってきた規則や家訓があり、経営上きわめて厳格、緻密な規範をもっていた。

以上の比較から、行商としての山西商人と近江商人には多くの類似点があり、彼らは経営と商業機会の把握に優れていたこと、そのため大きな成功を収めて巨万の富を蓄えただけでなく、同時に両国の商品経済の発展を推し進めたということがわかる。最後に付言すれば、山西商人の経営活動で見落とせない点として、彼らが長距離輸送販売中に異郷での商業貸付と大量の現金の携帯に深刻な不便を感じ、金融貸付業務を興す必要性と有望性にいち早く気づき、清朝嘉慶年間に票号（または匯兌荘貨票荘と呼び、主に両替業務を執り行い、預金業務も行う）――日昇昌票号を設立したことがあげられる。これより、票号業は山西人の最も得意とする事業領域となり、相当な勢いで発展した。こうして山西人は虎に翼を付けたような勢いで実力をつけ、中国の代表的な商人集団中で金融業を牛耳る一大派閥となった。

(二)牙　商

遠距離販商の足跡は四方に広がりを見せたが、売り歩きの行商人とは異なり比較的大量の商品売買に従事していたが、取引の相手は沿路の庶民ではなく市鎮の中の牙商であった。牙商とはまたの名を牙人といい、売買両者間の仲介屋のことであった。

張忠民の研究によれば、牙商の歴史は長く、明清期には牙商は「官牙」と「私牙」に分けられた。「官牙」とは役所が出資、人員派遣を行い開設した牙店を営む牙商である[40]。「私牙」は二種類に分けられ、一つは「政府関係部門の承認を得て、かつ役所発行の許可証を所有する民間許可証所持牙商」、もう一種は役所発行の許可証を持たない、無許可の牙商である。明清期には役所発行の許可証を得るには一定の財産を有していることが条件であったため役所による資格審査を受けねばならなかった。そのため中には相応の条件を備えていない牙商もいたが、政府発行の許可証にも数に限りがあったため、一定の財産がある者でも願い通り許可証を得られるとは限らなかった。こうして「無許可私牙」が出現した。しかし、「このような無許可私牙は、場合によっては地方州県の黙認を得られた。清中期の松江府華亭県などでは、商税税額が徴収不足になったとき、たとえば〝無許可私牙は県政府より許可が与えられ税を納めて、これで欠損が補われたが、これが課銭糧と呼ばれた〟。本来許可証を発行するのは省級行政機関が行うことであるが、地方県政府は自身の利益のため、独自に許可証発行を行い、無許可私牙の合法的存在を黙認したに等しい[41]」。

明清の時代以前、牙商は商業都市や重要商業道路沿線にある市鎮に集中していた。清代以後になると、商品流通のさらなる発展が牙商の活動地域を日々拡大させ、その数も徐々に多くなった。張忠民によれば、清の中期になると各州県市鎮には、ほぼすべて牙商の存在が見られた。商品経済が割と発展した江南地方の州や県では、一県における牙商は八百～九百戸にも達し、少ない県でも百～二百戸はあった。蘇州府長洲、元和などの九県では乾隆年間に許可証を持つ牙商が四五〇八戸、各県平均五百戸にも達した。しかもこれには無許可の私牙は含まれていなかった(42)。牙商のこのような大量の存在は清代の商品流通が相当な規模であったことを物語っている。そうでなければこのように多くの人が牙商を生活の手段には選ばないであろう。同時にそれはまた、牙商の売買活動や経営方式とも一定の関連があることも確かである。また彼らは売買双方に交易相手を紹介することで手数料を稼いでいた。通常、牙商が売買双方の仲介にあたる時、自ら貸付をする必要がなく、投資リスクが少ないという特徴を持っていた。それゆえ売買が思い通りにいかなくとも、手数料が入らないだけでそれ以上の損失はなかった。また仲介が成功した場合、牙商が獲得する収入は手数料だけとは限らなかった。牙商が販商から商品の販売と仕入れの委託を受けた場合はあらかじめ定価と手数料を決め、商品がすべて売り切れてから牙商が販商に精算し、牙商がいくらで商品を売ったかは販商は尋ねないことになっていたからである。また委託契約の中で、販商と牙商は定価と手数料を決めた後、まず客である販商が資金を払い、その後規定期間内に商品を仕入れ運送を開始し、牙商がいくらで仕入れたかは聞かないことになっていた。こうして牙商は手数料を得るばかりか、一定程度の仲介売買の差額を稼ぐことができた。

牙商が売買活動を経営するうえで、商品交換過程における環境は大変有利なものであったことがわかるが、ここで指摘すべきは、このような優越性のために彼らは長距離販商のように予想不可能なリスクに脅かされる必要がなく、しかも彼らは他の種類の商人が得ることのできない権利を享受していたという点である。牙商許可証制度のもとでは、いったん許可証を所有すると（あるいは役所の黙認を得ると）、許可牙商となった。それは客に代わり売買仲介をする権利を得たことに等しく、その地位は行商よりもさらに有利なのは明らかであった。次に、制度上でも習慣のうえでも、大売買に従事する行商は牙商を通さねば彼らの売買は行うことができなかった。つまり、この点において牙商は商人集団中の最強の団体であり、彼らの売買は独占的性質を持っていた。当然ここで言う独占とは本業種以外の商人について言えるものであり、同業の牙商間の商品と顧客の争奪競争は常に存在していた。そしてそれは他の業種の商人間の競争よりも激しいものであった。

以上の考察の中から、中国は牙商許可証制度の存在により、牙商の職能は一般的な商業ブローカーとは明らかに異なり、彼らは役所の市場流通過程と秩序を制御する役割を代替していたと見ることができる。あるいは彼らの存在はある側面から前近代中国市場流通体制の特殊性を反映した存在と見ることもできる。したがって、中国の山西商人と日本の近江商人との間に多くの類似点があるとはいえ、牙商はそれに当てはまらず、日本のいかなる種類の商人とも異なっている。

まず、牙商と日本の「蔵元」や「掛屋」などはいずれも特権商人という範疇に属するが、その性質にはそれぞれ違いがある。「蔵元」と「掛屋」の特権は幕藩領主との結合からくるもので、彼らは御用商人的色彩を持ち、その特権は恩賜である。よって彼らは人数的に限りがあるだけでなく、しかも得た特権は主に何種かの専売品の経営権および一般商人が享受できない待遇（帯刀許可など）に象徴される。彼らは幕藩領主に対して年貢米の販売の責任を負っているが、牙商のような業務独占的な性格はない。制度上、一般商人は彼らを通さずに自由に米やその他商品の売買に従事することができるからである。反対に牙商の特権は皇族や貴族が「恩賜」したものではなく、朝廷による牙商許可証制度からきている。彼らの最も主要な交易相手は一般商人であり、人数の上でも日本の特権商人より多い。しかも上述したように、一般的には、ほぼすべての商品流通過程が彼らの制御下にあり、その意味ではその特権の範囲は日本の特権商人のそれよりもさらに広いものである。当然ながら中国の牙商内部にも、「官牙」と「私牙」の区別があり、権力も同じではなく、「私牙」の中にも役所との特殊関係を通じて一般牙商の権利を得るものが存在していた。しかしこの種の関係と権利の獲得も日本とは違いがあった。それは非公開であり、しかもほとんどの場合金銭で役所に賄賂を与えるという非合法行為であった。

また、商業ブローカーとマネージャーとして、牙商は豊富な市場情報を掌握し、売買双方を仲介する役割をなした。しかし一方では、彼らは売買双方間の直接往来を妨げ、自由な商品流通に水を差した。また江戸時代の日本にも大量の商業ブローカーがいたが、彼らは売買双方にサービスを提供することができるだけで、売買双方の直接往来を妨げる権利はなく、性格的に中国の牙商とは大きく異なっていた。このほか、これまで見てきたように、日本の大坂などの都市の卸売商人の多くはブローカーから徐々に発展してきたものであった。他方、清代では「商品流通規模の拡大に伴い、大口売買をする業種、あるいは商品流通規模の大きい市鎮の中には、一部の元来の牙商が大卸売り業者に変化した。この種の移り変わりの最も典型的な例は江南地区の製布業、製糸業、豆腐業などの商人の場合」(43)。つまり、牙商は自己資金を使い売買活動に従事し始め、稼いだのはもはや手数料ではなく利潤となった。卸売商としての牙商と日本の卸売商は経営方式には明確な違いがあったのである。すなわち、日本の都市の卸売商は都市と農村の間に活躍する買取商を通じて間接的に農村の家内制手工業者を制御した。彼らはしばしば買取商に資金貸付をし、買取商はまた農村の家内制手工業者に貸付を提供し、固定されたルートを形成した。中国の市鎮の卸売商は自らの経営活動をほぼ一定の流通経路に制限し、行商の中にも恒常的な往来を保つ交易パートナーを持っていた。しかし彼らは依然単純な売買に満足し、日本の卸売商人のように農村家内制手工業の領域まで踏み込むまでには至らず、自ら制御する購買ネットワークを組織していなかった。

そしてまた、明清時代の牙商は国内市場商品流通の特権を得たばかりでなく、同時にまた対外貿易に従事する独占権も獲得した。明代以前、中国の対外貿易は政府が設立した「市舶司」が経営管理していたが、明代になると「市舶司」制度を撤廃し、政府が若干の商人を指定し牙行（または洋行と呼ぶ）を設立し輸出入貿易を管理した。清朝は、依然明朝の旧制にならい管理を行っていた。その後、海賊および外国商人の違法行為による被害を受けたことにより、乾隆二二（一七五七）年に清朝政府は漳州、寧波、雲台山（現在の江蘇省連雲港）などの貿易港を廃止し、道光二二（一八四二）年まで広州一港のみでの貿易を許した。貿易規定の統一と対外貿易の統制に便宜を図り、牙商間の競争を避けるため、清朝政府は国内貿易に従事する牙商と対外輸出入貿易に従事する牙商とを区別し、少数の牙商に（一説によれば一三行、したがって慣習的に広州一三行と呼ばれるが、実際の数量は時により変化がある）許可証を与えて専門に対外貿易に従事させ、その他の商人には禁じた。これらの洋行商人が連合組織した一種の同業組合的性質を持つ公行の具体的な職能と任務は、対外貿易独占、外国商人の輸入商品の請負販売、外国商人に代わり商品を購入することであった。加えて外国商人の納めるべき商品税の徴収と代理納入を請け負い、外国商人への政府命令伝達と外国商人の政府への報告代理を請け負う業務を行った。このことから洋行牙商が対外貿易の唯一の機構と窓口であり、大きな権限を有していたこと、対外貿易の利益を独占していたことなどがわかる。

江戸時代の日本では、いかなる商人も中国広州一三行のような対外貿易特権を有していなかった。一世紀半近く続いた鎖国体制のもと、対外貿易の窓口は長崎一カ所だけであり、貿易関係を保持していた国家もオランダと中国だけであり、幕府の外国商人に対する統制は極めて厳格なものであった。幕府は直接役人を派遣し外国商人を管理させ、兵を送り外国商人の居所を管理し、定期的に将軍を訪問する以外にはその居所から出ることを禁じた。このような背景のもと、外国商人と日本商人との交易活動は完全に幕府の規則に則って行うことしかできなかった。すなわち、第一に、幕府は京都、大坂、長崎、江戸の数軒の生糸卸売商にのみ外国商人との売買関係を持つことを許した。第二に、外国商人の貨物は日本に到着した後、幕府役人の厳格な検査照合を経て指定倉庫に封印され、勝手に売買することを禁じた。第三に、幕府役人の規定した時間と場所で、幕府役人の監督のもと、外国商人と上述の数軒の特許卸売商の長老が価格談判を行った。第四に、価格が確定した後、指定地点で見本展示会を行い、日本の購買商人が見本を見に来ることを許し、この後に幕府が規定した時期に販売会を執り行った(44)。このように、幕府特許の商人と外国商人との往来が事実上極めて制約はあったが、彼らの職能と活動方式には明らかに広州の一三行牙商とは大きな違いがあった。

㈢銭荘と票号商人

前近代の中国商人集団の中で、専門的に銭荘と票号経営に従事する商人はその他の商人より少し遅く現われたようである。銭荘の具体的な起源について中国の金融史研究者の見方は一致してはいないが、清の乾隆年間、上海県城邑廟内にすでに銭業公所があったという歴史的事実から見ると、上海では少なくとも乾隆年間になって銭荘の存在はもはや珍しい現象ではなかったと見ることができる。票号の起源に対する見方は、学界において意見が分かれていたが、近年の研究の多くが最初の票号は山西商人雷履太が清の道光年間の初めに創設した「日昇昌」票号であるとしている。

日本の両替商とほぼ同じく、中国の銭荘と票号商人の前身もほとんどが売買に従事していた商人であった。彼らが蓄積した資本で銭荘と票号を開設したのは、清代における商品経済のさらなる展開が必然的に引き起こした結果だといえる。たとえば、南北を往来する客商は大量の商品を上海に輸送し販売したが、事実上彼らはある期間内に運んできた商品を残らず販売することができず、本拠地に戻って次に販売する商品を購入する資金に不足した。このような状況のもと、彼らは余剰商品を抵当に借款を得て商品を購入する必要に迫られた。また、長距離販売は大量の貨幣を携帯することから彼らは大変な負担と危険を感じていた。こうしてごく自然に貨幣の異なる地での預け払いの必要性を強く感じた。つまり、これらの商品交易規模と拡大により生まれた新しい需要は、敏感な商人たちに金銭交易に携わらせ金融業投資に興味を抱かせるとともに、銭荘、票号の形成と迅速な発展を促した。「乾隆四五年になると、(上海県)銭業公所所轄の銭荘は少なくとも一八軒あり、一〇年後には六四軒以上に増加した。乾隆五一年から嘉慶二年の十余年の間に、上海県城に前後存在した銭荘は少なくとも一二四軒もあった」[45]、「道光晩年には、山西票号は一一軒に発展し、各支店は北京、天津、西安、済南、開封、揚州、江寧、蘇州、長沙、湘潭、漢口、沙市、重慶、成都、広州など二七都市に分布した」[46]。

「票号と銭荘は当時中国の信用機関と同じであったが、明らかに異なる点も多くあった。制度上は、銭荘は独立経営制であり、票号はチェーン店形式をとっていた。地域的には、銭荘は南方を中心とし、多くは江蘇、浙江の地で始められた。票号は北方を本拠地とし、多くは山西人により始められた。業務的には、銭荘の起源は両替にあり、票号は為替に起源がある。銭荘に出入りする顧客の多くは商人で、票号の場合は多くが政府役人である。しかし銭荘の起源が両替であるが、のちの業務は両替だけでなくなるように、票号の業務も為替だけには限らない。のちのち、預貯金はおそらく彼らにとってさらに重要なものとなった」[47]。彭信威が銭荘と票号に対して行ったこの比較は、両者間の基本的な異同を説明しているが、さらに一点補足すると、為替業務と貨幣両替業務に従事するのに必要な資本がともに異なっていたことである、為替業務が必要とする資本は比較的大きく、貨幣両替業務に必要な資金は相対的に少ないため、一般的には銭荘の経営規模は不揃いであり、大きいものも小さいものもあった。小規模の銭荘は信用度が劣るため、その多くは貨幣両替を主にしていた。票号の経営規模は一般的に大きく、これもまた票号業務が多く政府と関係を持つもう一つの要因だったといえよう。

周知のように、中央集権官僚統治体制の不断の強化を背景に、清朝期には国家財務行政管理機構はすでに相当大きくなっていた。しかしそれでも、多くの場合国家と地方財政が正常に機能するには依然として民間票号の助けを必要とした。たとえば、各省が徴収した歳輸田賦、漕賦、塩課、関税、雑税などは北京に輸送されるまで、常に票号で保存され、輸送過程で不便が生じた際には票号に為替発行を請求した。また、朝廷が各地に軍需品、災害援助などの費用を送る際にも、しばしば票号の為替の発行を必要とした。中央あるいは地方財政が悪化した場合にも、票号との貸借関係が生じた。この点では、中国の大票号と日本の江戸時代に特権を享受していた大両替屋は銭荘よりも似ているようである。しかし彼らは事実上部分的に国庫、省庫の職能を代位したにすぎず、三井、小野家のように幕府に明確に固定的な官金業務代理を指定されていたわけではない。したがって形式的には、票号の特権商人としての性質は三井、小野家のように明確ではないが、内容的にはほとんど変わりはない。三井、小野家が担当した幕府の官金出納は手数料を取らず、政府貯蓄を利用する官金も利子を支払う必要がなかった。票号は政府にサービスを提供する時、「有税項運餉協款丁漕、均不計利（税項、運餉、協款、丁漕有りて、均しく利を計らず。「票号」が政府の国庫収入を利するときには、「税項、運餉、協款、丁漕有りて、均しく利を計らず〔政府公金として貯えられるものに、各種税金、軍兵に支給する糧食や給与あるいはその運輸経費、各省財政補助のための国庫支出、人頭税があるが、これらに関しては皆、利益（あるいは利息）を求めない〕」という原則に基づき処理され、同時にまた納税の義務も課せられることはなかった）の原則に則らねばならないが[48]、それと同時に賦税を納める必要がなかった[49]。

票号と比較して、銭荘は公金業務の方面でやや劣ったが、銭荘の経営職能はすでに以前の銀銭両替業務を専門にする銭鋪とは異なっており、その経営業務も銀銭両替、銀銭往来清算、銀銭為替および銀銭貯蓄の四つを含んでいた。ただ資金実力が異なるため業務内容にも違いがあらわれるというだけであった。たとえば上海の銭荘は大まかに匯劃銭荘、挑打銭荘と零兌銭荘に分けられる。匯劃銭荘は普通帳面資本が銀一万両以上であり、預金は一〇万両ほどまでできる。それらは一定範囲内で現金の代わりに流通できる「銀票」を使用していた。挑打銭荘の資本は一般的に銀百両から千両の間で、主要業務は商人に代わり現金の輸送を行うことで、その往来に使う領収証などは多くは匯劃銭荘に管理を委託した。零兌銭荘の資本は最も少なく、主要業務は銀両、銀元、銅銭などの小額引換えに限られた[50]。

票号と銭荘は経営上にそれぞれ特徴があり、一種の新型資本の出現として清代商品経済の発展に重要な役割を果たした。これは、銭荘であろうが票号であろうが、その貸付利子は質屋よりも大変低かったことに特徴がある。「乾隆年間の質屋の利率は大抵二分（二〇％）以上であり、預金に対しても一分（一〇％）以上の利子をつけた。銭荘の貸付利子は一分（一〇％）にも満たなかった[51]」、「票号の預金は定期と当座の二種に分けられた。定期は三カ月から半年、利率は月利子四、五厘から八厘、当座預金は二厘から四厘。貸付利率は五厘から一分である[52]」。次に、高利貸しと質屋が主に個人に貸付を行ったのと異なり、銭荘、票号の預金、貸付および為替業務の主要対象は商人、役人および有産者であり、資金融通の範囲と数量も高利貸しや質屋の資本が遠く及ぶものではなかった。これらはすべて、銭荘と票号の絶え間ない創業が資本市場の形成と商業流通のさらなる発展の原動力となったことを物語っている。

㈣店舗商人について

店舗商人とは比較的固定した地点と場所を持ち、商品小売を職業とする商人のことである。日本の江戸時代の商人を考察した時には特にこの種の商人について述べなかったが、実際のところ中国でも日本でも、店舗商人は商人集団中で最も多い。行商と同じく、店舗商人は中日両国とも長い歴史を持っており、封建統治体制と身分制度の面での違いがあったため（幕藩統治体制のもと、人口流動は大きな制限を受け、かつ士農工商の身分等級制度の存在は農民が田を捨て商売を始めることを許さなかった。中国ではこのような制限はなかった）、店舗商人の形成と発展の過程も異なっていた。しかし一方では多くの共通点もあった。たとえば、資本の大小により店舗商人にも大小の区別があるが、一般的に言って行商と比較して店舗商人の資本規模はより小さかった。また店舗商人は分布上、市鎮、交通要所や人口の密集した場所に集中した。さらにある店舗商人は自身もまた小手工業品の生産者であり、一身で二職の兼業経営をしていた。彼らに関しては、多くの史料が残されているが、紙数の制限によりここではさらなる考察は割愛することにする。

第4節　中国封建社会の転換と近代企業家の形成

一八四〇年のアヘン戦争ののち、中国は一種独特な方式で近代化の歴史過程へと歩み始めた。一方では、清朝封建統治者は西欧列強との闘争の中でたびたび失敗に遭い、絶えざる妥協とやむを得ざる国家主権売渡しによってのみ封建統治の地位を維持できた。また一方では、西欧列強の長距離進軍のように一気に突き進まれると伝統的経済構造に深刻な破壊をもたらされたが、中国における資本主義経済の発展の契機が生まれるかに見えた。それでも、清朝廷は封建専制統治を自ら手放そうとしなかったが、西欧文明の猛烈な衝撃に直面するとこれまでのように一切の新事物を拒絶するということは不可能となり、政策の調整によって社会危機からの抜け道を模索し始めた。しかし、このような清朝の封建統治維持を前提とした政策調整が、資本主義企業経営方式の確立と近代企業家集団の形成に必要な条件を満たすには極めて限定的であったので、中国の近代化は紆余曲折に満ちた長い過程をたどらねばならなかった。

1　洋務運動の勃興と甲午（日清）戦争後の政策転換

(一)洋務運動の方針およびその基本過程

アヘン戦争勃発前後、林則徐、魏源など開明的な封建官僚は近代化の必要性を主張した。彼らは中国が外国の侵略を防ぐには、まず世界に目を向け西欧事情を理解せねばならず、外国人に倣って強固な軍備を整える必要があることを認識し、「夷狄の長所に習い、それを以て夷狄を制する」というスローガンを打ち立てた。しかし、その後二〇年近い間、清朝統治者は生き長らえ、戦争の失敗の中から教訓を得ようとはせず、西洋列強に抵抗する方策を提起できなかったため、第二次アヘン戦争（一八五六～六〇年）において再び敗北した。

第二次アヘン戦争後、新たな多くの不平等条約の締結は西欧列強による中国の植民地化をすすめる一方、清朝の封建統治はこれによりまたも政権危機を乗り越えた。だが第一次アヘン戦争後とは異なり、封建統治集団内部に明らかな分裂が生じ、中央政府の恭親王奕忻と曽国藩、左宗棠、李鴻章ら地方実権大官僚からなる洋務派が台頭した。一切の西欧事物の拒絶を堅持し続ける頑固派と異なり、洋務派はある一面では林則徐、魏源の思想を継承し、外国の長所に習うことを積極的に主張した。そして強固な軍備で軍隊を武装し、西欧の近代技術を導入し、近代軍事工業を興した。しかし最初彼らがこのような主張を提起したのは、外国を制するためではなく、ほかでもない、太平天国の乱を鎮圧するためであった。彼らは外国から新型武器を購入し、外国人教官を雇い自分が掌握する地方軍隊を訓練することを通じて、初めて太平天国の乱を鎮圧し清朝の「腹中の虫」を取り除く過程で才能を発揮し、「汗馬の労」を立てることができたのである。そして彼らの主張は清朝最高統治者西太后の認可を得て、洋務運動の高揚を引き起こすことになった。

洋務運動の発展過程を見ると、それは大体「自強」と「求富」の二段階に分かれる。一八六一年一月、清朝は総理各国事務衙門を設立し、外交と通商、および一切の洋務事項を主管させた。一八六四年、李鴻章は総理衙門に書簡を発し、「中国が自強を欲するなれば、外国の先進武器に学ぶよりほかはない。外国の先進武器を学ぼうと欲するなれば、武器の器たるを研究製作するよりない」と主張した。当時総理衙門を主管していた奕忻はこれを極めて賞賛し、ただちに朝廷に、「治国の道を見れば、それは自強にあり、また時勢を見れば自強は練兵が要であり、練兵はまた武器製作を先とする」(53)と上奏した。つまり、李鴻章ら大物の洋務派にしてみれば、中国が自強を実現できるか否かの根本は兵力の強弱にあり、兵が強いことの根本は武器の良し悪しにあり、中国の銃砲が西欧列強のように精巧であれば「中国国内平定に余るばかりか、外国を敵するにも余りある」のであった。よって、このとき洋務派が提起した自強の主張は外国の侵略を防ぐ戦略意図だけでなく、外国に倣い新型武器を製造することの重要性に気がついていたからである。この自強思想のもと、李鴻章などは全国規模で大きく軍事工業を興し、次々と南北各地で軍事工場を開設した。たとえば一八六五年から七〇年の五年間、前後して上海、南京、福州、天津、西安などの地で江南製造局、福州船政局、天津機器局、西安機器局および福州機器局の六カ所の比較的大規模の軍事工場を創設し、銃、砲、弾薬と戦艦などの軍事武器、用品を生産した。これら軍事工場の設備投資はすべて規定に基づき国庫より支出され、製品は政府から直接軍隊に支給された。また製品価格は計算されず、商品として市場には出さず、経営管理方式から言えばきわめて封建的官営工業の性格を持っていた。ここで注目に値するのは、これら軍事工場は国外の機械設備を導入して伝統的な手工業生産から抜け出し、かつ西欧国家の技術員と管理者を招聘し、資本主義雇用制度を採用した近代的な大規模機械生産を実現したことである。よってそれはすでに昔日の封建的官営工業とは性格が異なっていた。

近代的企業体質を持つ軍事工場の出現は近代工業化が中国で開始されたことを示しているが、巨額の戦争賠償金が予断を許さない状況のもとでの大量の資金投下は、財政が極端に困難な状態にあった清朝にしてみれば、疑うべくもなく大きな負担であった。そこで李鴻章ら洋務派の大物たちは「求強」と「求富」の両者を結びつけて考えることの必要性に気づき始めた。そこで「初めに豊かになってこそ、強くなれる(54)」という思想が生まれた。一八七〇年代初めに清朝に提出した上奏文の中で李鴻章は「自強を欲すれば、まず豊かにならねばならず、豊かになるには、商業を興すほかはない(55)」と主張した。こうして、李鴻章の積極的な提唱のもと、清朝は洋務政策を再調整して民間の財力を導入し民間企業を興し、強さを富に求めるというビジョンを実現しようとした。

洋務観念の転換と洋務政策の調整を背景として、一八七〇年代初めより洋務運動は日に日に勢いを増し、それが波及した範囲も明らかに拡大した。民間資本の積極的な参入により、一連の大型民間企業が相次いで設立され始めたのである。これらの企業と一八六〇年代に作られた官営軍事工場とは大きな違いがあった。すなわち組織形態の上で西欧を模倣しただけでなく、株式会社企業制度を採用し、同時に経営目的も「洋商と利益を争う」こととし、利潤を獲得することに主眼を置いた。このため、これら近代民間企業の出現は、中国における近代産業の形成を促進したばかりでなく、中国市場を独占しようと目論む外国の駐在企業にとっては大きな脅威となった。

しかし、「求強」から「求富」への転換はそれほど順調には進まず、最終的には成功を収めなかった。これは一切の新事物を拒絶する封建頑固派が清政府内で依然強大な力を持っていたことに加え、彼らはあらゆる理由を探し出し社会の進歩を阻止し続け、洋務派の計画と構想を常に実現不可能にさせたからである。そしてさらに重要な点は、洋務派の政策調整は封建統治を強固にせしめることを前提とする準則にしたものであったため、自らに克服しがたい矛盾と制約があったことである。この矛盾と制約は、主に官立企業堅持の方針と「官が監督し商人が営業する」という独自の経営方式に象徴されている。一八七三年から九四年の約二〇年間、洋務派が創設した主要な民間企業はおよそ二七あった。その中で官立企業は一六個と多数を占め、官督民間企業は一一個と総数のわずか四〇％であった(56)。このような状況は、少なくとも洋務派が政策の調整により官立企業を主体として近代産業を発展させる方針を放棄したわけではないことを意味している。他方、官督民間企業は株式会社企業制度を採用していた。これは洋務派が西欧経済制度の導入と民間資本利用の必要性に認識が及んだことを意味する。しかし事実上洋務派が実行したいわゆる「官督」は、ただ「官が維持する」、つまり扶助維持の義務を全うし企業納税を監督査察するだけでなく、企業最高指導階級の人事決定権を掌握することが重要であった。しかし現実には、このような体制のもとで、いわゆる「商務は商人により行う」ということはまったく空論であった。官督民間企業に委託派遣された清朝役人は経営権を握ったが、そのほとんどは近代企業の管理知識と能力を有していなかった。ゆえに商人経営者の権限と利益を無視し、官界の腐敗を企業の中に持ち込んだ。こうして官と商との間の矛盾は複雑に入り組んだものとなり、私腹を肥やすための不正は日常的なものとなり、企業管理は混乱をきたし、経営効率は極端に低下した。これらの弊害は、官督民間企業への投資に大きな熱意を見せていた民間商人に大きな打撃を与え、一八八〇年代末になると、官督民間企業の社会的名声は地に落ちた。資金繰りは極端に困難となり、洋務派の後期代表人物である張之洞に官立企業の旧路線を再び歩ませることになった。

(二)甲午(日清)戦争後の近代化政策の転換

洋務運動は三〇年間続き、一連の近代企業が次々と設立されたが、それでも各業種の官立、官督民間企業を加えても六〇個にすぎなかった。しかも余剰人員が多く、管理が混乱していたため、生産効率は大変悪かった。たとえば李鴻章が上海で準備企画した最初の官立近代軍事企業であった江南製造局は、アメリカの設備機器を導入し、一八九一年には大小の旋盤、平削り盤、ボール盤などの工作機械を六六二台、大小の蒸気炉を三一個を所有し、その規模は相当大きいものであった。しかし一八七六～九四年の間、製造した各種鉄砲は五万一二八五丁(毎年平均二八四九丁)であり一日平均では八丁にも満たなかった[57]。このような状況は、洋務派の提出した「求富」、「自強」のスローガンが完全に空論となり、中国の貧弱極まりない状態は近代工業の出現によっても変化しなかったということをはっきりと示している。

甲午(日清)戦争はこうした洋務運動の破たんを宣告した。中日両国の富国強兵策の異なった帰結により、清朝朝廷全体は強烈な刺激と啓発を受け、新たな国家危機から脱出する道を模索せざるを得なかった。劉坤一、張之洞など地方実力派は洋務運動の失敗を教訓とし、かつ日本が商工業を振興した経験に鑑み、以前のような「商を募る政策はあっても、商を保護する法律は少ない」という状態を変える必要があると認識した。彼らは頻繁に朝廷に上奏し、「商に便宜をはかり、民に利をもたらす[58]」必要性を説き、商工政策を改革することを建議した。これと同時に、民間の「立国自強」を要求する呼び声も相当強烈であった。一八九五年五月、康有為は各省の在京試験参加者である挙人たちと連合し請願書を上奏し、清朝に商務拡充をし権利を取り戻す措置を迅速に行うことを呼びかけた。また一方では、銀二億両（約三億円）に上る巨額の戦争賠償金（清政府財政収入の二倍に相当）は、清朝統治者に対して民間資本に頼って商工業を振興し、新たな生存の活路を見出すほかに道はないと悟らせた。これらを背景として、清朝は次々と新たな商工業政策を制定し実行した。

甲午（日清）戦争後、清政府が行った経済政策の転換は主に二つに分けられる。

第一に、それまでの禁令を解き、個人が投資して工場を開くことを許可し、それを官が保護する政策を実行した。一八九六年に清朝は各省の総督巡撫に勅諭を下し、それぞれ省都で商務局を設立し、工場を開設し工業を興すことに着手するよう命令した。一八九八年には鉱務鉄路総局を設立し、「鉱務鉄路公共規約」（中国語原文は「鉱務鉄路公共章程」である。「鉱務鉄路公共章程」は一八九八年に清政府の鉱務鉄路総局が制定した一つの経済法規である。その内容は二二条がある。その第一条は拙作の中に書いたものである〔六三ページ一五行目から一八行目まで〕。そのほかに、清朝政府は華資〔中国側の資金、資本〕収集の困難に鑑み、同章程〔鉱務鉄路公共章程〕の第一一条の中で、洋款〔外国からの借款〕について規定しており、洋款の借用あるいは洋股〔外国の出資〕の導入により鉄道路線を建設することを原則的に認めていた。しかし同時に、同章程は、資金を調達する際には華股〔中国国内からの出資〕を多く得ることを主軸となし、鉄道事業をどのように興すにしても、全工程の必要経費を換算した上で、まず自己の資本及びすでに調達済みの華股の一〇分の三をもって経費の基礎とし、それができた後にはじめて洋股の導入と洋款の借用を認めると規定している）の頒布を許可した。この規約は三種の方法で鉄道、鉱工業を興すことを提起した。それは官立、半官半民と民間の三種であったが、民間が最上の策であると指摘するとともに総局開設以前にすでに業務を開始した者を除いて、「今後多く民間を主とし、官は誘致に努め、尽力保護し、会社の人事等に関与することを禁ずる」[59]と規定した。官立企業の経営状況を改善するため、清政府は役人たちの建議を受け入れ、民間商人と華僑商人が出資して従来の官立企業を買収経営することを許可した。また「すべて西欧の例に則り、商がすべてを取り仕切り、官は保護をなし、商の力が足らざれば、公金を貸し出しこれを維持させる」[60]ということを再三強調した。このほか、官商間の障壁を取り除くため、清朝朝廷は繰り返し各地の役人に対して商状を仔細に観察することに努めること、心して保護を与えるかわりに見返りを求めてはならないことを命令した。

第二に、個人の近代企業設立の合法性を正式に確認し、商工業者保護のため、清朝朝廷は経済法規の制定を重視し始めた。一九〇三年清政府は商部を設立し、商工業振興を統括した。その後相次いで一連の経済法律と近代企業振興を奨励する措置を制定、発布した。たとえば「奨給商勲章程」では、汽船、機関車、自動車、電動機など新型機械を製造できるものには一等商勲を与え、かつ二品頂戴を賞与するとした。また新発明や精巧な製作をし、国内外に広く販売をなせるものには五等から四等の商勲を与え、五品から六品の頂戴を賞与する、などと規定された。「改訂奨励公司章程」では、実業を創業し「利益の源を切り開き、製品を製造し、国民の生計を拡充した者」を奨励するため、「個人資本の大小、従業員の多少」に基づいてそれぞれ異なった爵位と官位を与えるとともに、商人の工場投資を奨励し、商人の社会的地位を向上させることを規定した。

上述の新経済政策が民間企業の発展を刺激するのに大きな役割を果たしたことは否定できない。関連資料によると、一八九五～一九〇〇年の間に新設された工鉱業企業は一二二あり、そのうち民間は一〇七、官立、官督民間、半官半民は合わせて一五であった。また総資本額は二四三二・七万元のうち民間企業の資本額は二〇二六・五万元であり、総資本額の八三・三%を占めた[61]。この五年間で設立された近代企業の数は過去三〇年間の総数を大きく越えていたことがわかる。しかも新設の近代企業の中で民間企業は絶対多数を占め、その生産効率も洋務運動期の官立企業や民間企業よりも大きく上昇した。たとえば一八七九年に創設された官督民間企業上海機器織布局は、一八九〇年の建設操業開始までに一一年間を要し、完成後の経営管理状況も混乱し、四年と経たないうちに火災により焼失した。一方、一八九六年に郷紳商人張謇が先頭に立って創設した大生紡織廠は、資金集めの過程で四年を費やし操業を開始したが、官督民間企業の各種の弊害を克服したことによって経営管理は非常に効率のよいものとなった。その発展は迅速で、生産規模もわずか数年で二倍となり、国内最大の紡織企業となった。このような近代企業の数と経営状況の変化は、清政府の新経済政策の実行が中国の工業化を推し進めるうえで一定の効果的な影響を与えたことを示している。

洋務運動と比較して、甲午（日清）戦争後の新経済政策の実行は、清朝政府が資本主義の潮流が渦巻く中において、一歩前進したことを象徴していた。しかし国家の最高権力はなおも封建堕落勢力の総代表である慈禧皇太后に握られていた。清朝政府は頑固に「中体西用」という思想原則を堅持し続け、社会制度の全面変革を実行することに終始拒絶的態度をとっていた。そのため彼らの採った新経済政策には、近代化発展要求に適応することが困難な一面を持っていた。たとえば甲午（日清）戦争後、清朝朝廷は農業領域でも農会の設立、農業教育推進、開墾の奨励などといったある種の改革措置をとったが、どれも資本主義工業化の要求に適応させること、つまり封建的土地所有制の改革という根本的な問題を考慮していなかった。清朝朝廷は民間企業発展の必要性を認識し、近代企業開設のための個人投資を奨励したが、官立企業の方針を徹底的に放棄するつもりはなく、なおも巨額を惜しまず投入して官立企業と官督民間企業の操業を維持し、大胆な改革は行わなかった。それればかりか、豊富な利潤がある民間鉱工業を強制的に官立に変えたりもした。清朝朝廷は官商間の関係を改革すると再三強調したが、各種経済法律の制定過程において、商工業の代表をこれに参与させることはなかった。民間企業に支持と保護を与えはしたが、それは一種排他的性質をもつ特権であり、かえって自由競争の発展を拒み他の商人の利益に損害を与えるものであった。これらはいずれも、清朝による新経済政策がまだ新生資産階級と近代企業家形成発展の要求を満たすにはほど遠く、民族資本主義の発展に資するには依然限定的であったことを示している。

2　買弁型企業家の形成

㈠買弁商人の勃興と来歴

アヘン戦争以前、中国と外国人商人間の輸出入貿易は清朝指定の特権商人（一三行）に独占され続けていたため、外国人商人が期待していた自由貿易は実現されることはなかった。この点について、われわれはすでに中国の牙商を考察する中で触れている。アヘン戦争後、外国人商人に不満を感じさせることはもう存在しなくなった。一八四二年の中英「南京条約」第五条の中で、「大英帝国商人の広州での貿易は、以前すべて設行または公行と呼ばれるものに請け負わせたが、今日大皇帝は爾後前例に従う必要なしとされ、すべて英国商人等貿易港に赴き、いかなる交易を行うものも、その便宜に任せ、制限を受けず」と規定されたからである。続けて一八四四年に締結した「望厦条約」では、外国人商人は「従者、買弁および通訳、書記などの雇用は、いずれも事務上必要であり、禁ずることはなく、各々に任せる」、「中国地方官吏は経理を禁ず」と規定された。これにより、外国人商人は中国で自由貿易と買弁等人員の雇用などの権利を獲得した。

いわゆる買弁はアヘン戦争の以前にすでに存在していた。彼らは当時清朝政府の許可証を受領し、外国人商人の生活用品購買と総務管理を専門的に担当したが、貿易業務には直接関与してはいなかった。他方、アヘン戦争後の買弁は職能上アヘン戦争以前の買弁と無関係ではなかったが、根本的に性格が異なり、その主要任務は各種貿易の仲介に従事することであった。買弁の職能上にこのような変化が生じた主な原因は、外国人商人が彼らの力を借り中国市場を制御しようとしたことであった。「南京条約」締結後、外国人商人が中国で自由貿易に従事するうえでの制度的障害はすでに取り除かれたが、対中輸出貿易拡大は外国人商人が考えていたほど容易なものではなかった。聶宝璋などの研究によると[62]、外国人商人が当時直面していた困難は主に三つあげられる。第一に、公行制度は廃止されたが、少数の旧来の公行人員が対外貿易を依然として支配しており、主要商品の供給販売市場を統制していた。彼らはある生産地域に深く入り込んで、生産状況と製品価格を正確に把握していた。彼らにとって、貿易港と内地間の中間商の役割を請け負うことは最も有益であったことから、なんとしても外国人商人を生産地の外に隔離しようとした。そのため外国人商人が輸出入製品の市場動向と流通ルートを把握することは困難であった。第二に、「各外国人の言語が通じず、性格もそれぞれ」という背景のもと、内地の商人は一般的に外国人商人との交易は危険が大きいと感じ、「外国人商人との対面交易は行わず[63]」、「言葉を伝え、価格を決める」ブローカーを通じてのみ商品売買を行った。しかしこの種のブローカーとの接触は一時的なものであり、信用の面でも不安があった。それゆえ常に物々交換方式で売買を行ったので、外国人商人に大きな不便を感じさせた。第三に、中国小農経済と家庭の分散性は、外国人商人が中国輸出商品の生産者と直接連携することを不可能にした。総じて、これらすべての困難は外国人商人が自己の力で解決できる問題ではなく、彼らに業務代理人の必要性とその養成を実感し、買弁に委託するようになった。なぜなら、買弁は言語の障害がないばかりか、国内・国外の交易習慣や中国市場を熟知し、広範な社会交際網を持っていたからである。しかも外国人商人に雇用されているため、外国人商人の命令にのみ従い働いた。そのため、商品の売り込み、契約の締結、内地での製品購入などの貿易業務を買弁に任せる方が、外国人商人が自ら行うより効率が上がり便利であった。こうして、買弁は自然に洋行の「使用人的役割から洋行の貿易代理人へと変遷し、洋行の雇用した内部事務を管理する管理人から洋行業務を代理する買弁商人へと変遷した[64]」。

外国資本の中国における代理人としての買弁商人とその集団の形成と拡大は、終始外資企業の不断な増加と関係があった。五つの港が貿易港として通商を開始した後、外国資本は急激に中国になだれ込み、外国洋行の数量もこれとともに迅速に増加した。上海開港後の第二年、つまり一八四三年には英米の洋行は一一社であった。三〇年後の一八七二年になると、外国洋行は三四三社に増加した。さらに一八九三年に起こった甲午（日清）戦争の前年には五八〇社に達し、一九世紀末までには全国の各種外資企業は九三三社を数えた。推計によると、この時期前後までに外資企業の買弁に就いた者は一万人前後に達し[65]、すでに特殊な社会階層となって「士農工商とは、別な一業種をなしていた[66]」。

買弁商人の大多数は、アヘン戦争以前の広州洋行中の管理人、通訳、外国人商人と往来のあった商人および洋行中の雇い人、教会学校の卒業生からなっていた。旧来の公行制度が廃止されたのち、管理人、通訳といった早くから外国人商人と関係を持っていた人々の中でかつて外国人商人の賞賛と信頼を得ていた者は引き続き外国人商人に奉仕したいと願い、外国人商人とともに上海にやって来て新しいタイプの買弁となった。彼らは近代中国で最初に誕生した買弁であると言える。外国人商人が買弁を雇用する目的は中国市場を開拓することにあったので、買弁は商務に通暁し、情報に機敏でコネクションが広くなければならなかった。したがって外国人商人は業務往来のある中国人商人の中から買弁を物色選択することに十分注意を払った。また頭脳鋭敏で商業機会をとらえるのに長けた中国人商人も、外国人商人と密接な関係を築くことは将来自身に巨大な経済利益と各種の利得をもたらすことに気がつき、外国人商人の買弁となることを望んだ。このような商人から転換した買弁はのちに近代買弁の主要な人材源となった。比較的知名度のある朱保三、楊坊などは皆この種の買弁に属し、彼らの多くは浙江、江蘇人であった。洋行の丁稚、雇われ人などから転換して買弁になったものは相当な数にのぼり、彼らは「あるいは前任買弁の同郷、あるいは父子継承であり、買弁の名門となった。また多くの買弁は外国人の開設した学校で養成された者である。近代に著名な買弁商人鄭観応、徐潤などは等しく丁稚から徐々に昇進し買弁となったものである。江蘇洞庭の商人席氏家族は三代で娘婿を含め一四人が前後して洋行買弁となり、近代に著名な名門買弁となった[67]」。買弁商人の源は相当広いということがわかる。そしてそれは多種多様で複雑な構成の新型社会階層であった。

㈡買弁制度と買弁商人の資本蓄積

買弁商人は外国人商人から雇用される従属した存在であったが、他方で外国人商人の代理人として相対的な独立性をも備えていた。買弁商人と外国人商人とのこのような特殊な関係は、不断の模索の中から徐々に作り上げられ、それは双方の権利と義務の規定を通じて一種の制度として発展した。その主な内容は以下の通りである。

第一に、買弁が請け負った主要任務は経済情報の収集、業務誘致（商品販路拡大、物資購入、資金回収および支払など）であり、外国人商人は他の中国人商人とは直接交易を行わず、完全に買弁に代理を委託した。第二に、買弁は外国人商人に責任を負い、各種の保証現金、実物と信用の保証を提供せねばならなかった。買弁の業務上の失敗で損失を出した場合、契約の規定に照らし一定の賠償をせねばならないが、外国人商人は買弁に相応の保証を提供する義務を負わなかった。第三に、買弁は外国人商人の流動資本立替の義務があり、その額は契約により規定されていた。また中国人商人の信用に担保を付ける責任があった。第四に、買弁は固定の賃金を受領する以外に、交易完了後規定に基づく手数料を受け取ることができた。第五に、買弁は同時に数名の外国人商人に雇われることができた。また外国人商人に服務提供することと同時に、ほかに企業を創設することもできたが、外国人商人企業と競争のある業務に従事することはできなかった。第六に、外国人商人の雇われ人である買弁が違法行為を行った時、外国人商人は自己が享受する特権が保護され、中国政府からの制裁から免れることができた。

以上から、外国人商人は完全に自身の有利な利益に基づく買弁との関係を構築していたにもかかわらず、依然として買弁の活動に広範な自由を与え、買弁に商売を営む才能を十分に発揮させることになった。そしてその中から十分な経済利益の獲得に努め、最も裕福な社会階層となった。このような事例は極めて豊富である。

上海匯豊銀行の買弁王魁山は銭荘業（両替商）出身であり、銭荘の市況を知り尽くしていた。彼が匯豊銀行に入行すると、匯豊のために資金を投資したが、毎年上海銭荘に提供した貸付金は数百万にとどまらなかった。そこで彼は利子率上下変動の機会を利用し、機に乗じ売り惜しみすることによって匯豊銀行に巨額の利潤を得させ、彼自身もこれにより相当の収入を得た(68)。著名な買弁徐潤（一八三八〜一九一一）は宝順洋行在職中に、洋行支配人ウェーバーに助力し、洋行の業務を日本にまで持ち込んだことがある。一八六〇年、徐潤は部下を長崎まで派遣し、中国の特産品および西洋製品を日本に輸送販売する一方、日本の海産物を上海に運送し販売して、巨大な利益を得た。日本で三千元で仕入れた海産物が何と上海では九千元で売れたのである。徐潤は経営の才に長けていたため、宝順洋行の「輸出入取引は一年に数千万あり……中国ではトップで(69)」あった。当時買弁が輸出入貿易に従事して得ることができる手数料比率は大抵二〜三％であったから(70)、徐潤の収入は極めて高いものであり、彼が貿易取引で得た手数料は正規給料を大幅に上回るものであった。こうして、徐潤は買弁として務める間に急速に頭角を現し、上海バンド上で有名な大成金となった。

買弁商人は洋行のために働くと同時にまた自営業にも従事し、あるいは洋行の株を買い外国人商人の共同経営者となるものもあった。怡和洋行買弁唐廷枢は銭荘を開設し、同時に生糸、茶葉の輸出貿易に従事した。徐潤は買弁を務めた時期と相前後して紹祥字（号＝商店）、潤立生茶（号＝商店）、宝源生糸茶土（号＝商店）を開設し、生糸、茶葉とアヘンの売買に従事した。徐潤とともに宝順洋行に職を得ていた鄭観応も運送請負業を開設するなどした。買弁は当時中国の商業界で最も活躍していた人々だといえる。彼らは洋行の雇われ人として賃金を受領し、また外国人商人の代理として大量の手数料を得ることもあり、さらには独立した商人として商業利潤を稼ぐことができた。彼らの収入源はさまざまであり、合計すると、その量は相当なものであった。したがって、買弁商人が一体どれだけの収入を得たかを正確に計算するのは、非常に困難である。黄逸峰はかつて、一八四〇〜九四年の間の買弁の収入は、輸出入貿易手数料、アヘン販路拡大手数料、工場買弁収入、外国債権取扱いのリベート、銀行買弁間の利益、汽船保険不動産買弁収入と軍事武器売買収入などの項目を合わせて、低く見積もっても約四億両であったと推計している(71)。もしこの数字で計算するならば、それは一八九五年の清朝朝廷年間財政総収入九千万両(72)の四倍以上に相当する。

㈢買弁商人の近代企業家への転換

一八六〇年代末から買弁商人の活動には新しい展開が起こった。有名な買弁たちが相次いで外国商人企業での職務を辞職し、近代産業への投資を開始し、近代企業の創設と経営活動に関与し始めたのである。この変化は一部の買弁が独特な性質の商人から近代企業家へと変化したことを意味している。このような変化は多くの要因によってもたらされた。買弁商人は外国人商人の代理人として大きな権益を持っていたが、人の下に仕えるということにはやはり耐えがたいものがあった。また、外国人商人の企業活動への関与によって、買弁商人は近代企業経営と管理に必要な知識と経験を獲得し、同時に大量の資本を蓄積することによって、近代企業を創設できるようになった。他方で、洋務運動の勃興および甲午（日清）戦争後の清朝商工政策の転換は、買弁商人が近代産業と企業の経営活動に従事する条件を提供し、彼らに自己の理想の実現を試みる機会を与えた。このような背景のもと、買弁商人の集団の中から頭角を現わす者も現われ始めた。

買弁商人から近代企業家へと転換した代表的な人物は鄭観応（一八四二～一九二一）である。鄭観応は代々学者の家柄に生まれたが、一七歳の時に科挙に落第したため上海に赴き商人の道を歩み始めた。一八五九年、鄭観応は宝順洋行に入り買弁となり、一八六八年の宝順洋行営業停止に伴って茶桟経営に転じた。同時に唐廷枢と共同出資し外国人商人とともに公正汽船公司を共同で経営した。一八七四年、マックイーンの要請を受け鄭観応は英国商太古汽船公司の買弁となり、以後八年の長きにわたり務めた。足かけ二〇年にもなる買弁人生を経て、鄭観応は商社業務について深く熟知するようになった。他方、彼は著述能力に長けていたため、洋務派役人が争って招聘する著名人となった。一八七九年、李鴻章の委託を受け、鄭観応は官督商弁企業上海機器織布局の設立準備に携わり、五万両の株式を購入した。一八八一年に上海電報局総裁を兼任し、八二年には鄭観応は正式に太古汽船公司を離れ、李鴻章から上海機器織布局総裁と輪船招商局補佐役を委任され、翌年には徐潤の跡を継いで招商局総裁となった。以後鄭観応は漢陽鉄廠などの大型商社を経営したり、盛宣懐の鉄道開設を援助したりした。同時に、唐廷枢らと共同出資で天津塘沽耕植牧畜公司を創設し、西洋式の耕作方法と機械を採り入れた。一八八二年には鄭観応は株を集め製紙会社の設立を指揮する一方、盛宣懐が創設した錦州炭鉱公司、煙台採鉱公司、糸繰り公司、三姓金鉱公司、さらには唐廷枢が創設した建平金鉱公司、徐潤が創設した上海牛乳公司、徐鴻度の同文書局、唐茂枝の上海ガラス公司などに相次いで出資した。(73) 極めて繁忙な企業活動の一方で、鄭観応は国政にも心を傾け、絶えず著作を発表した。『盛世危言』の中では「農本商末」という根強い封建経済思想に反駁し、「西欧人を制して自強を求むるなれば、商務を振興するよりほかはなし」と「富強救国」の思想を掲げるとともに、官督商弁企業の弊害を指摘した。これらの主張は当時の社会において幅広い影響を及ぼし、洋務運動の勃興とのちの商弁企業の発展に大きく貢献した。

甲午（日清）戦争ののち、清政府の個人工場開設禁止令の解除に伴い、民間には近代企業への投資の波が起こった。この過程における買弁商人の活動も相当活発なものであった。買弁商人祝大椿は一八九八年から一九一三年にかけて相次いで上海、蘇州、無錫、揚州等で工場を十数カ所開設し、その投資額は三〇六・五万元に達した。それは銀二二〇・六八万両に相当した。(74) 東方匯理銀行買弁朱志堯も一八九七年から一九一〇年にかけて投資し開設した工場は十数カ所に上り、その投資額は三六五・七万元、銀二六三・三万両に相当した。(75) またオランダ銀行買弁虞洽卿は一九〇五年以降、四明貯蓄銀行、寧紹、三北汽船公司、鴻安商船公司、三北機器廠および埠頭倉庫などの企業を創設し、投資総額は四五〇万元に達した。(76) ある資料によれば、一九世紀末から二〇世紀初頭にかけて創設された八一社の民族資本鉱工企業中、買弁および買弁商人が創設した企業は二九社（総数の三五・八％）、一般商人が創設した企業は一五社（総数の一八・五％）、華僑商人の創設したものは六社（七・四一％）、官僚地主によるものは二五社（三〇・八六％）、手工業作業場主が創設したものは六社（七・四一％）であった。(77)

以上の考察から、近代中国社会が近代社会へと向かう中で、買弁型企業家というこの新しい社会集団が果たした役割がいかに大きなものだったことが見て取れる。彼らの経営活動は中国封建経済体制の解体を促し、彼らの手中に蓄積された大量の貨幣が工業化の開始に重要な資金源となった。そして彼らが外国商人から学び取った知識と管理経験が中国での近代産業と企業の形成に不可欠な条件を創り出し、彼らの中のある人々が提起した近代化思想の主張は、中国が西洋資本主義生産方式を受容するうえで大きな社会的影響をもたらした。これらはすべて、買弁型企業家の出現が中国の近代化発展にとって不可欠なものであったこと、そして彼らが東西二つの異なる世界間の融合の架け橋となったということが言えるであろう。しかし別の側面では、買弁商人は西欧列強が中国で経済的略奪を行うのに追随して、ある者は高額利潤を得るためにアヘン販売、人身売買、密輸脱税などの卑劣な行いに手を染め、国家と民族に重大な損害をもたらした。これら不名誉な歴史は買弁型企業家のイメージを大きく損い、彼らの中国近代化過程に果たした重要な役割が長い間、正当な評価を受けることがなかった。しかし、時代の変遷と中国改革開放政策の発展に伴い、中国の歴史学者たちは新たな視野に立って、近代化の初期の過程における買弁型企業家の歴史的地位と役割について再評価を行いつつある。

3　官僚型企業家の出現

(一)官僚型企業家の境界線

これまでの研究では、一般的にわれわれがここで考察しようとする官僚型企業家を官僚資本家と呼んでいた。しかしわれわれの理解では、もし厳格な学術概念として使用するのならば、資本家と企業家とは区別せねばならないものである。資本家は企業の出資者であるが、企業資本の所有者であるだけで、企業の経営管理には関与しないため企業家とは言えない。しかしながら企業家は必ずしも資本家であるというわけではなく、企業資本の所有者により雇用される専門経営者の場合もある。つまり、企業家と資本家の最も基本的な違いは直接企業経営活動に関与するか否かにあり、企業資本の所有権を有しているか否かにあるわけではない。企業家と資本家の概念について行ったこの区分に基づくと、官僚型企業家には以下の三つの特徴が備わっているべきである。第一に、彼ら自身は政府の現役の実務担当の役人であり、肩書きあるいは名ばかりの職を有するだけでなく実力者である。同時に彼ら自身はまた、公的あるいは私的に企業経営管理に直接関わる。つまり一人で役人と商人の二職を兼ねる。第二に、彼らの企業経営活動と彼らが掌握する国家権力を背景に私腹を肥やそうとする。第三に、彼らは名義上の企業所有者というわけではなく、むしろ、企業の一切の権利は彼らあるいはその家族に独占されている。

官僚型企業家のこれらの特徴は、実質的には官と商との結合体であり、官商不分離の産物であるということを示している。ある研究者が指摘したように[78]、現任官僚が商業に従事し殖産を行う現象は中国歴史上早くからあり、清代になると誰も彼もというほどに一般的であった。例えば「康熙から雍正年間に生きた湖州帰安県人の費金吾は、典型的な官商の一人であった。費金吾は康熙三二（一六九三）年に挙人となり、広西桂林府同知の官職を得、五年後雲南永昌府知府に昇進した。金吾は官職に就いても俸禄が少なく、また常に期限通り支払われなかったため、役職を務めながら商人も兼ね、商業収入で官途を養った。そののち、費金吾は『俸田解』という一文を記し、まったく隠すことなく官職以外の収入はすべて商売から蓄積したものだということを認めた」[79]。費金吾が官職に就きながら商人も兼ねた目的は、果たして官俸の不足のためか人民を搾取するためかは、議論の分かれるところである。しかしこの事例は少なくとも、たとえ農業を重んじ商業を低く見ることが治国の根本であるとされていた時代にあってさえ、商業による殖産行為は多くの封建官僚にとってはそれほど卑賤な行為と見なされていなかったということを示している。つまりここで言えることは、アヘン戦争後に開始された近代化の過程において、官僚型企業家の形成のうえで思想面と意識面の障害は存在しておらず、いわゆる軽商意識という官商一体の現象の発生を妨げる伝統観念は、事実上官僚型企業家出現の前に名ばかりのものになっていた、ということである。

官僚型企業家の近代中国における発生ははるか以前に遡ることができるが、彼らの官職に就きながら商人を兼ねる活動には性質上、以前の官商とは明らかな違いがあった。封建官僚から官僚型企業家への転換は、あくまでも洋務運動の勃興を背景としたものであった。彼らは思想上、封建思想を死んでも離さず外来の新事物を受け入れることを拒絶する頑固派官僚とは明らかに異なり、商工業を振興し「求富自強」の道理にある程度の認識を持っており、客観的には近代化発展の歴史的潮流に順応していた。また、官僚型企業家の形成は、最初まず官督商弁企業の創設を条件とした。官督商弁企業は株式会社制度という近代企業組織形態と資本主義的な雇用方式を採用し、しかも新興産業の類であった。これはまさに、官僚型企業家の官職と商人を兼ねる活動が方法的にもその内容においてもそれぞれ独自の特徴を備えたものであり、近代化と経済発展の要請に応えるものであったことを示している。この意味から言うと、官僚型企業家の出世は手中に握る国家権力とは不可分であり、封建特権商人の色彩を帯びることになる。しかし彼らの出現は近代中国での資本主義生産方式の形成と工業化の開始に際して軽視できない積極的な役割を果したのである。

㈡官僚型企業家・盛宣懐

近代中国の官僚型企業家の中で、盛宣懐（一八四四〜一九一六）は疑うべくもなく最も典型的かつ代表的な人物である。

盛宣懐は江蘇省常州府武進県の官紳（官吏）家庭に生まれ、六歳で私塾に入塾し二二歳の時（一八六六年）に科挙試験で秀才に合格するが、その後の挙人試験では思い通りにいかず三回落第し、生涯無念を抱き続けることになった。[80]

盛宣懐が最初に官界に足を踏み入れたのは一八七〇年であり、李鴻章の腹心揚宗濂により推薦され李鴻章（時に湖広総督の任にあった）の傘下に入った。盛宣懐の父親盛康は知府、道員（清朝の一省の各部門〔例えば糧政とか塩務というような〕の長であり、また管内各府県の行政を監察する役人である。道員の尊称は道台である）を担当したことがあり李鴻章と早くから交際があったため、特に世話を受け、入幕後直ちに行営文案兼充営処会弁に任命された。盛宣懐は仕事に優れ、かつ苦労を厭わなかったため李鴻章に才能を買われ重んじられた。それゆえ官運は順調になり、とんとん拍子に出世し、肩書きは主事、候選直隷州から知府、道員に昇格し、かつ羽飾り付き二品頂戴の栄誉を享受した。

盛宣懐は李鴻章の片腕として忠誠心を誓い、その洋務思想に対しても優れた理解を示した。そして一八七二年に李鴻章が汽船招商局を創設した際、盛宣懐は李鴻章にとって不可欠の参謀となり、官僚型企業家への転換の第一歩を踏み出した。彼は李鴻章の委託を受け輪船招商局に最初の規定を設けた。また積極的に李鴻章のために人員を選定し、かつ李鴻章の委託のもと輪船招商局の会弁を務めた。一八七七年、アメリカの在中国企業の旗昌汽船公司は日増しに悪化する経営状況に鑑み、所有する汽船、埠頭、倉庫などすべての財産を二五六万両の代価で譲渡する意向を示した。汽船招商局も旗昌汽船公司を買収することは自身の発展にも多くの利があり、招商局の実力を増強できるばかりか、競争相手を一つ減らすことができた。しかし当時これが成功するか否かの最大の問題は資金不足にあったので、招商局は南洋通商大臣瀋葆楨に公金割り当てなどを請願する援助報告を提出した。事は重大であり、瀋葆楨を説得するのに一枚の行政文書では足りないことは明らかであった。しかし当時招商局総裁、会弁の中で直接面と向かって瀋葆楨に頼み込めるのは、盛宣懐ただ一人であった。そこで、盛宣懐はこの機に乗じて大いに本領を発揮し、瀋葆楨に面会し主張を陳述した結果、公金百万両は請求通りに認可された。

一八八五年、盛宣懐の輪船招商局の権利独占の念願はついに実現を見た。彼は汽船招商局督弁の座に就き、続いて上海機器織布局の創設に携わり始めた。一八九三年、上海織布局は火災発生により麻痺状態に陥いると、盛宣懐は李鴻章の命を受け天津より上海に赴き、織布局の整理復興に着手した。彼は新たに資金収集を行い、織布局を華盛紡織総廠と改変し、督弁に就任した。甲午（日清）戦争後、清政府の商工政策の再調整という有利な時期になると、盛宣懐はさらに本領を発揮し、企業活動の範囲はほかに及ぶものがないほどまでに広まっていった。一八九六年、彼は湖広総督張之洞より漢陽鉄廠、大冶鉄鉱を受け継ぎ、蘆漢鉄道と萍郷炭鉱を経営した。一八九八年には清朝より中国鉄道総公司事務の督弁を委任され、同時に近代銀行創設の主張に力を尽くし、近代中国最初の銀行である中国交通銀行の企画創設を一手に担った。ここに至り盛宣懐は電報、汽船、紡織、銀行、鉄道、炭鉱など近代産業部門の代表的企業をすべて自らの手中に収め、「一つの手で一六個の夜光の珠を掴み取る」と言われるまでの商工業界の巨人となった。しかし盛宣懐はこれでもまだ満足せず、「大事をなさんとし、高官をも兼ねる」[81]との信念の支配のもと、昇進昇級の追求は決してやむことなく、清朝滅亡前までには封建官僚の上層部に上りつめた。すなわち一九〇七年、盛宣懐は皇帝に招かれ上京し、翌年郵伝部右侍郎に任命され、続いて一九一一年初めには権力を一身に集め郵伝部尚書に任命された。

上述の盛宣懐の経歴から、彼が官僚型企業家として中国近代化の過程に確実に大きな功績を残したこと、また彼と李鴻章の上下呼応した緊密な協力がなければ、洋務運動の展開および近代企業家形成の歴史はさらに多くの紆余曲折があったかもしれないことが見て取れる。しかしながら、盛宣懐が時代潮流をリードする商工業界の巨人となりえたのは、つまるところ役人兼商人という特殊な企業活動方式を条件としていた。だが一方では、まさにこのような特殊な身分と地位によって盛宣懐は、巨額の私有財産を蓄積しうる恵まれた条件を得たので、彼は近代中国の商工業界において注目される人物となった。彼が私腹を肥やし、賄賂を受け取っていたという記録はあちこち見られる。ある文書によれば、怡和洋行上海行東機昔（W. Keswick）は一八八五年に盛宣懐宛ての秘密書簡でこう言った。「謹んで閣下にわれわれの間での了解事項を御説明申し上げます。すべて閣下の影響力および閣下の紹介により得た業務は、弊行が得た手数料の半分を閣下に割り戻し致します」[82]。また、「彼は自ら経営するいくつかの企業から得た莫大な収入のほかに、天津税関は彼に毎年二〇万両前後の個人収入をもたらした」[83]と。勝手に公金を流用し株式投資に回したり、別の手口で私企業を興すといった類に至っては、数え切れないほどあった。こうして得た盛宣懐の個人財産は、推計によれば二〇世紀初めには、銀一七二六万両にのぼった[84]。総じて、盛宣懐に代表される官僚型企業家は矛盾に満ちていた。彼らが役人兼商人という特殊な方法で行った近代企業活動は、時代の発展過程に順応する進歩と革新の一面があり、他方で封建的腐敗と堕落を代表するという一面も持ち合わせていることを示しているが、彼らは中国近代企業家集団の異例な特殊階級でもあった。したがって現在に至るまで中国近代化の過程の中での彼らの「功績」と「過ち」をどのように評価するかは、依然議論が尽きない問題である。

4　紳士および工商庶民型企業家

(一)紳士および郷紳型企業家の出現

中国明清時代の社会発展史上、政治、文化または経済のいずれの面から見ても、紳士という社会階級の形成と勢力の拡大はいずれも無視できないものである。紳士階層の形成過程に関してはすでに多くの研究成果が世に問われているが、その定義については、歴史学界あるいは社会学界においても見解の一致を見ていない。とはいえ近年の研究成果から見ると、どちらかといえば紳士階層の在野性に重きを置いた主張がなされている。歴史学者馬敏は、いわゆる紳士とは科挙の功名の士を中心とする在野社会集団を指すべきであるが、同時に他のルート（寄付や人材推薦保証など）によって身分と肩書きを得たものをも含むとみなしている。また紳士階層は大まかに(1)生員（秀才）以上の功名がある者（在職役人は除く）、(2)在郷退職役人と在郷有職役人、(3)寄付を通じて得た監生、武科功名出身の者、これらも紳士の列に含むべきとしている[85]。社会学者趙秀玲は、退職役人と在郷有職役人を紳士の重要な構成員に数え、そのほか郷里に組織する指導者的人物および郷里に定住する自由紳士（医者および私塾の講師などのインテリ階級）も紳士階層の一部分とみなしている[86]。

紳士は相対的に独立した社会階層であるが数の上では限定的である。張仲礼の推計に基づくと、一九世紀末における紳士階層は約一五〇万人であった。一八九三年の中国総人口は約三億八五〇〇万人であるから、紳士階層が総人口に占める割合は約〇・三八％であった[87]。しかし、近代中国の企業家出身構成に関する資料からは、紳士出身の企業家が占めた割合は相当大きかったことがはっきりとわかる。例えば、「天津商務総会第三期（一九〇七年）総、協理、坐弁と一四名の会董には、下は従九品に選ばれるものから、上は二品侯補道まですべて肩書きあるいは功名を献納により持つ。一九〇六～一一年、直隷各州県に設立された四八の商務分会には、その会董にもほぼ功名と肩書きを献納して持たないものはない」、「清末上海商務総会各期総、協理ともすべて紳商であり、……蘇州商務総会およびその下に属する八つの商会分会の構成員はほぼ皆各種肩書きあるいは功名を有する紳商である[88]」。これらの資料の中から郷紳出身の企業家が近代中国企業家の中で一体どれだけの比重を占めるかは見出すことはできないが、郷紳出身企業家の普遍的な存在が近代中国企業家の構成上の重要な特徴であることを示している。

形成の時期から見ると、買弁型企業家と官僚型企業家がすでに洋務運動の舞台で活躍していた頃、郷紳が近代企業経営の創設に関与した現象はまだ顕著ではなかった。その原因は、甲午（日清）戦争前までは清朝の商工政策はなおも私人が企業を創設することを許さず、たとえ紳士階層の中に商工強国の主張をする有識者が十分いても、これらの人々が近代企業を創設するという願望は実現することができなかったからである。しかし、甲午（日清）戦争後、清朝は商工業政策を転換し、個人の企業創設を許可したばかりか、各地の郷伸が商工業を興し近代産業を創設することを奨励した。一八九五年末、総理衙門は各省に商務局を設立することを上奏し、かつ「各商務局は一人経験豊富で人望のある紳商を挙げ、局董とし、局に駐在し業務にあたらせる」とした。この時の清朝政府はすでに紳士が商業に従事することに明確な支持を与え、かつ彼らが商工業振興の中で重要な役割を発揮することを期待していたことがわかる。また紳士の商業への従事が重視され奨励されたのは、紳士階層中の有識者の実業救国を要求する声が特に強烈であったことに加え、清朝統治者が紳士階層の地位の重要性とその担う社会的貢献を深く理解していたからである。中国では上から下まで「官と民は疎遠で、士と民は近く、民の官を信ずるは士を信ずるに及ばず、朝廷の法規は完全に民を諭すことはできず、而して士はそれをよく理解し、まず士にこれを諭し、それを民に諭させる。そうすれば道理は理解しやすく、教えることも容易になる(89)」ということを知らぬものはなかった。なおかつ「紳士は官を信じ、民は紳士を信ずる。こうして上下は通じ合い、政令もまた実行できる(90)」ということを固く信じていた。つまり、清朝の統治者にとって、中国では何を行うにも紳士階層の呼応と協力から逃れることはできなかった。それゆえ民衆を動かし商工業を振興するにもまず紳士階層の率先的な役割を重視せねばならず、さもなくば目標達成は困難であった。言うまでもないことであるが、清朝統治者のこの政策と方針は郷紳企業家の絶え間ない出現に有利な条件を提供したことがわかる。

甲午（日清）戦争後、清朝政府の商工業政策の転換は紳士階層からの近代企業家発生の客観的な条件を備えさせた。他方で甲午（日清）戦争の失敗は疑うべくもなく社会中堅層としての紳士階層に思想上の巨大な刺激を与えた。彼らの中のエリート的人物は日本の勃興と洋務運動の失敗の中から新たな刺激を受け、商工業振興の必要性に対して深刻な認識を持ち、近代企業に身を投ずる、あるいは近代企業を創設する契機とした。経済面では紳士は当時中国の富裕階層としても一定の可能性を具備していた。彼らの多くは土地資産を有するだけでなく、多方面からの収入があった。いずれにせよ、紳士階層は一般の工商庶民よりもさらに近代企業家に転換する条件を備えていた。これはまさに郷紳型企業家が近代中国企業家の重要な構成員になる要因であった。

郷紳型企業家の形成とその集団の大きさは中国近代化の過程に重要な影響を与えた。紳士階層自体が構成上相当複雑であったため、郷紳型企業家の集団もそれほど整ったものではなかったが、官僚、買弁および次に述べる工商庶民型企業家と比較して独自の企業活動上の特徴を持っていた。そして彼らの中から実際清末民初の中国近代化に大きな貢献をなした傑出した人物が出現した。本書が分析の主要対象とした張謇もその一人であり、かつ最も代表的な人物である。彼らに対するより深い考察は張謇の考察とともに章を改めて行うこととする。

㈡工商庶民型企業家

いわゆる工商庶民型企業家とは主に一般の自営業主、商人およびその他普通の市民階層から徐々に転換してきた企業家を指す。彼らの転換は洋務運動期から始まったものであるが、その過程は相対的に緩慢であり、清末民初になってようやく比較的注目すべき変化が現れた。その主要な背景は、清朝商工業政策の転換と民国初期の実業活動の要求による政治経済環境の改善である。しかしながら彼らは官僚および郷紳型企業家の前では終始単なる非力な団体に過ぎず、その成長過程は艱難辛苦と紆余曲折に満ちたものであった。

まず、他の類型の企業家と明らかに異なり、工商庶民階層の封建社会における地位が、自ら成長のチャンスをつかみにくくした。彼らは権力もなく、頼れるのは自身の苦労を恐れぬ努力と企業家特有の機敏さと市場観察能力だけであった。次に、彼らの手中にもともとある資本には限りがあり、株式会社制度を利用し社会から資金を集めるのに必要な各種条件は極めて不十分であった。彼らが直面した企業活動の環境は厳しく苛酷であり、政府側からくる圧力と重い税負担は彼らにとって足かせとなった。そしてまた、彼らの直面した相手は資金が豊富で技術水準の高い外資企業や封建官僚資本であった。しかも業界内の特権階級の存在により、工商庶民階層の企業活動は多くの業種でさまざまな人為的な束縛と排斥を受け、対等に市場競争を展開することは困難を極めたが、こうしたことに直面しながらも工商庶民型企業家は粘り強い生命力で、中国近代化を推進する過程において不可欠な役割を演じたのであった。

工商庶民型企業家の苦難に満ちた創業に関する事例は数多い。今日でもなお人々に知られている栄氏家族企業集団の創始者栄宗敬は、その典型的な代表例であるといえるであろう。栄宗敬（一八七三～一九三八）は江蘇無錫人であり幼年私塾にて学び、一五歳の時に人の紹介を経て上海の銭荘の丁稚となった。丁稚を終えた後、跑街に昇進しその後、森泰蓉票号の職員となった。一八九四年、森泰蓉票号が負債を抱えて倒産したため、栄宗敬はやむなく失業し郷里へ戻った。その後まもなくして、実弟の栄徳生と相談し、父の遺産一五〇〇元と共同出資を募って「広生」という小銭荘を開設した。頭初、経営は苦しかったが、やがてかつて蓄積した経験と勤勉なる努力をもって徐々に局面を打開していった。栄宗敬は頭脳明晰であり、意思決定と市場動向の観察に長けていた。彼は銭荘の為替業務を通して、当時上海の増裕と阜豊が開設した小麦の製粉加工企業から銭荘に入る金額の多さに目をつけた。しかも額は絶えず増加していたので、製粉加工業の好景気にも気がついた。新規に工業を興すほうが銭荘を経営するよりも有利であったため、彼は製粉加工業に投資することを決定した。一九〇二年に友人と共同出資し、無錫に保興小麦粉廠（翌年に単独経営に転換、工場名も茂新小麦粉廠と改名）を創設した。事業は栄宗敬の期待通りとなった。製粉工場操業後、次々と利潤があがった。やがて栄宗敬と栄徳生の兄弟二人は、一九世紀末に一度低迷した紡織業に新たな動きがあることに気づき、参入を決意した。そして一九〇五年に栄瑞馨と共同出資で振新糸廠を創設した。栄氏兄弟は市場動向の把握に長けていただけでなく、経営管理にも精通していたため、紡織業への投資も同様に成功を収めた。製粉業と紡織業は日増しに成長し、業界での名声と資金調達能力も大きく上昇した。そして新たな製粉工場と紡織工場が次々と建てられ、一九二〇年代初めに栄氏兄弟が上海で茂新福新申新総公司を創設した時には、製粉加工工場と紡織工場が一六あり、蘇州、浙江、安徽などの省で設立した綿、麦、糸、粉の取次販売機構は一九カ所にのぼった(91)。

しかし、栄氏家族企業集団が通ってきた道は決して平坦なものではなく、挫折も絶えず経験した。前に述べたように、二〇世紀初め清朝政府は個人が商工企業活動に従事することを奨励し始めたが、栄氏兄弟が当初振新糸廠を創設した際にはやはり地方封建勢力の反対と妨害に遭った。頑固派の紳士江導山は役所に振新糸廠が民生を破壊していると誣告し、栄氏兄弟はやむをえず人を介してなんとか事を収めることができた。第一次世界大戦後、西欧列強は再び中国市場を奪い取る行動に走ったため、栄氏家族企業集団の紡織産業は困難な事態に陥った。一九二七年の南京国民党政府成立後、政府は栄氏家族企業集団に巨額の公債を割り当てたが、栄宗敬が消極的で抵抗的であることを理由に企業活動を制限した。これによって彼は精神的危機に陥った。特に一九三一年に日本が東北三省を侵略した後、栄氏家族企業集団の中国北方における市場はこれに伴い急激に収縮し、経営状況は極めて悪化した。グループの負債額はすでに資産額とほぼ差がなくなり、倒産の危機に遭遇したのである。このために栄宗敬は幾度も中新に対する救済公債の発行を政府行政院に懇願したが、栄氏家族企業集団の資産を付け狙う官僚資本が横槍を入れたため実現しなかった。最終的には家産を傾ける危険を犯さざるをえず、ほぼすべての資産を担保にしてようやく上海信康、滋康などの銭荘から貸付金を得られ、危機を回避した。

栄氏家族企業集団の苦難に満ちた成長過程は工商庶民型企業家の不撓不屈の奮闘精神を如実に示している。しかし、注意すべきは、栄氏兄弟のように商工業界の名門となったものは極めて少数であり、多くは商工業界社会の最下層に位置していたことである。彼らは企業の生存のために戦いつづけ、倒産と破産を繰り返した。彼らが中国近代化の過程に残したものは苦難と辛酸に満ちた足跡であった。

第5節　近代中日両国企業家集団の比較

これまで、中日両国の封建社会の統治体制、商品経済の発展状況および各種封建商人の特徴について一般的な考察をしてきた。また両国における近代化の発生過程と近代企業家集団の構成状況と各種企業家の特徴について総合的な考察をしてきた。これらの考察はそれほど深く細緻なものではないかもしれないが、その中から両国近代企業家の間に存在する多くの類似点を見出すことができる。彼らの形成はいずれも上から下への社会変革と緊密に連携しており、資本主義的生産方式と密接な関係を持つ封建商人の近代企業家への転換はあまりすすまなかった。また封建統治階層に属しインテリ階層にも属す官僚、紳士や武士はむしろ近代企業家集団の重要な人材源となり、近代企業台頭の中で先頭に立つ役割を果たした。しかし、また一方で両国近代企業家集団の構成には明らかな違いがあったこともはっきりと見出すことができる。まず中国では、買弁型企業家の存在が注目を集め、彼らは近代化の全過程において、終始重要な役割を演じていた。近代日本の企業家集団の中では、買弁式の企業家はまったく現れなかったというわけではないが、彼らは中国のそれのように人数の多い巨大な影響力を持つ集団となることは一度もなかった。次に日本では、封建商人およびその他の種類の商人から転換した政商型企業家の勢力が強大であり、のちに国民経済を左右しうる力を持つ財閥へと発展するに至った。他方、中国の官僚型企業家および郷紳型企業家は、成長にあたってなんらかの形で政府部門の権力の助けを借りたという点では日本の政商型企業家と似ているが、晋商のように早くから巨額の財産を蓄積した封建大商人は、日本の三井家のように近代企業集団に転換することはなかった。さらに、日本では、専門経営者集団の早期の出現とその近代企業の中での地位の確立が企業の迅速な発展に重要な役割を果たした。しかし中国では、専門経営者集団は比較的弱小であり、彼らは終始日本のように十分な発展をすることがなかった。では、一体どのような原因によって両国企業家集団の構成上の違いが生じたのであろうか。また、われわれはほとんど専門的な比較研究が行われていない歴史現象をどのように解釈したらよいのであろうか。

1　買弁型企業家はなぜ近代日本で大きな集団を形成しなかったのか

中日両国の近代化過程の主要な類似点は、両国が最初に直面した国際環境が基本的に同じだったことである。すなわち西欧列強が武力に訴え両国の門を開こうとした目的は、ともに西欧の商品と資本輸出の新市場を開拓するというものであった。しかし、西欧列強も武力のみに訴えられないということを理解していた。彼らは両国の鎖国状態を打ち破った後、未知の市場環境と内部構造に直面した。そしてもし両国社会の中で自らの代理人を見出して養成しなければ、商品と資本の輸出は極めて大きな困難に遭遇すると予感していた。よって、彼らは不平等条約を清朝と幕府に押しつける際、本国の商人と貿易会社が相手方国家に対して代理人を自由に採用、雇用する権利を内容に盛り込むことを徹底した。アヘン戦争後清国と英国の間で締結された「南京条約」は、大英帝国民は広州、福州、アモイ、寧波、上海など五港で自由通商の権利を持つと規定し、これにより公行制度が撤廃された。続けて一八四四年に締結された「中米望厦条約」ではまた、外国商人は「従者、買弁および通訳、書記などの雇用は、いずれも事務上必要であり、禁ずることはなく、各々に任せる」、「中国地方官吏は経理を禁ず」(92)と規定した。中国と同様に同じく一八五八年に締結された「日米友好通商条約」の中でも、「在留の亜墨利加人、日本の賤民を雇ひ、且諸用事に充る事を許すへし」(93)と明文規定された。これらから、清朝の場合と幕府の場合とは内容上大きな違いがあったことがわかる。しかし中国が失った主権と蒙った損失は日本に比べ非常に大きいとはいえ、買弁雇用に関する規定は同様のものであった。これは西洋国家にしてみれば中国、日本のどちらにおいても代理人を自由に雇用できるか否かが政治と経済の根本利益に関わる大事なことであったことを示している。しかしながら、これまで見てきたように、中国では買弁型企業家の存在は十分注目を集め、彼らは資本の主要な提供者であるだけでなく、最も近代企業経営管理の経験と知識を持つ人々であり、近代化の全過程の中で終始重要な役割を演じていた。近代日本企業家集団には、買弁型企業家はまったく出現しなかったわけではないが、彼らは中国のそれのように人数の多い巨大な影響力を持つ集団には一度もならなかった。ではその原因はどこにあるのであろうか。

改革と対外開放事業の深化に伴い、近代買弁商人問題に関する研究は中国の経済史学界で重視されるようになったが、これまで述べたことがらを解釈した研究はいまだ見られない。日本では、中国買弁商人問題に関する研究は早くからあったが、研究成果は少ない。ただ注目すべき研究もある。その中で最も代表的なのは依田憙家であり、その著書『日中近代化の比較研究序説』の中で自己の見解を述べている。

依田憙家によれば、中国の伍丹戈が一九六四年に発表した『中国買弁資本の落後性と反動性を論ず』の中で、買弁商人活動の基礎は二つあるとされている。一つは外国商品と資本の輸出が持続的、広範なものであり、よって販売と原料購入などの方面で代理人がともに必要となることである。もう一つは国家の経済機構が封建的であり、小農経済と家内制手工業の結合が経済上の特色である零細的、分散化した商品経済では、現地商人との協力が必要になることである。依田によると、中日両国の共通点は伍丹戈の指摘した前者に象徴されており、異なる点は主に後者にあるという。後者は統一国内市場の形成の問題である。中国はまだ統一した国内市場を形成していない状況の下で強制的に門戸を開放させられたので、買弁資本は比較的容易に独立、発展ができた。これに対して日本では、開港の初期段階で藩のような比較的有力な経済主体が存在し、対外関係を専門とする役人もいたことが買弁資本の成長を妨げる要因となった。以上の仮説を実証するため、依田は佐賀、越前などの藩が積極的に資金を集め商館を開設し、対外貿易を積極的に展開した事例をあげ、「日本では、これは強力な経済主体の存在および限りのある業務だけを買弁に委託したやり方が買弁資本の成長を阻止したのであり、同時に同じ時期に外国資本の流入に対して防波堤の役割を果たした」(94)と指摘した。

以上の分析から、依田憙家は買弁型企業家が近代日本で社会集団として発展しなかった原因を二点あげている。その一点は、統一国内市場の形成が買弁商人の活動範囲を制限しただけでなく、外国商人が買弁を利用して日本市場を開拓する必要性が相対的に下降したことである。もう一点は、開港という逆らうことのできない現実に直面し、対外貿易主導権をいち早く掌握することの重要性に気がつき、比較的迅速に対応政策を行ったために外国商人の制御を受けない経済主体が誕生したことである。依田の分析は中日両国の市場発展の水準と経済主体の差異に着目したものであり、われわれがこの問題を検討するうえで非常に参考となる。しかしその一方で、もしこの二点だけを問題の回答とするだけでは十分ではなく、さらなる論証、分析を加える必要がある。比較研究の観点から、少なくとも以下の二点は指摘しておかなければならない。

第一に、買弁商人の大量出現は経済現象であるだけでなく、同時にまた社会現象でもある。中国近代社会特有の社会現象として、その発生には特殊な社会と政治背景がある。中国では一七世紀にアヘンが伝来して以来、大量のアヘンの取引市場が形成された。しかし、麻薬の違法密輸は一般の商品貿易とは異なり、中国の悪徳官吏と商人の手助けとがなければ実現できない。大量のアヘンが途絶えることなく都市や農村にまで流入できたことは、アヘン戦争以前、アヘン貿易の需要に対応するため、外国商人がすでに中国商人を通じて自己の販売ルートを築いていたことを示している。これらの中国商人は高額利潤の誘惑の下、法律を顧みず、外国商人の追従者となることに甘んじ、彼らのためにアヘン市場を開拓し、買弁商人の性格を滞びるようになった。アヘン戦争ののち、一連の不平等条約の締結は中国に領土の割譲、賠償余儀なくし関税自主権を失わせたばかりか、アヘン貿易を非合法なものから合法なものへと変えさせた。「南京条約」は、「すべて中国人にあって、以前英国人の居住区に居住していた者、あるいは英国人と交流のあったもの、あるいは英国役人に仕えていた者、これら大皇帝より勅令賜りて、天下に称え、すべて免罪を許し賜る」と明文規定した。続いて一八五八年、英仏米諸国と締結した「通商章程善後条約」でも、アヘンを薬剤とし合法商品と見なした。これは西欧商人と結託してアヘン貿易に従事していた悪徳商人にしてみれば、画期的なできごとであった。このことから中国では外国商人の代理人を務めることには巨大な経済的利益があっただけでなく、ほかでは享受しえないさまざまな特権があったということは明白である。言うまでもなく、これは買弁商人にとって極めて好都合な社会環境であり、それゆえそれは買弁商人の大量出現の土壌を提供し、大きく発展することを決定づけた。

このように、中国では買弁商人とアヘン貿易商との間に確固とした絆があり、アヘン貿易の持続と発展は買弁商人にとって重要な条件であった。よってアヘン売買に関与したことのない買弁商人はほとんど見られず、それゆえ彼らの評価は低く、大衆の反感を買っている。しかしながら近代日本では、買弁商人のような「とりわけ恵まれた」社会環境は存在しなかった。まず、開港前の鎖国時代、対外貿易に対する制限は清朝の場合よりかなり厳しく、日本商人と外国商人との直接往来はかなり制限されていた。次に、日本にはアヘン貿易の歴史がなく、かつ中国のアヘン戦争の失敗の中から多くの教訓を汲み取り、アヘンの流入が国家と民族に計り知れない深刻な結果をもたらすということに気づいていた。まさにこのような理由によって、幕府は西欧列強と締結した不平等条約の中で多くの主権を失ったが、西欧商人が渇望するアヘン貿易の自由を違法であると主張した。なおかつ「日米修好通商条約」の中で「阿片の輸入厳禁たり、もし亜墨利加商船三斤以上を持渡らは、其過量の品は日本役人是を取上へし」[95]と明文規定した。これによって、日本は中国のような災難から免れ、同時にまた外国商人も中国でのように自らの販売網を構築、発展させる必要に迫られることもなくなった。また買弁商人の形成と発展も自然と制限を受けた。仮定の話に過ぎないが、アヘン貿易が日本でも中国のように自由であったならば、日本の統一市場と経済主体がすでに形成されていたとしても、買弁商人は相当多数の集団として発展していたであろう。

第二に、買弁商人の中国における形成過程から見ると、アヘン貿易というこの特殊な要素のほかに二つの重要な要素がある。一つは主に対外貿易管理体制であり、もう一つは清朝統治者の無能さと洋務政策自身に決定されるものである。対外貿易管理体制の問題については、牙商と公行制度の考察の中ですでに述べたように、公行制度は明らかな特権的独占体質を持っており、外国商人が貿易対象を選択する自由と活動範囲を制限していたため、西欧商人の強烈な不満を招いた。だが事実上、この制度の下、外国商人と少数の封建特権商人との間にはすでに直接かつ緊密な連携があり、この種の連携は経済勢力が強大な外国商人が買弁性の強い商人を探索、物色し養成することを可能にした。

同時にそれはまた、公行制度撤廃後に、封建特権商人が買弁商人へと転換する条件を準備した。まさにこうして、アヘン戦争後形成された買弁商人集団中、旧公行制度下の特権貿易商人が重要な位置を占めることになった。しかし開港以前鎖国状態にあった日本では、交易関係があった国はわずかにオランダと中国のみであり、対外通商貿易港も長崎一港だけであった。しかも外国商館は幕府の直接管轄と制御の下にあり、長崎近郊の島や長崎の中心部から遠く離れた場所に隔離され、日本社会と接触する自由はまったくなかった。また、オランダ商人は、数的に少なく、中国商人が多かったが、彼らは資本力に限りがあるばかりか、西欧商人のような拡張と浸透を志向する近代市場意識を持っていなかった。このような状況の下では、彼らが西欧商人が中国で行ったような買弁商人集団を形成することはもともと不可能であった。

中国における買弁商人の形成には、このような「先天性」の条件のほかに、清朝の洋務政策の中から「後天性」の条件を探し出すことができる。これが先に述べたもう一つの要素である。実の所、この要素は洋務運動および官督商弁企業について行った考察の中ですでにはっきりと見えている。第一次アヘン戦争ののち、腐敗した清政府は二〇年間にわたって人々を鼓舞させ、近代化を目指すような政策をまったく打ち出さなかった。重本抑末は依然国家統治の基本であるとみなされていたので、すでに商工業経営に従事する意識を持っていた人々も、外国商人の代理人になる方法でしか自らの願望を実現できないと思うようになっていた。二〇年後に起こった洋務運動は、ついに中国を近代化の軌道に乗せたが、官督商弁という近代企業振興の方針の下、創業精神に満ちた人々はなおも自由に近代企業を興し才能を生かす機会を得ることができなかった。それゆえ彼らの多くは引き続き外国商人の代理人になることを選択するか、あるいは外国商人と共同出資し企業を共同経営する方法でしか商工業活動に従事できなかった。また一方では、外国商人企業が享受するさまざまな特権および官督商弁企業の「名目上商人保護と言いながら、実際は商人を搾取する」（鄭観応の言葉）現象の普遍的な存在も、彼らに外国商人と共同で企業を立ち上げるというやり方が当時最もあてにできる経営活動方式であると認識させた。こうして必然的に買弁型企業家集団が拡大した。

日本の場合は中国とは大きく異なっていた。まさに依田憙家が指摘しているように、開港後各藩は積極的に企業を創設し、比較的力のある経済主体を形成するのに重要な役割を果たした。しかしここで強調しなければならないのは、幕末各藩が形成した経済主体および統一国内市場は買弁資本の成長を妨げる重要な要素ではあるが、彼らが西欧資本に対して一定の役割を果たしえたのは、日本に入ったばかりの西欧資本がまだ足元が固まらない段階にあったからである。実力的には、彼らは強大な西欧資本の前には弱勢であり、これと長期的に対抗する力は持ち合わせていなかった。ゆえに、買弁資本のさらなる成長を妨げた原因と条件を分析するには、明治維新がもたらした社会の巨大な変化に注目すべきである。事実、まさに先の考察で見てきたように、明治維新後新政府が断行した一連の重大改革は、いずれも資本主義市場経済体制の確立とその行為主体を培うことを基本的な出発点としていた。政府の商工業誘導政策および官営企業払い下げ措置などは、どれも商工業活動に従事することに意欲的であった人々に有利な環境と条件を与え、彼らに幅広く自由に企業家へのチャンスを掴むことを可能にした。彼らは中国で外国商人のように追随することを自己の願望実現の主要な道筋であると考える必要がなかった。ただ外国商人と利益を分かち合うことだけを考え、どのように対外的主導権を争奪すべきかを考えない清朝と比較して、明治政府の対外貿易主導権争奪の重要性の認識は初めから十分明確なものであった。輸出入貿易が完全に外国商館に独占されている局面をできるだけ早く変えるため、明治政府は一八六九年に通商司を設立し、専門的に対外貿易管理を行わせた。また通商司が半官半民的な専門貿易商社、すなわち通商会社を一手に組織した。その意図は諸外国と直接貿易を展開することにあった。一八七五年には当時の内務卿大久保利通は「海外直接販売の基業を拓く」ことを上奏し、政府が早急に民間による直接対外貿易の展開を奨励することを促した。こうして、明治政府の勧めによって、三井家は一八七六年に日本で最初の民間貿易会社三井物産を設立し、駐日外国商館の手を経ずに直接日本の石炭、生糸などの製品を国外市場に輸出することを始めた。続けて対外直接貿易の需要に適応させるため、日本政府は海運業の発展を強力に支援した。これらの措置による効果は絶大で、しかも多方面に及んでいった。開港後混乱状態に陥っていた流通体制が整理されただけでなく、輸出入貿易の収入が増加した。しかも日本は対外貿易の中で徐々に優位に立ち、外国商館の日本での拡張を阻止することができた。こうしたこともあって、明治維新後日本での外国商館は増加はしたが、数の上では中国とはまったく比較にならなかった。関連資料によれば、一八七〇年から九五年までの二五年間で、在日外国商館（中国を含まず）の数は二五六から三五五に増加したが[96]、毎年平均の増加数はわずか四館であった。その一方で、ほぼ同一期間（一八七四年から一九〇〇年）に、日本の貿易商社が輸出した商品が総輸出量に占める比重は、〇・六％から三七％に上昇し、日本の貿易商社が輸入した商品が総輸入量に占める比重も〇・三％から三九・四％に上昇した[97]。このように買弁型企業家の両国における盛衰は、異なった近代化政策がもたらした結果であるということがわかる。

2　近代中国にはなぜ日本型の政商が出現しなかったのか

日本の近代企業家の中で、封建制時代の大商人から転換した政商型企業家の勢力は強大であり、のちに国民経済を左右しうる力を持つ財閥へと発展するに至った。近代中国での官僚型企業家および郷紳型企業家の成長は、さまざまな面で政府部門の権力の力を借りていたことから、日本の政商型企業家といくらか類似点がある。しかし注意すべきは晋商のように早くから巨額の富を築き上げた封建大商人が、日本の三井家のような近代企業集団に変化しなかったことである。これは近代中日両国企業家の形成におけるいま一つの明確な違いであると言える。

晋商の勃興およびその清末における衰退過程の研究はすでに多く見受けられる。晋商問題の専門家である張正明は『晋商衰落史』の中で、主客両面から晋商衰退の原因について詳細な分析をしている[98]。客観的要素については、以下の四つがあげられる。(1)外国資本主義の席捲、すなわち各種不平等条約の締結により、外国資本が中国で多くの特権を得、中国商工業者に重大な圧迫を与えた。⑵封建政府の腐敗により、内憂外患が絶えず、商工業に従事しやすい社会環境が欠け続けた。⑶腐敗した封建政府はほしいままに商民を搾取した。例えば重税を課したり、寄付を割り当てたりなど、ゆすりのような行為をした。⑷近代交通の発展によって貿易路線が改変された。また主観的要素については、以下の四つがあげられる。⑴「山西商人は終始封建政府との結託に頼り、封建政府に奉仕したため繁盛した。しかし封建政府が滅亡へと向かった時、山西商人にも自然と身に災いが降りかかった」。⑵「以末致富、以本守之」という伝統観念の影響を受け、大量の資本を土地購入のために使用した。⑶古い慣習に固執し、思想は保守的で、改革の機会をたびたび逃した。⑷二〇世紀初めの晋商の資本は主として投資額が大きく、資金の回転が遅く、管理要求も高く、かつ輸送条件の制約を受ける炭鉱業に投入されたが、投資が少なく、資金の回転が速く、利潤が高い綿紡織、小麦粉、煙草などの軽、紡工業に投入されなかった。そのため大量の資金を有効に活用できず、苦境に陥った。

張正明による分析を総括すれば、晋商の衰微は主観、客観の相互作用による結果であるといえよう。そしてそれは中国の封建商人が近代企業家へと転換する過程で受けた各種の束縛と制約をほぼ反映している。では中日比較の観点から見れば、われわれはこれら晋商を衰微させた要因をどのように見たらよいのであろうか。まず、主観的要因を分析してみよう。日本の封建豪商の三井家が政商へと転換する過程の考察で見てきたように、時代変革の要請に適応するのが難しいということは、封建特権商人自身の特徴に起因して必然的に発生する一種の普遍性を持った現象であるといえる。したがって張正明が列挙した四つの主観的要因は日本の封建特権商人にもあてはまり、ただその程度に各々差があるだけのことであった。それゆえ彼らの多くは明治維新の変革の荒波の中に消え去った。このことは、中日両国において封建特権商人が近代企業家に変化しうるか否かは、主観的要素はもとより重要ではあるが、それは両国の企業家の構成の違いをもたらした主要な原因ではないということを示している。

ゆえに客観的な条件と要因が中国晋商の衰微と日本の政商勃興という相異なる現象を解釈するキーポイントという

ことになる。張正明も同様の見方を提起しており、近代資本家階級に転換でなかった晋商が、近代において衰微したのは、「その主要原因は晋商自身にはなく、当時の社会条件が備わっていなかったということが招いた結果である」[99]と洞察している。また「日本と中国の近代化路線は異なり、中国は上下呼応する改革能力に欠けた」とも指摘している。張正明は日本の政商問題には言及していないが、私は日本の政商型企業家の出現も官と商との間の上下呼応の産物であると考える。しかしここで強調されるべきは、この過程の中で、上からの呼びかけが常に主導的地位にあり、決定的な力を持っていたということである。三井家が封建特権商人から近代企業集団へと転換する過程で見てきたように、三井家は終始受動的立場にあった。例えば、政府高官井上馨と渋沢栄一の根気強い説得がなければ、三井や小野といった封建特権商人が共同出資して第一国立銀行を創設することは絶対ありえなかった。井上馨の計画と関与がなければ、三井家も危険を犯して三井物産を創設し、対外貿易に足を踏み入れることもなかった。明治政府の官営企業払い下げがなければ、三井が巨大な経済力を持つ財閥に発展することは難しかった。つまり、三井の近代化の歩みは常に明治政府の強力な扶助と半強制的な誘導があってのことであった。しかし日本の政商と比較して、中国の晋商、特にアンテナを全国各地に張り巡らせる票号商が頼ったのも役所との結託であったが、近代化の波の中で足りなかったのは政府による強力な誘導と扶助であった。この点を説明するため、ここで一、二の事例を列挙しよう。

第一に、晋商は票号経営を得意とし、洋務運動の以前に中国金融界の首位に立った。洋務運動前後の三〇年間に、清朝統治者たちは近代銀行創設の緊要性に遅々として気づかず、ましてやいかにして資金力豊富な晋商票号を近代産業発展にとって必要な銀行に改革することに及びもしなかった。甲午（日清）戦争後、ようやく盛宣懐の積極的な努力の下、中国に最初の近代銀行が誕生した。これを契機として、清朝は銀行創設に熱意を示し始め、かつ票号、銭荘などの在来の金融機関を利用し改革することの重要性に気づき始めた。一九〇四年、戸部（清朝の行政部門の一つであり、現在の財政部に相当する役所である。つまり日本の大蔵省のような行政部門）は銀行試設の上奏文で、「各省の富商が設立した票号、銭荘は銀行に類を同じくするものであるが、特に政府はいまだ銀行とこれを維持するものを設立しておらず、すなわち国費損益の大局は、出資補助するに足らず」、「今まず戸部より株式資本の収集に取り組ませることとし、各国銀行の規定を採用し、損得を計り、銀行試設を速やかに行い、貨幣流通の合流点となす」と提起した。[100] 政府の批准を得たのち、正式に大清戸部銀行の設立に着手し、山西票号に資金を出させ経営に参与させたが、結果は「外の票号が議論し、まだ様子を窺うのみで、誰も先に立とうとはしない[101]」というものであった。山西票号が銀行開設への出資を拒絶したのは、もとより彼らが古いしきたりに固執し先見の明がないことによるが、彼らが清朝の思いのままの搾取を受けてきたことと無関係ではない。このような状況の下、清朝は説得と啓発を繰り返すことを行わないばかりか、その官金業務を制限することも警告せず、ただ他の方法を模索するだけだった。実際、その他各地の資金力を持つ商人の戸部に対する反応も冷淡なものであった。当初の計画によれば、戸部は資本金を銀四〇〇万両と定め、四万株に分割し、自らはその半分を購入し、残余を商人株にするとした。しかし商人株の購入数は極めて少なく、結局戸部が在庫銀五〇万両を支出し、ようやく開業にこぎつけた。しかし、思いがけないことに清朝は一九〇六年に制定した「議改各省解款章程」の中で、「およそ各省に行匯解部すべき金員のあるものは、一律戸部銀行よりすべて京师に送金し、その銀行未設の所では、しばし旧例に従い、銀行成立の後を待って、章程を改める」と規定した。これを転換期として、山西票号の官金両替業務は急激に下降し、経営は重大な打撃を蒙り、最終的に破産に陥った。

第二に、晋商の近代化の波の中での対応は保守的で遅れたものであり、昔の成功体験にこだわるため能動的に時代の転換に適応する精神に欠けていた。しかし、すべてがそうであったわけではない。実際、甲午（日清）戦争後起こった民営企業創設の波の中で、晋商の中にも創業意欲を持ち、時代に遅れることに甘んじない企業家も出現した。とはいえ、彼らの企業活動も常に清朝と地方当局の有力な支持が得られず挫折をみた。山西祁県梁氏家族は茶葉、塩販売から家を興し、のちに票号経営によって晋商中最も有名な精鋭企業の一つに発展した。梁氏家族の第一七代目梁本翹（一八六二〜一九一九）は幼年私塾に学び、挙人と進士に合格したことがあり、かつ清外交部駐日本横浜外交官となったこともあった。彼は家業を継いだ後、票号の本業を頑なに守り続ける観念を捨て、近代鉱工業企業開設に積極的に投資した。一九〇四年、山西で清政府が山西平定などの地域における炭鉱・鉄鉱の経営権を英国商人に売り渡すことに反対する運動が勃発した。しかし社会世論の圧力に迫られ、清政府はやむなく英国商人と談判し、山西当局は英国商人の手中から平定などの地の炭鉱・鉄鉱の経営権を銀二七五万両で買い戻すことを議定した。梁本翹はそれに積極的に関与し、自ら表に立って山西各票号から鉱山買戻し資金を集め、かつ保晋鉱務有限公司を設立して石炭、鉄鉱石の採掘にあたった。しかしほどなく問題が発生した。梁本翹が山西各票号から借りた鉱山買戻し資金の担保は土地税であったが、当初彼と山西当局が交わした協議によれば、土地税は清朝がこれを立て替えるとされていた。しかしのちに山西当局が全省の土地税を差し止めたため、梁本翹は各票号から借りた鉱山買戻し金の返済に保晋公司が集めた株を当てざるをえなくなった。その結果深刻な資金不足に陥って適正な生産を維持できなくなり、梁本翹本人も総経理職の辞職を余儀なくされることとなった。

晋商は清朝の役所と結託し爆発的に富を築き世に名を轟かせたが、同時にまた清朝役所から各種の巻き上げやゆすりなどに遭ったことにより日増しに衰えたともいえる。この封建統治制度と官商関係から生まれた現象は日本の幕府時代にも一般的に存在していた。しかし近代化の過程において、明治維新の発生と新政府の出現はこのような官商関係を一変させた。日本の政商には依然濃厚な封建的色彩があり、彼らの存在に対し社会世論は強烈な不満を招いていたとはいえ、彼らは新政府の誘導の下、近代化の中で他の一般の企業家ではとても荷が重すぎる役割を果たしたのである。清朝封建統治下の中国では終始このような制度的な社会変革は発生せず、古い官商関係の形式を変えることはできてもその性質までも変えることは不可能であった。晋商の衰退はまさにこのような官商関係が絶えず続いたことが招いた必然的な結果であった。以上のように、清朝封建統治者が封建特権商人を徹底的に改革する主観条件と能力を備えていなかったことが、中国に日本政商型企業家集団が発生しなかった一つの原因なのではないであろうか。

3　近代中国の専門経営者について

第2節で指摘したように、専門経営者は日本の近代企業家集団の中で重要な地位を占め、彼らの早期出現が近代企業の形成と発展を推進するのに軽視できない役割を果たした。理論的には、専門経営者の発生は近代株式会社制度の確立に伴う産物であり、彼らの集団の拡大も株式会社企業の普及と結びついていた。しかし専門経営者集団の形成を規定する要因はこれ一つだけというわけではなく、歴史および文化教育等の要因にも注目すべきである。これから見ていくように、明治維新後の株式会社制企業の急速な形成と普及は専門経営者集団の早期出現にとって最も重要な条件であった。三井など多くの旧商家は代々経営管理を番頭に委託しており、加えて新しい教育制度の確立によって、能力の高い人材を養成した。これらはみな専門経営者集団の早期形成に有利に働いた。では、専門経営者集団は近代中国においてどのような状態にあり、彼らの存在にはどのような特徴があったのであろうか。ここで日本と比較して見ることとする。

中国の経済史学界においては、近代中国企業の専門経営者に関する研究はまだ少なく、すべてほぼ一九二〇年代から始まるものである。これは少なくとも、清末民初に至るまで、専門経営者の存在がまだ一般的になっていなかったことと、専門経営者集団の中国における形成が日本より三〇年近く遅かったことを意味している。しかし、もし封建商人が採った管理人式の経営組織方式と近代専門経営者の間になんらかの歴史的関係があったとすれば、近代専門経営者が近代中国で形成されるのに必要な条件は日本より有利であったかもしれない。晋商経営管理方式の考察の中で見たように、中国近代における第一陣の株式会社企業が出現する以前から、いわゆる管理人制もしくは経営委託代理制と呼ぶべきものはすでに相当成熟した発展をしていた。ゆえに専門経営者集団が日本より大きく遅れをとった原因はそこにあるのではなく、主に近代企業の形成、特に株式会社企業の普及が相当紆余曲折に満ち緩慢であったことにある。官督商弁企業の創設は株式会社形式を採ったにもかかわらず、官の介入が株式会社企業の本来持っている経営管理機能に深刻な影響を与えた。すなわち、官僚が一手に雇用、財政の大権を握り、親戚縁者を思うままに重用し、逆に実際に企業経営管理能力を持っていた人物は近代企業の外に追い出されてしまった。またその一方で認めなければならないことは、当時西欧の先進科学技術を理解し近代企業経営管理の任を全うできる人材も確かに少なかったという点である。このような状況は日本と著しく対照的である。前に述べたように、明治維新後、新政府はすぐに各種教育制度を興し、一九世紀末には、すでに多くの帝国大学卒業生を輩出していた。同時に西欧諸国から留学を終えて帰国した留学生の数も相当なものであった。こうして近代企業に必要な各種人材が基本的に保証されることになった。それと比べて、清朝は一八六〇年代末から学生を選抜し欧米に留学させてきたが、その数は限られていた。甲午（日清）戦争前に三〇カ所の新型の学校を創設はしたが[102]、その多くは外国語学校と軍事技術学校であり、依然として頑なに科挙で官僚を選抜する制度を堅持した。学者を科挙のために学ばせ、官僚になることが正しい道であるとみなす社会風潮は改革されなかったのである。このような背景の下では、専門経営者集団の形成にとって深刻な阻害と束縛となり、近代企業の成長に多くの不利な影響と結果をもたらした。例えば、後期の洋務運動の主導者である張之洞は近代的な大型鉱工業企業の創設に強い情熱を見せたが、彼が経験した教訓も相当深刻なものであった。一八九〇年、張之洞は巨額を投じ湖北漢陽鉄廠を開設したが、身の回りに経営に長けた人材の補佐がなく、自身もまた技術と管理方面の知識に欠けたため、実現可能性を全く予測しないまま急いで事をすすめてしまった。その結果漢口鉄廠から近い距離にある炭鉱の石炭がまったく使い物にならず、石炭を遠く輸入に頼るしかなくなり、原料コストが耐えられない程度にまで上昇してしまった。こうして鉄廠はわずか操業半年足らずで生産停止に追い込まれ、操業期間中「生産し

表1－1　茂新、福新、申新総公司の高級職員の状況

	人　数	パーセンテージ
栄氏家族構成員	31	57.5%
栄氏姻戚家族構成員	14	26.0%
栄氏家族の腹心と株主	6	11.0%
技術専門家	3	5.5%
総　数	54	100.0%

出典：M. C. Bergere『中国資産階級の黄金時代』上海人民出版社、1994年、174頁。

たのはわずか五千余トンの銑鉄と千余トンの鋼材のみで、レールは一本も作られなかった[103]」。

二〇世紀に入ると、清政府の企業政策に関する最初の法律「公司法」の発布に伴って、民間で企業活動を開始するブームが沸き起こった。特に一九〇五年、朝野上下の一致した呼びかけの下、清朝政府はついに科挙制度撤廃を決定し、各種の新型教育と高等教育の普及に積極的に着手し始めた。一九一一年の辛亥革命の後、正式に成立した民国政府は、数年内に相次いで「公司保息条例」、「商人通例」、「公司条例」、「鉱業条例」など一連の法律を発布した。これらの重大な変化は株式会社企業と専門経営者集団形成の環境に明らかな改善があったことを意味していた。こうして一九二〇年代初めには、専門経営者が注目を集める階層として多くの株式会社企業の中に出現した。彼らは以前に出現した企業家とは異なり、一般的に高い学歴を持ち、先進技術導入と経営管理業務にも明るく、思想も比較的開放的で活発なものであった。一方では、これら新しく出現した専門経営者は企業の家族性と十分密接な関係をも持っていた。フランスの学者白吉尔(Marie-Claire Bergere)は栄氏家族企業集団を例に、この現象について詳細な考察を行っている。

表1－1は白吉尔が一九二八年の調査資料に基づいて作成したものである。これによると、栄氏家族企業集団中の高級職位(主に総経理、経理、副経理、工場長などの職位を含む)五四のうち、栄氏家族およびその姻戚関係の家族構成員が八三・五%を占めていたことがわかる。その比率の高さは驚くべきものであるが、それは当時の中国の家族企業では一般的な現象であったことを示している。

家族企業は資本の組織と管理形態の一つとして世界各国で見られるが、このような形態が専門経営者階層の家族化を必然的に招くか否かということを一言で言うのは難しい。前の考察で見てきたように、日本の政商と財閥は典型的な家族企業集団であるといえるが、専門経営者階層の家族化の傾向は中国には遠く及ばない。では近代中国において、大量の家族企業はなぜ専門経営者階層の家族化と必然的な関係を持っていたのであろうか。それは独特な問題で、中国の伝統的価値観念と強烈な封建家族主義意識の中からのみ、その社会思想的な起源を追うことができるように思われる。では、専門経営者階層の家族化は果たして専門家が工場を管理していく過程に直接影響し、技術導入の深刻な障害となりうるのであろうか。白吉尔はこのようには考えていない。彼は、中国では「多くの企業家がほぼこのような仕組みを技術導入の要諦であるととらえているようであり、彼らはあるいは娘の結婚を通じて、現代の技術人員と管理者を家族の輪の中に組み込み、あるいは彼らの息子を国内外の高等学府に送り学ばせ、現代的教育を受けさせる」、「家族のある構成員に専門知識を学ばせることを通じて企業の技術革新を促進する」(104)と指摘している。このほかに、白吉尔は専門経営者階層の家族化が持つもう一つの価値をあげている。すなわち、彼は「一種の制度として、家族制度は必ずしも企業衰退の原因ではない。しかもまさにこうした一種の管理方式は、中国の企業家に社会伝統を打破することなく現代の経済環境に真に適応しうる可能性を提供した」(105)と考えている。白吉尔の分析は中国近代企業を取り巻く特定の社会環境に注意深く意識を向け、家族企業がこのような環境に適応する時に発揮する機能を強調しており、比較的現実を捉えたもののようである。しかし、専門経営者階層の家族化が中国近代企業の発展に積極的な推進作用を持っていたことを肯定するのと同時に、それに本来存在する弊害を軽視してはならないのではないであろうか。なぜならそれは結局株式会社企業制度の優位性を十分に発揮するのには十分とはいえず、企業が人材を選択する範囲を制限したばかりか、専門経営者の自主性と家族企業の改革意欲を低下させ、株式会社の管理機構を大きく阻害することになったからである。実際、これらの弊害がもたらす消極的な結果も至るところで見受けられた。もしそうでなければ、中国近代企業の形成と発展はわれわれが見てきたような紆余曲折に満ちたものではなかったであろう。

（1）山口和雄『日本経済史』筑摩書房、一九七六年、五三頁。
（2）伊文成・馬家駿『明治維新史』遼寧教育出版社、一九八七年、九九頁。
（3）日本地方史研究協議会編『日本産業史大系』（関東地方篇）東京大学出版会、一九六〇年、三〇一頁。厳立賢『中国和日本的早期工業化与国内市場』北京大学出版社、一九九九年、九一頁。
（4）前掲、厳立賢『中国和日本的早期工業化与国内市場』九一頁。
（5）前掲、伊文成・馬家駿『明治維新史』一〇一頁。
（6）新保博・斎藤修編『近代成長的胎動』日本経済史二巻、生活・読書・新知三聯書店、一九九七年、五二頁。
（7）J・ヒルシュマイヤー、由井常彦『日本の経営発展』東洋経済新報社、一九七七年、二五～二六頁。
（8）宮本又次責任編集『江戸時代の企業者活動』日本経済新聞社、一九七七年、一〇二頁。
（9）同前、一〇四頁。
（10）前掲、伊文成・馬家駿『明治維新史』八三頁。
（11）前掲、J・ヒルシュマイヤー、由井常彦『日本の経営発展』三〇～三一頁。
（12）守屋典郎『日本経済史』三聯書店、一九六三年、六四頁。
（13）万峰『日本資本主義史研究』湖南人民出版社、一九八四年、一〇五～一〇六頁。
（14）長岡新吉・田中修・西川博史『近代日本経済史』日本経済評論社、一九八〇年、二六頁。
（15）諸曼『日本維新史』中訳版、一二八頁。前掲、伊文成・馬家駿『明治維新史』五〇二頁。
（16）中川敬一郎『日本的経営』（NHK大学講座）NHKサービスセンター、一九八一年、六八頁。
（17）B・K・マーシャル著／鳥羽欽一郎訳『日本の資本主義とナショナリズム：ビジネス・エリートの経営理念』ダイヤモンド社、一九六八年、六二頁。
（18）同前、五九～六〇頁。

(19) 伊文成・湯重南・賈玉芹『日本歴史人物伝』黒龍江人民出版社、一九八七年、一八六頁。
(20) 前掲、中川敬一郎『日本的経営』七〇頁。
(21) 宮本又郎『企業家たちの挑戦』中央公論新社、一九九九年、三三一〜三三四頁。
(22) 同前、一〇二〜一〇三頁。
(23) 胡縄『从鴉片戦争到五四運動』紅旗出版社、一九九〇年、七頁。
(24) 前掲、厳立賢『中国和日本的早期工業化与国内市場』一六九頁。
(25) 同前、一八九頁。
(26) 于素云・張俊華『中国近代経済史』遼寧人民出版社、一九八三年、一四頁。
(27) 李文治『中国近代農業史資料』第一輯、一九五七年、八三頁。
(28) 段本洛『蘇南近代社会経済史』中国商業出版社、一九九七年、一〇三頁。
(29) 同前、一〇四頁。
(30) 同前、一〇一頁。
(31) 前掲、厳立賢『中国和日本的早期工業化与国内市場』一九四頁。
(32) 『皇朝経世文編』巻二八『戸政』。
(33) 乾隆『瀘渓県志』巻八『風俗』。
(34) 上村雅洋『近江商人の経営史』清文堂出版、二〇〇一年、六四八〜六五〇頁。
(35) 張正明『晋商興衰史』山西古籍出版社、二〇〇一年、八〜三〇頁。
(36) 同前、八四頁。
(37) 前掲、上村雅洋『近江商人の経営史』三六〜三七頁。
(38) 『晋商史料研究』(穆雯瑛主編、山西人民出版社、二〇〇一年、四四一頁)によれば、一八六二年に創設された渠家の「三晋源」という名前の票号は三〇万両の資本金を持ち、上海、天津等に設立した支店は一一カ所、総営業額は六、七〇〇万両に達していたこと。ゆえに渠家の所有した資産額は日本の近江大商人の西川家よりはるかに多かったのではないかと思われる。

(39) 岩崎継生『大同風土記』第九章、日本国際観光局大同案内所、一九三九年。『山西歴史輯覧』山西省地方志編纂委員会事務室編、前掲、張正明『晋商興衰史』三二〇頁。
(40) 張忠民『前近代中国社会的商人資本与社会再生産』上海社会科学院出版社、一九九六年、七一頁。
(41) 同前、七一〜七四頁。
(42) 同前、七四頁。
(43) 同前、八六頁。
(44) 岩生成一『日本の歴史——鎖国』中央公論社、一九七九年、三八八〜三九一頁。
(45) 前掲、張忠民『前近代中国社会的商人資本与社会再生産』一二二頁。
(46) 張研『清代経済簡史』中州古籍出版社、一九九八年、三三七頁。
(47) 彭信威『中国貨幣史』上海人民出版社、一九八八年、九六五頁。
(48) 王孝通『中国商業史』商務印書館、一九九八年、二一九頁。
(49) 前掲、彭信威『中国貨幣史』九六六頁。
(50) 前掲、張忠民『前近代中国社会的商人資本与社会再生産』一二二頁。
(51) 前掲、彭信威『中国貨幣史』九五二頁。
(52) 同前、九六八頁。
(53) 李鴻章『籌辦夷務始末』(同治朝) 第二五巻、一頁。
(54) 『試弁紡布局折』『奏稿』巻四三、四三頁。
(55) 『復議梅啓照条陳折』『奏稿』巻三九、三二頁。
(56) 王培『晩清企業記事』中国文史出版社、一九九七年、一九頁。
(57) 同前、八五頁。
(58) 『張謇全集』第一巻、江蘇古籍出版社、一九九四年、三七頁。
(59) 『礦務档』第一冊、三三三頁。
(60) 朱寿朋編『光緒朝東華録』四、総三六三七頁。

(61) 杜恂誠『民族資本主義与旧中国政府1840-1937』上海社会科学院出版社、一九九一年、三三頁。
(62) 聶宝璋『中国買弁資産階級的発生』中国社会科学出版社、一九七九年、九～一一頁。
(63) 『捷報』一八五九年七月一二日。
(64) 王相欽・呉太昌『中国近代商業史論』中国財政経済出版社、一九九九年、一二〇頁。
(65) 黄逸峰『旧中国的買弁資産階級』上海人民出版社、一九八二年、六七頁。
(66) 李鴻章『李文忠公全集』『奏稿』巻三、一一頁。
(67) 前掲、王相欽・呉太昌『中国近代商業史論』一二一頁。
(68) 前掲、聶宝璋『中国買弁資産階級的発生』三一頁。
(69) 馬学新等『近代中国実業巨子』上海社会科学院出版社、一九九五年、一～二頁。
(70) 前掲、聶宝璋『中国買弁資産階級的発生』三〇頁。
(71) 黄逸峰『旧買弁資産階級研究』復旦大学歴史学部編『中国資産階級研究』復旦大学出版社、一九八三年、二六一頁。
(72) 朱英『晩清経済政策与改革措施』華中師範大学出版社、一九九六年、三〇頁。
(73) 前掲、馬学新等『近代中国実業巨子』一四頁。
(74) 前掲、王相欽・呉太昌『中国近代商業史論』一三五頁。
(75) 同前。
(76) 同前。
(77) 孫毓棠『中国近代工業史資料』（第一輯下冊）科学出版社、一九五七年、一一六六～一一七二頁より算出したもので、ほかの一〇家企業の状況は不明である。
(78) 馬敏『官商之間――社会劇変中的近代紳商』天津人民出版社、一九九五年、一三六頁。
(79) 同前。
(80) 盛宣懐『愚斉存稿』巻首『盛宣懐行述』。
(81) 『致潘鼎新函』光緒三年五月一九日、『李鴻章致潘鼎新書札』第一〇二頁。
(82) 張国輝『論中国資本主義発生期的構成』『近代史研究』一九八四年一期、一四三頁。

(83) 費維凱『中国早期的工業化』中国社会科学出版社、二〇〇二年、八三頁。
(84) 汪熙『論官督商辧』『洋務運動論文集』人民出版社、一九八五年、二五八頁。
(85) 前掲、馬敏『官商之間――社会劇変中的近代紳商』二一～二二頁。
(86) 趙秀玲『中国郷里制度』社会科学文献出版社、一九九八年、二三八～二四八頁。
(87) 章開沅・馬敏・朱英『中国近代史上的官紳商学』湖北人民出版社、二〇〇〇年、二二三頁。
(88) 前掲、馬敏『官商之間――社会劇変中的近代紳商』一〇〇～一〇一頁。
(89) (清)汪輝祖『学治臆説』巻上、『礼士』趙秀玲『中国郷里制度』社会科学文献出版社、一九九八年、二五五頁。
(90) 『清朝経世文編』巻二一、二三。
(91) 清史編委会編『清代人物伝稿』(下編第五巻)遼寧人民出版社、一九八九年、四二三～四二四頁。
(92) 王鉄崖編『中外旧約章匯編』(第一冊)三聯書店、一九五七年、五二頁。
(93) 周一良・呉于菫主編『世界通史資料選輯』(近代部分上冊)商務出版社、一九七二年、四三六頁。
(94) 依田憙家中国タイトル「日中両国近代化比較研究」日本タイトル「日中両国近代化の比較研究序説」上海三聯書店、一九八八年、四五～四六頁。
(95) 前掲、周一良・呉于菫主編『世界通史資料選輯』(近代部分上冊)四三六頁。
(96) 梅村又次・山本有造編『日本経済史3・開港と維新』岩波書店、一九八九年、一八四頁。
(97) 松本清編『近代日本貿易史』第二巻、有斐閣、一九六一年、一三五頁。
(98) 張正明『晋商衰落史』山西古籍出版社、二〇〇一年、二五二～二六七頁。
(99) 同前、二七三頁。
(100) 中国人民銀行編『中国近代貨幣史資料』(第一輯下冊)中華書局、一九六四年、一〇三七頁。
(101) 王培『晩清企業記事』中国文史出版社、一九九七年、二八七頁。
(102) 王暁秋・尚小明『戊戌維新与清末新政』北京大学出版社、一九九八年、一七五頁。
(103) 姜鐸『姜鐸文存』吉林人民出版社、一九九六年、一二七頁。
(104) 白吉尓『中国資産階級的黄金時代1911-1937』上海人民出版社、一九九四年、一七四～一七五頁。

(105) 同前、一七九頁。

第2章　近代日中企業家の代表人物——渋沢栄一と張謇——

はじめに

本章では近代日中企業家の代表的人物である渋沢栄一と張謇の経歴について総括的な考察を行い、両者の全体像を把握し、のちの章で行う比較分析のための準備をする。そして両者の人生におけるいくつかの重要な転換期に重点をおき、それぞれが生きた時代の歴史的特徴ならびに彼らと社会との関係を説明していきたい。

第1節　日本の著名な企業家——渋沢栄一

1　企業家になる前の渋沢栄一

渋沢栄一は天保一一（一八四〇）年二月一三日（旧暦）、武蔵国榛沢郡血洗島村（現在埼玉県深谷市血洗島）に生まれた。村は利根川に面し、自然条件に比較的恵まれた土地であった。当時、村には五〇～六〇戸ほどの家があり、渋沢を姓に持つ家が多数を占めていた。その中で渋沢の実家は本家であったと伝えられている。父の名は渋沢市郎右衛門、母の名は栄であった。渋沢は三人兄弟の末の子で幼名は市三郎といったが、二人の兄が夭折したため、物心のつかないうちから渋沢家唯一の男子となった。その後六歳の時に栄治郎に改名し、さらに栄一と名を改めたのは明治時代に入ってからのことである。

渋沢栄一の祖父はずっと農業に従事していたが、それだけで生計を立てていたというわけではなかった。稲作以外にも、養蚕や藍玉の製造販売もしていた。当時の生活状態から見ると、当地では上流家庭に属していたといえる。その後藍玉の売買で損害を受け破産寸前にまで追い込まれたが、父親の代になると家業は好転した。藍玉の売買が増大しただけでなく、雑貨の商売も始め、他人に融資をすることができるまでになり、村でも一、二を争うほどの豪農となったのである。

市郎右衛門は家計と経営にとても優れた才覚を発揮したが、お金を稼ぐ以外には何もできない人物というわけでもなく、武芸に秀で、四書五経にも精通する多芸多才な人物であった。彼は子供の教育にも非常に熱心で、渋沢栄一が五、六歳の時には漢字を教え、漢書の朗読をさせた。七歳の時には隣村の尾高新五郎（惇忠）の親族に師事させ正式な教育を受けさせた。尾高は志士の風格を多分に備えた人物であり、彼の指導の下、渋沢は一〇歳までに四書五経、『左伝』、『史記』、『十八史略』を学んだだけでなく、日本の歴史も学んだ。渋沢は学問ばかりでなく、剣道にも関心を示した。特に従兄弟の渋沢新三郎という神道無念流の達人を師と仰ぎ、武術を磨き、同年代の中では文武両道に通じた人並み優れた才能の持ち主となっていた。

渋沢栄一は学問を好み、両親を喜ばせたが、市郎右衛門は渋沢に儒者になってほしいとは思わなかった。渋沢が一四歳の年、父親は彼を折りに触れて藍の葉の採取に連れていくようになり、家業を手伝わせ始めた。己の耳目で経験を積んだことに加え、研究熱心さも手伝って、渋沢はすぐに藍の葉を鑑定する技術を身につけた。そのため、幾年もしないうちに一人でその仕事を担当するようになる。その明晰な頭脳と類まれな商才によって、家業は瞬く間に盛んになった。また、社会により多く触れる機会が増えたことは、視野を広げ、明確な意志を形成するのに役立った。しかしながら、渋沢のような未来に希望あふれる農家の少年にとって、当時の社会は、往々にして受け入れがたく、かつ耐えがたい不平等なものであった。その一例として一七歳の時に渋沢が大いに憤慨し恥辱に思った事件がある。父親の代理として出席した御用金徴収の会議の際、彼は農家の出身だからといって役人の蔑視と嘲笑を受けたのである。このことは渋沢の心に強く残り、根強い身分制度の下では、たとえ本業を慎ましく守っている百姓といえども将来の命運は思い通りにはいかないと深く感じることとなった。

渋沢栄一が少年から青年へと変わっていく時期は日本がちょうど西洋列強の脅威に直面し、国内での対立が非常に激しくなっていく時期でもあった。当時は社会情勢がひどく混乱しており、有識者の憂国意識はかつてないほど強くなっていた。渋沢の師である尾高新五郎はまさに列強に屈服して開国した幕府を国賊とみなす水戸派の人物であった。彼の強い民族意識はすでに渋沢にも影響を与えており、社会での不平等感を味わった彼を自然と反幕府の攘夷運動に走らせる原動力になった。こうして、渋沢は二二歳の時に家業を捨て、江戸に上り同志と合流し、反幕府の攘夷運動の一員となった。

一八六三年は渋沢栄一の人生における重要な転換の年の一つであった。この年、渋沢ほか数名の志士たちは大胆にも、武力による攘夷運動の計画を立てた。武器を買い揃え、武力によって高崎城を占領し、その上で一気に横浜へ攻め入って在住の外国人を皆殺しにし、それによって攘夷の士気を奮い立たせて、彼らの大望を実現させんとしたのである。しかし、計画を実行に移す前に内部で意見の対立が起こり、やむなく一時中止となった。この時、折り悪しく内情を知っている者が捕まってしまった。計画が漏れて身に危険が降りかかることを恐れた渋沢たちは、やむなく地方に身を隠した。この失敗が初志とはまったく異なる道を歩ませることになろうとは、渋沢本人も予想しえなかったことであったであろう。彼は知人の紹介により徳川慶喜側に身を転じ、幕府要人の家臣となった、これにより渋沢は反幕府の攘夷運動から撤退した。

一八六五年、第一五代将軍に任命された徳川慶喜は、ほどなくして、弟の昭武を幕府の代表としてフランスのパリで開かれた万国博覧会に出席させた。この時、渋沢栄一はすでに徳川家の人々の注目を集めるほどの財務管理能力を示していたので、昭武の随員に選ばれて欧州に渡った。二年近く（一八六七年一月～六八年一一月）にわたるこの時の訪欧は渋沢の人生にとってもう一つの重要な転換点になった。この経験がのちに商工業界に身を投ずるにあたり、彼に多大な影響を及ぼすことになったのである。

訪欧中、渋沢栄一は昭武一行に従ってまずフランスにて万国博覧会を視察した。博覧会に陳列されていたのは、すべて当時の世界で最も先進的な工業製品であった。蒸気機関車に始まり、工業用旋盤、紡績機そして教育用の医療設備に至るまで、一つとして渋沢に新鮮さを与えないものはなく、彼の見聞は大いに広がった。これにより、渋沢は西洋の工業文明に対する強烈な知識欲に駆られることとなった。西洋の社会をさらに理解するため、渋沢はあらゆる時間を使ってフランス語の学習に励み、ほかの何名かの友人とともにフランス語の教師を雇った。上達が早く、すぐにフランス語で日常会話ができるようになった。フランスにいる間、各界との交流が広がるにしたがって、渋沢は見るもの聞くものすべてにおいて日本との差は大きいと感じるようになった。そしてそれは渋沢に終生忘れがたい印象を残した。例えば当時の日本では公家、武士と商人との社会的地位には天と地ほどの差があり、商人が公家や武士に会う時には頭を下げて腰をかがめなければならなかった。しかしフランスでは政府の官吏と商人の関係は「両者の間に距離感は全くなく、地位は全くの対等である」、「両者の接触する様は、官尊民卑の日本人の目から見ては驚くばかり親密で、遠慮なくいろいろ議論などする」(1)というものであった。このことが渋沢に、帰国後は実業を振興させ士農工商という古い悪習を打破しなければならない、と強く思わせるに至ったのである。さらに、フロリヘラルド（元銀行家）と接触する中で、渋沢は多くの経済関連の知識を学んだ。フロリヘラルドは銀行、鉄道、株式取引所および公債等の知識を講じただけでなく、自ら渋沢を有価証券の取引所に連れて行き案内した。これにより渋沢は近代経済生活と工業化の過程の中で、株式会社制度が非常に大きな役割を果たしていることを少なからず理解しうるようになり、その後の株式会社の普及活動に従事する上での基礎形成に役立つことになった。

フランスでの学習と視察が一段落した後、渋沢栄一は再び昭武に従って欧州諸国のスイス、オランダ、ベルギー、イタリア、イギリスを訪問した。これらの国々で渋沢は数多くの工場等を見学し、見聞を広め、工業文明の力に深く感銘を受けた。また、当時ちょうど開削工事をしていたスエズ運河を見学し、その壮大な迫力に一種の強大なエネルギーを感じた。さらに、昭武とともにベルギーの国王レオポルド二世に拝謁したことは、渋沢に終生忘れえない印象を残した。レオポルド二世は渋沢たちにこう伝えた。「これからの世界は鉄の世界である。従って製鉄事業の盛んな国は必ず富み栄えると信ずる。又鉄を用いる事の少ない国は事実に於いて必ず弱国であり、且つ将来衰うるに至るであろうが、鉄を盛んに用うる国は必ず強く、其の国家も富むのである。私は日本の国情をよく知らぬのであるから、鉄の生産があるか、又製鉄事業がどうなっているかは分からぬが、日本をして強く且つ富める国にするには、どうしても鉄を多く用いる国としなければならぬ。幸い貴下は将来日本に於いて重要な地位に就く方であるから、よく此の点を御記憶なさるが可いと思う。……日本が将来鉄を盛んに用いるようになったなら、生産が豊富であり、品質も良好であるから、是非我が国の物を用いるようにせられたい……」(2)。渋沢はこれにより再び啓発を受けた。一国の君主でさえ貿易のことを遠慮なく話してくれるのであるから、商工業者がこれらの国でいかに大切にされているかがわかったのである。すなわち、西洋諸国への訪問を通して渋沢は思想の上でも西洋文明の洗礼を受け、西洋諸国がなぜ強大であるのかを悟ったのである。こうして渋沢は単純な攘夷排外思想と政治主張を徹底的に放棄することとなった。

一八六七年、戊辰戦争を経て討幕運動は決定的な勝利を収め、日本は新しい時代へと突入していった。欧州から帰国後、株式会社制度から啓発を受けた渋沢栄一はまず商法会所を設立した。幕臣である自分が明治政府から大切な仕事を任せられるとは思いもしなかったが、昭武とともに訪欧した際に示した財務管理能力と才能は当時すでに評判になっており、ほどなくして明治政府の大蔵卿大隈重信から大蔵省で職に就くことを要請された。渋沢は謝絶したものの断りきれず、やむなく租税正に就任した。四年間の在職期間中に渋沢はほとんどすべての重要政策（貨幣制度改革、廃藩置県、国立銀行設立、公債発行、地租改革等）の起草と制定に関与し、多大なる業績を残した。

2　商工業界に身を投じたのちの渋沢栄一

渋沢栄一は大蔵省に在職期間中の著しい業績によりとんとん拍子に昇進し、辞職する前には大蔵少輔（現大蔵省次官）にまでなっていた。均衡財政主義者である渋沢は国家の財政は収入とにらみ合わせて支出する原則を維持しなくてはならない、といつも主張しており、政府の支出を常に厳しくコントロールしていた。しかし当時の政府の他の部署では支出の拡大を求める声が絶えず強く、予算外支出の増加を要求されることもしばしばであった。このように、両者の間では常に対立が絶えなかった。一八七三年、軍費と財政予算の増加を巡って渋沢はついに当時の大蔵卿である大久保利通と正面からぶつかった。彼は、官を辞して商工業に従事することを決めた。

士農工商の身分意識が依然として強い社会状況の中、要職にあり、赫々たる業績を挙げた人物が官を捨てて商工業界に身を投じるということは確かに並大抵のことではなかった。それゆえ、渋沢栄一が辞官願いを出した後、何人かの友人たちはだれもがもう一度考え直すべきだと忠告した。しかし渋沢は彼らに感謝するとともにこう自分の考えを打ち明けた。「御忠告はかたじけないが、信じるところもありますから、思った通りにします。渋沢に働きがあると見て下さることは感謝に堪えませんが、万一そうであるなら、なおさら官界を去らねばなりません。もし人材がみな官界に集まり、働きのない者ばかりが民業にたずさわるとしたなら、どうして一国の健全な進歩発達が望めましょう。

忌憚なく言うと、官吏は凡庸の者でも勤まるが、商工業者は才能ある者でなくては勤まりません。しかも現在の商工業者にはそういう人が少ない。士農工商の階級思想に引きずられて、政府の役人たることは光栄に思うが、商工業者たることには引目を感じる。この誤った考えを一掃することが急務です……」(3)。つまり、渋沢が言いたいのは、日本が商工業を発展させるために最も欠けているのは官僚ではなく実業家なのである。そして、能力のある実業家を商工業に従事させるにはまず士農工商の社会的風潮を打ち破らなければならず、そのためには自分が率先して模範を示さなければならなかったのである。これは官を辞して商工業に従事することが決して一時の衝動に駆られてのことではなく、人生の信念と抱負から出た挙であったことを証明するものである。

一八七三年、渋沢栄一が官を辞したのちに最初に行ったことは、日本最初の株式会社銀行である第一国立銀行の設立である。ここから渋沢の華麗な企業家としての生涯が始まった。渋沢の七〇年代における企業活動は主に金融業を中心に展開された。第一国立銀行の頭取として、いくつもの困難と挫折を乗り越え、経営を成功に導いた。これと同時に彼は別の事業にも着手した。一八七三年に三井組、小野組、島田組を説得して共同出資会社である王子製紙社を設立した。一八七五年には森有礼を援助し商法講習所を設立し、翌一八七六年一月には東京会議所会頭に、同五月には養育院およびガス局の事務長に就任した。さらには、一八七八年に東京商法会議所会頭に就任し、翌一八七九年には東京海上保険会社を設立した。

十年余りの激動の変革期を経て、一八八〇年代以降になると、日本の社会と経済状況は目に見えて変化してきた。このような新しい環境の中で、渋沢栄一の企業活動は海運、造船、鉄道、紡績、ビール、化学肥料、鉱山開発等の産業部門に全面展開を始め、新しい段階へと進むこととなる。海運業では三菱会社の独占を打開するため、一八八〇（明治一三）年に東京風帆船会社を設立し、その後まもなくして海運業に従事している他二社を合併し共同運輸会社を誕生させた。同社は三菱会社と激しい競争を展開したが、最後には共倒れを避けるため、合併の道を選んだ。こうして一八八五年に日本郵船会社が発足すると、彼は、同社の取締役に就任した。鉄道業では、一八八一年に日本鉄道会社の設立に参与し、東京―青森間、東京―高崎間の鉄道建設と運営事業を請け負うとともに、理事に就任した。その後、山陽鉄道、九州鉄道、北海道鉄道の建設に相次いで参与した。紡績業においては、当時の欧米綿糸の日本市場における席巻を鑑みて西洋の先進技術を取り入れ、大型紡績企業を設立することが必要だと考えた。そのため、渋沢は困難を省みず、大量の資本を握っている華族と地主を説得して回り、二五万円の資本金を調達して大阪紡績会社を設立し、同社の顧問および取締役に就任した。このほかにも、一八八七年、自ら東京人造肥料会社の社長に就任し、日本で化学肥料の生産と使用を普及させることに尽力した。

一八八〇年代は渋沢栄一にとって企業活動のピークであり、社会活動においても最も活躍した時期であった。各企業の設立運動の広範囲にわたる展開に伴い、彼は日本の商工業界で最も注目を集める人物となった。渋沢はさまざまな会議、活動に参加し、各地の招きに応じて講演や指導活動を行った。その満ちあふれた精力と強い責任感から、彼はあらゆる機会を利用して自らの実業思想と経営哲学を説いた。渋沢は実業界に身を投じた時から実業の教育を非常に重視していた。そのため、実業の教育活動にも格別熱心であった。一八八四年、もとの商法講習所を国立東京商業学校（現・一橋大学）に改めると、一八八六年には伊藤博文の委託を受けて女子教育奨励会の設立に関与し、同年にこれをもとにして東京女学館を設立した。このほか、大倉高等商業学校、高千穂商業学校、東京高等生糸学校、岩倉鉄道学校および日本女子大学校などいくつかの女子学校のために寄付を行った。また彼は時間を作ってはこれらの学校に講演に赴き、社会が商工業を軽視していることが青年たちへ及ぼす悪影響を取り除き、進んで実業活動に参加するように励ましたりもした。

一八九五年、日本は甲午（日清）戦争で勝利を収めた。巨額の戦争賠償金は日本経済を大きく潤わせ、空前の繁栄をもたらした。渋沢栄一はこの年すでに還暦近かったが、企業活動の勢いは少しも衰えることはなかった。彼はすでに日本経済界公認の領袖であったが、依然として変わらぬ強い創業意欲を持っていた。また担当する職務も次々と増えたが、政治活動に対しては無関心な態度を取り続けた。一九〇〇年に伊藤博文は政友会を組織し、これに渋沢を参加させて党の声望を高めようと強く願ったが、渋沢はこれを拒絶した。翌年、伊藤博文が失脚すると、渋沢は松方正義とともに井上馨にもう一度内閣を組織することを要請した。これに対し、井上馨は渋沢を大蔵大臣に任命することを条件に内閣就任を承諾した。山県有朋、伊藤博文らはこのため何度も渋沢を説得しようと動いたが、渋沢は政治のいざこざに巻き込まれるのを恐れ、結局大蔵大臣への就任を拒否した。

一九一〇年、渋沢栄一は齢七〇を迎えた。この年、第一銀行、東京貯蓄銀行および銀行の集会所での職務以外、実業界での職務から一切退いた。一九一六（大正五）年、渋沢は喜寿を迎えようとした時、彼は年老いたことを悟り、四五年の長きに渡って務めた第一銀行の頭取を辞任し、実業界から退いた。渋沢の引退後の生活は慈善事業の継続と『論語』を再度読み解くことに費やされた。渋沢は一八七六年から慈善事業に携わっていたが、なぜそこまで慈善事業に熱心であったのかというと、「慈善事業を起こして罪人を未然に救済し、不良民を多く出さぬように努めたならば、只に道徳上から見て当然であるばかりでなく社会政策の上からも効果ある事である」[4]と考えていたからであった。このような人道的配慮と社会政策上の観点から、忙しい企業活動の中にあっても慈善事業に奔走することを終始忘れず、そして、この世を去るその時まで彼は東京養育院院長の職務を続けたのである。それと同時に、渋沢が高齢であることも省みず完成させたもう一つの大事は『論語』の講義を開くことであった。渋沢は『論語講義』を著し、実業界に身を投じたその日から『論語』を人生の指南書とし、道徳経済合一論を強く主張した。片手に『論語』を携え、片手に算盤を持って事業活動に励めと呼びかけたのである。晩年を迎えた時、渋沢は再びこの原点に立ち戻り、『論語』をもって自分の企業家人生を終結させ、後進の手助けとなればと考えた。

一九三一年一一月一一日、渋沢栄一はこの世に永遠の別れを告げた。九一年の人生の旅であった。

第2節　近代中国の企業家—張謇

1　青少年時代の張謇と彼の士大夫への道

清の咸豊三年五月二五日（一八五三年七月一日）、張謇は中国江蘇省海門常楽鎮の農家に生まれた。家は商いも行っており比較的裕福であった。海門常楽鎮は通州地域に属し、長江のはずれの港の北岸、呉淞口から約百キロの所に位置していた。張謇の祖は江蘇省通州（現南通）の人であった。元来比較的裕福な家庭であったが、張謇の祖父の代になる頃にはすでに家産はいくらも残ってはいなかった。生活が落ちぶれ惨めな思いをしていたため、祖父である張朝彦は単身通州に渡り、呉世揆の家の入婿となった。呉家は通州の金沙で小さい磁器屋を開いていたが後に海門常楽鎮に移り住んだ。張謇の父親は名を彭年といい、成人後、前後して葛氏と金氏を妻に娶った。張謇は金氏の生んだ子で小名を長泰と呼んだ。二四歳の時名を謇と改め、字を季直と付けた。

張謇は幼い頃、家庭が比較的豊かであったことに加えて、父親が息子の大成を心から願っていたため、四歳の時には読み書きを教えられ、一年後には付近の私塾に入った。邱畏之という先生の教育を受け、一〇歳までにはすでに『三字経』、『百家姓』、『神童詩』、『酒詩』、『千家詩』、『孝経』、『大学』、『中庸』、『論語』、『孟子』、『詩経』、『国風』等の書籍を学び終えた。一一歳の時、父親は張謇の学問の上達ぶりと優れた思考能力を見て、故郷の西亭から秀才（科挙に合格した者の俗称）である宋蓬山を招聘して教師に付けた。宋蓬山の丁寧な教えにより、一三歳の時には『礼記』、『春秋』、『左伝』を学び終えていただけでなく、〝八韻詩〟と八股文を書けるようにもなっていた。宋蓬山が病死すると、父親は張謇を西亭に行かせ、同じく秀才の宋紫卿と挙人（科挙制度の郷士試験に合格した者の俗称）の宋璞斎に付いて学問を習わせた。

張謇は一五歳の時から科挙を受け始めたが、当地の古い習慣によると、受験生の前三代までにおいて科挙で秀才以上の成績を修めたものが出なかった場合、その受験生は「冷籍」と呼ばれ、一定の資格もしくは地位のある者が保証人とならなければ試験を受けることは叶わなかった。そのため、張謇の父親は宋璞斎に周旋を頼み、資格を持っている如皋県・豊利鎮の金持ちである張駒を祖とし、名も張育才と改めさせることで、どうにか科挙の受験資格を取得させた。しかし、初めて参加した州の試験の成績はあまり芳しくなく、順位は上位百位外であった。宋璞斎はとても不満に思い、皆の前でこう言って張謇を辱めた。「かりに千人の者が試験を受けたら、九九九人が受かり、一人受からない者があるとしたらそれはお前だ」(5)。張謇のショックは非常に大きく、家の壁に「九百九十九」という五つの大文字を書いて常に自分を戒め、意気込んで勉学に励んだ。それは寝食を忘れてしまうほどであった。その結果この後一年の歳月も経たないうちに二六位の成績をもって院試に合格し秀才の称号を得た。

秀才になったことはもとより喜ばしいことであったが、それに伴い面倒なことが起ころうとは張謇は夢にも思わなかった。籍を偽って試験を受けたことはもとより違法であり、万一暴露し告発されでもしたら秀才の称号を取り消されるだけでなく、牢獄に繋がれる可能性もあったのである。そのため張駒らはこれにつけ込み、張謇の家に絶えず金銭を要求してきた。張家はなんとか耐えてきたが、要求に対処することがついにできなくなると、父親は張謇が元の籍に戻れるように宋璞斎に取り成しを頼んだ。しかし、張駒はそれでも飽き足らず役所に訴え出た。役所はまず張謇を学宮に取り押さえて上役に報告する準備をし、秀才の称号を剥奪し罷免するつもりで牢獄に入れた。その後、幸いにも顧延卿らの友人が金銭を工面し、便宜を図ってくれたため、張謇はやっと牢獄の外に出ることができた。張謇は幼い頃より才能が衆に抜きん出ていたため、この時の不幸は才能ある者を愛する人々の同情を受けるに至り、当地の名声のある文人たちは皆張謇のために義憤を覚えた。こうして、海門師山書院院長の王崧畦、海門訓導の趙菊泉、通州知事の孫雲錦らの斡旋により、三年が過ぎた同治一二（一八七三）年、張謇の「改籍帰宗」は礼部の認可を受け事態はやっと一段落を告げた。しかしながら、この一件は青年期の張謇に深刻な精神的打撃を与え、農家の出身であることの苦しみと辛さを初めて味わわせることとなった。

「改籍帰宗」の承認を得た後、張謇は正々堂々と科挙試験に参加した。しかし、五年にものぼる一連の騒動によって張家の財産は残りわずかとなっており、その経済状況は張謇がこれまでと同じように勉学に専念することを許さなかったため、張謇本人も自立して身を立てることを考え始めた。そのような折、同治一三（一八七四）年――張謇が二一歳になったその年――通州知事の孫雲綿はすでに江寧の発審局に転任していたが、張謇の暮らし向きが貧しいのを慮り、自分の所の書記に張謇を招いた。この時から、張謇の幕僚生活が始まったのである。

光緒二（一八七六）年閏月、張謇は慶軍総領呉長慶の幕下に入り、機密書記を務めた。呉長慶の父親は孫雲綿の親友で、その人となりは度量が大きく賢者を礼遇する学者肌の将軍であったため、張謇も非常に重んじられた。呉長慶は張謇の胸に秘めた志をよく知っていたので、できるだけさまざまな面において面倒を見た。俸禄面で優遇しただけでなく、軍営地の横に何件かの庵を建て、張謇が勉学と公文を起草するのに使わせた。張謇はこのことをとても幸運なことだと感じた。しかし、彼のその後の科挙合格への道は順調とは言えず、郷試にもたびたび失敗し、挙人の肩書きとはずっと無縁であった。

光緒六（一八八〇）年、呉長慶は広東方面の水軍提督となり、山東軍の軍務を補佐した。張謇もそれに従い山東登洲に赴任した。光緒八（一八八二）年六月、朝鮮で壬午事変が勃発した。日本は公使館が襲撃されたのを理由に、軍艦を仁川まで進駐させ、朝鮮に賠償金の支払いと不平等条約の締結を迫った。朝鮮国王は清朝に援軍を願い出た。丁度この時、李鴻章は母親の喪に服しており、北洋大臣と直隷総督は張樹生によって代行されていた。張樹生は呉長慶に軍を率いて朝鮮に向かわせ、張謇もそれに従軍した(6)。慶軍は朝鮮に光緒一〇（一八八四）年まで駐留していた。この間、張謇は主要幕僚として機知に富んだ献策をし、呉長慶の信頼を得ていた。このため、事件が終息に向かうと、呉長慶は自ら筆を取り、張樹生に張謇の功績を報告した。しかし、李鴻章の復任に伴い、清朝の朝鮮での事件に関する対応の仕方は、慶軍の朝鮮への派遣前に比べて目に見えて変化していた。李鴻章は外国に対しては一貫して譲歩する姿勢で臨み、張樹生および呉長慶との仲もすでに冷めていた。また、彼らの積極的な主戦論に不満を持っただけでなく、呉長慶の兵権を自分の腹心である馬建中に譲らせた。呉長慶のもともとの後ろ盾は両江（現江蘇省、安徽省、江西省）総督の曽国藩と瀋葆楨らであったため、彼らが相次いでこの世を去ると、李鴻章は呉長慶を排除するのに何一つはばかることがなくなった。呉長慶には李鴻章と張り合うだけの力はなく、憂鬱で心晴れず、帰国後ほどなくして、病気のため奉天金州にて息を引き取った。張謇はこれにより慶軍を離れて故郷へと帰って行った。

一〇年の長きにわたる幕僚生活を経て、張謇はすでにある程度名の売れた紳士となっていた。朝鮮に赴いた頃に著していた『朝鮮善後六策』は李鴻章に余計なことだと咎めだてされたが、その優れた文才は各方面での注目を浴びた。また、一〇年前と比べて、張謇は多くの経験を積んだだけでなく、精神面でも意志の上でも大きな成長を遂げていた。故郷に帰った後も、科挙に受かるために根気よく勉学に励む一方で、通海花布の減損を行うために奔走したり、養蚕用の桑の栽培を提唱したり、漁業組合を組織したりと故郷のために積極的に働いた。光緒一一（一八八五）年の春、張謇は都に赴き順天郷試に参加し、「南元（第二位の挙人）」の成績を得た。この時の正試験官は兵部尚書の潘祖蔭で、副試験官は工部尚書の翁同龢であった。二人は張謇の才能をとても買っていた。しかし、光緒一二（一八八六）年の会試（科挙の第二段階の試験で挙人が三年ごとに都で受けた）では郷試の時ほど良い結果は得られなかった。この後、張謇は光緒一五（一八八九）年、一六（一八九〇）年、一八（一八九二）年に会試を受けたが結果はすべて思うようにはいかなかった。これにより、張謇は科挙に受かって出仕することに嫌気がさしたのである。

光緒二〇（一八九四）年、西太后の六〇歳を祝うため、朝廷では特別に恩科なる試験が行われた。しかし、この時の張謇には科挙に受かりたいという長年の情熱がすでに消えうせてしまっていたので、試験に参加したいとは思っていなかったが、父親と兄の度重なる勧告により、仕方なく都に上り試験に参加した。この時の結果は予想の範囲を超えるもので、一次試験では六〇位に入り、二次試験では一〇位に入った。そして四月二二日の殿試（最終試験）では一位である状元になり、その名を天下に轟かせたのである。二六年もの長きにわたって科挙の試験に挑んできた者にとって、本来状元になることは光栄で幸運なことであったが、この時の張謇には成功した喜びはほとんどなかった。彼はこの時のことを日記にこう記している。「門に生息する海鳥に本より鐘鼓の心（功名心）はなく、伏櫪の轅駒は久しく風塵の想いに倦む。一旦分不相応なることをさせようと思えば、それはゆえのないことである」(7)。一八九四年四月二四日明け方、張謇は光緒帝に拝謁し、二五日、太和殿で儀式が厳かに行われた。朝廷の慣例に従い、新状元である張謇は翰林院修撰を授かった。

2　商工業界に身を投じた後の張謇

光緒二〇（一八九四）年六月、すなわち張謇が官についてまだ二カ月も経過していない頃、日中間で甲午（日清）戦争が勃発した。軍機大臣である李鴻章はずっと〝主和〟を主張し、本軍の力を温存したいと考えていたが、それが北洋海軍の連戦連敗を招いてしまった。九月、翰林院の三五名が連盟して李鴻章糾弾の上書文を書き、また張謇も単独で上奏し、李鴻章の講和政策を次のように激しく非難した。「試しに問う。四朝の元老をもって三省の海防を図り、勝兵精卒五〇営を統率し、機器工場および学堂を六七カ所に設立し、そのようにして時すでに二〇余年が過ぎ、その間用財数千万の多額に上る。一旦事あれば、ただ只管とりとめもない大言を並べ立て、朝野を威嚇牽制し、可戦の地に立つことの一端もなく、主和を講ずることだけを善くするのみである。少しも人理に適うところがなく、痛心に耐えないことだ」(8)。また「ほかに重臣を起用し、戦争をもって和を求めよう」と朝廷に上奏した。しかし、張謇が危急存亡の秋を打開しようと国家のために心を砕き、策を巡らせている時に、父親が病死したという訃報が突然届き、張謇はやむなく慣例通りに職を離れ喪に服した。

甲午（日清）戦争が終結すると、清朝は日本に『馬関条約』を結ばされた。この屈辱的な結果を前にして、喪に服していた張謇も己の歩む道について考え直し始めた。張謇はわずか半年にも満たない官吏生活の中で、清朝が統治者として腐敗してしまったことと、その無能さをすでに深く理解していた。国家が戦争で危機に陥っているその時に、西太后は己の還暦を祝い、天下太平を謳歌し歓楽に身を委ねていた。また、李鴻章に至ってはその軟弱極まる外交政策のためにすでに国民の憤りを買っていたにもかかわらず、相変わらず庇護、重用を受けていた。こういった状況は張謇に官吏としての前途に疑問を抱かさざるをえなかった。また他方で、勢いを増す日本から啓発を受け、商工業が国家繁栄の原動力であることを目の当たりにした。こうして、官を辞して商工業に従事しようとする考えが張謇の頭の中でちらつき始めた頃、両江総督である張之洞に招かれた。

張之洞と張謇が初めて接触したのは、張謇が喪に服している時であった。当時はまだ甲午（日清）戦争の最中であり、主戦派の張之洞は、日本海軍が長江に侵入してくるのを防ぐため、積極的に地方の団練（地主階級の武装組織）を集め、張謇を派遣しその軍を調練させるよう朝廷に上奏した。その件は敗戦により棚上げとなってしまったが、これによって二人の仲は密接なものとなっていた。張之洞は張謇の才能と学識を非常に高く評価しており、『馬関条約』調印後の時局に対する見方も非常によく似通っていたので、張謇に『条陳立国自強疏』を代筆してもらい朝廷に上奏した。張之洞本人は清流派の出身にして洋務派の後期代表者であり、近代工業を興すことに非常に積極的であった。光緒二一（一八九五）年年末、清朝の総理衙門が各省に商務局を設立するよう令を出すと、張之洞はまず始めに張謇に通州で商務局を開かせて、資金を調達し紡績工場を始めさせようと考えた。新しい人生を歩もうと考えていた張謇は、張之洞の誘いに強く惹かれていたがすぐに答えを出すことはしなかった。彼のような知識人が持つ伝統的な思考回路が「商工業界に身を投じるのは何のためか?」と、もう一度考え直させたのである。そして、彼は自身の理想の中から次のような答えを見つけ出した。「年々書生は世人に軽んじられ、その病は空言にあり、負気にあり、ゆえに世間は書生を軽視し、書生も世間を軽視する。今日国の富強を求めるにあたり、教育を優先しなければならず、適宜なる教育を行える人材をまずは育成しなければならない。ところが執政者はこの教育事業に暗く、これを図ることをしないし、資産保有者もこの事業からは乖離しており、歩調を合わせることができない。しかしこの事業の進展は固より政府と隔たることはできず、資産の保有者とともに相談もしなければならず、約を納めて一向に進展しない責任は我にある」(9)。

状元であるにもかかわらず商工業の世界に身を投じ実業を実践して救国しようとする張謇の理想は、当時では真に珍しいことであり、茫然とした状況の中にいる中国の伝統社会に新しい風を吹き込んだ。しかし、何人かの者は張謇が商工業に従事することを一時の気の迷いだと言い、張謇には何をすることもできないと考えた。しかし、評価されるべきは張謇が人々を失望させなかったことである。困難極まりない状況下で、彼はあらゆる労苦を厭わず、四年もの歳月をかけて二万錘余りもの紡績機を擁する大生紡績工場を建設した。緒戦に勝利を収めた張謇は非常に励まされ、各領域に事業を拡大展開し始めた。一九〇〇年には通、海の州境一帯で通海墾牧会社を設立し、その後、三〇余りの企業を相次いで設立した。

一九〇三年初頭、日本の在江寧領事官である天野はすでに中国実業界で有名人物となっていた張謇に、日本に赴いて第五回国内勧業博覧会を見学するよう要請した。張謇は明治維新後の日本経済が飛躍的に発展していることをすでに耳にしていたので、すさまじい勢いで躍進する東方の隣国を自ら視察してみたいとずっと考えていた。それゆえ、張謇はこの機会を捉えて訪日し、六三日間の訪日期間中(船での往復に費やした七日を合わせると七〇日)に、長崎、神戸、大阪、名古屋、京都、東京、横浜、青森、札幌等二〇余りの大・中都市に行き、三〇件に上る企業や団体、さらには三五カ所の学校と教育機関を訪問した。この日程からもわかるように、張謇のこの時の視察活動は極めて多忙であったが、その強い学習意欲と探求心はここでの観察と理解をとても念の入ったものにさせた。彼は苦労も辞さず、その日に見聞したもの、またその日に会得したことをできるだけ細かく記した。その日記から、たくさんの事物が張謇に深い印象や啓発を与えたということがよく見て取れる。例えば、張謇は日本が上も下も皆で力を合わせて国を富まそうと奮い立っていること、また明治政府が鋭意変革に努め、力を尽くして民間企業の方針がもたらす大きな社会変化に手を貸していることを感じ取って次のように記している。日本は「維新変法を行って三〇余年、教育、実業、政治、法律、軍政等一心に欧米を模倣し、朝野上下たゆまずに心と力を尽して欧米に追いつこうと励んでいる。その用意の最も適当なるのは上がまず方針を定め、下に大義を明らかにすることだ」(10)。さらに、これこそが日本が成功を収めることができた重要な要因であり、中国がまず始めに学習し、見習わなければならない点であると考えた。

また、張謇が大阪の造幣廠を見学した際、日本政府が経済発展と安定した金融市場のために、断固として金本位制を実行したのを見て、清朝の執政者たちの国事を処理する姿勢とはあまりに差があることを深く感じ、次のように深い感慨に陥らざるをえなかった。そしてこうも述べた。「華人が貨幣の困窮に苦して時すでに久しい。我国では最近銅円を施行して銀の窮を救おうとしているが、金幣は造っておらず、金は日に日に外国に流出し、そのため国内における金の価値はより貴くなり、しかも金本位制を採っていないし、金本位制へ転換すれば形勢は必ず窮するであろう。したがってこれは良計に非ず。わが政治家の性質には習慣上一大病があり、一つのことを挙行しようとする時、まず弊害を防ぐことに縛られる。虫は木に生息し、弊害は法に生まれることを知らない、天下に無虫の木がなく、無弊の法がない。虫を見つければこれを駆除し、弊を見つければこれを変える。木のために計り、法のために計らなければならない。我国の立法権に無弊の法は見えず、まず無法の弊を保護しようとする」(11)。張謇はまた、日本が国民の教育に力を入れ、民度を向上させたことに極めて感心し、日本の教育が成功した点は「一億人に普通の知識を求め、幾人ばかりかの非凡を求めず」、という考えにあり、「強い国とは兵の強弱ではなく教育の程度で決まる」[12]であると考えた。このように、わずか七〇日ばかりの視察の中で、張謇はかつてない啓発を受け、視野を広げ、中国が直面する問題を改めて観察分析し認識することとなった。上述したように、日本政府が力を尽くして商工業を助け、商人を保護し、教育を発展させたことに対し、張謇が感銘を受けたという記録は日記のそこかしこに見える。そして、彼は己が見聞きしたことと中国の現状を比較することを片時も忘れず、そこから中国を改変するためのよい薬を探し出そうと試みた。帰国後、張謇は訪日期間中に記した日記を一冊の本に編集した。二万五千文字に上るその本は『東遊日記』と名づけられ、彼はそれを各方面の名士に送り共感を求めた。

戊戌変法の失敗後、張謇の政治に対する態度はすでに比較的冷ややかであり、ただ実業に専念したいとの一心で人々の利益になることだけをしていた。しかし心の奥底では依然として中国が立憲君主制になることによって社会の変革が実現することを願っていた。二〇世紀に入り、腐敗しきっていた清朝が国内外の強い圧力に押される形で改革に応じる姿勢を示すと、中国で立憲君主制を実現させたいと願う張謇の前に一筋の希望が灯り始めた。また日本での視察は張謇に大きな刺激を与え、彼に改めて中国の政治改革問題に関心を持たせることとなった。一九〇四年、張謇は張之洞のために『立憲奏稿』を起草し、立憲制にしなければ中国の存立と復興はありえないということを論じた。さらに張謇は『日本憲法義解』、『議会史』等の小冊子を印刷し朝廷の重臣に配布した。立憲制の内容について、張謇は日本のそれを真似しようとしてこのように主張した。「中日両国は比較的近いので、日本を模倣するべきである。日本はドイツから学び、英国を参考にしており、ドイツ、英国からも同時に学ぶべきである。仏蘭西、米国を模倣するのとは違う、その意図するところを観察するのみである」[13]。光緒三二（一九〇六）年七月、清朝から立憲制を実施する準備をするように詔が下った。張謇は鄭孝胥、湯寿潜らとともに上海で立憲準備公会を発足し、彼はその副会長に推挙された。立憲準備公会は政治活動に重点を置いた以外にも、諮問局の設置や、国会請願運動において少なからぬ役割を果たした。一九〇八年、西太后と光緒帝が崩御すると、三歳にも満たない溥儀が帝位を継承した。清朝は政局の安定を図るため、各省に立憲制を準備し実施するための諮問局を設置し、張謇を江蘇省の諮問局局長に任命した。

一九一一年八月、張謇は彼が受け持った大維紡績工場の工事が正式に着工されたのを祝うため武漢に赴いた。偶然の一致かもしれないが、張謇が武漢での各日程を終えて船で上海に戻ったその晩（陰暦一〇月一〇日）、武装蜂起した兵士たちが民衆の協力のもとで武昌を一気に攻め落とし、中国における初めての革命軍政府を誕生させた。辛亥革命に対して張謇は思想上の準備をまったくしていなかったため、それを受け入れることができなかった。張謇はずっと立憲君主制の実現を主張してきており、革命はすなわち立憲運動の失敗を意味していたからである。ましてや、彼の事業は日に日に発展していた時であったので、彼にとって何よりも必要なのは安定した市場と社会環境であった。このため、張謇はこの手の革命が起こることを心の底から恐れていた。彼はかつて両江総督の張人駿に湖北省に救援の兵を送るよう説得しようと試み、また清朝にも何度となく憲法を公布し、国会を召集し、皇族による内閣を解散してもって人民の怒りを静めるよう懇請していた。しかし、これらの努力はことごとく失敗に終わってしまったのである。清朝は果たして人心を失い、革命の成り行きも張謇の予想をはるかに上回る速さで進展し、湖南、陝西、江西の各省が一つまた一つと独立を宣言すると、九月一二日（陰暦一一月二日）には上海でさえも武装蜂起が発生した。これにより、張謇は立憲君主制を中国で実現させることは根本的に不可能であると悟った。彼は立場を変え、辛亥革命に賛同し、民主主義を支持することにした。

辛亥革命が成功を収めると、張謇は実業方面での業績と社会的名声により臨時政府の重用を受けた。一九一二年元旦、孫中山（孫文）が臨時大総統の職に就くと、張謇を実業総長兼両淮（淮北、淮南）の塩政総理に任命した。しかし、わずか一カ月余りが過ぎた頃、臨時政府が漢冶萍会社を抵当に入れて日本に借款を申し込んだことが納得できなかったため、張謇は実業総長の職務を辞した。袁世凱が大総統に就任すると、彼と良友である熊希齢の度重なる説得を受け、一九一三年一〇月に熊希齢内閣に参加し、農商総長を務めた。農商総長を務めた三年間で、張謇は経済関係の法律の制定を非常に重視した。彼は商工業の発展を保護するとともに、金融制度の整理に積極的に着手し、中央銀行と地方銀行を建設し、商工業の発展と輸出を促進する一連の課税政策や方針を制定した。中国経済をいち早く正しい軌道に乗せるため、張謇はすべての心血と力をこれらに注いだのである。しかし、中国の政治情勢の変化がまたもや彼に大きな精神的打撃を与えた。彼が支持してきた袁世凱が政治を弄び、国を盗むようなペテン師だとは思いもしなかったのである。張謇はどうしても我慢することができず、封建制度を復活させた袁世凱に対する怒りを示すため、一九一五年三月、彼は職を辞し故郷に帰って行った。

張謇は政治の表舞台から退きはしたが、依然として国家の行く末を案じていた。この時の張謇はすでに還暦を過ぎていたが、その雄々しい志は依然として健在で、故郷に帰った後も紡績業と墾牧事業の拡大にいっそう力を入れるとともに、いくつもの新事業を完成させていった。一九一六年に天生港果園を設立すると、一九一七年には郊外の道路を整備し、東南西北中の五つの公園を造り、一九一八年には大同銭庄と南通不動産会社を設立した。一九一九年には伶工学社（当時中国で唯一の演劇養成学校）を創立し、更俗劇場を建設した。また同年、淮海事業銀行を創設し、工商業補習学校を設立すると、さらに蚕桑講習所、女紅教習所を設立して刺繍芸術の人材育成をし、南通図書館の新館も建設した。一九二二年には第三養老院を建設した。一九二三年、地方の道路を整備し、自ら全県の水利計画を立てた。中国銀行株主協会の会長も務めたのもこの頃である。このほか、長江流域の鉄鉱資源を外国商人に奪い取られるのを防ぐため、一九一六年に張謇は江西省で大陸製鉄会社を設立することを提唱し、自ら代表取締役を務めた。また、糖業の利益を輸入品に奪われるのを阻止するために、一九二〇年には中華国民製糖会社の設立にも参加し、ここでも代表取締役に選ばれた。さらに一九二二年、交通銀行の総理事にも就任した。これ以外にも、張謇はいくつもの社会団体の職務にも就いた。一例をあげれば、中国紡績工場協会の会長、中国技師学会ならびに中国鉱業学会の名誉会長等である。さらに、張謇は中国の水利整備をとても重視していた。一九二二年、高齢であるにもかかわらず、新運河の工事監督を兼任し、たびたび各地の水利資源と工事状況の視察に出かけた。一九二六年八月初旬、すでに体の状態が思わしくないことを感じていた張謇は酷暑の中、長江沿岸の堤防工事を視察した。その結果働き過ぎが祟り病状が悪化し、同二四日に永久の眠りに就いた。享年七三歳であった。

第3節　渋沢栄一と張謇の経歴と近代日中社会

以上の二節において、われわれは渋沢栄一と張謇の主な経歴を見てきたが、人物の歴史研究という観点から見ても、この考察は極めて概括的なものであったが、われわれは時代と社会の転換の痕跡が両者の経歴のいたるところに残されていることを見て取ることができよう。年齢から見ると渋沢は張謇よりも一三歳も年長であったが、張謇の六年後にこの世を去っている。それゆえ彼らは基本的に同一時代の人物であるといえよう。渋沢が生きた九一年間で、日本は江戸末期から、明治、大正、昭和と四つの時代を過ごし、いくつもの大きな社会の変革と歴史的な出来事を経験した。また、張謇が生きた七三年間で、中国は列強の侵略を受け民族の存続危機が絶えず深まっていった一方で、二千余年もの長きにわたった封建時代が終結し、伝統社会から現代社会への転換を迎えた。このような共通点のある時代背景の下、両者の人生には非常に似通った部分が存在する一方、いくつかの相違点の存在も見受けられる。では、その共通点と相違点はどのようなものであろうか。また、そこよりどのような問題点を見つけることができるのであろうか。

1 渋沢栄一の「早年出仕」と張謇の「大器晩成」

上述したように、少年時代の二人の境遇には確かに似通った部分が存在している。彼らはともに農家の出身で、幼少の頃より私塾で教育を受け、四書五経を学び、受けた啓蒙教育も内容の上では基本的に同じであった。また両者とも農民出身であったために、若い頃には虐げられた経験を持ち、そのため自身の社会的地位を変えることを常に夢見ていた。しかし、両者のその後の経歴は大きく異なる。渋沢栄一は自分の境遇を変えるため攘夷の旗を掲げ倒幕を目指そうとし、逆に張謇は朝廷に叛こうなどとは考えもしなかった。そして、渋沢は一五代将軍徳川慶喜を頼ることで、武士階級となり、二八歳の時に明治の新政府で大蔵省の高官に就いた。これに対し、張謇は最後まで初志を貫徹し、科挙を通り統治機構への一員になるために二六年もの間奮闘を続け、不惑の年で大望を果たした。渋沢と比較すると張謇は明らかに不幸であり、逆に、張謇と比較すると渋沢は幸運であった。しかしながら、この「幸」と「不幸」は両者が直面したそれぞれの社会、現実を如実に反映するものであった。

江戸時代末期、日本の官僚制度は依然として世襲制と門閥制を続けていた。このような制度は社会での地位を変えることを願う人々に二つの道しか選ばせなかった。一つ目の道はこのような制度を変えるために攘夷倒幕に参加することであり、もう一つの道は籍を変え、名を改めて幕府か藩に仕えることであった。渋沢栄一も例外ではなく、当初一つ目の道を歩み、それに敗れた後はもう一つの道を歩んだ。この二つの道はそれぞれ違う政治上の意義を持っていたが、一人の人間にとってはどちらの道も自身の社会地位を改善するためにやむなく選んだ道であったといえる。しかし、明治維新後の渋沢はとても幸運であった。資本主義社会への変革が起こり、身分差別が廃止され、能力主義の社会原理がだんだんと出来上がってきたのである。新政府は人材を採用するにあたってこだわりを持たず、渋沢が幕臣であったことなど気にもしなかった。これにより、渋沢はその才能を思う存分に発揮し、青年期から国のために尽力することができたのである。

しかしながら、科挙制度が行われていた中国において張謇の直面したものはそれとは違う社会と現実であった。科挙制度は世襲制度とも門閥制度とも違い、能力主義の色合いが強いものであった。このような制度の下では、たとえ巨万の富を持っている官僚や地主の子弟であっても、科挙の試験に受からなければ統治機構の一員となることはできなかったし、逆に、たとえ貧しい農家の出身であっても、殿試に合格さえしてしまえば国家の最高級の官僚になる条件を手に入れることができた。この点では、張謇は渋沢栄一と比べ幸運であったといえる。なぜならば、このような制度の存在は他人から差別されてしまうような社会的地位を自らの力によって変えることができるからであり、渋沢のように反逆の道を歩む必要もなかったからである。

こうして見ると、封建社会の下では科挙制度は世襲制度や門閥制度と比べてより合理的であり、世襲制度や門閥制度にはない社会的包容力と機能が備わっていたといえる。ここで言う社会的包容力と機能とは主に次の三点で表される。第一は、全国の各階層から人材を集め、見識のある者を起用し、能力のある者を政治に参加させるという点である。第二は、すべての人々に向けて官僚になる道を開き、能力のある者たちに己の運命を変え己の大望を実現させたいという理想を一つの試験に託させ、他の手段を用いて差別を受けるような社会地位を変える必要を感じさせない点である。第三は、社会伝統の倫理道徳観念に符合するという特徴によりすべての人々から科挙は正道であるということが公認されているという点である。以上三点から科挙制度の持つ社会的包容力が非常に大きく、それが統治者と被統治者の間における衝突と矛盾を緩和すること、そして一個人が意識的に、もしくは無意識的にそれに生涯を賭けることが十分に説明できる。

この点について、張謇の大器晩成の人生はまさに最高の例証である。張謇は一五歳で試験に参加してより四一歳で天下に名を知らしめるまで、実に二六年の歳月を費やした。この二六年間で、張謇は科挙の各試験（歳試、優行試、録科郷試、会試、殿試等、ただし書院等での試験は含まず）に二二度参加し、試験場で都合一六〇日間を過ごした。[14]当然のことながら、これほど長きにわたる科挙試験は誰にとっても耐えがたい苦痛である。張謇も尻込みしたこともあったが、彼の周囲にいた人々がそれを許さなかった。張謇の母親が最も彼に言い含めて来たことは「科挙への及第は士人の帰宿と同じであり、門戸名号は自らこれを求めるべきである」[15]ということであった。彼の恩師も、「前途に努め、これをもって出世の道となし、もって貧者を救うべし。さもなければ数篇の散体詩を作り、数句の応酬語を覚えるだけであり、それでは親師の恩に報い、親戚友人の希望に応えることは到底できない」[16]と教えることを忘れることはなかった。また、張謇が四〇歳を過ぎ、科挙に通ることをあきらめようとしていた時、今度は父親が口を酸っぱくして「息子の試験は誠に苦であった。しかし息子の年はいまだ老いていない。私は老いたが、八、九〇歳ほどの高齢でもない。もう一度試してみるべきである」[17]と諫め、再び科挙への道に引き戻し、ついに殿試に合格する日を迎えさせた。こうして見ると、張謇の意志が強いというより、科挙が引き起こす社会的影響力が十分に一生を使い果たさせるほど強いものであったともいえる。この点から考えると、張謇が直面した社会と現実は、渋沢と比較すると幸運でもあり、また不幸でもあった。そして、天下に名を轟かせたことは喜ぶべきことであり、また哀れむべきことでもあった。泣くに泣けず、笑うに笑えないこの結果はまさに近代中国社会における真実の姿を描写していたのである。

2　渋沢栄一と張謇が官を辞して商工業に従事した共通の原因

身分の差があり、商人を軽んじる意識が強い社会の中で、渋沢栄一と張謇が官を捨てて商工業界に身を投じたことは封建社会の世俗が持つ偏見に対する大胆な挑戦であった。彼らが官を捨てた直接の原因から見てみると、渋沢のそれは仕事上での意見の相違とそれに伴う不満であったことに対して、張謇のそれは統治者の腐敗と無能さに対する失望と不満であった。両者が官を捨てた原因は気持ちの上では似ている部分もあるが、政治的な意味は同じというわけでもなかった。しかし、なぜ商工業界に身を投じたのかという点では、両者は似たような理由を持っていただけでなく、思想上の特徴にも共通性があったのである。

まず始めに、彼らが実業界に身を投じた時の時代背景と動機が同じであることがあげられる。すなわち、彼らは個人もしくは家庭の繁栄や富貴を求めたためではなく、祖国を救い、強くするために商工業に従事したのであった。この点に関して渋沢栄一はこのように述べている。「欧米諸邦が当時のごとき隆昌を致したのは、全く商工業の発達しているゆえんである、日本も現状のままを維持するだけでは、いつの世か彼等と比肩しうるの時代が来よう、国家の為に商工業の発達を図りたい、という考が起って、ここにはじめて実業界の人となろうとの決心が着いたのであった[18]」。また、張謇はこのように言っている。「かりに工業が興らなければ、何時までたっても国家に不貧の期はなく、民は永遠に不困の望がない。中国はただ工芸の一端を善くするのみで、日に日にそれが向上し、一体どのように憂貧の事に至るのか。これすなわち養民の大経であり、富国の妙術であり、外国の侮りに抵抗するためだけに工業勃興を計るのではなく、外国への抵抗というものはおのずとその中（工業勃興の中）にあるものである[19]」。

このように、彼らの国を富ませたいという気持ちは明らかであり、商工業を興さなければならないという認識も非常に明確に一致している。彼らはともに、国家の強弱を決める最も根本的な原因は商工業が発展しているかどうかであり、実業界に身を投じ、商工業を振興させることが国家の命運を救い、貢献することに繋がると考えていたのである。ここからわかるように、渋沢と張謇は愛国心に満ちている人物であるが、だからといって西洋の物質や文明を拒んだりするような盲目的な排外主義者というわけではなかった。それは、彼らがともに商工業を低く見るような封建思想を捨て、毅然として商工業の道を歩むことができる人物であり、彼らが新しい事物を受け入れることができる開明的な現実主義者であったことを十分に証明するものである。

次に、渋沢栄一が自ら述べていたように、彼が官を辞し、商工業界に身を投じたのは社会における商工業を軽んじる風潮を改めるためだけでなく、平凡な才能の持ち主でも官位に就けるが優れた才能の持ち主でなければ商工業者は務まらないということを証明するためであった。渋沢の話は些か独善的な所があるが、それらの言葉からは彼の強烈無比な社会的責任感と歴史的使命感を見ることができる。つまり、渋沢が商工業に従事したことは完全に国家のことを思い、国家の急を考えての行動であり、個人の得失など度外視したものであったのである。また張謇の取った行動にも渋沢と同じような人々の心を打つ社会的責任感と何ものも畏れない精神が表れているといえる。彼は晩年、商工業に従事した時のことを振り返ってこう述べたことがある。

「年三、四〇以後、すなわち中国の不振を憤り、四〇以後中国東部の事（日清戦争）が已み、ますます憤りを覚え国人の常識のなさを嘆く。教育を革新してこなかったことにより、政府が新しきを図っても思い通りにいかず、自らこれをなそうと欲しても無力であり、重ねて推究してみるところ、実業を興すことから始めなければならない。しかし実業を興すためには必ず富人と縁をなさなければならず、それはちょうど平素から遵守している規範に違反することになる。再び何度も考えた挙句すなわち頼みとする所（官人としての地位）を捨て去り、身を捨てて虎を養うことに決したのである。私は中国の大計のために官を辞するのであり、それは決して個人的私利のためではない。それで初めて民の念願を達成することができ、遵守してきた規範も失わないのである。自計はすでに決し、ついに顧みるところは何もない[20]」。このことからわかるように、張謇が商工業に従事したのは、その愛国心だけではなく、個人の得失を考えないような「わが身を省みない」自己犠牲の精神と社会的責任感と密接な関係があったからであるといえる。これらのことから、渋沢と張謇両名の思想上の特徴は同様であるといえよう。

ところで、渋沢栄一は訪欧中に、株式会社制度が経済の発展する中で及ぼす巨大な役割から啓発を受け、この先進的な企業制度を導入し普及させたいと考えた。つまり、渋沢は株式会社制度が日本で商工業を振興させるために必要な制度であること、すなわち、商工業に従事したいが資本蓄積のない人々に新しいチャンスを与えるものであると考えていた。張謇が商工業に従事したのは、故郷の人々に幸せをもたらしたいという願望と直接的な関係があったのはもとより、彼自身が机上の空論にかまけることしかできず、実のあることは何もできないような書生ではありたくないと考えていたこととある程度の関係がある。張謇は綿産地である南通紡績業が発展するための条件にとりわけ恵まれており、先進の技術と設備を導入し使用さえすれば、その製品は輸入品と競争することができ、当時彼の心を痛めていた局面を打破できるとずっと考えていた。張謇はまさにこのような信念を持って企業家として歩み始めたのである。これは、渋沢と張謇は企業家としての始まりは異なるが、ともに実業のチャンスに対して持つ独特の敏感性と自信と、新しいことを始める精神に富んでいたことを表している。

以上の比較からわかるように、渋沢栄一と張謇が官を捨てて商工業に従事するまでの過程において、利益の誘惑は何の役割も果たしていなかった。彼らの思想の本当の原動力となったものは愛国主義の精神であり、それは彼らの頭の中にある民族意識と純粋な関係があるのみならず、彼らの伝統社会への再認識から来ているものでもある。彼らに共通した特徴が示すように、彼らは東洋の精神文明と西洋の物質文明との結合を探求する過程で近代企業家への変身を遂げたのである。

3　渋沢栄一の訪欧と張謇の訪日

言うなればそれは近代の歴史の流れの中で起きた一種の必然であったのかもしれない。西洋文明が抗いようのない勢いをもって全世界を席巻し、後発国が民族独立と「自立」を求めている時代に現れた人物にとって、先進国を訪問した経験は往々にして彼らの人生における新しいスタートラインとなるものである。渋沢栄一と張謇はその機会に恵まれ、彼らの訪問もやはりその後の人生と信念とに多大なる影響を及ぼした。渋沢は欧州訪問を通して、日本で株式会社制度を普及させることを目指し、自らの行動をもって身分差別のある封建的意識を改善させようと決心した。張謇は日本訪問を通して、政府の助けが商工業の発展と社会改革を行うことにとって切実なことであると深く感じ、実業の道を歩むことを決心した。彼らのように伝統社会で生まれ育った者にとって、もしそのような思想的洗礼を受けることがなかったならば、彼らのその後の人生と企業家としての活動はまた違った様相を呈していたのかもしれない。

しかしながら、比較という観点から見ると、渋沢栄一と張謇の訪問にはいくつかの明らかな相違点があることにも注意しなければならない。まず、時間的な側面から見ると、張謇と比べて渋沢は幸運であった。初めて欧州に渡ったのは彼が二七歳の時であった。彼の思想上の未成熟さは、彼が新しいことを受け入れる大きな余地を残していた。また、さらに重要なことは、この時の訪問期間は二年間近くにも及んでいたことである。これほどの長い時間は、渋沢に語学をマスターさせただけでなく、その国の生活に深く関わらせることとなり、欧州視察をより充実したものにさせることとなった。逆に、張謇の日本での視察はわずか二カ月間であった。このような短い時間では、彼がまったく新しい国家と社会を理解するには明らかに不十分であり、いくら張謇が労苦も厭わず、昼夜兼行で東奔西走しても、そこでの理解には限界があった。また、視察対象から見ても、渋沢が渡ったのは近代資本主義と産業革命の発祥地である欧州の六カ国を訪問し、その中には当時世界で最も発展していた工業国のイギリスも含まれていた。それゆえ、渋沢が見たものは伝統社会とは正反対の近代社会であり、工業化と西洋の精神文明に彼は洗礼されざるをえなかった。

他方、二〇世紀初頭の日本は三〇年余りの奮闘により、「後れた国」というイメージを振り払い、帝国主義列強の一員となっていたが、西欧の資本主義国家と比べてまだ確かな差があり、伝統社会の痕跡をどことなく残していた。このため、張謇が日本で見たものは近代国家にまだ完全には生まれ変われていない社会であり、これは張謇の近代社会への理解に大きな制限を加えざるをえなかった。このほか、張謇が日本に行ったのは彼が五〇歳の時であり、長きにわたる科挙への道と紡績工場を設立する苦労を経験していた彼の思想はすでに成熟していた。このことは日本での視察で新しいものを吸収しようという張謇にとって、有利な点でもあり、また不利な点でもあった。渋沢の訪欧とは異なり、張謇は真面目に準備をして自らの見解と問題を携えて日本に視察に来た。これは一方で、張謇に短時間でたくさんの収穫を得ることを保証したが、もう一方ではいくつかの問題を残した。例えば、張謇が日本の教育を実地見学していた時、日本側の接待役である嘉納治五郎から視察の主旨を尋ねられた張謇はこう答えた。「学校形式は大きいものの参観は請わず、規模の小さいものの参観を請う、教科書は新しいものよりも古いものの参観を請う、学風は都市部のよりも市町村の状況を訊ねることを請う、完全なる時の経験よりも未完全の時の経験を訊ねたい、政府および地方が補助を行っている者の経済状況よりも、地方人民の中の手元不如意なる自立者の経済状況を訊ねることを請う」[21]。そのような主旨から出発したからこそ、張謇は在日期間中に、農業、牧畜、開墾、水利、軽紡、精錬等の中小企業を中心に三〇の農工商企業を見学し、三五の学校を参観した（そのうち二八の学校は農業、牧畜、開墾関係であった）。これらは張謇自身の企業活動と直接関係していたが、小を見て大を見ないその主旨は彼に近代的な大規模生産の技術設備や経営と管理に対する理解を軽視させる結果となった。実際には、そのような大型の紡績企業こそがまさに大生紗廠にとって最大の脅威であり、競争相手となるのであった。

これらからわかるように、訪問した先進国の違いが、渋沢栄一と張謇の近代工業化に対する認識に差を生み、この差が彼らのその後の企業活動にそれぞれ違った影響を及ぼしたのである。

4　渋沢栄一と張謇の政治に対する姿勢と社会背景

渋沢栄一と張謇の経歴からよくわかるように、両者が官を辞して商工業に従事した後の政治参加姿勢には明らかな違いがある。渋沢は実業活動に専念し続け、官界に戻ることはなかった。彼の企業活動は政府官僚と密接な関係を持っていたが、彼はいかなる政党にも参加せず、明治以後の政界にはいかなる足跡をも残さなかった。これに対して張謇は一方で大生紡績工場の資金集めのために寝食も忘れ各地を奔走し、もう一方では終始政治を弾劾することを止めず、政治活動を放棄しなかった。彼は帝党の一員として常に政局の変化に注目し、立憲君主制を主張しながら、康有為ら革新派の「過激」な行動に反対していた。張謇は積極的に地方自治を宣揚しながらも、民主共和制には反対したが、中華民国が成立すると再び官に就き、商工の最高長官になった。こういった事情が、彼に著名な企業家としてだけではなく、近代中国政治で重要な地位を占めさせることとなった。それでは、それぞれの国で最も代表的な企業家である渋沢と張謇の政治に対する姿勢になぜこのような大きな差が生まれてしまったのであろうか。個人の経歴と社会環境、この二点からその答えを導き出してみたい。

個人の経歴から見てみよう。前節でも触れたように、渋沢栄一は少年時代から人並み優れた商才を発揮してきたが、政治にまったく関心がないわけではなかった。彼が反逆の旗を掲げ倒幕運動に参加したことがそれを証明している。しかしながら、その後幕臣となった変節行為によって、彼は社会変革に相対する立場に身を置く一方で、時代後れというイメージを人々に与えた。そして、彼自身にも政治に関与することはよくないという教訓を与え、政治は個人に左右できるような簡単なものではないと感じさせることとなった。渋沢は次のように言っている。「元来政治と実業とは互に交渉錯綜せるものであるから、達識非凡の人であったら、この二途に立ってもその中間を巧妙に歩めばすこぶる面白いのであるが、余のごとき凡人がさようの仕方に出るときは、あるいはその歩も誤って失敗に終わることがないとも限らない、ゆえに余は初めから自己の及ばぬところとして政治界を断念し、もっぱら実業界に身を投じようと覚悟したわけであった……」(22)。この発言はこの教訓に対する彼の消極的な総括であるといえる。一方、張謇は政治生活において教訓や挫折がなかったわけではなかったが、清朝の腐敗と愚昧さを前に深い失望感を覚えて商工業界に身を投じた過程自体に、政治に対する消極的な態度が反映されていたといえる。しかし、張謇はまがりなりにも二六年の歳月を科挙に費やした知識人であり、儒家思想をもって天下を安定させるという考え方を確立していた。これは政治とは無縁ではいられない、また政治の世界から離れられないことを彼に運命づけていたといえる。それゆえ、政治の世界から離れることは生涯における大きな欠点、遺憾であると感じていた。

次に、社会環境の観点を見てみよう。明治維新後の日本は、一連の改革を経て資本主義制度が確立しつつあり、明治政府の殖産興業政策の実施と個人企業に対する援助は、企業が発展する上で非常に有利な社会的条件を作り出していた。政界では情勢が変わることもしばしばで、派閥争いも絶えず起こってはいたが、資本主義の路線を歩むという基本方針が変わることはなかった、そのため、企業の発展過程において国の制度からの妨害や干渉は起こらなかった。このような背景の下、どこの政党が政権を握っても、彼らは商工業界からの声に耳を傾けたし、企業家とは常に密接な関係を保っていた。彼はこれにより商工業界の経済利益が政治に反映されないことを心配する必要がなかった。一方、中国の状況はこれとは完全に異なるものであった。洋務運動を何十年も続けていたとはいえ、封建社会制度には何の変化も見られず、これが張謇の企業活動を異常なほど困難なものとした。彼が市場で強大な外国企業と対立している時、その企業活動は制度や政策の保障を受けられず、逆に政界からの妨害を受けていたのである。このような過酷な現実は張謇に「実業の命脈はすべて政治に関わっている[23]」ことを悟らせざるをえなかった。そして自分が惹かれていた実業をもって国を救うという考えは、制度上での有力な支持が得られなければ目的を達するのは困難であり、中国の政治制度の変革は個人による実業救国よりもさらに重要であると考えるに至った。こうした政治に対する意識や姿勢は大部分において彼が直面した社会環境によって形成されたものであり、それは彼が渋沢栄一とは違って政治の世界から離れることができなかった大きな原因となっていたのである。

最後に二点付言しておきたい。第一は、張謇は資本主義による発展を切実に願っていたにもかかわらず、社会の変革に対しては保守的な態度を保ち、長い間にわたって社会の変革を皇帝自身の意識改革に求めた。よってそれは革命と呼ぶよりも改良と言った方がよいのかもしれない。第二は、渋沢栄一は政治から距離を置いていたが、資本主義の発展を求めるには財界活動と政治活動を切り離すことは不可能であった。日本の研究者が指摘するように、「彼は明治政府の対外膨張政策における尖兵であったことは見のがしえない。……朝鮮・中国への日本の進出には、彼はきわめて重要な役割を果たした。第一国立銀行を早く韓国に進出させたり、在華紡の多くの創設に参加したが、日清戦争後の朝鮮の鉄道建設、鉱山開発、日露戦争後の満鉄、東洋拓殖、東亜興業等の植民地会社の設立と運営には、たいてい渋沢が積極的な役割を担っていた。……彼の存在が少なくとも日本の対外政策を助長したというしかないのである(24)」。

(1) 土屋喬雄『渋沢栄一』吉川弘文館、一九八九年、一一二頁。
(2) 小貫修一郎編著『青淵回顧録』上巻、青淵回顧録刊行会、一九二七年、一八三頁。
(3) 渋沢秀雄『明治を耕した話』青蛙房、一九七七年、一一九～一二〇頁。
(4) 前掲『青淵回顧録』上巻、四六八頁。
(5) 張孝若『南通張季直先生伝記』上海書店、一九九一年影印版、一七頁。
(6) 章開沅『張謇伝』中華工商聯合会出版社、二〇〇〇年、一六頁。
(7) 『張謇全集』第六巻(日記)、江蘇古籍出版社、一九九四年、三六二頁。
(8) 同前、第一巻、二八頁。
(9) 同前、第六巻(日記)、八五五頁。
(10) 同前、四九〇頁。
(11) 同前、四八九～四九〇頁。
(12) 同前、五一一頁。
(13) 同前、第一巻、一〇三頁。
(14) 前掲、張孝若『南通張季直先生伝』附『嗇翁自訂年譜・二巻』二九頁。
(15) 前掲『張謇全集』第六巻(日記)、八四一頁。

(16) 章開沅・田彤『張謇与近代社会』華中師范大学出版社、二〇〇二年、四三五頁。
(17) 前掲、張孝若『南通張季直先生伝』附『嗇翁自訂年譜・二巻』三六頁。
(18) 渋沢栄一述、梶山彬編『論語と算盤』国書刊行会、一九八五年、五七頁。
(19) 前掲「代鄂督条陳立国自強疏」『張謇全集』第一巻、三八頁。
(20) 同前「大生紗廠股東会宣言書」第三巻、一一四〜一一五頁。
(21) 同前、第六巻(日記)、五〇二頁。
(22) 前掲『論語と算盤』一五六頁。
(23) 前掲、張孝若『南通張季直先生伝』二七四頁。
(24) 大島清・加藤俊彦・大内力『人物・日本資本主義(3)明治初期の企業家』東京大学出版会、一九七六年、三二五〜三二六頁。

第3章　渋沢栄一と張謇の実業思想

はじめに

張謇と渋沢栄一は中日両国の近代史を代表する企業家であり、彼らの企業家としての活動が両国の工業化の推進過程において重要な役割を果たしたことは紛れもない事実である。一方、彼らが他の企業家と大きく違った点は、両者とも工業化の実践過程において一連の重要な実業思想を提起したことである。西洋の近代経済思想や西洋的道徳倫理観念の全面的摂取を主張した思想家と明らかに異なる点は、彼らがともに儒学思想の忠実な擁護者であり、儒学思想とその倫理観を企業活動の精神的支柱とし、西洋資本主義の経営方法でこれを補完することを主張した点にある。彼らは内在的伝統文化と外来的近代経済思想の間に横たわる矛盾や障害を両者の融合を通して排除することを志向した。彼らは両国における工業化の思想的障害を排除しただけでなく、同時に伝統文化に新しい思想と内容を注入し、後世の人に貴重な精神的財産を残したといえる。このような認識に立ち、本章では渋沢と張謇の実業思想についてそれぞれ考察を行うとともに両者の実業思想を比較し、その類似点と相違点を分析する。両者の実業思想が両国の産業界にもたらした影響の相違に注目して、張謇と渋沢の企業家としての活動の社会思想、意識面における差異、そしてこれらの差異が生じた主観的、客観的条件について考察を試みたい。

第1節　渋沢栄一の実業思想

1　賎商思想に対する批判と『論語』の新解釈

明治維新後、日本は新しい時代に入り士農工商の身分制度等、一連の封建的諸制度の撤廃を通して近代化の障害を取り除き、資本主義的経営方式の確立と工業化の勃興を促進した。しかし一方で官尊民卑や賎商意識は伝統思想として依然根強く残存しており、法律上平等な地位を獲得した商工業者も精神面において完全に解放されたとは言えなかった。福沢諭吉の言を借りれば、当時の平民は「旧の平民に異ならず、言語も賎しく応接も賎しく、目上の人に逢へば一言半句の理屈を述ること能はず、立てと云へば立ち、舞へと云へば舞ひ、其柔順なること家に飼たる痩犬の如し」(1)といった状況であった。文明開化に相反するこれらの社会的気風が改善されなければ、新政府が殖産興業を通し強国を実現しようとする方針もただの空論にしかならず、近代化の発展を促進する原動力にはなりえないであろう。それゆえに、渋沢栄一は賎商意識を排除して実業家の社会的地位を高めることが維新後の日本で資本主義を発展させる上で早急に解決すべき問題であるとの認識を持つに至ったのである。

渋沢栄一から見れば陳腐な賎商観念は商工業に対する蔑視および官尊民卑的封建身分思想と密接に関連したものであったから、商工業者の社会的地位を向上させるためには、まず商工業発展のもつ意義について強調するとともに官尊民卑的封建身分思想を批判しなければならなかった。そのため渋沢は「国を強くするには国を富まさねばならぬ、国を富ますには商工業を隆盛にせねばならぬ」(2)と再三強調した。商工業が富国強兵にとって必須条件であるならば、商工業に従事している者は社会文明の開拓者であり先駆者である。彼らの事業により国家が財を増やすことができるなら、彼らは当然尊重されるべき存在であろう。商工業者を劣等感から解放し、さらに多くの人が商工業に携わることを奨励するために、彼は「国家の基礎は商工業にある。政府の官吏は凡庸でもよい。商人は賢才でなければならぬ。商人賢なれば、国家の繁栄保つべきである。古来日本人は武士を尊び、政府の官吏となるを無上の光栄と心得、商人に成るを恥辱と考えるのは、そもそも本末を誤ったものである(3)」とまで述べている。しかし賤商意識から脱却し商工業者の社会的地位を向上させて、有識者、有能者が実業に従事することを奨励するには、商工業の富国強兵における役割を強調するだけでは十分ではなかった。なぜならば賤商意識の形成と発展は、結局は伝統的儒教倫理の道徳観念と密接に関連していたからである。社会行動の規範準則としての儒教倫理は日本人の意識の中に非常に根強く存在している。この回避し難い現実問題に直面した渋沢は、賤商意識を排除し実業者の社会的地位を向上させるために儒教倫理的道徳観念を再検討し新解釈を加えることによって、賤商意識を支えている倫理的道徳的根拠の徹底的な廃絶を志向するようになった。

渋沢栄一によれば、従来より儒教を信奉してきた学者たちは孔子の学説を誤解してきたという。すなわち「従来儒者が孔子の説を誤解している中にも、そのもっとも甚しいのは富貴の観念と貨殖の思想であろう。彼らが論語から得た解釈によれば、仁義王道と貨殖富貴との二者は氷炭相容れざるものとなっている。しからば孔子は富貴の者に仁義王道の心あるものはないから、仁者となろうと心掛けるならば富貴の念を捨てよという意味に説かれたかと言うに、論語二〇篇を隈なく捜索してもそんな意味のものは一つも発見することはできない。いな、むしろ孔子は貨殖の道に向って説をなしておられる(4)」。周知のように、「君子は義に喩り、小人は利に喩る」という孔子の言は、商人の品格の低さと商人を蔑視する古典的根拠とみなされてきた。しかし渋沢はこの言を次のように解釈している。すなわち「君子と小人とはその心術同じからず。君子は平生常に善をなすことに志し、何ごとに臨んでも、それが果して義に適するや、或は義に適せざるやといふことを考へ、然るのち進退取捨を決するものである。即ち義の宜しきに従って処置するを主義とするものである。これに反して小人は平生常に私利を謀ることに志し、万事につけて利害を目安に進退取捨を決するものである。即ち利にさへなれば、たとへそれが義に背くことであらうとも、そんな所には一切頓着せず、利益本位に打算するのが小人の常である。この故に同一の事を見、同一の言を聴くも、君子はこれによって義を行はんことを思ひ、小人はこれによって利せんことを思ふ。その思想に天地雲泥の差があるから、その行為の上にもそれが現はれ出るのである(5)」。

渋沢栄一は論語の新解釈によって賤商意識を批判する一方、商人が軽視される理由は商人自身が商業道徳について説明してこなかったことと密接に関連していると指摘している。社会の賤商意識を消し、また実業家の社会的地位を向上させるためには、実業家自身が努力し自らのイメージを変えて倫理道徳観念を樹立しなければならないとも述べている。そしてそれを実現するには実業家は必ず『論語』を企業経営の「規矩と準縄」に据えるべきであるとしている。経済と道徳の結合を図る必要性を渋沢は指摘したのである。そしてこの主張に立って、渋沢はすべての商人が孔子の『論語』を学び、右手には論語、左手には算盤という新しい企業家としての道を確立することを呼びかけた。

2 道徳経済合一思想の主な内容

渋沢栄一は論語に対する再解釈を通して、日本に根強い賤商思想を強烈に批判した。しかしこの批判自体は人々の商工業に対する熱情を駆り立てることはできても、日本の工業化発展の要求を満たすものではないと渋沢は考えていた。なぜなら明治維新後の日本で文明開化、富国強兵、殖産興業という遠大なる国家目的を実現するためには、それに相応したいわゆる「規矩と準縄(6)」、すなわち商工業者の企業活動を指導できる正当なる実業思想と観念を確立していかなければならなかったからである。そしてそうしなければ日本の近代化が思想的混乱に陥ってしまうからである。

それでは渋沢は一体どのような実業思想を主張したのであろうか。渋沢の言葉を借りれば、それは道徳経済合一思想あるいは義利合一思想と要約することができるであろう。渋沢の講演と著書の中から、彼の道徳経済合一思想について以下で見ていきたい。

㈠道徳と経済の関係

渋沢栄一の道徳と経済の関係に関する論述には理論的な側面が多分にしてある。彼の基本的観点は以下のようなものである。すなわち道徳と経済とはお互いに対立矛盾し合う概念ではなく、両者は分離することのできない必須条件である。経済を離れた道徳は存在せず、また道徳に離反した経済が日本社会に利益をもたらすこともない。彼は「利益を棄てたる道徳は真正の道徳でなく、又完全な富、正当な殖益には必ず道徳が伴わなければならぬ(7)」と言い、『大学』の三綱八目を根拠に自己の主張を論証している。彼によれば、中国の原始儒家は「格物致知と謂ふものが即ち明徳を天下に明かにするの根源であると教へてある。古の格物致知は今日の物質的学問である。……此の例を以て推せば生産殖利は道徳の中に十分含蓄し得るもの(8)」であるという。経済と道徳の間に矛盾が生じるのは社会的分業体制が出現してからのことである。その原因は分業の担い手が必ずしも仁義道徳の教師であるとは限らず、また仁義道徳の教師が分業の担い手であるとも限らないからである。それゆえに仁義道徳と算盤との間に溝が生じるのである(9)。彼は、日本において武士道と殖産功利之道の間に背馳が生じたのは、中国宋代儒家の性理学の影響を多分に受けた結果であり、このような道徳と経済を分離する傾向は必然的に国家に災いをもたらすことを力説している。彼の著書によれば、宋学は「仁義道徳ということを唱えるに付きては、かかる順序からかく進歩するものであると言う考えを打棄てて、総て空理空論に走るから、利欲を去ったらよろしいが、その極その人も衰え、従って国家も衰弱に陥った、その末はついに元に攻められ、更に禍乱が続いて、とうとう元という夷に統一されてしまったのは宋末の悲惨である、ただとかくは空理空論なる仁義というものは、国の元気を沮喪し、物の生産力を薄くし、遂にその極国を滅亡する、ゆえに仁義道徳も悪くすると、亡国になるということを考えなければならぬ[10]」としていた。以上からわかるように、彼は経典を引用しながら道徳と経済は密接不可分の関係であることを論証している。その目的は、人々の思想の中に、道徳は経済生活の産物であって、経済活動を離れて道徳を論ずることは国家の命運にとっては不道徳であるという新しい思想を確立させることにあった。以上のような渋沢のスタンスは彼の賎商思想に対する批判的立場と完全に一致しており、この意味からいえば商工立国思想を理論的側面から補完したといえよう。

(二)公益と私利の関係

渋沢栄一は商工活動というのは人々の生存のためだけでなく、同時に利益追求の行為であることを認めていた。しかし利益にも公益と私利という二つの区別がなければならない。彼は商工業者はいつ何時も公益と私利の違いを忘れてはならないことを強調している。それでは彼が言うところの公益とは何であろうか。また公益と私利を区別する基準は何であろうか。彼は公益を「私利私欲の観念を超越し、国家社会に尽すの誠意を以って得たる利[11]」と定義している。渋沢にとって公益というのは国家社会の利益であり、国家社会の利益のために商工活動に従事することが彼の提唱するところの道徳であった。また彼は「自分は常に事業の経営に任じては、その仕事が国家に必要であって、また道理に合するようにして行きたいと心掛けて来た、たとえその事業が微々たるものであろうとも、自分の利益は少額であるとしても、国家必要の事業を合理的に経営すれば、心は常に楽んで事に任じられる[12]」とも述べている。

渋沢栄一は国家社会の利益を確立することの重要性を強調するが、同時に国家社会の利益と私利とが決して相矛盾するものとは考えておらず、両者を対立関係としてとらえることに反対した。まず彼は「社会に利益を与へ、国家を富強にするは、やがて個人的にも利益を来す所以[13]」であると考えた。この道理を理解することは決して困難なことではない。「例えば鉄道の改札場を通ろうというに、狭い場所を己れさえ先へ通ろうと皆思ったならば、誰も通る事ができぬありさまになって、共に困難に陥る[14]」のである。つまり、国家社会の利益は私利が保証を得るための前提条件であり、私利は国家社会の利益の中で形成されるものであるから、まず国家社会の利益を考慮することが結果的に私利の獲得に繋がると論じているのである。

続いて渋沢栄一は、国家は国民百姓によって構成されるものであり、よって国家の富強は国民百姓の肩にかかっているとしている。そして、国民百姓の利潤追求が国家社会の利益に符合するかどうかはその経済活動が正当な手段に則って行われているかにかかっていると主張する。彼は「……世間では商売人は私の利益のみに拘泥するというて之を嫌いまする。其私の利益のみに拘泥するということが、得手勝手な私の利益を図るということであったら世間の嫌うのも尤もであるが、そうでなく各自が利益を営むという其私利と公益というものとは、私は決して別なものではないと思う、……或る事業を行って得た私の利益というものは、即ち公の利益にもなり、公に利益なことを行へば又それが一家の利益にもなり、子孫の計を為す訳にもなる。して見ますれば之を差別するという事が、そもそも間違って居ると判断しても宜かろうと思う。……一体国家というものは何から成立って居るかといったら、即ち個人が多数集まって国家をなすのじゃありませんか。其個人が皆道理正しい業体を以て勉めて、盛んに進んで往ったならば、それ等の分子を集め成って居る所の国家がどうなるでありましょう。盛んに且つ強くなるより外になりようはないではありませぬか[15]」と述べている。以上の論述からも見て取れるように、彼は国家社会の利益と私利との関係を最終的に商業道徳上の問題に帰結させ、また商業道徳問題の核心は義利関係の処理如何にあると論じているのである。

(三)義と利の関係

渋沢栄一は儒教的倫理道徳観念は利潤の追求を決して否定しておらず、人の衣食住は経済的手段を通してのみ得ることができるのであるから、それは人々の生存の必要性自体によって決定されるものであると考えた。衣食足りて礼節を知るとは言うまでもないことであろう。しかし人が利益を得るための手段と方法とは決して一様ではなく、正当な手段をもって得た利こそが合理的な利である。そのためには人々の求富的欲望に反対するのではなく、道徳的方法によって利益を追求する能力を人々が身につけることを提唱するべきであろう。渋沢はこのような認識に立って義利合一ということを主張し、両者を対立させる観点には批判的であった。彼は「孟子は利殖と仁義道徳とは一致するものであるといった、その後の学者がこの両者を引き離してしまった、仁義をなせば富貴に遠く、富貴なれば仁義に遠ざかるものとしてしまった[16]」と指摘している。彼はまた「実業とは如何に考へて宜しいものかといふに、いふまでもなく利殖を図る事を以て本旨とするものに間違ない。若し商工業にして増殖の効がなかったならば、即ち商工業は無意味になる、去りながら其利殖を図るといふことも己れさえ利すれば他は何うでも良いといふ主義を以て進んだならば、其結果は何うなるか。孟子の所謂『苟も義を後にして利を先にせば奪はずんば饜かす』となる外は無いのである。故に真正の利殖は仁義道徳に基かなければ決して永続するものはないのである[17]」とも述べている。彼はここで「仁則不富、富則不仁」という従来の理解を完全に否定しただけではなく、利益を追求する際に取るべき正当手段とは儒教倫理の主張する仁義であることを明確にした。

それでは渋沢栄一の主張してやまない儒教倫理の中の仁義とはいかなるものなのであろうか。渋沢によれば、仁義とは忠君愛国、国益優先のほかに博愛、誠実、信用、節約、勤労等あらゆる側面に体現される性質のものなのである。例えば彼は商工企業を発展させるためには信用を提唱するべきであると考えた。彼は信用は「資本よりも重し」と考え、「一人の資産には限りがある、其の限りある資本を頼りにするよりも、限りのない資産を活用するの心掛けが肝腎である。而して限りなき資本を活用するの資格は何であるかといふに、それは信用である[18]」と解釈している。また勤労倹約は商工業者が持つべき流儀であると考え、「勤ト倹トハ創業ノ良図守成ノ基礎タリ常ニ之ヲ守リテ苟モ驕リ且ツ怠ルコトアルベカラズ」[19]とも述べている。総じていえば渋沢にとって誠実、信用、勤労、節約等これらすべては義をもって利を得るために必要不可欠なものとされていたのである。

(四)士魂と商才

渋沢栄一は経済と道徳、公益と私利、義と利の三者をそれぞれ統一することの必要性を理論的側面から論述すると同時に、日本の民族精神と経済商業活動との結合を極力呼びかけ、士魂商才論を提起するにいたった。以前日本では和魂漢才を提唱した者がおり、彼らは日本特有の大和魂（日本精神）を根本に据え、同時に中国文化の精華を修得することを主張していた。彼はその発想自体は継承し発揚していく価値のあるものであることを認めているが、一方新しい時代においては商工強国の要求に適応するため、士魂商才を提唱すべきであることを指摘している。彼は士魂商才の真の意義について「人間の世の中に立つには武士的精神の必要であることは無論であるが、しかし武士的精神のみに偏して商才というものがなければ、経済の上からも自滅を招くようになる、ゆえに士魂にして商才がなければならぬ」[20]と主張した。

渋沢栄一によれば、正義、廉直、義俠、勇為、礼譲等の美徳を一体とした武士的精神は人々に敬われ仰視される民族の誇りではあるが、「遺憾に思ふのは、この日本の精華たる武士道が、古来専ら士人社会にのみ行はれて、殖産功利に身を委ねたる商業者間に、其の気風の甚だ乏しかった一事である。古への商工業者は武士道の如きものに対する観念を著しく誤解し、正義、廉直、義俠、敢為、礼譲等のことを旨とせんには商売は立ち行かねものと考へ……。これは時勢の然らしめた所もあったであろう、けれども士人に武士道が必要であった如く、商工業者にも亦その道が無くては叶はぬ」という。さもなければ日本は小のために大を失い同時に世界における信用も失うと考えるからである[21]。そのため「商才というものも、もともと道徳を以て根底としたもの」であり、それ自体道徳と離れることのできない存在であり「欺瞞、浮華、軽佻の商才は、いわゆる小才子小利口であって、決して真の商才ではない[22]」のである。渋沢は士魂の修養にしても商才の育成にしても、結局は論語から教戒と啓蒙を得ることが必要不可欠であると結論づけている。渋沢の士魂商才に対するこれらの解釈を踏まえて、上述した三側面を統一しなければならないという主張についてはもう一つ別の視角からさらに検討すべきであろう。しかし渋沢はそれら三側面の統一という問題を商工業者が具備すべき人格および民族的精神という水準にまで引き上げて認識して商工業者の使命感を喚起していることは明らかである。士魂商才論とは上述した三側面の統一された実業思想を、民族意識と精神的追求を体現した一つの言葉で総括したものであり、彼はその言葉をもって商工業者が新しい精神状態で企業活動に専念することを激励し呼びかけたのである。

3　道徳経済合一思想と日本の儒教資本主義

以上いくつかの角度から道徳経済合一思想について概括的な考察を行ってきたが、渋沢栄一の道徳経済合一思想について、戦後日本の経営史学界の評価は大きく分かれていた。一部の研究者たち（例えば森川英正、王家驊など）が指摘しているように、理論的視点から見ても、また歴史学的、訓詁学的視点から見ても彼の提唱する道徳経済合一思想にはある種の自家撞着的欠陥があることは否めないであろう。例えば渋沢の義利乖離思想形成の歴史に関する主張および中国の義利之弁に対する基本的理解等はすべて正確であるとはいえない[23]。また森川英正は渋沢の道徳経済合一思想の内容は非常に皮相的であり、彼の公益と私利に関する論述には明らかな矛盾と混乱があると指摘している。森川によれば、渋沢のいう公益と私利の区別は完全に主観的な主張によって決定されるものとなっているので、積極的に国家に献身したいと思えば誰でも公益と私利を融合させられるということになる[24]。思想の方法論という視点から見れば、道徳経済合一思想には明らかに実利主義的傾向があるように思われる。しかしこのような欠陥の存在自体は決して重要ではなく、道徳経済合一思想の命題の下では取るに足らない問題であろう。なぜなら彼の主張は日本資本主義の近代化過程におけるさまざまな思想的障害を排除するのにうまく機能したわけであるし、日本社会の伝統的倫理を時代の発展に適応させ、それに新しい生命力を吹き込み、一種独特の精神性を準備したといえるからである。

㈠道徳経済合一思想と日本式資本主義精神

マルクスが唯物史観から資本主義の発生過程を説明したのとは対照的に、マックス・ウェーバーは社会倫理的考察を出発点に資本主義発生の歴史的条件を解明しようとした。『プロテスタンティズムの倫理と資本主義の精神』においてウェーバーは近代資本主義は精神的原動力が前提条件になって興ったものであり、このような精神的原動力はある種の社会生産方式に起因するものではなく、近代ヨーロッパのプロテスタンティズムの倫理の中で発生したものであると論じている。プロタスティンズムの倫理が資本主義の誕生と密接に関連するのは、その中に天職意識が存在し、このような天職意識を超越した力自体が人生価値の判断と追求の中に体現されるからである。一つの職業が有用であるかどうかは神の愛顧の有無によって決定される。そしてその決定は道徳的角度から、つまりその職業が生み出す商品の社会に対する重要性という角度から判断されるのであって、「財富というものが人生においてその職業責任を履行することを意味するのであれば、それは道徳上正当であるというだけでなく、そうあるべきであり、そうでなくてはならないのである」とウェーバーは述べている[25]。ウェーバーは、プロテスタンティズムの倫理が人々の脳裏に天職意識を確立させること、そして人生の目的はお金を稼ぐことではあるがそれは決して一個人がそれを享受するための行為ではなく、神の恩恵を得て神の栄光を勝ち取るための行為であることを明確に指摘している。このような考えに基づけば、貧困は善行のために光彩を増すものではなく、逆に神の栄光を低下させるものでしかない。それゆえ金銭を稼いで神に対する奉献を完遂するためには世間で苦労し、積極的に労働作業を行いまた禁欲でなければならず倹約を心掛けるべきである。このようにして資本主義特有の経済倫理とその精神は育まれてきたのであり、資本主義の発生はこのような精神的原動力の必然的産物であるとウェーバーは指摘する。

それゆえウェーバーによれば、資本主義の形成と発展には精神的原動力あるいは社会道徳倫理的支柱とでも呼ぶべきものが必要不可欠なのである。それでは近代日本の資本主義が必要とした社会道徳倫理的支柱とはどのように形成されたのであろうか。上述したように、江戸時代には石田梅岩の心学が商人営利の道徳的正当性を肯定して勤勉と節約に宗教的意義を附与したが、結局は社会、文化の中における儒学の重義軽利、重農軽商的思想の支配的地位を動かすには至らなかった。資本主義精神のこのような先天的欠如のために、明治維新後の日本は自国の資本主義発展に適応した社会道徳倫理の基礎を構築するために以下の二種類の方法を志向し模索することとなった。一つは全面的に西洋近代社会思想の価値観念を受容することであり、もう一つは伝統的道徳倫理に対し価値指向的な変革を行うことである。福沢諭吉は前者を選択し、渋沢栄一は後者を選択した。しかしここで注目すべきことはウェーバーが資本主義精神の持つ巨大な力を分析した際に彼が強調したのは、その精神に内在する天職意識によって生まれる超越性であり、それがなければ単純な金銭的欲望と何の区別もなくなり、最も貴重なもの（いわゆる本来的魂）を喪失することになるということである。

近代日本の工業化の開始にとって、一体どちらが商工業を賤業とみなす人たちにこのような一種の精神的超越性を附与したのであろうか。言うまでもなく、それは道徳経済、公益私利、義利三者の統一を説く渋沢の思想であり、西洋的功利主義の思想ではなかった。その理由は簡単である。まず西洋功利主義の思想は舶来品であり、社会的使命感を抱く武士階級出身の企業家にとって、自分が従事している企業活動に対する神聖感を抱かせるものではなかった。次に、渋沢の道徳経済合一思想の内容は決して奥深いものではなかったが、このような単純な命題がかえって日本の伝統的道徳倫理と西洋近代功利主義観念との結合点を見出させ、前者に精神的超越性を持たせたといえるだろう。なぜならば一つの国家や民族の独立が外来勢力の脅威に曝されている条件下では国益あってこその私利であり、公益私利一致という実業思想は私利の重要性を強調するよりも、より容易に商工業者に彼らが従事している事業に対する一種の神聖感を抱かせることができたからである。そしてこのような神聖感というのは上からの工業化の開始にあたって強力な精神的推進力となったである。

当然私たちがここで言うところの超越した力とは決して神秘的なものではなく、また宗教的色彩を帯びたものでもない。それは思想上の一種の刺激であり、それ自体即座に日本資本主義の思想的源泉になりえるものではないが、明治以降国民の間に一貫して存在した民族的危機感と相結合し、西洋的功利主義を変革せしめ、日本における特異な資本主義精神を確立させた。このような日本特有の資本主義精神は個人主義の至上性を承認するものでも資本主義的私有制から乖離したものでもなく、現実社会において企業家の普遍的承認を得たものであり、日本近代化の精神的原動力になったのである。この点については敢えて例証を挙げるまでもないであろう。なぜなら明治時代の新聞雑誌および著名な企業家の遺した著作を見ればそれは一目瞭然であるからである。

(二)儒教資本主義について

ウェーバーは西洋資本主義のプロテスタンティズムの倫理と比べて、儒教倫理は社会変革の原動力に欠けており、理性的態度から社会を変革し自然を制御し変革の原動力を引き出せる性質を具備していないと指摘している。儒教倫理は倫理規範に基づいて既存の社会秩序を維持することに重点があり、現実社会にできるだけ適応しようとする価値指向を有しており、これが必然的に資本主義の持つ実社会的信念への抵抗を生み出したと解釈している。西洋資本主義と完全に隔離された社会的条件下では、儒教倫理の社会的効能は現実社会の秩序の安定と維持に適したものであり、封建社会が中国などの東洋諸国で二千年近くにわたり継続してきたのも、儒教倫理が終始一貫してイデオロギー上の支配的地位にあったことと密接に関係している。この意味から言えばウェーバーの見解はまったく道理にかなっていないとはいえない。しかしこれを根拠に資本主義的近代化と儒教倫理とをまったく水と油のような対立関係として理解するのは明らかに間違いであろう。日本の明治維新後の近代化や第二次大戦後の高度経済成長およびその後の東アジア諸国の経済発展に見られるように、儒教倫理は社会の近代化および高度経済成長の阻害要因にならなかっただけでなく、社会の近代化と高度経済成長を実現していくための重要な条件になった。すなわち現実にはウェーバーの議論とは大きくかけ離れた結果となったのである。これに伴い西洋の学界では儒教文化の社会的効能に対する再認識、再評価のブームが巻き起こった。その結果ウェーバーの学説は前代未聞の挑戦を受けることになった。ハーマン・カーン（Herman kahn）は早くから東アジア経済発展の奇跡に対して儒教倫理の果たした役割について正面から肯定していた。彼によれば東アジア社会が共有する儒教倫理の特質とは勤労、敬業志向、人間どうしの協調関係、年長者に対する尊敬の念、協力関係の強調等であり、個人または個人的利益のみを突出して強調する傾向はない。これら現代的儒教倫理がプロテスタンティズムの倫理と大きく違う点は個人の組織に対する忠誠、貢献、責任を唱導している点であり、これらは現代社会および現代企業組織にとって大いに益するところがあるという(26)。アメリカのボストン大学宗教社会学教授のピーター・バーガー（Peter L. Berger）は中国士大夫階級の儒学思想は近代化にとって有害であったが、儒教の経典を読んだことのない一般人の日常生活中の業務倫理、例えば現実世界に対する積極的かつ進取的な態度、実用主義、紀律の遵守と自己修養、勤労と倹約、安定した家庭生活等一種の世俗的儒教あるいはポスト儒教倫理と呼ばれるものは東アジア経済活力の源泉を示唆するものであると説明している。このような観点からバーガーは二つの近代化の観点を提起している。一つは西洋型近代化であり、もう一つは東洋型近代化であり儒教資本主義とも呼ばれるものである(27)。

実際カーンが提起した新儒教倫理にしろ、ピーター・バーガーの儒教資本主義にしろ、彼らが肯定し強調しようとしたのは、儒教的伝統文化が新しい社会経済の条件下において近代化を促進する重要な要素になったという点である。そして近代化のモデルが決して西洋資本主義のモデルにのみ限られるものではなかったと結論づけている。こうした儒教資本主義という概念の提起は、ウェーバー理論の修正ではあるが、ウェーバー理論の根本的な否定であるとは言えない。日本と東アジア諸国における儒教と資本主義精神とのつながりは、結局は資本主義生産方式の受容を条件および紐帯としたものであり、そうでなければバーガーが列挙したような経済成長あるいは資本主義的近代化に有利であるという儒教倫理の諸条件は、社会的発展を促進する精神的原動力へと自発的に変わることはなかったであろう。それでは資本主義制度が舶来品として東洋に移植された後、儒教倫理は一体いかにして西洋的利己主義思想と融合していったのであろうか。理論的に見て対極的な二つの結合形態があったと思われる。一つは消極型結合である。すなわち儒教倫理に対し徹底的に批判を行い、それを近代化と相対立する思想としてとらえる見方である。このような状況下では、儒教倫理はその趣を変え一種の世俗文化的形式をもって近代化との自然結合を実現する。もう一つの形態は積極型結合である。すなわち儒教倫理の各社会形態に対する普遍的適用性を肯定し儒教倫理を近代化に利用すべき思想的武器として積極的にとらえ、西洋的価値観との融合を図っていく見方である。両者は結合形式の違いによりその結果も明らかに違ってくる。私は厳密な意味での儒教資本主義は決して消極型結合の結果ではなく、積極型結合の結果であると考える。なぜならばこのような儒教資本主義こそが主観的創造と精神的追求を実現することができるからである。

日本が儒教資本主義の創始者あるいはその典型とみなされているのは、日本が初めて儒教文化圏の国家の中で儒教倫理と近代化との融合に成功した国だからである。日本が儒教倫理と近代化との融合に成功した理由は、渋沢栄一が日本産業界の最高指導者として道徳経済合一思想を唱導した結果である。この意味からいって渋沢は儒教資本主義の父ともいえる存在であろう。他方、戦後新しい社会条件の下で形成された日本の儒教資本主義と渋沢の追求した儒教資本主義は内容上あるいは形式上大きく変化した。戦後、現代経済理論と経済思想の普及により企業家の営利行為の正当性を説明するため、理論武装をしていく必要性自体がなくなった。また渋沢の使用した概念では新しい経済現象を十分説明しきれなくなり、それゆえその現実的意義も喪失していった。しかし渋沢の道徳経済合一思想は依然として産業界で大きな影響を持っており、儒教倫理道徳観念から経営理念を確立しようとする企業も増えてきたし、信用を企業の生存条件とみなす意識は社会的風潮になってきた。くわえて政府と企業間の協調および企業内の協調的労使関係は一つの伝統として継承されてきている。経済が高度に発展した今日にあっても儒教倫理道徳観念は依然として企業家によって欠かすことのできない精神的支柱とみなされているのである。一九八〇年代の初めに日本の有名な雑誌が日本の企業家が最も尊敬する人物についてアンケート調査を行ったが、その結果は一位が徳川家康、二位が渋沢栄一であった(28)。渋沢の『論語と算盤』も日本企業家に最も愛読されている著作の一つである。戦後日本資本主義には依然として戦前との間に断絶することのできない連続性があり、この意味からいって渋沢を知らなければ日本的経営が何であり、日本式企業家精神とは何であり、また儒教資本主義が一体いかにして日本において形成され変質していったのかを理解することもできないであろう。

第2節　張謇の実業思想

1　『代鄂督条陳立国自強疏』に現れる実業思想

張謇は彼の『東遊日記』の中で、一八八六年に実業は士人によって主導されるものであるとの考えを抱いていたことを記しており、科挙の道にいた張謇がその当時より中国の実業問題の発展に対して一定の考えを持っていたことがわかる。しかし関係資料から見て、甲午（日清）戦争前の張謇の大部分の言論は時政の問題に集中しており、経済問題に関する見解は相当限られている。甲午戦後、張謇は経済問題に関し自己の主張を次々と発表するようになり、一八九五年には張之洞の約定に答える形で『条陳立国自強疏』を代筆した。この前後万言に上る長編『条陳立国自強疏』の中で張謇は初めて中国がいかにして自強を実現するかについて具体的に自説を述べており、張謇の実業思想形成の重要な起点とみなされている。

その特徴はまず第一に「富国の本は工に在り」ということを強調していることである。第二次アヘン戦争後、李鴻章等清王朝の政府要人は「求富」「自強」を主要目的とした洋務運動を推進し始めるが、しかしいかにして「求富」を実現するかという点について有効かつ明確な認識を持ち合わせてはいなかった。西洋の重商主義的経済思想の影響を受けて、当時多くの人が西洋の強大と中国の弱小はすべて商業の盛衰問題に起因するとの認識を持っていたので、彼らは商業立国のスローガンを掲げ、西洋国家と商業戦を展開することを主張した。このような背景の下で興った洋務企業も「洋商と利を分かつ」ことを目標にしており、その実際効果は甚だ微少なものであった。この教訓に習い、張謇は中国が「求富」「自強」の目標を実現するには、まず思想上の混乱から脱却し明確な実業観念と立国方針を確立することの必要性を認識するようになった。そのため『条陳立国自強疏』の中で彼は商務立国というスローガンに対し以下のような批判を行った。

「世の人は外洋外国は商務をもって立国をなしたと皆言うがそれは皮毛（皮相的）の論である。外洋の富民強国の本が実は工にあり、格致を講じ、化学に通じ、機器を用い、粗を精に変え、賎を貴に変え、その後に商売をする際貿遷の資が生じ倍蓰の利が生じることを知らない。『周官考工記』は百工をもって六職の一つに列している。……孔子はこれを天下の九経として論じ、百工を来すことをもって足財の本となしている。唐虞三代の聖人は物を開き民を進歩させ、これ（格物）に意を加えない者はいなかった。後に迂儒俗吏それを末物賎業とみなし探求せず、そのため外国の工業の技巧は中華をはるかに凌駕するに至った。西洋から中国に入ってくる貨を見れば、機器は捷速で、工作は精巧であり、元来の物料本質（原料）と比べ、価格は三、四倍、十余倍である。……例えば現在日本は工政を特に重んじている。この国は通商の場所において遍く工場を建設し、民間から出される器用百貨も、次第に精巧精美なものになり、これまた西洋の例に倣う。国家は牌を与えてもってこれを賞し、その利を独占させている。百工をもって敬業となし激励し、製造技術は日に日に精巧になり、流通販売の範囲も日に日に広くなる。……そのようでなければ九州（中国を指す）の数百万の無業なる遊民を養うことはできず、毎年数千万の税収を確保することができない」(29)。

以上からわかるように、彼が商務立国に反対し工をもって国本となすことを主張したのは以下の理由による。まずは西洋国家が強大である根本的原因は商業的繁栄にあるのではなく、工業の発達によるものであるという認識である。商業は工業を基礎にしており、工業を離れれば商業自体その源泉、根本を失い利益を上げることは到底できない。それゆえ商務立国思想は本末転倒であり、それをもって国を救うことは難しい。次に「百工は足財の本」とは孔子の重要な経済思想であるが、後世の迂儒俗吏がその思想を理解しなかっただけでなく、かえって長きにわたって商工業を末業とみなし経済発展を抑制したために今のような工業発展の面における西洋国家との大差が生じたのだという認識である。そうであるなら中国はこの状況を変えなければならないし、このような意識を徹底的に変革するべきである。第三に、日本が弱小国から強国に変わった原因は西洋に倣い徹底して工業の扶植と発展に努めた結果であり、日本のように工業重視の政策を採用し工業発展を立国の根本においてこそ中国は強国に生まれ変われるという発想である。第四に中国の人口のうち無職無業の者が数百万に達しており、もし農業のみに頼るのなら失業問題はまったく解決できずさらには対外貿易における輸入超過の現状からも抜け出せないという状況である。ゆえに中国にとってほかに選択肢はなく、工をもって富国をなす方策を選択せざるをえないのである。

特徴の第二は張謇は護商の法を確立することを提起したことである。アヘン戦争後中国は外国との通商を迫られ、これに対する中国人の議論が後を絶たなかった。通商論者は通商の有利な点を説き、反通商論者は通商の不利な点についてひたすら強調したが、張謇は両者ともに一方の有利あるいは不利のみを極端に強調していると考えた。彼は『条陳立国自強疏』の中で外国との通商に利弊はつきものであるが、日本の経験から見て中国の直面している問題は通商にあるのではなくて、護商の法が欠如している点にあると指摘している。張謇はこう書いている。「大体国産品の輸出の量が増えれば、それを外国に持って行って販売することができるのであり、その行為は決して外国の干渉脅迫を受けるものではなく、通商する国が多ければ多いほど我国は豊かになることができる。逆に国産品の輸出が少なければ海外に運輸することはできないし、外人による買収、支配を座して待つのみであり、通商の期間が久しければ久しいほど、我国は貧しくなるであろう。日本は西洋と通商し、もっぱら国産品の製造と外洋への運輸の両方面に専念している。そして商業資本の不足は官が之を助け、決して損失が出るからといってそれを阻み中断することはない。今その国の商利による歳入は八千余万元に至り、アメリカにおいて得る所は四千万元である。商務に勝利し交渉は順調にいき、よって国勢もおのずと振い、その明効は斯くの如しである。中国上下の勢はその日本の状況とはあまりにも大きく隔たっており、特に士大夫は商務について平素から考究していない。ただ徴商（徴税）の政あるのみで、護商の法に欠けている。西人常に論ずる所によれば中国商人は工貿易に長けているが、惜しむらくは国家がそれに対し何ら保護を与えておらず、その商人の群起こり彼らが利を追い求めることを放任し、ひそかに奸偽をなし、全局を顧みず、よって百業皆衰える(30)」。

張謇の考えるところを総合すれば以下の通りである。つまり国家の対外通商が順調に発展できるかどうかは政府の支持と密接に関連している。それは日本が最もよい例であり、中国の百業が皆衰えた主な原因の一つとして政府と民間との関係があげられる。中国における政府は一般社会からはるかにかけ離れた存在であって、官僚は興商の策を考究せず、したがって国家は従商者から徴税を行うことだけに専念し、法を制定して従商者の利益を保護するということは一向に行わない。ゆえに従商者も私利のみの追求に没頭することになり、国家全体の利益を顧みなくなるのである。ゆえに張謇は中国の急務は護商の法を確立し便商利民の措置を講ずることであり「衆商の力を合わせもってその本を厚くし、国と民の力を合わせもってその窮を救う(31)」ことであると認識しているのである。つまり商家の連合を奨励して資金力を増強し、国家は従商者に対し資金援助を行って民間の資金不足を補い、また商家の間に利益を巡って紛糾が生じた時は政府が相互の調整および疎通をはかり、軋轢を防止緩和するということである。

第三は新式教育を発展させ人材育成に努めることを富強自立の基礎とみなしたことである。『条陳立国自強疏』の中で張謇は李鴻章らが長らく堅持してきた物的側面のみを重視し人的側面を重視してこなかった旧政策を批判し、実業の振興には教育の発展と人材の育成が不可欠であることを主張した。張謇は「人皆外洋各国の強が兵に出るものであることを知るが、その強が学に出るものであることを知らず。立国は人材によるもの、そして人材は立学によるものであり、これ古今内外を問わず不変の理である(32)」と述べている。張謇にとって国家の強盛は軍隊によるものではなく、人材によるものである。そして人材の多寡は結局は教育によって決定づけられるのであり、発達した教育がなければ十分な人材は育たず、人材が欠乏すれば国家の強盛など決してありえない。このような道理はどの国にも当てはまるはずであるから、中国は工をもって国を富ましていくと同時に教育の発展と人材の育成を忘れてはならないと主張する。それでは中国は一体いかにして教育を発展させ人材を育成すればよいのか。張謇は伝統的教育方式とその内容は「以工富国（工をもって国を富ます）」の要求には適用できないので、西洋の先進的知識と技術を学び以前の因循の習わし（虚に努め実に努めない風潮）を変えていくことを唱導する一方、各省に広く学堂を設け、外国教師を雇い入れ外国語、農業栽培、工業製品の製造、商務知識、軍事技術、鉱山鉄道知識等の専門課程を学ぶことが必要であると述べている。同時に政府は外国語の初級レベルの能力を持つものを西洋に留学させ、西洋国家を理解する人材を積極的に育成すべきであるという。張謇は人材の育成は固より必要であるが、その阻害要因を徹底的に排除し大胆な人材選抜と任用を行うことが中国の国家にとって大事であるから、日本のように海外留学経験者の任用を重視するべきであること、そのためには留学生採用の章程を制定することによって人心を鼓舞し、留学生の才幹を施すべき客観的条件を築くことを政府に建議した。

第四は鎖国政策に反対し西洋国家との各方面にわたる往来の拡大を主張したことである。張謇は、『馬関条約』の締結は中国に無窮なる後患をもたらしたが、それによって西洋国家の経験を学び、西洋国家との各種往来を拡大していくことの必要性を決して否定しなかった。彼は中国が西洋を模倣する際に要領を得ないのは政府官人の視野が狭く「狃于成見」であり、また「楽于因循」であり、西洋国家について知るところが甚だ少ないからであると考えていた。彼は「外洋各国の開疆拓土、行教通商、皆遊歴をもって先導となす。中国洋務の勃興すでに十数年、しかし中外文武臣工、中外の形勢に洞悉し意を凝らして講究するものが少ないのは無知無見のゆえなり、外洋各国の長所を知らず、ついに外洋各国の短所を知らない(33)」と喝破している。張謇は百聞は一見に如かずという見地から官員を多く海外に派遣し、実地調査を行わせ、彼らの見聞と才識を伸ばして国外の政治経済状況に対する理解を深化させること、特に科挙出身で経済的知識の欠如している学士官員を多く選抜し海外に派遣して、実業の振興に貢献できる人材の育成を図ることを提起した。同時に張謇は当時朝野において論争の最も激しかった外債の借り入れ問題と外国資本の導入による鉄道建設の問題についても自分の主張を述べている。彼によれば中国の工業発展が直面している最大の問題は極度な資金不足であり、このような状況下では「巨額の資金を集まるまで待つのならば、必ずや一切廃沮自滅に至るまで待つことになる」。そのためには外債を借り入れて現在の急務を解決すべきであり、「もし自強の機を立たせたいのならば、債を返せないことを患わないことだ」と主張した。鉄道建設の問題についても張謇の思想は非常に明確である。彼は鉄道建設は商工業の発展にとって必須の条件であり、少しも猶予はならない事業なので「洋商に引き受けさせるべし」を認めている。彼は病があれば医を求めるのは当然であり、「赤貧が金を借りても、なお已むことはない。なぜか。身命を担保にすることができるのになぜ貧に憂えることがあろうか。今日の勢これと何が異なろうか」[34]と述べている。

『条陳立国自強疏』は張之洞の代わりに張謇が執筆して朝廷に奏呈した建議書である。そのため張之洞の意向を考慮しておくことも必要であろう。また同時に上奏文としての文書形式上の制約もあり、張謇もより仔細かつ系統的に彼の実業観念について表現することはできなかったであろう。しかしそのような点を差し引いても『条陳立国自強疏』の内容から張謇の実業振興の主張には明らかに資本主義的経済思想としての特徴が読み取れるのである。自立強国に対する認識も以前の洋務派の人物より鮮明かつ深刻である。例えば「以工富国」および政府が商工業に対し扶助と保護を行うという思想は明らかに民族資本主義の発展と植民地主義的圧迫からの脱却という当時の民間商工業者の願望と要求を反映しているだろう。また教育の経済発展過程における地位と役割を強調したのはその実業思想の独創的な一面を表していよう。また彼が西洋国家および日本から先進的科学技術と興業強国の経験を学び、外債の借款と外資の利用の必要性を強調したのは、その実業思想の開放性と国情に着目した現実主義的性格を表している。それゆえにこれらの実業思想の提起は当時の張謇がすでに封建的経済思想の束縛から脱しており、近代経済思想が彼が事物を判断する時の主要基準になっていたことを示唆するものであろう。

2　張謇の綿鉄主義

上述したように、一八九五年に奏呈した『代鄂督条陳立国自強疏』の中で張謇は以工強国の経済思想について系統的に述べている。他方、一九〇三年訪日後発表した彼の言論からは、彼自身の企業活動の発展と日本および西洋国家に対する理解の深化に伴い、彼の実業思想がより進歩し成熟していったことが窺われる。その変化とは彼がどのように実業を発展させるかという問題について具体的かつ充分な構想を持つようになったことである。張謇は実業の発展には重点および順序があると述べる一方、自分は実業において綿鉄主義を保持していると述べている(35)。

張謇の綿鉄主義とは彼自身の解釈によれば次のようである。各種工業部門の中において紡績と鉄鋼の両部門が最も重要であり、中国が貧を治め富に至るにはまずこの二つの工業部門の発展から着手しなければならないが、その中でも「綿を特に優先すべし(36)」であるとしている。それではなぜ張謇は綿鉄両業を優先的に発展させる必要性をこのように強調したのであろうか。張謇は以下のいくつかの側面からこれを説明している。

第一に、この二つの工業の発展は中国の対外貿易の赤字を減少させるための切迫した要求である。張謇は、馬関条約以降中国の対外貿易の赤字は日に日に増加し民衆の生活を圧迫し国家的難題にまで発展し、それが中国にもたらす経済的損失と危害は対外賠償問題よりさらに深刻であると指摘し、もしこのような状況を改善せず放置すれば、中国経済は収拾のつかない程度にまで落ち込むであろうと考えていた。彼は「国人はただ戦争賠償のみを大損害と考え、輸出入の貨価を互いにあがなうことを知らない。毎年輸入の面で綿貨一つとってもすでに二億一千余万両であり、また鉄は八億余万両であり、知らず知らずのうちにその利を削り取られ、その規模は賠償と比べ特に甚だしい。もし対処の方法を考えなければ、たとえ国が滅びなくても貧困に陥ることになろう(37)」と指摘した。そのため張謇は貿易入超の拡大を是正するためにはまず綿と鉄の輸入を制限し綿と鉄の輸入量を減少させることがその最も根本的な手段であるから、自国の紡績業と鉄鋼業を発展させ、綿と鉄の生産を自給できない現在の停滞状況を少しずつ改革していくことの必要性を認識していた。

第二に、中国の財力は薄弱であり工業の発展がすべての方面で成果を挙げることは難しいことである。馬関条約の調印により中国は巨額の戦争賠償金の負担に加え関税自主権の喪失によって、政府は経済を調整する有効な手段を失った。そのため増税と外債の借款によって財政を維持せざるをえず、資本の極度な欠乏は実業の振興にとり最大の障害となった。このような状況下で資金をいかに有効に運用するかが経済的難題になったのである。張謇は「農工商業の類は非常に多く、また現在政府人民の財力は均しく困窮しており、もしすべてのことを併せて同時に経営するなら、力は分散し利益は薄くなる。ゆえに力を分けて益が薄に至るよりかは、力を一つに集中させてその分野での益を厚くする方がよい[38]」と述べ、「実業を興す際、確実でない方法は多くを準備してかえって力を分散してしまうこと、地を広くして勢を消失させてしまうこと、急ぐあまり方向の統一性を欠くこと、智が及ばざることなどはなお良計に非ざるなり。確実なのは何か。それは綿鉄にある[39]」と指摘している。つまり張謇によれば、政府人民の財力の極度な欠乏により中国の実業のあらゆる面をすべて発展させることは不可能であり、どの方面の実業を優先的に発展させるか選択した上でいくつかの産業に発展目標を絞らなければならない。そのようにすれば資金的制限はあるが、目標の産業を選定することによって充分かつ有効にその産業を発展させることができ、比較的大きな社会的利益を生み出すことが可能になる。

第三に、綿鉄両業は非常に広範囲な内外市場を持っていることである。張謇は重点的工業部門を確定し選択するには内外市場の要素を考慮に入れるべきであると考えた。彼が綿鉄主義を主張した重要な原因の一つはまさにここにあった。彼は英米および日本の紡績業の資料を検討し、中国紡績業は大きな潜在的発展の余地があると考えた。彼は「各国綿工場の紗錠の数量は英米各国は論ずるまでもない。より近い日本の状況を考えれば、土地面積は我国の二〇分の一であり、人口は我国の八分の一であるのに、紗錠は一七三万一五〇〇余錠であり、我国は国内資本と外国資本の工場を合わせてもわずか八一万足らずである[40]」と指摘している。また張謇は次のように述べている。「鉄の需要は極端に大きく、我国の鉄の産出量は非常に豊富であり、豊富な鉱産をもって至大なる需要に適応すれば、年間数千万元に達し、その輸出入の相差の度合いは計り知れない。……莫大な利益を得るためにはどのような方法を用いるべきか、それはすなわち輸入額の最高の物に重点的に投入するべきである。捍衛図存の計を思えば、植綿地、紡織工場を増やし広げることであり、また極大の富源を開発し世界の市場にて競争するならば、鉄鉱を開放し、製鉄場を拡張することである。……我国の地蔵地下資源は非常に惜しくて驚かされ、また同時に無窮の希望を抱かざるをえなかった。ゆえにこの主義敢えて自ら適当であると信ずる」[41]。

第四に綿鉄工業を発展させれば経済界の全権を執ることができることである[42]。張謇は綿鉄工業は国家にとって必要欠くべからざる基幹工業であり、この二種類の工業が充分に発展して初めて経済界の全権を執ることができると考えた。張謇自身の解釈によれば、経済界の全権を執るというのは外来の経済侵略を阻止し国家の経済的独立を獲得することを指す。つまり中国が西洋列強の経済的支配から脱しようとするには発達した綿鉄工業を持たなければならず、それができなければ富国強国を実現することはできないのである。

以上の各方面よりみて、綿鉄主義とは張謇が当時の中国経済の現状に鑑みて提起した工業化戦略構想であった。この戦略構想は最終的には実現されなかったが、それは張謇の実業思想の精髄であり、張謇の実業思想の独創性を体現したものであり、それ自体思想的価値と実際的意義を持ったものである。アヘン戦争後中国の代表的人物たちは意識的あるいは無意識的に資本主義的事物とその思想を摂取してきた。張謇が綿鉄主義を提起する以前にも当時最も進歩的思想を持った資産階級改良派の代表人物がそれぞれ価値のある経済思想を相次いで提起し、社会の啓蒙に重要な作用を担ってきたが、中国の実業方針と工業化問題に関して系統的かつ具体的な戦略構想を提起した者はいなかった。そのため綿鉄主義の提起は中国の近代実業思想と工業化との結合を推進するのに重要な役割を果たした。そしてそれは近代中国の経済思想の発展が新たな段階に入ったことを示唆していた。また綿鉄主義という思想自体の着眼点はいかに資本不足、貿易入超と工業化発展の間の矛盾を解決し、限られた財力物力を集中させて最も重要ないくつかの工業部門をまず優先的に発展させ、それを突破口にその他の部門の発展を促すことであった。この思想は理論的な創造性があるのみでなく、同時に否定できない合理性を有している。周知のように戦後初期の日本も資金と物力の極度の欠乏に直面したが、そこから抜け出すことができたのは「傾斜生産方式」の実行と無関係ではない。いわゆる「傾斜生産方式」というのは、簡単に言えば限られた資金と資材を鉄鋼と石炭という二つの基幹部門に集中的に投入することによって、この二部門の優先的回復を突破口に他の部門の回復の条件を整えるという政策であった。傾斜生産方式の出発点とそこに体現された思想原理は張謇の綿鉄主義と基本的に同じであることから、張謇の綿鉄主義が成功はしなかったからといって、その思想の合理性までも否定することはできないであろう。

第3節　張謇と渋沢栄一の実業思想の比較

前二節において、張謇と渋沢栄一の実業思想についてそれぞれ考察を行った。両者の実業思想にはそれぞれ特徴があり、提起した問題にも相違がある。それは当時中日両国の工業化がそれぞれ直面していた矛盾点と至急解決すべき問題点に大きな違いがあったことを示唆しているといえよう。明治維新後の日本における富国強兵、殖産興業、文明開化の三大スローガンの提起は、新政府が資本主義工業化の基本方針をすでに確立しており、企業家が資本主義企業経営活動に投入することのできる制度的な保証がすでに整いつつあったことを物語っている。そして当時の日本にとって解決を要す主な課題は、いかにして封建社会的伝統からくる価値観念と軽商意識を排除するかという点にあった。このような条件下で、どのように個人と企業の営利行為の正当性を説明し解釈するかが社会の上下層部の最も注目した問題であり、自然と渋沢の実業思想の形成にも重要な影響を与えたのである。しかし中国の状況は日本とは明らかに違っていた。アヘン戦争から清王朝が崩壊するまでの半世紀以上の間、政治の変革や工業化を実行することが果たして必要なのか、またどのようにすれば国家の富強を実現できるのかという問題を巡って朝野上下の間に終始論争があり徹底した解決策を見出せないまま時は過ぎていった。したがって張謇はこのような基本的な問題に直面し、その状況を考慮に入れつつ、解決策を提起していくほかなかった。このような張謇の実業思想形成の社会背景と基本条件は中国の近代化の過程が日本よりもはるかに複雑かつ困難で紆余曲折に満ちたものであったことを明示している。それゆえ彼の実業思想の内容は渋沢と比べて広範にわたらざるをえなかった。しかしここで無視できないのは張謇と渋沢の実業思想は非常に似通った社会的文化的背景の下に生まれたということである。儒教思想に対する尊崇の念は彼らの実業思想に必然的に価値観念上の共通性を持たせた。ただ彼らの直面した社会環境と解決を要する主要な矛盾の相違がそれぞれ特徴のある差異を生じさせたのである。

1　張謇と渋沢栄一の儒教思想の特徴

張謇は幼少より儒教思想の薫陶を受けて育ち、二六年間の長きにわたる科挙試験のための勉学によって彼の脳裏に植えつけられた儒教思想の影響は他のどんな力にも変えがたいものである。「吾の世に用いる心は孔子の如くである」(43)とは彼自身の真実の告白である。上述した中で儒教思想と張謇の実業思想との関係については特に言及しなかったが、実際張謇も渋沢栄一と同様、儒教思想を実業思想の精神的支柱とみなしていた。それでは張謇の実業思想は主に儒教のどのような思想と倫理道徳観念を体現したものだったのであろうか。もし実業をもって国を救うことを主張し、私利を得るためには手段を選ばないやり方に反対を表明することが張謇と渋沢両者の実業思想に共通した儒教思想の実際的表現であるならば、両者の差異は一体何であろうか。本書のテーマと関連した先行研究の中にこの問題について言及しているものは皆無である。張謇は実業問題を論じる際、常に経典を引用している。彼が孔孟の言に依拠して自己の主張を論証しようとした例は列挙すればきりがないが、孔子の主張する「百姓足、君孰与不足（百姓が足りれば君主に何の不足があろうか）」という民を富ますことを優先視する民本主義的経済思想が彼の実業思想の中に一貫して存在していることは共通している。この民本主義思想は具体的に以下の四つに概括することができよう。

第一に救民についてである。張謇は実業の振興を主張し伝統的農本商末思想を批判したのは、固より彼が西洋国家の強盛の中から工業化の必要性を看取し、西洋の先進的経済思想を摂取しようとしたことと関係する。しかしそれは同時に中国の実情を考慮した彼自身の救民の策であるとも言える。彼は実業の振興の必要性を述べる際、中国は人口が多いために利を失っており、もし農業のみに従事するなら断じて民を養いがたいということを主な論拠としていた。特に彼は大生紡績工場の設立の目的について説明する時に、このような憂民為民の思想を明確に示している。彼は食べる物のない人を食べれるようにし、生活の困難な者の生活の向上を漸次図っていくことが儒者の尽くすべき本分であり、大生紡績工場を創立する主旨でもあると述べている(44)。そうであるからこそ彼は「天地之大徳曰生」という儒家の名言中の大と生の二字を取って彼の工場を命名した。張謇にとって百姓の生存こそが天下の重大事であり、水火の中から民を救うことが士大夫にとって辞することの許されない責任であると考えたのである。

第二は富民についてである。張謇の綿鉄主義の主張は資本効率化のために運用する資本主義経営思想と需要を重視する市場意識として反映されているが、別の角度から見ると、彼の中にこのような戦略構想が形成されたのは彼の救民、富民の民本主義思想と切り離せないであろう。彼は次のように述べている。

「救窮の法はただ実業のみであり、致富の法もまた実業のみである。実業は三年五年一〇年八年で、一時に全世界のすべての実業の項目の成果を挙げられるわけではない、すなわち今日いかにして窮したのか、他日またいかにして富に至るべきかを考えなければならない。私が思うに紡績に過ぎるものはなく、紡績の中でも最も中国に適しており普遍的に用いられているものはただ綿のみである(45)」。また綿鉄両者の発展を同時に推進できない場合には綿を優先すべきであると考えた。張謇の主張する綿鉄主義が最初に考慮したのは、どのようにして短期間の間に救民富民の思想を実現するかであったが、綿紡績業は投資額が少なく、必要な労働力が多いという特徴を有していた。同時に綿紡績業は綿花の栽培を促進し農民に生活条件を提供できるものであった。これらは明らかに張謇の救民富民思想の要求と一致するものであった。

第三は育民についてである。教をもって民を育むというのは儒家が最も崇拝する思想の一つであり、民本主義思想の延長線上に位置づけられるものである。張謇が実業の発展を主張し、教育を富強の本とみなすのは救民富民が育民と密接に関連し合っており、実業を興すのは国家を強大にし人々を貧困の底から救い出し繁栄させるためであった。しかし実業を振興するには人材が必要であり、人材がいるかいないかは教育によって決まるものである。つまり教をもって民を育んでこそ救民富民の目的を達成することができるのである。だから張謇は「人民に知識がないならば自強を実現することはできず、知識の本は、教育に基づくものである(46)」と言っているのである。ここからわかるように、張謇の実業思想は儒教思想と民本主義をただ継承しただけではなく、民本主義思想に対する新しい理解と発展であった。

第四は護民についてである。儒教思想では治国理財は仁義の本であり、仁政を行わなければ天下を平和に治めることはできないと考える。仁政を施すには民を尊び税を減らし礼をもって財を用いるべきである。このような儒教思想の影響を受け、張謇の実業思想の各所には強烈な仁政意識が表れている。張謇は実業の振興には国家の保護が必要であり、中国の実業の発展が困難であることの大きな原因の一つは政府が商工業者の利益を保護することを知らず、商人からの徴税にのみ努め、商人を保護する法に欠けているからであると考えた。そのため、彼は国民を愛し保護し減税政策を採用し、国民から徴収した税も国民のために用いるよう政府に再三呼びかけた。彼は次のように述べている。「財政について言うなら、ただ民から取って用いるだけでは長く財政を養うことはできず、貧しくなれば必ず民から収奪（搜刮）することになり政府が民から税を搾り取れば民はさらに貧しくなる。多くの方面で久しく民から搾り取れば結局は何も得ることはできず、それは沢を涸らしてなおそこで漁をするようなものである。長養というのは民に自給できるようにしてやり、その後に出る余剰の物を政府に納めさせ、上下（政府も民も）ともに安らぐことができるようにし、疾視悪感を生じさせないことである。政府に至っては急にやむをえない事情が発生したときに限り搜刮を行い、それでもなお得る所はあるのである。百姓が足りれば君主に何の不足があろうか。捜刮は収入以外他の意義がないが、長養には政府が支出するところがなければならない。各国は民から徴収するのも重いが、それをまた民に施すところも決して軽くないのである」[47]。特に官弁企業と民弁企業への対処の問題について、張謇は前者は人材も育たず効率も悪いため後者を中心に実業を発展させることを主張し、農商総長に就任してからは自ら一連の経済法規の制定を主導し民弁企業の発展を奨励し保護することに努めた。

これら四つの面からもわかるように、張謇の実業思想は儒教の民本主義をその出発点あるいは核心としていたのである。他方、渋沢栄一の実業思想に体現されている儒教思想の重点は民本主義ではなく、忠君報国思想にあるように思われる。この点について渋沢は『立会略則』の中で私企業が法律に違反さえしなければ政府はその所有する自由の権利を尊重するべきことを「私権」という概念を用いて明確に提起しており、政府は市場に介入するべきではないという西洋の古典派経済学が主張する観点と同様の認識を表している。一方で注意すべきことは、渋沢は私権を肯定した後に引き続き私益ではなくいわゆる公益の方を強調し、実業家は自己を国家の臣となし、まずは忠君報国の意識を持ち、いかに国家に服務し報いるかについて考えるように呼びかけたのである。この点、思想の着眼点は張謇とは明らかに違っていた。張謇は政府が一体いかにして国民のために治国理財を考えるか、すなわち「仁者愛人」をもって仁政を施すことを根拠にその実業思想について述べている。一方で渋沢は企業家や国民はいかにして君主のことを考えるべきかという着想に基づき、尽忠という視点からその実業思想について述べている。両者が主張する対象は同じではなく、張謇が重視したのは政府がどのようにすべきかという政府の責任についてであり、渋沢が重視したのは企業家はどのように振舞うべきなのかという問題であった。それでは張謇と渋沢との間にこのような微妙な差が存在するのはなぜなのか。それは上述した政治背景上の原因以外に、中日両国の儒教道徳倫理観念の価値観における違いと密接な関係があるものと思われる。

儒教の倫理道徳思想の中では義利の弁というのが重要な地位を占めている。渋沢は軽商思想を排除し、上述した三大国家方針を実現するという実際的な必要から『論語』に対する再解釈を通して自己の義利観を提起し、それを基に道徳経済合一論と私利公益の一致を核心とする実業思想を確立した。それでは張謇は企業活動中の義利問題をどのように認識しまた解釈したのであろうか。あるいは張謇の実業思想の中で企業活動が追求する資本主義の利と儒教の倫理道徳観念が追求する義の両者は一体どのように融合したのであろうか。張謇が自己の実業思想を表した最も透徹なる表現に「言商仍向儒（商名儒行）」という一言がある。この一言からも彼が渋沢と同じように儒教の倫理道徳観念に基づいて企業家の経営活動を規範化することを主張していたことがわかる。張謇は企業を経営する目的について、「非私而私也、非利而利也（私にあらざるも私となり、利とあらざるも利となる）[48]」という述べたことがある。つまり張謇にとって企業を経営するにはまず国家のための思想を樹立し、国家の急を優先するべきであり、私利の追求を主要目的においてはならないものであった。そして最終的にはそのようにすることが客観的にも自己にとって有益であり、私利を謀ることなくして私利を得るという効果を収めることができると考えたのである。明らかにこれは渋沢の主張する私利公益一致論の思想論理と相似している。また張謇は次のように述べている。

「一九〇〇年庚子後、京師に来た時ある人は、余が官を棄てて実業を営むのは必ずや実業によって得る利が官に居る時に得る利より大きいからであると言い、またある人は余がすでに数十万金の利を得ていながら依然として株集め（資金集め）に励んで已まないのはなぜかと問う。当時その人たちは余がもっぱら致富のみを図ることに専念していると思ったようである。余がもっぱら個人の私利のみを図ればそれは固より正しい行いではない。もし公衆の利を謀るのならそれは決していけないことではない。……余がせっせと惜しみなく働くのは株（資金）をもって紡績工場を補助しようとするためであることを知るべきである。特に当を得たく思い、わが志を告白したのみである。時局はここに至っては、個人の私利のみを謀り、たとえ座して巨万の富を築こうともまた何の益になろうか[49]」。張謇のこの言葉は、ある人が彼が企業を創設したのは個人的な富を得るためだといったことに対し反駁したものであるが、同時に彼の義利問題上における基本的認識を表している。すなわち彼は一方では企業が国家または国民のために営利活動に従事することの正当性を肯定し、もう一方においては個人が私的財富を蓄積するという欲望だけをもって私利を謀る行為の正当性を否定するとともに、それは国家にとって決して有益ではないと認識していた。また張謇は致富を実現するためには手段を選ばないというやり方には深い嫌悪感を抱いていたのである。彼は「わが国の人は利を重んじ義を軽んじており、不法行為がいつも多いのは不正な手段で得た財はたとえ法律上の懲罰を逃れることができても、道徳上の制裁は断じて免れることはできないということを知らないからである」(50)と指摘している。張謇が従商道徳を十分重視し、それを最終的に企業経営活動の成功を保証する重要な要素とみなしていたことがわかる。

総じて言えば、張謇は「言商仍向儒」を主張し、私利追求を第一目標に置いた西洋型価値観念に対しては否定的態度を堅持しており、実業による救国の主張を根拠に自身の企業活動と営利行為が完全に儒教倫理道徳の観念に符合していることを説明しようとしたのである。張謇のこのような思想と渋沢栄一の道徳経済合一思想の主張は同じ筋から出たようによく似ている。しかしもし我々が両者の思想をさらに比較分析すれば、非常に相似した主張の裏にも依然として無視できない差異が存在することを発見するであろう。まず張謇は儒教思想のいろいろな面に言及しているが義利関係に関するものは比較的限られていて、決して系統的ではない。彼は渋沢のように孔子の義利説の再解釈を通して軽商観念の排除に思想的根拠を提供するようなことはしなかった。また、張謇は孔子の義利説に対し自己の実業活動の需要に符合するように孔子の義利説を解釈しなかったために、彼は「所持するものを擲ち捨て去る」、または「平素遵守していた信条を破る」に努めるが、「儒にして商を謀る」(51)を背道行為とみなす伝統的観念に対して徹底的な批判を行うことができなかった。これは彼の思想に容易に脱することのできない矛盾状態を生じさせた。そのため自己の実業活動が困難に陥った時、自怨的情緒を引き起こし甚だしきは商人との付き合いのことを「平生伍することのない者を伍し、平生不道である事柄に道を施す(52)」と述べるまでに至った。その行間には商人に対する軽視の念がにじみ出ており、彼が思想上正統な義利観念の束縛からいまだ脱していなかったことを示している。おそらくこのような原因によって張謇は常に貨殖の利を明示することを恥じ、企業活動に従事する目的は教育を発展させ、また自治を実現することであると何度も強調するにとどまった。それゆえ彼の言う「言商仍向儒」はただ単に自己追求と自己修養を実現するための儒教の従商に特有な表現にのみとどまり、決して伝統的軽商観念の束縛を打ち破るための思想的武器にならなかったとの感を抱かせる。それと比較してみると、渋沢が論語の再解釈を通して確立させた道徳経済合一思想はその解釈自体本来の儒教の義利観の本意に符合するものであるとは必ずしも言えないが、しかしそれが逆にかえってその思想に新しい精神と影響力を浸透させたといえるだろう。

2　張謇と渋沢栄一の儒教思想の違いとその原因

張謇と渋沢栄一は幼い頃より儒教思想の薫陶を受けて育ち儒家の倫理道徳に対し忠実であった。彼らにとって彼らが従事する資本主義企業経営活動は儒教の倫理道徳観念に符合する範囲内においてのみ正当性かつ合理性を保持することができた。そのため彼らはいわゆる「商名儒行」あるいは「士魂商才」の提唱に尽力し、このような理念を通して精神的追求と企業経営活動との間に存在する論理的矛盾を解決しようと試みたのである。張謇と渋沢が行ったこのような思想的模索は、中日両国が資本主義生産方式を採用する過程において同様の文化的障害や摩擦に直面したことを反映している。しかし結果的にみて同じ特徴を有する二つの思想的主張が社会に与えた影響には大きな差が生じた。明治期の日本において渋沢の「道徳経済合一思想」と「士魂商才」は実業界に十分に流布し大きな影響を与え、その結果いわゆる「国事経営理念」が企業家が企業活動に従事する際の精神的支柱となったのである。彼らにとって企業経営は個人的生計を図るための手段ではなく、国事の必要とするところであり、忠君愛国という抱負を実現するための具体的方法であった。このような思想の普遍的確立は日本の工業化の発展と組織化過程において大きな役割を果たし、日本式資本主義精神とみなされるまでになった。他方近代中国における実業界の思想状況は非常に混乱しており複雑な様相を呈していた。「誠」、「信」といった儒教の道徳倫理を経営理念とする企業家や商人は決して稀有な存在ではなかったが、一方張謇の主張する「非私而私也、非利而利也」、すなわちまず国家の利益を優先的に考えるという実業理念は、決して大多数の企業家の普遍的な行動規範にはなりえなかった。商工業界において愛国運動が頻繁に発生したが、企業家層の中で愛国思想が、超越した力を有する精神的支柱に転化することはなかった。それでは同じように西洋列強の圧迫に直面し、また儒教文化が支配的地位を占めていた中日両国の近代企業家の精神面にこのような明らかな差が生じたのはなぜであろうか。これは非常に複雑な問題であるが、比較研究の視点から考察すれば少なくとも以下の点について指摘できよう。

㈠伝統的倫理道徳観念上の差異および国家意識の形成条件の違い

マックス・ウェーバーは『プロテスタンティズムの倫理と資本主義の精神』の中で、資本主義精神が資本主義の形成と発展に与えた絶大な影響について指摘すると同時に、宗教観念（プロテスタンティズムの倫理）と資本主義精神の関係について重点的に論じている。また『儒教と道教』の中で、彼は儒教倫理は、西洋のプロテスタンティズムの倫理に類似する宗教観念と精神を提供することはできず、資本主義精神を育成できないと考えた。ウェーバーの言う儒教倫理が近代資本主義とは無縁であるという結論が果たして正しいかどうか関しては検討の余地があると思われるが、倫理道徳観念の視点から資本主義精神形成の根源を追究するという方法は上述する問いに対して回答を出すのに有効であると思われる。そのためここでは近代中日両国の伝統的倫理道徳観念の差異と国家意識の存在条件の違いに関する考察を通して、中日両国企業家の国家観念に明確な差異が存在した原因について分析を行う。

明治維新の功臣である大隈重信は、日本人の愛国意識について次のように語ったことがある。それを要約すると、開国前の日本は長期的な鎖国状態にあり、また他国との外交の歴史が欠如していたため、四民の長としての武士には忠義の心があるのみで愛国意識はまだなく、西洋列強の武力侵犯を受け外圧に直面して初めて愛国意識が派生したという(53)。それでは中国の状況はどうであったのであろうか。中国の近代思想家梁啓超は、大隈重信と酷似した論述を行っている。彼は中国について以下のように述べている。

「数千年来、常に独立の勢にあって、わが民は之を禹域と称し、またこれを天下と謂ったが、国とは謂わなかった。いまだかつて中国と地位の平等の国に出会ったことはない。……一度の戦役（甲午〔日清〕戦争）にてわが国の軍隊は敗北し、土地を割譲され、多額の賠償金を支払い大きな苦痛を味わった。これに至り慷慨憂国之士が起ち、報国の策を謀るものが多くなった。今は昔より状況がよくなったわけでは決してない。以前は国をなすことを知らなかったが、今他国との戦争に敗北して、初めて国というものを知るようになった(54)」。

梁啓超によれば、少なくともアヘン戦争前の中国と開国前の日本の状況は基本的には同じであり、士農工商のいずれも例外なく国家観念を持ち合わせていなかったことがわかる。その原因は封建的な鎖国政策にあり、また国家観念形成の誘因は直接的には西洋列強の侵入による圧迫である。しかしここで注意を要することは、上述した国家観念とは近代思想を基準に判断した概念であり、儒教的倫理道徳観念の中の忠君意識によって浸透した国家観念とはその含意に明らかな違いがある。しかし両者の間には切ることのできない「自然的」関係が存在する。つまり国家権力を掌握している君主あるいは政府と、国家自体とを分けて別々に規定する近代国家観念とは異なり、日本の伝統的儒教倫理の中では、君主と国の両者は同列に論じることができる。また忠君と報国も理性上一致しており、忠君があって初めて報国を論ずることができた。伝統倫理にこのような無視できない要素が存在したため、大隈重信は日本の開国後武士階級の国家観念が急速に形成された原因を分析した際に、忠義の心が武士の国家観念の形成に与えた影響について言及したのであろう。当然、前に指摘したように、儒教倫理の忠君観念から近代国家観念への変容および近代国家観念の強化には条件が必要であった。明治維新の変革が採用した特殊な方法とその後の経済成長はこのような変化を満足させる条件であった。倫理観念から見ると、倒幕、廃藩置県など一連の政治変革によって、従来より武士階級の忠の直接的対象とみなされてきた将軍、大名などはその地位を失ったが、立憲君主政治体制の確立と天皇の君権神授の地位を再肯定したことは、武士たちに伝統倫理に符合した新たな忠の対象を与えた。彼らにとって忠の対象がそれぞれの主君から天皇に移ったことは、自己が仕える藩主を別の藩主に置き換えたのとはまったく違うことであった。それゆえ「一人の僕が二人の主人に仕えてはならない」という倫理に対する違反ではなく、本来遵守してきた信条であり正義への回帰であった。身分制度の撤廃と武士の俸禄の廃止は一部の武士たちの強烈な不満を引き起こしたが、その後武士を扶助し商工業に従事させようとする政策は、彼らに新しい希望をもたらした。特に殖産興業政策の展開に伴い、明治維新前は苦境に陥っていた経済を立ち直らせ、わずか一一、二年の間に工業化は顕著な成果をあげた。政府が廉価で官営企業を払い下げていく潮流の中で、実益を得た多くの民営企業は、彼らは国家に対して恩情を感じ、同時に自然と国恩に報いたいという願望も生じたであろう。一方で日本の国際的地位にも、経済力の急速な増強に伴い明確な変化が現れた。明治政府は政治変革がもたらした巨大な経済面での成功を後ろ盾に、欧米国家に対し不平等条約の解消と国家主権の回復を不断に要求し、欧米諸国が日本に対し武力行使を通して新たな特権を再び得ることをできなくした。さらに、日本に対する既存の特権を保持していくことさえままならない状況の中で、日本に対し譲歩させ最終的に日本の要求を完全に受け入れさせるまでになった。明治維新後、日本の内政と外交の勝利は近代日本の企業家を鼓舞する力となり、彼らの国家観念と民族の団結力はそれに伴い強化された。このような背景の下、渋沢栄一の道徳経済合一思想と私利公益一致論が広範に浸透するための社会的条件が形成されたのである。

以下、同様の視点でアヘン戦争前後の中国の状況について見ていこう。中日両国の儒教倫理の比較に関する研究の中で、原生儒学としての中国伝統儒学と変異儒学としての日本儒学では、その価値指向において一定の差が存在すると一般的に考えられている。その中で最も注目に値する点は、中国の儒学体系は「仁」と「孝」を核心部分としているのに対し、日本の儒学では「忠」を最高の価値としていることである。中国の「忠」は「仁」と「孝」を前提にしており、日本の「忠」はこのような理性主義的な要素を備えていない。中日両国の儒教倫理に価値指向上なぜこのような差が存在するのかという問題は、両国の研究者のさらなる研究により一致した解釈が得られるであろう。しかしそれは私たちが解決を要する問題に答えを出すことを妨げるものではない。なぜなら中国封建君主の王朝交代の歴史過程は、人々の意識の中における「忠」の持つ地位が「仁」や「孝」ほど強固なものではないことを物語っているからである。封建的中央集権統治体制の形成と連続に伴って、「忠」の倫理観念の中における地位は上昇したが、「忠孝不可両全」という状況の下で、絶対多数の人がまず選択するのは「孝」であり「忠」ではなかった。それゆえ黄遵憲は忠君は決して中国伝統文化の中心ではないと考えた。彼は「漢代より、儒教は独尊の立場にあり、忠孝の教えを実行した。しかし孟子の君臣の論にはただ徳をもって恩に報いることを主張し、忠君を唱えなかった。孔子は忠君には礼、義、制があると言った(55)」と述べている。

日本の変異儒学と比較して中国の伝統儒学の倫理は価値の配列上「忠」を「仁」の下に位置づけており、「仁」の最初の表現は「孝」であり、「孝」はまず血縁家族関係を中心に展開する。中国伝統儒学のこのような価値配列は忠君意識から近代国家観念への転換が日本の儒学倫理の場合のように容易でないことを意味している。そのため中国の伝統儒教倫理がもつ近代国家観念形成のための先天的条件は日本儒学の倫理ほどは十分でなかったといえる。次に万民の尽忠の対象としての君主の権威性においても中日両国には大きな違いがある。幕政期には将軍が国政を掌握していたが、天皇は国民の精神世界においては依然として至上の象徴であり天賦的な権威性を保持していた。中国ではある研究者が指摘するように「有徳為君」、「為政以徳」（孔子）、「以徳行仁者王」（孟子）という主張が当然のこととみなされてきた。(56) つまり中国においては国家君主としての皇帝は天皇のように神と人との間を介する偶像性、超越性を具備した存在ではなく、伝統儒学の倫理は決して無条件で君主のために献身することを主張したわけではなかった。事実、千数百年来の王朝交代の歴史の中で主君を追放し廃位に追い込むような事件は決して珍しいことではなかった。特に清朝に至り異民族皇帝の誕生によって忠君報国意識は前代未聞の障害に直面した。近代になって西太后が光緒皇帝をその掌中で遊ばせ、垂簾の政を行い中国を半世紀にわたり統治したことは臣民の意識の中における皇帝の地位と本来「仁」と「孝」の後にあるはずの忠君観念を衰退させた。それは倫理面における思想的混乱を招き、一体誰が君でありまたどのようにすれば忠君愛国をなせるのかということは解釈不能な難題に陥った。

上述した内容からわかるように、中国近代企業家に国家観念が一般的に欠如している原因は文化歴史的方面からその深因を見出すことができるのである。しかしこのような先天的条件の不足は決して克服できないものではなく、内外の社会環境の変化と政治制度の変革によってそれは改革可能であった。しかし、遺憾なことに清朝封建専制の統治下の近代中国はまったくといっていいほどそれを実現できなかった。まず内外の社会環境の変化については、梁啓超が言うように西洋列強の武力侵略の脅威の下にもともと国家観念に欠けていた士大夫と人民大衆は強烈な対抗意識を抱くようになり、自強救国の思想的潮流はここに始まった。しかし一身に封建専制統治を維持しようとする清朝はかえってその道に反し、自強や社会変革を考えず、逆にアヘン戦争後に起こった太平天国の乱を最大の心腹之患とみなし西洋列強の力でそれを鎮圧し国人の愛国主義思潮に大きな打撃を与えた。第二次アヘン戦争後には清王朝内の李鴻章を中心とする官僚の一部分が「千古未有の変局」に直面し「夷狄の長所に習い、それを以て夷狄を制する」という構想を打ち出して、洋務運動を展開したが、それ自体専制体制の維持を政治的な出発点としていたため日本の明治新政府のように充分に民族資本の発展要求に適応できる有効な商工業振興策を提起することはできなかった。また張謇が『条陳立国自強疏』の中で批評したように、その振興策も「ただ徴商の政があり、護商の法がない」という状態であり、自強救国のスローガンの下三〇年以上をかけて行われた洋務運動もその収穫成果は微々たるもので、結局甲午（日清）戦争の大敗北を招くこととなった。

アヘン戦争後から清王朝崩壊までの期間、中国の国際的地位は低下し続けた。亡国の危機はますます深まり、その状況は日本とはまったく正反対であった。一八四二年の南京条約締結後、清朝は西洋列強と日本に不平等条約の締結を迫られ次々と主権を喪失していった。清朝がこのように腐敗し無能であれば、その当然の結果として民衆および商工業者の国家観念と民族的団結力の低下を引き起こすのは必至であった。万民の上に立つ朝廷や統治者さえも国家と民族の利益を一切顧みず自己の統治権力の維持のみに徹するのであれば、庶民百姓が商を営み工場を興すのも当然個人の生存維持の必要のためということになるであろう。封建政治体制と朝廷の腐敗無能により引き起こされた消極的態度は国家主権の喪失に伴い次々に蔓延しそれは極に達し、清末時にはすでに険悪な国民的風潮にまで発展し、中国に来た外国人でさえもそれを見て驚愕し嘆息せざるをえない状況にまで至った。渋沢栄一は一九一四年に中国を訪問した当時の感想を次のように述べている。中国で「全体の国民を観察してみると個人主義、利己主義が氾濫し、国家観念が極度に欠乏しており真に国家に対し関心を抱いている人は少なく、それに加え一国の中に中堅力としての中流社会が存在しない。これこそ現在中国の最大の欠点といえるだろう[57]」。このような民族精神の下では、張謇の言う「商名儒行」や「非利而利」の経営観念が多数の企業家の呼応と共感を得ることは難しかった。

㈡官僚制度、企業体制と社会流行価値観念の違い

資本主義商品経済の先天的な発展の不足は近代中日両国において政府が工業化の発展に主導的任務を担うことを決定づけたが、このような上からの工業化の過程においては政府官僚が経済領域における主要な位置を担うことになる。そのため官僚層の素質は資本主義発展方式と企業経営方式が順調に発展できるかどうかを決定づける重要な要素であ

り、近代中日両国の企業家層の構成と思想状態に大きな影響を与えたと考えられる。理論上、一つの国家政府の官僚の素質がどうかというのは文化的修養によって決まり、また官僚選抜および任用制度と密接に関連している。ここでは概括的に近代中日両国の官僚制度について考察してみたい。これが張謇と渋沢栄一の儒商思想が両国社会において別々の反響を引き起こしたもう一つの原因かもしれないからである。

日本では明治維新後、新政府は高い素質の官僚層を形成させることの重要性を認識していた。明治二年一月太政官は「百官ヲ戒メ賄賂ヲ納レ私利ヲ営ムコト勿ラシム」[58]とした。その後廃藩置県と身分制度の廃止など一連の改革を通して封建官僚制度を撤廃し、能力主義を基礎にした官僚選抜任用制度の確立を模索し始めた。薩長両派の内部抗争もあり、新政府内部の要職にある政治家たちによる官僚選抜の過程は決して平坦順調ではなかったものの、基本的には彼らが維新の重任を担うことができると判断した人材を大蔵省などの政府の重要部門に配置し、その要職に就かせた。彼らが人材を選択する基準は非常に明確であり、一つは強烈な国家観念と抱負を抱いている者、もう一つは開明的な思想であり西洋各国の事情に通じている者である。このような背景の下、伊藤博文、井上馨および渋沢栄一を含めた見識と胆略に富み、また鋭気に満ちた若者が近代日本政府の第一世代の官僚になっていったのである。そのうち大多数のものは武士階級の出身者であり、職に対し忠実であるだけでなく、自身の人格と名誉を重んじ業務の作法と規律を重視し、権をもって私を謀るという官僚の腐敗的現象の撲滅に熱心であった。

井上馨は明治七年四月に太政大臣に奉書して官僚の不正行為を強烈に批判している。彼は「各省の執政は厳正且つ紀律正しくなければならず、もし所属官員の不正行為を発見したならば、軽いものは批判し、重いものは衆前にて訓斥し、更に重いものに至っては給料の減額或は職務停止を命令し、このような厳粛なる風紀を以って刑律の及ばない所を補うべきである」ことを建議した[59]。それにしたがって太政官は一八七五（明治八）年、正式に布告を発し、原則的には官吏およびその家族が商売をすることを禁止し、官吏とその家族には修築、運輸、開墾、殖産などの事業を行っている企業の株主になることのみを許可した(60)。一八八二(明治一五)年、政府は官僚に対する管理をさらに強化するため、『行政官吏服務紀律』を発布するとともに『行政官吏服務紀律説明書』を公布して、官吏は法律を遵守し、上司に服従し、また廉恥を知り、行動するときには慎重、潔白、公正、勤労を心掛ける等の事項を決定した。一八八五(明治一八)年、自由民権の思潮の下、政府は西洋の政治制度を模範にして政治体制の改革を行い、太政官制を廃止して内閣制を実行した。また旧官僚選抜任用制度の徹底的な改革を行って、国家試験を通して相応の資格を得た人のみが政府官員になる条件を持つことができるように規定し、文官任用試験制を実施した。この制度の実施に伴い、政府官僚層の構成は一変し、高学歴を持つ大学卒業生が政府官僚に就任するようになった。彼らは豊富な近代的専門技術知識と管理能力を身につけており、視野も広く、思想も進歩性に富んでいたので、官僚層の素質も大きく向上した。

前述した通り、明治維新後、日本は官僚層に対する厳格な管理と官僚層の近代化において一度も手を緩めたことはなかった。その結果、清廉潔白な官僚層を生み出し、国民や広範な商工業者の意識の中に威信と良好なイメージを確立させるとともに公に尽くし法を守るという社会的風紀の形成、政府と企業間の相互協調関係の確立および工業化の順調な発展に重要な役割を果たした。これらは官僚体制の構築という努力によってもたらされた重要な成果である。当然明治期の政府官僚がすべて大公無私な者であったとは限らないし、収賄汚職のようなスキャンダルがあったことは否定できない。しかし新政府は殖産興業を実行していく過程で政府が直接企業経営活動に関与することで発生するであろう各種弊害をいち早く認識し、工業化の組織方法を調整する一方、また八〇年代初めには大規模な企業体制改革を行い、多くの官営企業を廉価で民間企業に払い下げた。これらの措置は民間が積極的に資本主義経営活動に従事するよう刺激し、企業経営の効率を向上させると同時に官僚の腐敗を引き起こす条件を制限したのである。

他方、近代中国の官僚制度と官僚の素質は日本のそれとは大きな差があった。第3章で言及したように科挙制度は中国では千年以上の歴史があったが、この制度は能力主義的特徴があり、官吏層の素質の保証と封建的中央集権統治の維持に重要な役割を果たしてきた。しかし明朝時から官吏任用制度に新たな変化が現れた。明朝が科挙制度を堅持すると同時に捐納制度を実施したのがそれである。いわゆる捐納制度とは功名と身分にかかわらず朝廷の規定に基づいて国家に一定量の銀両を献納して、官職あるいは肩書を授けられる制度である。捐納制度は本来恒常的に行われた制度ではなく、朝廷が土木工事など公共事業を立ち上げる際の財力不足を補う目的で臨時に行われるものだった。しかし清朝以後、朝廷の財政状況の継続的な悪化を背景に捐納制度は恒常的な制度に漸次変わっていった。ある研究によれば、「雍正帝の時期にいたり捐納は初めて常例化し、捐納による所得は初めて戸部の経常的な収入になり、捐納の範囲も大きく拡大し、凡そ文武生員、内外官吏および平民に至るまで皆官位、虚銜、出身、等級、封典などのために捐納をする。前清時の捐納による一年の国家収入は多い時で一四八〇万両余りに上り、少ない時でも一二〇〇万両あるいは数十万両等であり、一般的に財政収入総額の三〇％近くに上った」[61]と言われている。アヘン戦争後、巨額な戦争賠償金によって清朝の財政状況は極端に悪化し、さらに洋務運動の勃興によって政府の支出が増大する中、捐納制度は最大限に利用された。光緒初年には全国が捐納一色に染まり、その「候補人員は道府から佐弐に至るまで大きな省では二、三千名、貴辺の省においても千名」（統計侯補人員自道府以至佐貳、大省輒二三千員、即云、貴辺省亦有千員）[62]はいたようである。

捐納制度の本来的な意義は財政不足の緩和にあったのだが、しかしそれが近代中国の社会にもたらした悪影響は想像を絶するものであった。

その第一は官僚層の素質を大きく低下させ、贈収賄による腐敗現象を官界に横行させたことである。当時の社会状況からみて、官職を得るために巨額の金銭の捐納を行える経済力を持っていたのは大多数が商人と地主層の富豪であった。これらの人は勉学を重ね治国安邦平天下を志す科挙の儒生とは違い、儒学の修養に欠け、財のみを重視しひたすら利益のみを追求していた。彼らが金銭を払って官職を買おうとするのはもとより社会的地位向上に対する彼らの願望と関係があるが、もっと主要な理由は官僚が莫大な権利を有する社会において官職はさらに金銭を獲得するための資本であり道具であったからである。そのため彼らは一旦官職を得れば、何もはばかることなく手中の権利を利用して私利を謀り、あるいは親戚友人を隠れみのにして巧妙に利を騙し取ったり奪ったりした。それは当時の人が形容したように「餓えた虎を山に放てばその食嚢は底なし也(63)」であった。

第二は伝統的な重義軽利の道徳倫理観念に衝撃を与え、金銭のみを崇拝する社会的風紀の形成、氾濫を招いたことである。実際、張謇の科挙人生に現れているように、仕官と昇進の点から見れば「捐納は正当なる科挙の道を通して官職を得るよりもはるかに容易であり、科甲の出身者は秀才から中挙に到るまで進士に及第し官を得るのに早くても十数年、遅ければ無期限である。苦学に注がれる心血と精力は想像するに余りある。しかし捐納は金銭を支払うことによって一官半職を得ることができる。康熙帝の時期に捐官は部署にて三年勉強して、省にて一年用を行えば、四年後には官に補任することができ正途出身の挙人、進士と比べて何年早いか知れない(64)」。そのため、捐納制度の恒常化に伴い社会倫理道徳の風紀は低下する一方であった。儒生にとってすでに科挙の道は以前のように神聖かつ人生向上の運命を決定する力を持つものではありえなくなったのである。しかし世人から見れば金銭と社会的地位の間の越えることのできない制度的障害が打破されたのであった。それゆえ金銭があれば官職と社会的地位があるも同様であり、学識崇拝は金銭崇拝に及ばず、重義も逐利に及ばず、そのため強烈な金銭追求の欲望が自然と生まれたのであった。このような社会的風潮の下では科挙制度は厳しい妨害を受けざるをえず、真才実学なる人材を選抜するのは困難にならざるを得なかった。

第三は官商不分、すなわち官でありながら商を行う（亦官亦商）社会集団の出現である。捐納制度の実施に伴い、金銭で官職を買うことが一般的な社会現象になり、限られた官職数とその職を待つ非常に多数の候補者との間の矛盾が突出した問題になった。このような状況下で、洋務運動中に興った官督商弁、官商合弁の企業が官職につけない捐官候補者を配置するための主要な場所になったのである。本来官督商弁企業はその体制上官と商の間の境界線が不明瞭であるという弊害を有しており、多数の捐官候補の参入は官商不分、亦官亦商、一身二職という現象を極度に一般的なものにした。例えば官督商弁企業の中国電信局は一八八四年に設立され一八九一年まで経営が続いたが、一九八名の分局委員のうち知府の候選候補者は四三名、道の候補は五名、知県の候選候補は九二名、教諭以下の候補者は二一名、塩大使等の候選候補が二二名であり、その他主事、挙人、貢生、監生の候補が一五名であった。その八割以上の者は捐納を通してその地位を獲得していたのである[(65)]。このように半官半商の一身二職式の人物は、買弁商人出身で近代企業経営の知識と才能を有する者以外は多くが無学であり洋務にまったく精通していない人たちであった。そして彼らは洋務の活動を汚職と金儲けの利藪とみなし、派手好みであり豪華を装い、節度なく浪費を行い、親族などからなる腹心の部下を配置し、名ばかりの官職で給料を得ていた。彼らの存在により洋務企業の経営は近代化しなかっただけでなく、政府の民間における威信と信用を大きく失墜させた。このような状況に直面した張謇は次のように述べている。

「中国において最近では官は皆商であり、商もまた皆官である。その弊害は通じてはならないところで相通じていることである。商は有事の際官を求め、官は商を利する。官も有事の際には商を訪ね、商も官を利する。官にもし商を利する心がないなら、官は尊く商を苦しめる。また商に利官の心がないなら、商は散じ官は追い払われ、その弊害はすなわち隔たってはいけないところで距離が隔たってしまうことである。この弊害を救うには官界で一切の壅隔を破棄することから始めなければならない。しかし官界において長年積み重ねられてきた慣習は、一語を交えるだけでも御金を取り、一通の文書を差し出すのにも御金を取り、一度面会するだけでも御金を取ってきたのである[(66)]」。

以上から見てわかるように、近代中国の社会的風紀の崩壊と棄義取利的な思潮の形成は官僚制度の中にその根源を見出すことができる。封建的特権が何ら社会的制約を受けない状況下では一旦官と商との境界線が失われればそれは金銭獲得に手段を選ばない人たちの方便になった。彼らはほしいままに振舞い、不義なる財を蓄えることのみに専念したから、中国の近代企業家が日本の近代企業家のような一身為国なる思想を持つことは難しかったといえる。彼らの前に横たわる現実と張謇の提唱する儒商精神の間には極端な差があり、彼らの目に映ったのは権力をかさに国家の財産を私物化しようとする政府官僚あるいは半官半商式人物が人民を搾取し、それを私有財産経営のための主要な手段にするという現実だけであった。彼らにとって儒家の倫理道徳観念は封建政治と精神的統治の維持という実際的必要以外には、ほとんど余計なものになっていたようである。彼らは口先では孔孟の道を離れないことを主張しながらも、実際の企業活動においてはそれをもって自己の行動を規定することはしなかったのである。そのため、客観的に見て捐納制度の下に出現した官商融合現象が伝統社会の階級構造を崩壊させるのに果たした積極的役割をすべて否定することはできないであろうが、以下に見るようにそれは中国の近代化と近代資本主義の正常な発展を初めから難しいものにしたのもまた重要な事実なのである。

まず近代中日両国を比較すると、アヘン戦争前後の中国では商品経済の発展水準が明らかに明治維新前後の日本よりも遅れていたという指摘があるが、金銭万能観念は日本よりも流行していた。そのため近代中国の問題は軽商意識や商人の金銭物利的欲望の欠如にあったのではなく、科挙制度、捐納制度に支えられた封建統治体制が体現する一種の柔軟性にある。なぜかといえば、出身および能力と社会的地位との矛盾、また経済力と社会的地位との矛盾は科挙制度と捐納制度の下ですでにかなり緩和されていたからである。つまり出身が貧しくても能力に長けた人であれば科挙の道を通して統治階級に進むことが可能であり、同じく巨額の財産を築いた商人も捐納制度を通して差別され続けてきたその社会的地位を変えることができ、当然支配階級の一員になることができた。それによって彼らには封建統治を覆すことを通して自身の解放を追求する必要がなく、自身の社会的地位を改変したいという願望を封建的集権統治を打ち倒すための思想的原動力にまで発展させることができなかったのである。このように捐納制度は伝統社会の軽商意識を排除するのに役立ったが、これらは封建的政治経済体制に対しては何ら脅威的要素にはなりえなかったのである。

他方、江戸末期の日本では商品経済の拡大に伴い、金銭と財富が人々に与える刺激は日ごとに強まった。しかし一方では金銭万能観念の形成と商品経済の発展はともに封建的世襲身分制の束縛を受けた。世襲制度、門閥制と士農工商の身分制度の下で商人が手に入れた金銭と財富は彼らの物質的欲望を大いに満足させたが、彼らの経済力は不断に増大したにもかかわらず、金銭と財富は彼らの差別的地位を変えることは依然としてできず、彼らの上層社会への参入願望は金銭財富の増加によっても実現しなかった。日本では官職と身分は制度的には決して商品のように金銭と交換可能なものではなく、金銭財富と社会的地位および政治権力の間には依然として超えることのできない溝があった。このような社会的背景にあっては出身および能力と社会的地位との矛盾、経済力と社会的地位との矛盾は容易に調和できるものではないことは明らかであった。中日の間のこのような制度的な相違は両国の歴史発展過程の相違をもたらした重要な内在的要素である。伝統社会においても近代社会においても、強烈な金銭的欲望と資本主義精神とは決して同じものではなく、たとえ権力と金銭の交換によって商人の地位に変化をもたらすことはできても、その状況は封建的社会制度の変革にとっては不利であることがここに示唆されている。

次に、捐納的風潮の出現は商人の社会的地位の向上のための条件を提供し、それは無意識のうちに従商活動を奨励し刺激した。しかし捐納制度の刺激の下で生まれた金銭的欲望はウェーバーの指摘するプロテスタンティズムの倫理からくる資本主義の精神とは性質を異にしていた。第一にウェーバーの言う資本主義の精神がまず体現するのは一種の禁欲主義の思想であり、このような禁欲主義は勤労、倹約、誠実、信用を金銭追求の過程において不可欠な美徳とみなしている。つまり金銭追求の欲望自体は資本主義形成のための精神的原動力ではあるが、それは一定の倫理道徳観念を基礎にしたものなのである。

しかし捐納制度の下に生まれた金銭的欲望にはそれを支える社会倫理道徳面の要素が欠けていた。なぜならば金銭と権力の交換および権力を利用した財の獲得という行為自体まったく手段を選ばずに行われたのであり、それは西洋の資本主義的倫理道徳観念からみても東洋の儒教倫理道徳観念からみても非道徳的であったからである。第二にウェーバーの言う資本主義の精神が追求するものは自由平等など金銭を稼ぐための一種の権利であり、このような権利の獲得は封建的特権の排除をその条件とする。しかし金銭追求の欲望はどのような状況下でも資本主義を近代化させる力に変われるわけではない。金銭と財富を追求する者にとって、もし封建的特権の存在が彼らの願望を満足させるのに有利に機能するなら、この封建的特権がどんなに腐敗していようとも、彼らが封建統治を打倒する側に積極的に参入することはありえない。その結果一方では伝統社会の倫理道徳観念は必然的に自己否定に向かい金銭万能観念がまかり通り、もう一方では封建的な政治経済体制は何の脅威もなく存続し続けるという非常に矛盾した現象を引き起こすのである。このような環境の下では多数の企業家が民族の伝統文化を体現した言商向儒という経営理念をもって金銭万能と個人的功利主義の誘惑を防ぎ、企業活動の健全化を図ることは極めて困難であり不可能であったともいえるのである。

㈢近代企業家層の構成と社会文化の普及水準における差異

一つの実業思想がどの程度企業家の共通認識と社会の各方面における理解を得られるかは、一つの国家の企業家層の構成と社会全体における教育普及の程度と密接に関連してくるであろう。この視点から見ても近代中日両国には明らかな差が存在する。

渋沢栄一の道徳経済合一思想と士魂商才論は武士が近代企業家に変貌していく状況に適応して形成された実業思想

であった。それは当然企業家と企業家を目指す人々によって熱烈に歓迎され、彼らが商工活動に従事する際に直面する思想的障害を克服し、自我を確立するための精神的武器となった。しかし渋沢の実業思想の影響範囲が武士出身の企業家にのみ限られていたとはいえないであろう。実際日本の社会学者が指摘するように、武士階層は軍事化された集団であり、厳格な訓練と管理を受ける中でその組織性と規律性が養われてきた。彼らは忠誠、武勇、名誉、礼儀、清廉、質素、勤勉を自己の行動原則としていたので社会においても良好なイメージを確立し、一般平民が精神、行動面で学ぶべき模範とみなされてきた。そのため江戸時代に至りいわゆる武士道精神はすでに世俗面において一般化され、無意識のうちに日本特有の民族精神に変容していった。この点は渋沢の実業思想が社会において広範囲にわたって受け入れられた一つの重要な条件である。

教育普及レベルの視点から見ると、明治維新後の近代化の需要に応えるため、政府は教育の普及を極めて重視し、新式学校教育を大々的に推進し、国民の文化水準はそれによって短期間のうちに急速に向上した。一九世紀末には適齢人口の中における初等教育の普及率は八一・四八%であり、準中等教育（実業の補習学校、専門技術学校）の普及率は五・四%、中等教育（中学、高等女子学校、実業学校を含む）は二・九%、高等教育は〇・五%であった(67)。特に注意すべき点はその教育内容のうち、知識教育の中心は西洋の近代科学知識であったが、道徳教育の面では途中一定の模索期間をおいて、最終的には儒教倫理観念と民族意識の育成の方針を堅持したことであった。そしてこれが渋沢栄一の儒商思想の普及に有利な社会的条件を提供したのである。

日本と比較して近代中国企業家の構成と社会全体における教育普及率が儒商思想の社会に与えた影響は不十分なものであった。第1章で考察したように、企業家の構成から見てみると洋務運動開始後、まず最初に近代企業の勃興に身を投じた企業家は大部分が官僚型企業家と買弁型企業家であった。官僚型企業家の思想状況については前述の考察を通して把握できたと思われるが、買弁型企業家の思想状況は官僚型企業家のそれとはまた相違があった。周知のように買弁型企業家の資本は、最初は買弁商人自体の活動を通じて蓄積されてきたものであった。つまり彼らは西洋商人の薫陶と育成の下成長してきたのであり、彼らの企業活動は始めから西洋列強の植民地統治と経済侵略を前提条件にしていた。このような経済上の依存関係と従属的地位は彼らの思想観念に多面性と矛盾性とをもたらした。

一方彼らは被圧迫民族の一員として愛国救国の意識を持ち合わせていたため、自身の経済力の増強に伴い西洋商人の支配から脱し民族の商工業を発展させようとする願望が当然生まれた。もしそうでないなら鄭観應、唐廷樞、徐潤等が官督商弁企業の創立事業に関与したはずがない。彼らは洋商を師とし多くを学び西洋の社会価値観念と実業思想の影響を深く受け功利主義的意識に満ちていた。彼らにとって私利追求は人の欲する所であり、経済上の合理性は企業活動の出発点であった。このような状況にあって彼らの大多数の者にとって摂取がより容易であったのは「非利而利」のような経営哲学の方ではなく、近代西洋経済倫理観念に満ちた主張の方であろう。すなわちそれは資産階級の人生改良派の何啓、胡礼垣らが宣伝する「凡そ事物の中で人々に心悦、誠服、尽力、前進させるものがあるとすればそれは財のみであり、また人々の懐中より愛を引き出し我に与えてくれるものは、それもまた財のみである。天下にはいわゆる勝負というものはなく、強弱もない。その財があればたとえ負けても勝つのであり、弱くても強いのである。性善の外、天下のあらゆる事物は財によって動かないものはなく財によってならないものはない(68)」という主張である。

教育の普及水準の視点から見ると、紳士を近代中国の文化階層とみなすのであれば、紳士の中国人口中に占める比重は〇・三八％であり、武士の日本人口の中に占める比重の六％よりはるかに低かった。中国のこのような極度に低い教育、文化水準は大多数の国民の儒教思想と倫理道徳観念に対する理解を非常に狭め、また限られたものにしたのである。この点について中国近代の思想家である梁啓超は以下のように述べている。

「中国孔子教は数千年の歴史をもち、その教えを受けた者は、四億人に達すると号し、決して少なくない。しかしながら婦女は書を読まないので、よってその半数は去り、農工商兵は学を知らないのでその一〇のうちの八割、九割は去る。そうすればその余りの一、二割のものが四書五経の研究に従事するのであるが、彼らがその心を用いるところはすなわち試験の題目のためのみであり、また芸（例えば八股文の厳格な文体格式規定等）を制する者のみを人材として登用し、彼らが経において真に得るものは何もなく、教えにおいて得るものもない。その通人志士が古典に箋注校訂を行うのは許、鄭に忠実であり、束身自愛の面では程、朱の教えに従う。しかし古人の微言大義においてはいわゆる三百の詩を詠んで政を授けたのであり、それが春秋が後世に伝えた先王の志というものであるが、蓋しその真意に留意できるものはわずかであり、すなわちその学ぶ所（字面のみの八股文等）を学ぶにすぎず、経において真に得たものはなく、教えにおいて真に得たものもない。ゆえに教育を受けた者が四億人いると号しても本当に能力のあるものは一体何人いるのか、私が敢えて言うまでもない(69)」。

梁啓超は儒教文化思想は二千年以上の歴史を持ってはいるが、その社会文化の普及程度の低さがその社会的基盤の脆弱性を決定づけたことを早くから認識していたようである。このことも張謇の儒商思想の普及を制約した社会的要素であったと言わざるをえないであろう。

（1）福沢諭吉「学問のすすめ」『近代日本思想体系2福沢諭吉集』筑摩書房、一九七五年、一四頁。
（2）山本勇夫編『渋沢栄一全集』第二巻、平凡社、一九三〇年、三頁。
（3）土屋喬雄『続日本経営理念史：明治・大正・昭和の経営理念』日本経済新聞社、一九六七年、五九～六〇頁。
（4）渋沢栄一述・梶山彬編『論語と算盤』国書刊行会、一九八五年、九一頁。
（5）渋沢栄一述・尾高継孝筆録『論語講義』二松学舎大学出版部、一九七五年、一七五頁。
（6）同前、一四頁。
（7）前掲『渋沢栄一全集』第一巻、五〇七～五〇八頁。

(8) 同前、五〇八頁。
(9) 王家驊『儒家思想与日本現代化』浙江人民出版社、一九九五年、一六五頁。
(10) 前掲『論語と算盤』八六頁。
(11) 前掲『渋沢栄一全集』第二巻、五八三頁。
(12) 前掲『論語と算盤』一八六頁。
(13) 前掲『渋沢栄一全集』第一巻、五〇九頁。
(14) 前掲『論語と算盤』八七頁。
(15) 渋沢青淵記念財団竜門社編『渋沢栄一伝記資料』別巻講演談話一、渋沢青淵記念財団竜門社、一九六八年、二一六～二一七頁。
(16) 前掲『論語と算盤』一二七頁。
(17) 渋沢栄一『経済与道徳』渋沢翁頌徳会、一九三八年、一頁。
(18) 同前、三六頁。
(19) 前掲『渋沢栄一全集』第一巻、四六七頁。
(20) 前掲『論語と算盤』三～四頁。
(21) 前掲『渋沢栄一伝記資料』別巻第六、六八～六九頁。
(22) 前掲『論語と算盤』三～四頁。
(23) 前掲、王家驊『儒家思想与日本的現代化』一六五頁。
(24) 森川英正編『日本の企業と国家』日本経済新聞社、一九七六年、六八～七〇頁。
(25) 『新教倫理与資本主義精神』三聯書店、一二七頁。
(26) 羅栄渠『現代化新論』北京大学出版社、一九九三年、二二〇頁。
(27) 同前、二二〇～二二一頁。
(28) 『論語与算盤』九州図書出版社、一九九四年、二頁。
(29) 「代鄂督条陳立国自強疏」『張謇全集』第一巻、江蘇古籍出版社、一九九四年、三七～三八頁。
(30) 同前、三六～三七頁。

(31) 同前、三七頁。
(32) 同前、三五〜三六頁。
(33) 同前、三八頁。
(34) 同前、四〇頁。
(35) 同前「実業政見宣言書」二七四頁。
(36) 同前。
(37) 同前「辛亥五月十七日召見拟対」一六四頁。
(38) 同前「宣布就部任時之政策」二七六頁。
(39) 同前「対于救国儲金之感言」一五三頁。
(40) 同前「実業政見宣言書」第二巻、二七四頁。
(41) 同前「宣布就部任時之政策」第一巻、二七四頁。
(42) 同前「漢冶萍就職演説」第三巻、七九三頁。
(43) 張孝若『南通張季直先生伝記』上海書店、一九九一年影印版、四一九頁。
(44) 劉厚生『張謇伝記』上海書店、一九八五年影印版、二五一〜二五二頁。
(45) 前掲「拟請酌留蘇路股本合営紡績公司意見書」『張謇全集』第二巻、一四四頁。
(46) 同前「敬告全国学生」第四巻、一五七頁。
(47) 「請批准籌弁棉糖林牧等試験場給大統領呈文」中国第二歴史档案館沈家五編『張謇農商総長任期経済資料選編』南京大学出版社、一九八七年、三七一頁。
(48) 前掲「大生紗廠股東会宣言書」『張謇全集』第三巻、一一四頁。
(49) 同前「北京商業学校演説」第四巻、一一二頁。
(50) 同前「商校本科卒業講演」一五一頁。
(51) 同前「大生紗廠股東会宣言書」第三巻、一一五頁。
(52) 同前「為紗廠致南洋督部劉坤一函」八頁。

(53) 高橋亀吉『日本近代経済形成史』第二巻、東洋経済新報社、一九七九年、一六頁。
(54) 梁啓超『愛国論』見『飲冰室合集』文集之三、六六頁。
(55) 黄遵憲『致飲冰室主人手札』、盛邦和『文化類型、特質与社会発展——中日文化比較初探』『社会科学』一九八八年四期。
(56) 濬才彬『天皇と中国的皇帝』六興出版社、一九九〇年、一〇八頁。
(57) 濬恒沢・虞祖繞主編『歴史与企業家対話』改革出版社、一九九七年、四六六頁。
(58) 日本公務員制度史研究会編著『官吏・公務員制度の変遷』第一法規出版、一九八九年、二八頁。
(59) 坂田吉雄「明治の官僚」『人文学報』(京都大学人文科学研究所)一九六七年、二四頁。
(60) 前掲、日本公務員制度史研究会編著『官吏、公務員制度の変遷』二八頁。
(61) 馬敏『官商之間——社会劇変中的近代紳商』天津人民出版社、一九九五年、六〇頁。
(62) 謝俊美『晩清売官爵新探』華東師范大学学報哲学社会科学版、二〇〇一年五期。
(63) 章开源等著『中国近代史上的官紳商学』湖北人民出版社、二〇〇〇年、二一八頁。
(64) 前掲、謝俊美『晩清売官爵新探』。
(65) 同前。
(66) 前掲「答南皮尚書条陳振興商務、改厘金、開銀行、用人才、変習气要旨」『張謇全集』第二巻、五四頁。
(67) 間宏責任編集『日本の企業と社会』日本経済新聞社、一九七六年、七二頁。
(68) 侯厚吉・呉其敬『中国近代経済思想史稿』第二冊、黒龍江人民出版社、一九八三年、三九五頁。
(69) 梁啓超『変法通議・論学校』『強学報・時務報(一)』中華書局、三四一頁。

第4章　張謇、渋沢栄一と中日両国における株式会社制度の形成

はじめに

中国と日本はどちらも、個人資本の蓄積が不足していた状況下で工業化を行った。よって、このような社会条件にいかに対応していくか、どのような方法で企業設立の資本を調達するか、どのような組織形態で企業活動を行っていくのかなどが、企業家が最初に直面する大きな問題となったのである。シュムペーターによる企業家の定義では、企業家はまず新しいものを創り出す革新意識に満ちた人物でなければならない。彼らのこの意識は新製品や生産技術の方法を追求するという面で発揮されるばかりではなく、同時に新しい企業管理や組織形態の追求でも活かされる。しかしながら、西洋の先進諸国とは多少異なり、中日両国の工業化の過程は海外の先進技術、産業および近代企業の制度を導入して始まったものである。したがって、伝統的思想の束縛から脱却し、大胆に海外の技術や企業組織形態を取り入れられるか否かが、企業家の革新精神における重要な指標となった。渋沢栄一と張謇の企業活動は、両国が工業化を押し進めていく過程に大きな影響を与えたが、その中でも共通する点は彼らが両国における近代企業制度の導入と普及の過程で重要な役割を果たしたことである。本章では、渋沢と張謇が株式会社制度の思想の普及を積極的に

主張し、また株式会社の創設を実践したことについて考察を行い、そこに立脚した上で、両国政府の関与の比較を通じて、渋沢と張謇が同じように推し進めた株式会社制度普及のための実践活動が、結果的には同じような社会的効果をもたらさなかった原因について探ってみたい。

第1節　渋沢栄一と日本における株式会社制度の確立

1　株式会社制度の知識の啓蒙と『立会略則』

株式会社制度は二百年余りにわたる変遷を経て、一九世紀中頃までに西洋国家ですでに成熟段階へ突入していた。そして同じ頃、鎖国の扉を開いたばかりの日本では西洋諸国との往来が盛んになっていた。政府の役人や上流階級の人々の中には、西洋国家に赴き資本主義文明を知る機会に恵まれる人も出てきた。そこで彼らは高度に発達した工業やこの上なく繁栄している商業を目の当たりにしただけではなく、同時に株式会社についても初めて知ることとなった。一部の有識者は帰国後、西洋国家の商工業の発展状況や株式会社に関する知識を積極的に紹介したが、渋沢栄一もその一人であった。

第2章でも述べたが、一八六七年に渋沢栄一は徳川昭武に従ってヨーロッパに赴き視察をする中で、株式会社制度が西洋社会の発展において大きな役割を果たしていることに気づき、株式会社制度を真似て企業活動を展開しようという考えを持つようになった。彼は帰国後すぐにそれを実行に移し、株式会社制度の方法に沿って静岡県に「商法会所」を設立した。この「商法会所」の主な業務は、抵当貸や、普通および定期預金の受付のほか、農業肥料の取扱いや米の売買までにわたる銀行と商社の性質を合わせ持ったものであり、当時はまずまずの経営状態であった。「商法会所」の成功は渋沢にとって大きな励みとなり、彼の株式会社経営に対する自信を深め、その後の株式会社制度の普及活動における端緒を開くこととなった。

一八六九年一〇月、渋沢栄一は大隈重信の勧めに従い上京し、新政府の民部省の租税正（後に大蔵少丞）となった。この身分と地位の変化は明らかに、渋沢が株式会社制度を提唱し広く宣伝するのに有利に働いたと同時に、新しい位置から株式会社制度を普及させることを可能にした意味でも重大な意義をもったといえよう。当時の背景から推察すると、明治政府はすでに商工立国の方針を明らかにしていたものの、同時に多くの矛盾や困難に直面していた。その一つが工業化のために利用できる資源に限りがあったことである。また一方では少数の旧社会の商人は彼らの手中にある資本に対し非常に保守的であり、新しい産業に対する興味に欠けていた。さらに重要なのが、政府自体が経験不足であったことである。新政府が成立してまもなく、政府は半ば強制的に各地の富豪を組織し「半官半商」の性質をもつ通商会社と為替会社を設立した。しかし予想したように事は運ばず、これらの会社は成立後間もなく苦境に陥り、新政府は不安を感じ気を揉むことになった。渋沢は通商会社と為替会社の失敗は、官商のおかしなやり方や経営者に進取の姿勢がなかったことの必然的結果ではあるが、その根源は政府自体に商工民営思想が欠けていたことにあると考えた。「官尊民卑」の腐敗した観念がいまだまかり通っており、能力のある人がなかなか世に出にくいという気風が生み出され続けていたからである。ゆえに彼は「此の時に当たっては、規模宏大なる合本事業を興して、人材を民間に吸収するより急務なるはあらざり(1)」と説いた。

民間の優秀な人材を株式会社に投入するためには、商工民営思想の大々的な宣伝が必要であり、株式会社制度の知識を広く普及させなければならなかった。しかし明治前後に出版された数冊の書籍は内容の点で非常に概括的であり、株式会社制度を普及していくのにあまり適さないものであった。そこで、渋沢栄一は自ら株式会社制度を普及していく重責を背負うことにし、彼の部下である福地源一郎とともに一八七一年に『立会略則』と『会社弁』を執筆、翻訳した。『立会略則』の中で、渋沢は株式会社の「主意」、「制限」、「方法」および株主や取締役会員について以下のように具体的に詳しく記述している。

まず、株式会社を設立する「主意」の一部分で、渋沢は「物相交わり相通するより商法の道を生すれば、能く此道をおしひろめて全国の富を謀るへき事なり。夫れ故商業を為すには偏頗の取計ひなく自身一個の私論を固執せす、心を合せ力を一にし相互に融通すへし。若し一個の私論を固執し或は偏頗の取計をなし、相融通するの道なければは、品物流通せすして更に利得を得ること能はす、故に商業をなすには切に会同一和を貴ふ。是商社の設けさる可からさる所以なり」と述べている。また、「通商の道は政府の威権をもって推し付け、又は法制を以て縛るへからす」と強調した上で、「商社は会同一和する者の、倶に利益を謀り生計を営むものなれとも、又能く物貨の流通を助く、故に社を結ふ人、全国の公益に心を用いんことを要とす」と指摘している。

株式会社設立の「制限」では、何を商社とするのかということに加え、商社を設立する原則、および会社と政府との関係をどのように処理していくかについて解説し、以下のように論述している。「商社は相交り相通するの道より生すれは、社の大小、人の多少を論せす均しく同等の私権を有す」、「商社を結ふは、元来心を協はせ力を一にするの私権より生す、故に其定約規則等国法に触れ合う事なければ、何地何人を論せす政府之を准ささるを得ささる筈なり」、「社は私の社にして政府の社にあらす。故に政府の免許を受るは、唯主意と定約規則との政府の掟に触合うや触合はさるやを伺ふのみにて、会社と政府とは全く公私判然たれは、商業に於ては決して政府の威権を仮るへきものにあらす」。

商社設立の「方法」では主に以下の点について明確にしている。(1)設立する商社は次の二つの形式を取ることができる。一つは商社名が経営業務の内容に関係している必要はなく、経営内容は社名の制限を受けないというもので、もう一つが商社は経営内容に則して命名し、その経営内容と社名を統一させるというものである。(2)どのような形式の商社であっても、まず資本金の金額を確定し、それから株式の金額と数量を確定し、それに従って出資する。(3)会社の代表者とその他の管理者は出資者の中から選出し、出資者は出資額に応じた数の議決権をもつ。(4)会社の代表者は会社の日常業務を処理する権限を有し、重要事項の処理については総会を招集し決定する。(5)会社の代表者もしくは経営者が会社に損害を与えたり、法律に違反する行為を行った場合、賠償金を支払うか相応の懲罰を受ける。(6)会社経営の利潤は出資金の額に応じて分配し、災害などの非常事態によって損害が発生した場合も出資金の額に応じて負担する。(7)利潤の分配は当初の規定によるものとし、残りの部分は内部留保とし、その金額については会社で独自に定めるものとする。

『立会略則』の上述した内容から、渋沢栄一による株式会社についての説明がすでに具体的なものであることがわかる。特に、企業は国家に富をもたらすものであり、政府はこれを尊重し保護すべきであるとする見解は彼の道徳経済合一思想と民営企業思想を十分に具体的に表しているといえる。そしてそれは一定の理論的色彩を持つばかりではなく、非常に的を射た指摘である。彼が強調したのは、株式会社を創設するには、徹底した民営自主と政府による私権の尊重の原則が必要だということである。すなわち「官尊民卑」の思想を排除し株式会社を普及する重要性を解き明かしたのである。これらはまさしく当時の社会が最も注目しまた明確な回答が必要とされる問題であった。『立会略則』と『会社弁』が発表されると、明治政府はすぐにこれを重要視し、この二冊を合本として大蔵省から発行し、同時に全国の各府県に向け推薦したので、この二冊は準政府文書とも言える性質をもつことになった。実際、大阪府は一八七二年四月二五日に、商社を結ぶものは『会社弁』と『立会略則』を熟読すべきである、という公告を公布している。[2]このことから、『立会略則』と『会社弁』が、当時すでに株式会社制度の知識を普及させる教科書であり、また株式会社を創設するための指南書と見られていたことがわかる。

2　日本最初の株式会社——第一国立銀行の創立——

近代日本の株式会社の発展史上、一八七二年に制定された「国立銀行条例」と同条例に基づく一八七三年の第一国立銀行の創立は一つの重要な節目となった。

国立銀行という名称からすると国家の所有する銀行のようであるが、実際は貨幣の発行権のみを有する私立銀行にすぎず、政府は少しの投資もしていなかった。国立銀行創立の根拠とされた「国立銀行条例」によると、国立銀行の組織方式に関する具体的規定は次の通りである。「国立銀行ハ政府ヨリ発行スル公債証書ヲ抵当トシテ之ヲ大蔵省ニ預ヶ紙幣寮ヨリ通用紙幣ヲ受取リ引換ノ準備金ヲ設ケテ之ヲ発行シ以テ其業ヲ営ムモノナリ」。「凡ソ国立銀行ヲ創立セントスルニハ其組合ノ人数ハ五人以上タル可シ」（第一条）、「株主等定リテ後一同ノ協議ニヨリテ銀行創立書証定款ヲ認メ及頭取取締役ヲ選任シ諸般ノ手続ヲナシ」（第二条）、「此株高ハ全ク株主ノ所有物ナレハ頭取取締役ノ承認ヲ得銀行ノ元帳ニ引合セシ上ニテ譲渡ヲナスコト勝手タルヘシ」、「銀行ノ株主等ハ誰彼ノ差別ナク其営業ニツイテノ損益ハ株高ニ応シテ之ヲ負担スヘシ」（第五条）。これらの規定から、株主は自らの意志で資金を集め株を購入し、その株は譲渡や売買が可能であること、また株主には議決権があり、株主は出資金の額に応じてその有限責任を負うことがわかる。西洋の株式会社の基本原則はすでに承認され具体化されているのであり、その意味でも第一国立銀行の創立は近代株式会社が日本で誕生したことを物語っている。

近代株式会社の出現は歴史的快挙であった。しかしながら「国立銀行条例」の制定も国立銀行の創設と普及の過程も決して順風満帆というわけではなかった。そして渋沢栄一はこのために心血を注いだのである。

明治維新後、新政府は大変厳しい経済状況に直面しており、政府は各種の紙幣を大量に発行し、それが結果的に社会の金融情勢をかなり混乱させることとなった。通商会社と為替会社の経営の失敗に鑑み、新政府は西洋国家から学び模倣する経験の中からのみ道を切り開くことが可能であると感じた。そこで、西洋の銀行制度の成立を通して貨幣の流通制度を統一し、社会に散らばった資金を集中させて殖産興業の資金不足の問題を解決しようと試みた。この背景のもとで、大蔵大輔の伊藤博文などはアメリカの銀行制度や公債制度および貨幣制度に関する細かく具体的な調査や研究を行った。その結果アメリカの国民銀行制度は回収処理や政府紙幣の処理および金融を安定させる点において大きな役割を果たしているので、アメリカの国民銀行制度を模倣して、日本に発券機能を有する銀行を設立するべきであると建議した。渋沢栄一は当時紙幣頭であり、「国立銀行条例」の起草者として一任された。「国立銀行条例」は起草から定稿までがわずか数カ月であったが、この期間に渋沢は伊藤博文が持ち帰ったアメリカの紙幣条例を丹念に研究し、しかも丁寧にヨーロッパ各国の紙幣法と比較を行った。また一方でいかにして日本の実情に適合させられるかを繰り返し考え、各方面の意見を募った上で、「国立銀行条例」がアメリカの国民銀行制度を模倣しているからといって実用的価値を失うことはありえないと保証したのである(3)。二八条一六一節からなる「国立銀行条例」の充実した内容と細かい規定から、渋沢が心血を注いだことを窺えるであろう。

「国立銀行条例」の公布以後、第一国立銀行などの国立銀行が相次いで設立された。しかしそれに伴い問題も起こってきた。第一に、「国立銀行条例」の規定によると、各国立銀行の発行する銀行券は兌換が可能であったはずだが、政府の紙幣乱発の影響を受けて当時の社会における紙幣の信用度はかなり低かった、銀行紙幣を受け取った人は往々にしてすぐさま銀行に行き金貨に交換した。その結果、銀行券は出ていってはすぐ戻ってくることになり、市場で流通させることが大変難しかった。第二に、当時の貨幣制度は金銀複本位制で、しかも金銀間のレートの国外市場との差が非常に大きかった。金価は相対的に低く、銀価は相対的に高かったので外国商人は日本で狂気じみた投機を行い、金の流出と貿易赤字を深刻なものにした。第三に、「国立銀行条例」は国立銀行の資本金を比較的高額に規定していたので、その規定に達するのは容易ではなく、国立銀行の設立が難しいものとなった。このようなことは最初の予想とは逆であり、第一国立銀行の後に設立された国立銀行は非常に限られた数しかなかったため、殖産興業のため広く社会から資金を集めるという目的は果たされなかった。渋沢は早速この状況に注意を向け、このような受け身の局面を改めるためには「国立銀行条例」に修正を加えるしかないと考えた。この時、渋沢はすでに大蔵省の職を辞していたが、彼はただ手をこまねいていたわけでなく、繰り返し明治政府に「国立銀行条例」改正の具体的な建議書を提出し、また、得能良介ら重要人物を説得し、大蔵省に「国立銀行条例」を改正させるよう促した。一八七六年八月に公布された「国立銀行条例修正案」は、渋沢の意見をほとんどそのまま採用し、銀行の資本金の数量、出資形式、紙幣の発行と兌換に関して新しい規定を打ち出した。すなわち、国立銀行設立の資本金規定額を下げ、政府が華族や武士に支払う金禄公債を銀行設立資金にすることや、資本の二〇％にあたる政府紙幣を銀行紙幣の兌換準備金にあててもよいことなどを許可することで、正貨への兌換が可能であった銀行紙幣を事実上、兌換できない紙幣とした。「国立銀行条例修正案」公布は全国で大きな反響を呼び、各地に国立銀行設立ブームが起こった。その結果、国立銀行の数は三年間で一五一行まで増え、それと同時に、金の海外への流出が緩やかになった。さらに、その他の業界でも国立銀行の組織形態をモデルに設立された株式会社が出現してきた。

株式会社の増加に伴い、株式市場の必要性が日々高まってきた。しかし当時の人々は株式取引の意義に対する理解が欠けていたため、このことについては大蔵省の役人の中でも意見が分かれていた。中には株式取引と米の先物取引はどちらも博打的な要素があり国家に利益をもたらすものではないので、株式取引市場を開設するべきではない、と主張する者もいた。渋沢は、西洋国家の経験は株式取引および先物取引が経済の繁栄と資本市場の拡大にとって大変有益であることを証明していると考えていた。そしてよくないことばかりを心配し何もしないでいるのではなく、一日も早く株式取引の市場を開設すべきであると主張した。この後、渋沢は役人を辞して商業活動を始めたため、株式取引条例の制定に直接関わることはなかったが、彼の主張は大蔵省の役人の株式取引問題に対する認識を統一させるために大きな役割を果たしたのである。これを背景に、明治政府は一八七四年一〇月に「株式取引条例」を正式に制定し、資本市場の育成に乗り出した。一八七八年には「株式取引所条例」を公布し、同年五月に東京株式取引所が、次いで六月には大阪株式取引所が営業を開始した。当時この二つの株式取引所で売買が行われたのは、国立銀行と株式会社が発行した株券ではなかったが、その後、株式会社の普及に大きく作用したのは確かであった。

国立銀行が用いた株式会社組織の形態は、その創設時にはあらかじめ必ず発起人と出資者が必要とされた。しかしながら、当時の資本は主に三井組、小野組といった一部の旧商人の手中にあり、国立銀行創設の出資力を有するのは彼らばかりであった。そういった旧商人は自らが営む商売だけを守る意識が強く、加えて通商会社と為替会社の失敗の影響がまだ残る中、株式出資の方式を用いて近代銀行を創設することに対する憂慮は自然と色濃くなってきた。このため井上馨と渋沢は「国立銀行条例」を公布する前から旧商人に対し出資活動を勧め始めていた。彼らを説得するのは苦難に満ちていたが、最終的には目的を果たし、「国立銀行条例」の公布直後に第一国立銀行を設立させたのである。設立者であり、また最高決定権を持つ者として渋沢はその後の経営活動の中で多くの厳しい試練を経験したが、これらに関しては第5章で渋沢の企業活動を考察する際に詳細に述べることにしたい。

以上要するに、株式会社制度の「国立銀行」は設立と発展において多くの紆余曲折があったが、渋沢栄一は多くの心血と努力を注いだのである。また、第一国立銀行の設立がもたらした社会への影響は非常に大きく、日本で初めての株式会社のモデルとして、株式会社制度に対する人々の認識と信頼を高めただけでなく、同時に、民間資金の社会資本への転化を力強く推し進め、殖産興業ブーム到来の土台となったのである。

3　株式会社の制度上の健全さと渋沢栄一の役割

一八八〇年代初めからの殖産興業政策における「官営」から「民営」への転換に伴い、明治政府は官営企業の大量払い下げを始め、そのことにより民間が株式会社を創設する動きが形成されてきた。それに伴い、渋沢栄一が企業を組織する活動も新しい時期へと突入した。『渋沢栄一事業別年譜』によると、一八八〇～九三年の期間に渋沢が創設に関わった会社は二〇社余りに達し、その中で発起人、取締役、創設委員などの身分で関与したのが一三社にのぼっていた。(4) この二〇社は当時かなり注目され、多くは大阪紡績会社（一八八三年創業）、日本鉄道会社（一八八三年創業）や共同運輸会社（一八八四年創業）などの影響力の大きな大会社であった。渋沢本人がその中の一部の会社に投資した額も相当なもので、屈指の大株主といえるものもあった。例をあげれば、日本煉瓦製造株式会社（資本金二五万円）や東京貯蓄銀行（資本金一〇万円）における渋沢の株所有率はそれぞれ三一％、三〇％、東京製綱株式会社（資本金三六〇万円）、北海道製麻株式会社（資本金一六〇万円）、東京石川島造船所（資本金一〇〇万円）においての渋沢の株所有率はそれぞれ八・四％、三・一三％、二一・四三％であった。(5)

注意すべきなのは、この時期の株式会社創設活動に関する法律制度や環境は必ずしも整ってはいなかったことである。一八九三年以前は政府認可制で、関係する法律はまだ制定されていなかった。それゆえ、一八九三年以前に創設された株式会社は法律の規定に則って創設および管理されていたものではないので、おのずと次のような疑問が生じてくる。すなわち、この時期に渋沢栄一が創設に関与した株式会社は一八九三年に初めて施行された商法の株式会社に関する基準に一体どれほど適合していたのだろうか、という疑問である。これは明らかに、この時期の株式会社制度の充実に対して渋沢が果たした役割を考察する際に考慮しなければならない問題といえる。この点については、高田あづみが、「明治前期会社組織の充実と渋沢栄一」という論文の中で(6)回答を示している。

高田あづみはまず収集した企業定款（渋沢栄一が関与した企業が五一社、その他二七九社）に依拠し、企業定款を次の六項目に分類した。(1)法人格資格（会社名、場所、経営目的、社判、資本金、株式所有数、株式証券額面価格、株主責任制、営業年限）。(2)資本金および株式（株券、株主資格、株券譲渡）。(3)株主総会（定期総会、臨時総会、代

表４－１　渋沢の関与による会社定款の完成度（指数の平均値および標準偏差）

完成度指数	渋沢の関与		平均値の差
	無	有	
法人格指数	71.497（20.957）	82.867（12.113）	11.599
株式指数	57.268（22.844）	72.267（19.242）	15.696
株主総会指数	43.159（35.929）	73.699（24.418）	30.540
会計計算指数	51.792（31.650）	71.078（25.555）	19.286
法的手続き指数	32.437（27.085）	45.098（21.225）	12.661
役員指数	49.044（24.316）	67.211（14.709）	18.167
総合指数	51.383（21.837）	69.262（12.417）	17.879
会社数	279	51	

注：括弧内の数値は標準偏差。
出典：『渋沢研究』第13号（2000年10月）、３～24頁。原表の一部の内容を省略した。

理人および委任状、議決権、議事録）。(4)会計計算（会計決算期日、利潤分配、営業報告書、帳簿監査）。(5)法的手続き（裁判権、解散、規則の制定、規定の改正）。(6)役員（役職名および人数、任期および再任、審査方法、株式の取得、給与および奨励金、役員会議、欠員の補充、解任）。そして、統計分析方法を用いてこれらの内容を指数化し、最終的に以下のような総合的評価を出している。

表４－１から見て取れるのは、渋沢栄一が関与した企業の定款は一般の企業規定に比べ完成度が高いことである。渋沢の関与によって総合完成度指数は一八ポイント近くも上昇している。標準偏差はわずか一二ポイントである。その他の指数でも、渋沢と関係する企業は一般の企業に比べて高く、その中でも株主総会指数については三〇ポイントも高くなっている。これは渋沢と関係する企業が他の企業に比べ、株主の権利の行使や利益の保証を重視していたことを示している。高田あづみは、上述した内容は基本的に商法施行前の状況を反映しており、一八九三年の商法施行後にはこれらの状況は明らかに少なくなったと見ている。ゆえに、商法施行以前の株式会社制度の充実に対して渋沢が果たした役割は相当大きかったといえるであろう。

第2節　中国における近代株式会社の形成と張謇

1　初めての株式会社――輪船招商局の誕生――

中国では、家族の血縁関係で結ばれた合夥（共同制）商業組織が長く続いていた。一九世紀に入ると株式会社の色合いを持つ共同制企業も登場したが、近代株式会社はやはり「夷狄の長所に習い、それを以て夷狄を制する」を趣旨とする洋務運動の産物であったといえるであろう。

アヘン戦争後、中国で初めて西洋の株式会社制度の知識を紹介したのは魏源である。魏源はその著書『海国図志』で、株式会社について「公司とは数十の商人が資金を集め運営し、力を合わせて協力し、その利は資本に応じて分配する」(7)と紹介している。この後、先進的な思想をもつ人士らが相次いで株式会社制度についてさまざまな著述をしている。しかし、その後もかなりの長い間、これら西洋国家の「強国の策」についての貴重な情報は、清朝中央政府の封建的統治者らの興味をまったく引き起こさなかった。

第二次アヘン戦争後、中国社会には新しい変化が生じた。一方では、国家主権のさらなる喪失が中国を分割しようとする西洋列強の歩みを速め、外国商人による企業が大量に増えることとなった。これら「洋行」と言われる外国人経営の商社の多くは株式会社であり、資源を奪って市場を拡大すると同時に、中国商人の手中の資金にも強い興味を示し、さまざまな方法で彼らが株式に投資するように仕向けたのであった。また一方では、新たな内憂（大平天国）外患に対し、自ら事を起こそうとしなかった清朝中央政府の統治者もついには危機感をもつようになった。一部の比較的開明的な思想をもつ清朝中央政府の役人は「洋の技を師とし、以て洋を制す」の必要性を感じ、洋務運動展開の構想を唱え始めた。しかし、財政状況が極めて悪化していた清朝中央政府が西洋の機械設備を導入して近代的工場を設立するにあたってまず直面したのは、いかにして資金を調達するかであった。このような状況下にあって、外国人企業が中国商人に盛んに投資させている世相は、資金不足に苦しむ洋務派官僚にヒントを与えることとなった。こうして彼ら洋務派官僚は株式会社の必要性を悟り、外国人商社を真似て株式会社制度を導入することが、一つの必然性をもった選択となっていったのである。

一八六七年、江蘇侯補同知であった容閎は水運事業が外国人企業に牛耳られている状況に対する対策を打ち出し、江蘇巡撫の丁日昌に汽船会社を設立することを建議した。容閎は中国で初めてアメリカに留学した人物であり、西洋の経済にかなり通じていた。彼は国庫が底をついた清朝中央政府でも西洋国家の株式会社制度を模倣することで企業を起こすことができると考えた。そこで汽船会社には株式会社組織の形式を採ることを積極的に主張し、具体的な定款も制定した。中国近代史上初めて設立された企業定款で容閎は、企業の資本調達の方法、会社の内部管理、株主の地位および利潤の分配について、以下のように明確に規定している。「公司（会社）の資本は銀四〇万両、これを四千株に分け、毎株百両とする。公司内の役員には必ず株を有するものを当て、選挙にて選出する。毎株につき一選挙権を有す。毎年一二月一五日に総会を開き、公司経営責任者より経営状況報告を聞き、翌年の業務内容を協議する。ならびに経営責任者は本年の帳簿を公開し、利息があれば直ちに五日内をもって株に応じて分配する。年末決算にて損失が二割五分に及べば、持株に応じて分担して補う」(8)。以上からはっきりと見て取れるように、容閎は株券の発行および株券を譲渡できるか否かという問題には触れていないし、会社の債務の責任範囲を明確にもしていない。しかし、すでに株式会社の基本的な輪郭については描き出しており、株式会社制度に対する彼の理解は一定のレベルに達していたことを示している。ところが残念なことに、容閎の建議は採用されるに至らなかった。その理由は、当時権利を掌握していた曽国藩が、彼が外国企業とひそかに取引をしているのではないかと疑いをかけていたからであった(9)。

一八七〇年代初頭、水運事業では外国汽船の勢力がさらに膨張し、中国の旧式木造船輸送は致命的な打撃を受けていた。大量の木造船が遊休状態となり、乗組員も失業し、漕粮運搬で生業を立てる人々にとっても脅威となっていった。ちょうどこの時、内閣学士の宋晋は福州船政局の浪費があまりひどいことを理由に、清朝中央政府に対し同局の廃止を上奏した。このことが造船と官弁事業との関係にどう対処するかという論争を巻き起こすこととなった。総理衙門は洋務の大計は随意に処置できないと考えていたものの、官営企業の経費をすべて引き受け続けるのは意余って力足らずの感があった。そこで民間商人に官営の船政局の汽船を買い取らせる案を提出した。こうして、数年前に容閎が提出した、商人を招来し資金を集めて輪船招商局を設立する案が再度取り上げられた。そしてこのときは、曽国藩の突然の死により李鴻章の地位が上がり、前回とは状況が違ってきていた。李鴻章はかねて「富国強国を欲するのであれば、商務を振興し、商船を外洋に送るべし[10]」と考えており、国庫が底をつき上海などの華商が皆外国企業に依存する状況下、官が商人を招来し資金を引き出す方法だけが、唯一外商から利を奪う目的を達する方法であると見ていた。彼は「官により商局を設立し招来すれば、各商の所有する汽船株は官局に還元し、国を潤す[11]」と述べ、正式に清朝中央政府に輪船招商局創設の申請を行った。そして浙江侯補知府であった朱其昂（商人出身）を準備と実施にあたらせた。このように李鴻章の積極的働きかけで、一八七二年、ついに輪船招商局が設立された。

輪船招商局は、その名称から官の投資が主であるような印象を受けるが、実際には、設立当初に官が銀二千万を貸付けたのを除き、資本金の主だったものは商人による投資であった。李鴻章の「西洋国家の各廠規定の方法を詳細に検討する」という意図の下、朱其昂は買弁商人の李振玉の支援を得て輪船招商局規定と局規を制定した。この規定と局規は輪船招商局の企業組織形態に関する具体的な規定であり、主な内容は以下の通りであった。(1)株を募る合資形式で汽船運輸事業を創設する、その「資本金は百万両」、「まず五〇万両を千株とし、毎株五百両とする」。(2)「董事（取締役）を選出し、毎百株で一商董とし、董事の中から一総董を選び、総局各局に派遣する」。(3)商総を設け総局主政とする。商董が適任でなければ商総はこれを更迭し選挙を行う。商総が不適任であれば、各董事が連名で交替の申請をする。⑷株主の「股份票取息手折」を発行し、株主は「株を譲渡する場合、必ず先に本局を優先し、本局で受ける者がない場合、外部に売ることができる。売ることが決まったら直ちに局に登記すること。ただし、外国人への譲渡は認めない」。⑸株主は毎年八月初旬に総局に赴き会議を開く。将来経営状況がよければ「官の配当金を除き、剰余については会議にて検討し、資本に充当する」。

輪船招商局規定と局規の内容から、株主責任制度に対し明確な規定をしていないほかは、輪船招商局がすでに株式会社の主な特性を有していたことがわかる。輪船招商局の創立後しばらくして『申報』に「今日、中国にて設立した輪船招商局は中国公司の創始である[12]」という評論が発表されていることからもわかるように、輪船招商局の設立は疑いなく中国近代企業の発展史上の一大事件であった。「夷狄の長所に習い、それを以て夷狄を制する」洋務思想は大きく前進したのである。くわえて同局は単純に西洋の先進技術や設備を導入するだけにとどまらず、知らず知らずのうち富国強国と西洋の経済制度の採用を結びつけ始めていた。しかし一方で輪船招商局規定と局規に示されているように、輪船招商局には株式会社の基本原則に抵触している部分も存在していた。その最高責任者（いわゆる商総）の任命は董事（取締役）会で決定するのではなく、官政府の指名によるものであったし、その配当金（官利）の分配は営業状況とは無関係で固定したものであった。後述するが、この二つの特徴が輪船招商局のその後の発展に悪影響を与えることになるのである。それでは、李鴻章の「西洋国家の各廠規定の方法を詳細に検討する」という意図の下に制定された規定は、なぜこのように株式会社とは矛盾するような二項の規定を盛り込んだのであろうか。官利の問題は後に論ずるつもりであるが、官が商総を派遣したことは明らかに、李鴻章本人が官督商弁企業を創設する構想と結びついていたといえる。

2　官督商弁企業の初志と失敗

輪船招商局は中国近代史上初めての近代的企業であり、西洋の株式会社制度を模倣していたが、経営管理方式は官督商弁という独特の体制を採っていた。では、その創設者である李鴻章は官督商弁体制を一体どのように説明していたのであろうか。李鴻章は輪船招商局の試験営業中、「官がその大綱をとりまとめ、その利弊を調べ、商董の意見を聞き、商を敬服する」と述べ、「すべての損益は、すべて商に帰し、官と関わりなし[13]」という方針を示していた。官督という言葉は「官がその大綱をとりまとめ、その利弊を調べ」ることを主に指していることがわかる。では一体何が「官がその大綱をとりまとめ、その利弊を調べ」なのか。李鴻章は当初明確な解釈は行っていない。しかし輪船招商局の成立過程を見ると、彼が言うところの「官がその大綱をとりまとめ」は、もう一人の洋務大員の劉坤一が述べた「局員董は官より任命派遣し、会計帳簿は官が査察する[14]」ことであったことがわかる。では、李鴻章は商人が出資して企業を興すのになぜ「官督」を実行せねばならないと考えたのであろうか。官督商弁という形を採ることでその利は一体どこに帰したのであろうか。この点について、李鴻章も、そしてその他の洋務官僚もそれぞれに次のように論じている。

李鴻章は『覆陳招商局務片』の中で「商務は商に任せ、官に任せること能わず。輪船商務は洋務と関わり、官に任せるのはさらに不便なり……唯、中国の権利を取り戻すため、事体は重大なり、国策と民生のために、官が扶助すべきである[15]」と述べている。

盛宣懐は「湖北煤廠試弁章程八条」の中で官督商弁について「この初めての試みは、民に任せれば民は力なく、商に任せれば商は権利なく、官に任せれば長きにわたるうち必ず弊あり。唯、輪船招商局官督商弁の一法に照らすのみ。商より費を集め、民より労務者を集め、官がとりまとめこれを成す。その利は商、官、民にともにあり[16]」と説明している。また「輪船招商局の起源は、李中堂（李鴻章）が中国の官商は外国の官商ほど連繫なきことに鑑みて、官督商弁の局を以て、天下に先駆け気風を開く[17]」とも述べている。

さらに李鴻章は光緒二（一八七六）年、湖北で石炭業と鉄鋼業を興すときに、この企業は「もし商民自ら創設すれば、株を集めるのが容易でないばかりでなく、ますます弊を生む、……官が取り締まってこそ、ごくわずかでも公に帰す。まさに目下猶予できない状況のためにあるようだ[18]」と述べている。

上述した官督商弁方針についての説明から、李鴻章などの洋務派官僚の提出した官督商弁方針は、主に次の三点を考慮していたことがわかる。まず、洋務企業を創設することは国家の大事に関わっており、政府はただ傍観しているのではなく、積極的に関与すべきであるということである。次に、商人であっても鉱工業を自由に創設する権利はないが、企業運営をすべて官に託しては必然的にさまざまな弊害が生ずる。官督商弁という形式はこの弊害を取り除くことが可能であるということである。第三に、「官による維持」は商人の中に存在する懸念を払拭し、両者の関係をスムーズにし「天下に先駆け気風を開く」ということである。この三点を見ると、官督商弁方針の提起は確かに積極的な意義を有している。それでは、当時影響力のあった洋務派思想家および出資者としての商人は当時、官督商弁というこの企業組織形式に一体どのような考えを抱いていたのだろうか。ここでは二つの例を挙げてみたい。

馬建忠はフランスに赴いたことがあり、当時においては急進的思想の持ち主であった。彼は官督商弁にも賛成しており、新しい産業に投資する気風がまだ開けておらず、財力も充分ではない当時の中国の状況の下で会社制度を発展させたいのならば、政府が関与し助力すべきであると考えていた。彼は西洋諸国の鉄道事業の振興を例にとり企業の発展における官と商との協力が果たすべき役割を示した。彼は西洋では「あるいは商より集め、あるいは官より取る、あるいは官と商が相合って行う」と述べている。すなわち、西洋では採算の採れそうにない産業に対しては「官自らが行う」とし、「官がまず創設し商に経営させる、あるいは商がまず創設し官が管理する」が、もし「利がわずかであれば、製造経営の費を埋め合せることは難しく、よって官商合弁の一法を始めるなり[19]」としている。

鄭観応は当時最も名を知られた買弁商人であり、西洋列強との商戦展開の提唱者でもあった。彼は官督商弁企業を興すことに対し、最初から強い興味を示していた。「すべて官の力を頼りに巨額の資金を調達するのは難しく、商が集まり力を合わせれば何事も容易にできる。しかし土地のごろつきが経営妨害をしたときは官の威に頼ることができる。地方の小役人は何かと金を要求するが、官が監督し、商が経営を行い、それぞれの責務を全うする。商は株を募り工商を興し、その経営を故意に隠したり漏らしたりしてはならない。官は査察し税を徴収するが、搾り取ることはならない。上と下で連繋すれば二つの弊はともに消え去る[20]」と彼は語っている。彼はかつて李鴻章の委任を受け、官督商弁企業の要職にも就いた経験があった。

このことからも、官督商弁が李鴻章ら洋務官僚だけの意向を反映していたわけではなく、当時、官の支援や力を借りて企業活動をしたいと企図していた商人の希望や要求に沿っていた。つまり両者の思惑はしっかりと合致していたのである。このような状況を背景として官督商弁方針は打ち出された後で大きな反響を呼び、多くの商人たちから受け入れられた。そしてすぐに「一旦許可が下りれば、商を招いて株を集めるが、先を争い数十万の巨額資金はすぐに集まる[21]」という活況を呈するようになった。輪船招商局の後も、直隷開平煤鉱、熱河成徳府平泉銅鉱、貴州青渓鉄廠、雲南銅鉱、黒竜江漠河金鉱、上海機器織布局、電報総局、中国鉄路公司など、各地で相次いで官督商弁企業が登場した。一八八〇年代初頭には官督商弁企業の数はすでに数十に達したほどである。

しかしながら、官督商弁企業は最終的には洋務派の構想とは違う方向に発展していった。そして一〇年にも満たない隆盛期を経て、官督商弁企業は坂道を下り始め、人々が当初これに寄せていた希望は一つまた一つと消えていった。まず破られたのが「商務は商人によってなされ、官はこれを能わず」という原則である。一八八〇年代初頭から官による商総商董の排斥現象はだんだんと激しさを増し、企業規定を修正するに至るほどであった。「もっぱら高官を派遺し真剣に業務監督し、財務管理する」[22]ことを遵守すべき制度として規定し、企業の人事権、監督権、経営権などはすべて官より剥奪されることとなった。このため商股と商董はそれぞれの権利をはっきりと分けられない状況へと陥ってしまった。

また官督商弁企業は必ずしも官営企業の弊害を杜絶できたわけではなかった。その馴れ合いの関係は旧態依然として横行していたし、余剰人員の現象は相当ひどく、内部管理も混乱し、公金の勝手な流用や汚職はしょっちゅう発生していたのである。ゆえに、任命派遣された官僚はしばしば役人風を吹かせ、商董と激しく対立していた。「それぞれの責務を全うする」ことはもはや不可能で、このために経営の効率もかなり低下していた。例えば、官督商弁企業である上海織布局は七〇年代末期に創設準備を始めたが、さまざまな紆余曲折を経て生産を開始したのはすでに一八九〇年であった。しかも、四万錘の規模の紡績工場の建設に一〇年余りの時間を費やしておきながら、工場完成から四年も経たないうちに管理不行届きのため火災で灰と化してしまった。また、李鴻章は確かに官督商弁企業に多くの扶助を与えたが（資本の立替、貸付、利息の延期など）、これらはすべて清政府が官督商弁企業から取立てるための根拠となり、そのために支払う対価や犠牲は相当重いものとなった。一八九一年、輪船招商局は利息の支払い猶予という「恩」に報いるため、李鴻章に銀一〇万両を、さらに一八九四年の西太后の誕生日を祝う「万寿盛典」には五・五万両を上納した。同年政府の軍事費の出費がかさみ、招商局の資金不足は放っておかれたため、戸部が銀四一万両を招商局のために借り入れた。

一八九九年になると清政府は、毎年利潤の二割を上納するようにという明確な規定までも示すようになった。このような政府への上納は招商局に限ったことではなく、その他の官督商弁企業も免れなかった。例えば電報局は一八八四～一九〇二年の間に清政府に一四二万余元（一〇七万両）を上納したが、これは資本総額二二〇万元の六四％を占めていた[23]。このことから、官督商弁企業にはいわゆる新しい形の官商関係というものはどこにも見当たらないことがわかる。人々が目の当たりにした現実はただ、官の商に対する勝手気儘な横領と振舞いであり、これは商民の近代産業への投資意欲を踏みにじるものであった。鄭観応のような官督商弁の提唱者でさえも最後には深い失望を感じ、その強烈な不満を詩に託している。「輪船電報開平鉱は商人自らが株を集めて創設したものだが、創設後瞬く間に、官が商の権利を奪い自主を難しくしてしまった。……総弁商董は商律によって商が挙げるのでなく、官より推挙する。……会を開き商を集めることはせずに、株主はどうしてその利潤を得られるであろうか。会計監査も行わず、配当金がどのくらいかもわからない。……商を保護するという名目で商から搾り取る、官督商弁の勢いは虎のごとし[24]」。

官督商弁という、西洋の株式会社制度を模倣して近代企業を創設する模索は最後には失敗に終わった。では、その根本原因はどこにあるのか。官督商弁企業の発案者である李鴻章は最後にこのような認識に至った。「商弁に帰する者は官弁に帰することとへの改変を忌む。西洋の財務管理書は言明しているが、外国公司は民の自主に任せ、官はこれに干与しない。官費が多くなると、民利が少なくなる。派遣され監督にあたるものは自らの利を求めるのみで、誠実な者がその任務にあたることは難しい[25]」。彼は、官督商弁という独特の経営体制が誕生した日に、もうすでにそれが失敗する運命を背負っていたことを悟っていたに違いない。

3　張謇の株式会社創設の実践

一八九五年、甲午（日清）戦争の敗退は洋務運動の破綻を宣告することになった。そしてこの時点を境に官督商弁企業も衰退の一途をたどった。馬関条約の締結は清政府を空前の深刻な政治危機に陥れたが、同時に国民の民族危機意識を喚起することにもなった。康有為をリーダーとする維新派と一部の比較的リベラルな思想を持つ地方監府要員は、商工業の新興や実業救国といった意見を次から次へと出すようになった。民間でも「利権を奪い返せ」、「工場を建てて自らを救え」という要望の声が高まっていた。こうした背景のなか、清政府は官督商弁洋務路線に調整を加えたことから、商弁企業の形成と発展のきっかけが見え始めてきた。

甲午（日清）戦争後、民営企業設立のうねりが盛り上がる中、株式会社制度を採用する企業も目立って増えてきた。このプロセスの中で張謇の存在がひときわ目を引いた。彼は李鴻章の官督商弁洋務路線に強烈な批判を加えると同時に、商弁企業の発展を積極的に主張し、株式会社制度を普及すべき切実性を強調した。彼は『条陳立国自強疏』の中で清朝中央政府に向けて「今こそ各省に商務局を設け、各商務を行い、董事を推挙し、随時会議を開き、もっぱら商利の便をはかり、その軽重を斟酌すべきである。……巨額の資金と多くの株を集め、一大公司を創設した者は、奨励されるよう朝廷に申し上げる(26)」と強烈に呼びかけた。彼は「公司者は、いわゆる卑しいものも寄れば気高くなり、小さなものも合わされば大きくなり、合弁は公の道なり。西洋の公司の業は戦争でも奪われることがなく、天下の大業者はすべて公司を以てこれを成す(27)」と述べた。また「わが国でもし資金を集め工場を創設するならば、利は外に漏らしてはならず、資本に転換すべし。資本は利を生む、いわゆる自らの血を以て自らを養う。まさに今日の財政困難を以て派は国民は力弱し、……集まらなければ貧弱であり、経営規模も小さいままでは、どうして全体に有益であろうか(28)」と考えていた。この思想から出発し、張謇は棄官従商の後、身をもって努力し、株式会社制度の普及を自身の企業家活動の重要な一項目として心血を注いだのである。

張謇の企業活動は大生紗廠からスタートした。大生紗廠では株式会社制度を採用した。張謇は「西洋諸国の資金調達法を模倣(29)」しながら民営の株式会社の設立を模索する中で、第一歩を踏み出したのである。最初の構想によると、張謇は完全に商人株によって工場建設に必要な資本を集めるつもりであった。彼はその他の発起人と一緒に制定した『通州興弁実業章程・大生紗廠』の中で「廠は商資本であり、官金は受け取らず、商内の諸々のことは商の意見を聞く。唯一保護を司る官紳は、将来もし情勢に応じ便宜が必要な場合や拡張が可能な時のためのもので、官紳に請うて下の者の意見を汲み取ってもらう」と明記していた。しかしながら、第5章で詳細に論ずるつもりであるが、株を募り資

表4－2　大生紗廠最初の資本金の構成

（単位：銀両）

	官股（紡績機械による現物出資）	商股（民間資本）				官股商股合計
		地方政府の公款	私人および団体	身元不明	合　計	
金額	250,000	41,900	107,200	46,000	195,100	445,100
百分比％	56.17	9.41	24.09	10.33	43.83	100

出典：『大生系統企業史』江蘇古籍出版社、1990年、18頁。

表4－3　大生紗廠私人および団体の出資構成

（単位：銀両）

	私人および団体の出資					合　計
	官　僚	商　人	地　主	団体および慈善賑款	董　事	
金　額	64,900	25,400	800	12,000	4,100	107,200
百分比％	60.54	23.7	0.74	11.2	3.82	100

出典：『大生系統企業史』江蘇古籍出版社、1990年、18頁。

金を収集する活動がかなり厳しくなったため張謇は初志を曲げざるをえず、官株を大量に導入したのであった。

表４－２と表４－３は大生紗廠創設初期の株式の構成比を表したものである。まず、四四・五一万両の総資本中、官株は二五万両、割合も五六・一七％とかなり大きい。そして商人株が合わせて一九・五万両と少ない上、その中の四・一九万両は地方公金であり、実際は商人株の中に含まれるべきものではない。身分不明の株主もすべて商人株として数えたとしても、商人株の実際の数量は一五・三二万両にすぎず、その割合は三四・一％である。身分のはっきりしている個人株中、官僚の持株は六〇・五四％（二三人）、商人の持株は二三・七％（一九人）、地主の持株が〇・七四％（五人）、団体および慈善救援金一一・二％（三人）、廠董が三・八二％（三人）となっている。廠董三人の持株状況を見ると、張謇の投資が二千両、高清が三百両、沈敬夫が千八百両である。大生紗廠の株式構成の状況は、官株を排除することが事実上無理であったことを物語っている。他方、官督商弁と官商合弁企業の相違点として、大生紗廠の廠董には官株の代表はおらず、廠董の地位を獲得することと商株出資の状況とは関係がないことがあげられる。

大生紗廠は官株を大量に導入したと同時に、経営権と所有権の分離を通して、官が企業経営に直接関与してくることを避けた。この「紳領商弁」といわれる経営体制の確立は、張謇が株式会社制度を普及していく過程における大きな成果であるといえる。それは官の資金援助を受け入れながら、官の経営管理への関与を排除していくという矛盾をいかにして解決していくかという一つの手本となりえていたからである。よって、「紳領商弁」経営体制の登場は当時の社会で大きな反響を呼び、株式会社の形成における強力な推進力となった。しかし、株式会社が有すべき特徴に照らし合わせてみると、初期の大生紗廠は多くの面で不完全であったことを指摘できる。例えば一八九七年に制定された大生紗廠廠規と大生紗廠規定は割と大まかである。株式出資や社会に向けて株券を発行する原則については明確にしているものの、債務責任については触れていない。また、「紳領商弁」体制の下、大生紗廠もまた株式会社として有すべき完全な機能を打ち立てることはできず、株主総会制度もなかった。紳董と商董は株主の選挙で選出されるのでなく、それ相応の監督機構も存在しないので、株主は自分の権利を行使することは不可能であった。これらの問題の原因は無論、張謇本人の株式会社制度についての認識がまだその資本の集中機能にばかり片寄っていたことにあるが、もっと重要な原因は、大生紗廠が結局のところ何の法律もない条件下で設立されたために、従うべき拠り所が何もなかったことにあった。

二〇世紀に入ると、清政府の経済政策ははっきりとした変化が見られるようになった。一九〇三年に清政府は商部を設立し、一九〇四年には中国で有史以来初めての会社に関する法律「公司律」が公布された。この法律には多くの不備が存在するが、初めて「公司（会社）」に法律上の規制を設けたのである。特に株式会社の株式の成立と納付、株券の譲渡、株主の権利と義務、および公司董事と会計監査人などについて相応の規定をしており、株式会社設立の重要な根拠となった。これを契機に、張謇は株式会社制度における知識を飛躍的にのばし、大生紗廠の経営体制の改革と調整に着手し始めたのである。

一九〇七年、大生紗廠では第一回目の株主総会が開かれた。張謇は総会報告の中で、株主らに大生紗廠の設立と発展の経過について詳細に説明し、経験してきたことと不足している点を総括した。株主らは大生紗廠の体制、人事、経営、配当などの重要な問題について討論を行い、「公司律」に従い、大生紗廠の経営体制を改革し調整することを決め、以下のいくつかの問題について合意した。(30)

(1)大生紗廠株主の有限責任制を明確にする。大生紗廠を大生株式有限公司と改め、この原則に従って管理を行う。(2)大生紗廠と、その創設し投資した他の企業との間の財産権の境界とその関係をはっきりさせる。大生紗廠と各公司のやり取りで立て替えた金額の項目について調査を行い、境界線をどこで引くかを確定した後、株主の認可を受ける。その他、大生紗廠と上海の各企業との金額のやり取りをきちんと調査し、定期償還を行う。(3)公司の人事任命権を明確にする。総理が協議の上、董事局に委託し会計、考工、営業、庶務の四部門の責任者を任命し、その他下級職員については総理が選択採用する。(4)公司の重要事項は董事局会と総理によって議決され、一般的な事柄については各所長が総理に報告後、自ら決定する。(5)董事五人、会計監査人二人は、公司律に従い、公司株を一〇株以上所有している株主の中から選挙にて選出する。(6)董事の給与、会計監査人の報酬は公司律の規定に従い株主が決定する。(7)公司の董事と会計監査人は立法司法人員である。非実務人員は配当金を受けることができない。株主が利益と配当金の割当方法を定める。(8)官商株の官利は、原章に照らし、年利八厘とする。(9)「一株から百株まで毎株一権、百一株以上は毎二〇株につき一権を加え、官株は権を多く占めることは不可」という方式をもって選挙権と議決権を決定する。

一九〇七年に大生紗廠が招集した株主総会は、清政府が「公司律」を公布後、中国近代民営企業が招集した初めての株主総会であるとされている。総会でまとまった上述の決定事項は大生紗廠が株式会社制企業として制度上すでにほぼ健全であったことを意味している。有限責任制度、董事会、総経理、会計監査人の選任制度、および株主が株権によって行使できる権利制度の確立は、大生紗廠がすでに全面的に株式会社制度を受け入れていたことだけでなく、張謇の株式会社制度についての思想がすでに成熟していたことをも意味している。この総会の最後に、張謇は株主全体による選挙で公司総理に選出された。彼は周囲の期待に背くことなく、以後も大生集団の成員企業に対し、体制上の整理と改革の手を緩めることはなかった。

4　張謇と中国の会社法

会社、特に株式会社は個人の財産所有権を承認することを前提に合資経営を実行する経済組織形態である。すべての所有者は出資額により平等に権利と義務を有する。会社は単独資本企業や共同経営企業とはまったく異なる組織機構を持ち、専門的な法規範をもって株主、会社およびその他の権利と義務、各方面の合法的な権益を保護するように国家に求める。しかしながら、上述したように、一八七〇年代初頭に近代企業の輪船招商局が創設されてから一九〇四年に「公司律」が制定されるまでの三〇年余りの間、清政府は株式会社制度という近代企業組織について何の具体的な規定や解釈もしなかったし、保護性のある法規は何一つ制定、施行しなかったのである。

張謇の企業活動は上述したような拠るべき法の何もない環境の中でスタートした。大生紗廠を創設する過程の中で経験した数々の紆余曲折は、彼に国家の法規による保護と支援が企業発展にとってどれほど重要で、また差し迫ったことであるかを深く認識させた。彼は大生紗廠の資金集めで苦境に陥った原因を分析した結果、国民の株式会社への理解が欠けていることが一つの重要な要因となっていると考えた。そしてこの状況を変え、国民の株式会社についての認識を高めるのに比較的効果的な措置は、政府による各種の民営会社の奨励、保護の提唱であるという思いを持っていた。彼は「現在、世界は大公司を以て国を打ち立てているが、中国では公司法、破産法が不備であり、ゆえに創設した公司は朝顔の花のように長く続けることが不可能である。……ゆえに公司法がなければ多くの資金を集めることはできず、業の足枷となる。破産法がなければ、信用を維持していけず、私権をまた葬り去ってしまう。特に経営がめざましいものほどそうである」[31]と述べている。それだけではなく張謇は、法規上の空白が存在すれば、株を募ると見せかけて民の財を騙し取る輩につけこまれてしまうし、株式会社の組織と経営活動に大変な困難や不便をもたらし、ひいては企業経営の失敗の重要な原因にもなりかねないと考えていた。民弁公司企業は「その創設時より業務の執行に至るまで、多くの失敗に至るものが存在する。これは導くべき法律がないゆえである。失敗した時、これを是正する法がなく、失敗した後も、これに制裁を加える法もない。よって一度躓くと永遠に立ち上がれなくなる」[32]と彼は語っている。まさにこのような認識から、張謇は一貫して清政府に一刻も早く経済立法を実行し、会社法を制定するよう呼びかけた。そしてこれが一九〇四年の「公司律」の制定と公布を大きく推し進める役割を果たした。

一九一三年、張謇は中華民国農商総長に就任した。この地位上の変化は彼に自ら商法改正に携わる機会を与えてくれた。彼は中国企業の状況と企業家たちの要求を知り尽くしており、経済法規を制定し完備することは中国が民族工業を振興する上で切実なことだと深く感じていた。よって、就任してすぐ矢も盾もたまらず自己の立法に関する主張を始めた。彼は『実業政見宣言書』の中で、関係する法律の整備、金融の基礎固め、厘税の改革と制定、民族企業の保護をまずなすべき四大事項として明確に示し、国会に改めて公司法を改正し破産法を制定するよう求めた。改正の効率を上げるため、彼は清末に公布した「公司律草案」を基礎として改正を加えた。この「公司律草案」は一九一一年に法律館が預備立憲公会、上海総商会と上海商学会が共同で呈上した「商法　公司篇」草案に基づいて改正したものを、清政府が改正し作ったものである。預備立憲公会はこの草案の修正に「商律に精通した士を迎え、数多くの商業習慣を調査し」三年の年月をかけた。法律館も日本の法学博士志田甲太郎を招き元草案に編纂と修正を施した。張謇は念のために、「草案」の起草作業に参加した人員を北京に呼び、草案に対し「さらに詳細に目を通し、改正」してもらった。張謇本人もまた綿密にチェックを行った。このように張謇自らが主管し、民国政府新定公司法――「公司条例」が一九一四年一月一三日に正式に全国に公布された。

「公司条例」は二五一条からなり、清代の「公司律」一三一条に比べると一二〇条も増えていた。同条例は「商行を業として設立した団体をもって公司となす。凡そ公司は均しく法人であり、国家法律の保護を受ける」と、公司の性質を明確に規定した。また公司組織に関係する公司株、董事、会計監査人、計算、公司債、変更、破産、清算、懲罰などの条文を制定した。例えば、公司の概念の面を見てみると「公司律」では曖昧に「凡そ資本を集めともに貿易を営む者の名を公司とする」とあるが、「公司条例」では「本条で公司と称するものは、商行を業として設立した団体」、「凡そ公司は均しく法人である」と規定している。初めて公司の概念に対し比較的正確な範疇を設け、同時に法律上から公司の法人性（永久存在）を確認し、現代の公司の根本属性を表現したのである。次に、公司の分類を見てみると、「公司律」では公司を合資、合資有限、株式、株式有限の四種に分けていたが、分類の標準が曖昧であったので、各種の境が厳格ではなく、お互い重なり合う部分があった。「公司条例」では、公司を無限、両合、株式有限、株式両合の四種に分け、基本的に現代公司理論を表現している。その他の具体的条項においても、「公司条例」の規定は総体的に割と正確なものであった。このように「公司条例」は中国近代で初めての成熟した会社法であり、それはその後の会社法規とその他経済法規の制定に重要な影響をもたらした。

「公司条例」の制定と同時に、張謇はまた民営企業を扶助し保護するための一連の具体的政策も打ち出した。長年の企業活動から、張謇は次のような認識に至っていた。公司法は株式会社制度の確立を推し進めるが、「民間が株を集め公司を結んで三年之内は利を得ること能わず」であり、また利子率が下がらない状況の下では会社企業の順調な成長を保証するのは不十分である。それゆえ会社企業に対し「保育主義」の措置を採らなければ、「皆が傍観しており、企業者は頼るべきものがない(33)」局面を抜け出すことはできない。よって張謇は、政府は一部の公司企業に対し利息保護を行うことが必要であると考え、「公司保息条例」を制定した。この条例は一八条からなり、以下のように規定している。政府は公債二千万元を出資し保息基金とし、毎年その利息を以て、新しく設立する六種の公司に保息を行う。

保息は甲乙の二類に分かれ、甲類は綿紡業、毛紡業、製鉄業で、保息利率は六厘、乙類公司は製糸業、製茶業、製糖業で保息利率は五厘とする。保息期限は三年で、被保息公司は初めて保息金を領収した後六年目から毎年領収した保息金額の二四分の一を農商部に返還する。被保息公司に利潤がない場合、保息定率外の分配官利を得ることはない。公司が解散または破産した時、農商部は未返済の保息金を優先的に請求する特権を有する。

「公司条例」と「公司保息条例」など一連の「公司保育」政策は、近代中国公司の発展史上における新たな一頁を切り開いた。それは中国民族工業発展の要求と商工業者の要求に適合的であり、公司企業の発展に有利な条件を提供した。よって、当時の商工界の反響は大きく、社会世論にも受け入れられた。「民国政府が履行した保護奨励之策、商業注冊条例、公司注冊条例は、凡その公司、商店、工場の注冊（登記）者を保護し、専売特許を許す。工商界は尽く一挙実業新興し、数年のうちに大公司、大工場が次々に現る(34)」。こうした『中華実業界』という雑誌の記述からも張謇の制定した政策は株式会社制度の普及を推し進める役割を果たしたといえるであろう。

第3節　中日両国の株式会社が異なる発展を遂げた原因

以上の二つの節で、渋沢栄一と張謇それぞれの株式会社創設の活動と、彼らが株式会社制度を自らの国で普及していく中で行ったさまざまな貢献について考察を行った。これらの考察から、両者個人の経歴上の違いによって彼らの株式会社制度に関する知識の源も異なっていたため、彼らがそれぞれの国でそれぞれの時期に株式会社の形成と発展において果たした役割には違いが見られたことがわかる。他方、彼らが力を注ぎ創設した株式会社の思想の出発点と目標は、やはり非常に似通ったものであったこともわかる。渋沢の株式会社制度についての知識は西洋国家を考察することで得られたものであり、彼は株式会社制度の導入と普及を日本の殖産興業の一つの重要な手段であると見ていた。その原因は、彼が株式会社制度の普及を「官尊民卑」の社会気風を打ち破るものと考え、「官営」路線を「民営」路線に転換する必要を感じていたからであろう。

一方、張謇の株式会社制度についての理解は「西洋諸国の資金調達法を模倣」することから始まったが、彼はそれを「戦争によっても奪われることのない」「凡そ大業者は皆これをなす」事業であると見ていた。つまり彼が徹底的に批判した官督商弁洋務路線と積極的に主張した商弁自主の思想とが結びついていたのである。このことから、渋沢と張謇はどちらも、民営企業の発展を「求富自強」を実現する根本的手段だと考えており、彼らの思想は共通の特性を持っていたといえる。しかしながら、残念なことに、張謇はこの思想の下、株式会社制度を普及させるためさまざまな努力をしたにもかかわらず、渋沢ほどの円満な成功を収めることはできなかったのである。このことは表4－4と表4－5の数字を比較すれば一目瞭然である。それでは近代中日両国における株式会社の普及になぜこのように大きな差が生まれてしまったのであろうか。この原因は、両国政府が株式会社制度を導入、普及させる過程の中で異なった動きをしたことから生じたのではないかと考えられる。

1　株式会社の形成発展における両国政府それぞれの役割

(一)異なる指導方針

中国と日本にとって、株式会社制度はどちらも舶来品であり、明治維新後と洋務運動が始まった頃の状況を見ると、中日両国が株式会社制度を導入した経済背景は確かに似通った所がある。すなわち、当時、両国政府の財政状況は大変苦しく、工業化を開始するにはどちらも深刻な資金不足に直面していた。このような状況の下、株式会社制度は社会資金を集めるために強力な役割を果たす制度として、両国とも同様に大きな魅力を感じていたのであった。しかし両国が株式会社制度を導入することによって達成したい目標は、必ずしも同じではなかったし、指導理念と方針も同

表４－４　1895～1927年の間に創設した中国の株式制会社の数と資本金額

創設あるいは登録年度	有限会社		無限会社		両合会社	
	創設数	資本金額（元）	創設数	資本金額（元）	創設数	資本金額（元）
1895	1	2,000,000				
1896	2	500,000				
1897	1	2,000,000				
1898	1	1,000,000				
1899						
1900						
1901	2	1,012,500	1	5,000		
1902	1	500,000	1	5,000	2	60,000
1903	1	50,000				
1904	2	3,299,250	1	10,000		
1905	3	112,000	2	610,000	2	132,000
1906	10	2,452,798	2	357,785		
1907	7	2,004,525	2	1,100,000		
1908	10	5,849,862			1	50,000
1909	7	4,105,200				
1910	8	1,582,480	1	29,985	6	331,395
1911	21	7,802,689			2	21,000
1912	35	11,565,030			6	1,066,000
1913	45	9,977,868	2	10,000	10	440,635
1914	74	29,493,157	14	788,800	6	1,183,141
1915	82	45,635,336	18	953,645	7	81,671
1916	54	44,756,508	12	5,252,950	6	367,000
1917	60	13,115,514	17	1,896,165	4	312,400
1918	66	31,392,013	19	937,487	11	1,061,000
1919	100	67,480,196	26	2,322,073	7	857,200
1920	98	77,374,283	33	1,421,978	3	133,000
1921	132	87,155,363	18	8,396,570	7	250,000
1922	91	36,596,526	11	3,325,000	2	56,000
1923	39	13,280,873	9	648,000	1	36,000
1924	83	16,787,000	6	174,000	4	103,690
1925	78	12,793,475	9	680,000	3	
1926	122	16,831,250	19	1,065,850	5	30,000
1927	26	14,050,000	11	4,337,500	1	50,000

出典：上海档案館『旧中国的股份制』中国档案出版社、1996年、246～247頁。

表4－5　1895〜1925年日本の会社数、払込資本金、1社当たり払込資本金

年	会社数				払込資本金（100万円）				1社当たり払込資本金（1,000円）			
	会社総数	合名会社	合資会社	株式会社	合計	合名会社	合資会社	株式会社	全会社平均	合名会社	合資会社	株式会社
1896	4,596	7.5%	36.3%	56.2%	397	3.1%	6.9%	89.9%	87	43	19	139
1900	8,588	9.1	41.4	49.5	779	4.9	5.8	89.3	91	49	13	164
1905	9,006	14.2	39.0	46.8	975	6.2	5.8	88.0	108	47	16	203
1910	12,308	20.3	38.9	40.8	1,481	9.5	6.5	84.0	120	56	20	248
1915	17,149	17.8	40.2	41.8	2,167	8.4	5.9	85.7	126	60	20	258
1920	29,917	15.7	30.0	54.2	8,238	7.0	4.6	88.4	275	123	42	456
1925	34,345	15.1	33.6	51.1	11,160	8.0	6.6	85.3	324	171	63	543
1930	51,910	16.4	46.2	37.4	19,633	8.5	6.5	85.0	378	139	38	612
1935	84,146	19.5	52.8	27.7	22,352	7.8	6.9	85.3	266	79	26	610
1939	85,122	17.9	43.0	39.0	34,025	5.5	4.0	90.5	400	92	32	693

出典：小林規威・土屋守章編『現代経営事典』日本経済新聞社、1986年、4頁。

じものではなかった。前の考察の中から見て取れるように、相当長い時間の中で、両国政府のこの制度の認識とこの制度を普及していくにあたって従うべき方針には、顕著な差が現れていくのである。

日本の状況を見てみよう。まず注意すべきなのが、通商会社と為替会社という株式会社制度活動を導入した最初の失敗から、明治新政府が教訓を得たことである。渋沢栄一は『立会略則』の中で政府は企業私権を尊重、保護すべきであるとして、民間企業経営活動に関与してはならないという原則を明確にしている。これこそ現実の失敗の総括であるといえよう。そしてこの「民営」思想路線はすぐに明治政府に受け入れられた。しかも明治政府が一日も早く資本主義への変革を実現しようとする方針にも合っていたのである。つまり、明治政府は単に株式会社制度を社会資金を集めるための有効な一手段と見て、安易に導入、普及したわけではないのである。さらに重要なのは、株式会社制度をすべての社会変革と工業化に欠かせない一つの重要な要素であると認識していたことである。

このような理由から、明治政府は官による発行という形で渋沢栄一編纂の『立会略則』と福地源一郎翻訳編集の『会社弁』を世に送り出した。そして、政府が私権を保護することや、民間企業を基礎として株式会社制度を発展、普及させていく立場をはっきりと表明するとともに、株式会社制度の知識の啓蒙と普及を推し進めたのである。彼らは、この知識上の啓蒙と普及の広がりを通してこそ、さらに多くの商工業者が株式会社制度について全面的な理解と理性的な認識を得ることができ、思想上および認識上の盲目性から免れ、資本主義の経済原則に則って企業を創設し経営できるのだと考えていた。しかし一面では、明治政府も資金の所有者が近代産業に対しさまざまな懸念を抱く状況下で、比較的短期間で株式会社創設の気運を高めるには、思想上の啓蒙に頼っているだけでは不十分であり、自身が近代化の組織者としての誘因作用を充分に発揮せねばならないということをよく知っていた。こうして、明治政府は初めての株式会社制度を採った金融企業である第一国立銀行の創設過程に自ら関与し成功を収めた。そしてそれは株式会社制度を普及させる上で望ましい端緒を開いたのである。

明治維新後の日本政府と比較してみると、清政府の洋務派たちの株式会社制度に対する認識は完全に同じレベルであったわけではない。確かに、アヘン戦争後、外国の株式会社が続々と中国に進出し、買弁商人が絶え間なく株式に投資している状況を見ると、少なくとも当時の中国の民間における株式会社についての認知度は日本とさほど差がなかったといえる。しかしながら、初めての株式会社である輪船招商局の設立過程ですでに見てきたように、清政府洋務派が株式会社制度の思想を導入する出発点となったのは、外国企業から買弁商人の手中にあった資本を奪い返すことであり、その目的は「われわれ内江外海の利を、洋商に独占させるべからず(35)」ことにすぎなかった。無論、李鴻章の洋務思想には注目すべき積極的要素が潜んでいたことは否定できない。彼がある程度は知らず知らずのうちに西洋の自由主義経済思想の影響を受けていたとはいえるが、清政府の封建専制政治を維持させるという前提があったため、彼は政府による商人資本へのコントロールを積極的に排除しようとしなかったし、株式会社の創設を一種の制度改革と位置づけて推し進めていくことをも拒否したのであった。つまり、李鴻章にとっては、西洋の株式会社制度は一種の社会資金を集める手段にすぎず、その導入と西洋の先進技術や武器の導入との間には何ら差がなく、思想上の啓蒙や知識上の普及は少しも必要ないのであった。誤解を恐れずにいえば、ただ洋商の物真似をして「局規」か規定を作って万事めでたしめでたし、なのであった。

このような理由から、洋務運動が続いていた三〇年間、日本の『立会略則』のような政府が推薦する読み物が現れたわけでもないし、日本の「国立銀行条例」のような株式会社創設時に参照となる政府の条例もなかった。ましてや関係する法律も制定されなかったことは言わずもがなである。そのため官督商弁企業の経営者たちは思想上まったく盲目的であった。ただ株を募って資金を集めることのみ知っており、株式会社制度の原則に照らして企業を管理することは考えたこともなかった。清政府の株式会社設立時の管理について見てみると、救いようがないほど混乱していたことが明らかである。清朝廷の規定によると、商人の資金を醵金し株式会社を創設するには地方衙門と中央朝廷に上申しなければならなかった。しかし実際のところ、朝廷側はこの申請を受理したところで、一体何に依拠して審査、許可すればよいのか、統一された規準は何もなかったのである。そのため、批准を受けられるか否かは大部分の場合、創設者の社会的地位や利害関係およびその他の背景などにかかっていた。張謇が創設した大生紗廠についていえば、すぐに許可が得られたのは両江総督の張之洞の支持があったからにほかならない。さらに驚くべき点は戸部という清政府が統括管理する財政の重要な部門でさえ、一八九八年になるまで債券と株券との区別がつかず、国債を株券として発行したという笑い話まであるほどであった。このような状況下、株式会社制度の導入と普及は実に名ばかりで実はなく、それが実際に役割を果たすのは非常に難しかったのである。

㈡異なる切り口

一部の研究者が指摘しているように、西洋国家の発展過程を見ると、金融制度の確立は往々にして株式会社制度のそれよりも早い。その基本過程は、銀行（単独投資あるいは合資）――株式会社――株式会社銀行という形をとる。

歴史的な角度から見ると、西洋国家における近代銀行制度と株式会社制度の形成過程は分離しており、後に両者が結合し一体化していく。他方、近代の中国と日本では、近代銀行制度と株式会社制度の導入の関係はそれぞれ異なっていた。日本ではこの両者が始めからしっかりと結びついていたが、中国では株式会社制度の導入が先で、銀行制度の導入は後になってからのことであった。

前にも述べたように、明治維新後、日本政府は資本主義経済制度の導入に着手した。国立銀行の早期の成立と、まず先に株式会社制度を取り入れた事実から見ると、日本政府は銀行を切り口に株式会社制度の導入と普及に着手したといえる。その目的は同時に二つの任務、つまり近代銀行制度の導入と株式会社制度の導入を果たすためである。明治初期の経済的背景からすると、日本政府が近代銀行制度を急ピッチで導入したのは、貨幣制度の混乱、公債の大量発行や整理、旧来の金融制度の役割の低下などの背景があったからである。これら一連の問題の解決には近代銀行制度の登場が待たれており、その導入は一刻の猶予も許されなかったのである。しかし日本政府は近代銀行の設立を株式会社制度の導入と普及の切り口とし、明治政府のずば抜けた経済政策能力と管理水準を充分に示した。なぜなら、どの業種の振興も待たれているもののその社会資金には限りがあるという状況下で、直接金融の形式から間接金融体制を創り出すというのは、どの側面から見ても最も有効的で合理的な社会資金の運用方法であったといえるからである。一方で、株式会社制度の導入は国立銀行の大量の設立を可能にする制度上の条件を生み出し、銀行が組織形態の面での近代資本主義制度の性質を保証することにもなった。

また一方で、国立銀行の大量の設立は株式会社の普及のための基礎固めにもなった。両者は互いに原因となり結果となり、金融市場と資本市場を相互に促進し合い育成したのである。この相互促進関係の形成は、実力ある株主に銀行の株担保貸付制度を利用させ、多くの企業に投資を分散させることを可能にした。このようにして一部の投資は銀行の貸付担保業務を通してより多くの投資となり、日本経済は資金蓄積が乏しい状況から抜け出したのである。伊牟田敏充の研究によると「一八九六年は株券担保は東京国立銀行の担保貸付割合の八一％も占めており、大阪でも六一％」となっていた。この種の株券担保貸付が日本銀行（中央銀行）の支援を受け、同時にこの種の重複貸付の取引コストはコントロールが容易でもあった(36)。ということは、近代銀行の強力な後押しがなければ、日本での株式会社の大量発展は想像することが難しかったといえる。

近代銀行は工業化の組織者であり、資本主義金融体制を導入し移植するのは、後進国家の近代化にとって不可欠かつ重要なことである。しかしながら、清政府の統治者たちの認識はかなり鈍いものであった。よく知られているように、アヘン戦争後、西洋国家の銀行など近代金融制度はすでにその影響を中国まで伸ばしており、中国経済の要所を押さえるための重要な道具となっていた。これら外国銀行の中国での活動は非常に盛んで、国際為替業務を制御しただけでなく、ほしいままに貸付業務を展開して中国の金融市場をコントロールしていた。そして、独自の紙幣を大量に発行して中国の中で流通させ、ついには中国の対外賠償金の管理までも掌握し、中国の金融と財政を完全に独占した。このような状況の下で、西洋国家の近代銀行制度を多少理解している一部の人々は、近代銀行の設立を呼びかけていた。例えば中国で初めてアメリカに留学したインテリの容閎は、一八六〇年にすでに西洋国家の設立した近代銀行を模倣すべきという意見を出していたし、資産階級改良派の馬建忠と薛福成も同様の考えを述べていた。洋務派の左宗棠も一八七八年に西洋国家の「会社設立の例」を模倣して銀行を設立し「中国の銀を中国の用に供する」という建議を提出した。

しかしながら結果的には、清政府の統治者には重視されなかった。それから二〇年余り経った一八九八年に、盛宣懐が株を募って資金を集め、やっと中国で初めての自国の銀行、すなわち中国通商銀行が設立されたのである。このことからわかるように、明治維新後の日本と違い、近代中国はまず先に株式会社制度を導入し、それから三〇年後にやっと銀行制度を導入しており、両者の導入過程は分離していた。この状況は、近代中国株式会社の形成と発展が近代銀行の支援を受けるということは長きにわたってまったくなかったこと、そして株式会社制度の普及もまたこのために大きな制限を受けていたことを意味している。そしてこのことは疑いなく中国の株式会社の発展が日本より大幅に遅れたことの重要な要因となっているのである。それでは、清政府の統治者たちはなぜ日本政府のような選択をしなかったのであろうか。原因は多くの側面から指摘することが可能であるが、清政府自体が近代銀行制度の導入に対する認識と理解が非常に欠けていたことに加えて、封建的保守派の強力な妨害と、洋務派の思想上の鈍感さと戦略上の失敗が密接に関係していたのではないかと考えられる。

まず、洋務派は「夷狄の長所に習い、それを以て夷狄を制す」のスローガンを唱えはしたが、しかし一体何が「夷狄の長所」だったのであろうか。最初は兵が強ければ国を強くできるという認識であった。そして後に商戦で国を救えという主張となり、甲午（日清）戦争後にやっと実業によって国を救うという方針が出されたのである。しかも李鴻章が最初に官督商弁企業の創設に着手した時、出発点は洋商からの一部の利益の奪取であり、自然とまず当時最も利益が大きいと考えられた水運事業に目が向けられた。ただ、一八八三年に彼が支配していた輪船招商局は金融危機で大きな打撃を受け、最終的には西洋の銀行制度を導入した近代銀行の設立が切実な政策であることをやっと意識したのであった。その後一八八五年に、李鴻章は官弁銀行の構想を提出しイギリスの怡和洋行（Jardine Matheson & Co.）の西洋人を招聘し業務を任せることを主張し、外商による投資と株式の購入を歓迎した。財政資金が相当困難で、近代銀行の経営業務がわかる人材がごく限られた状況の下、李鴻章の構想は割と客観的な一面を有していたといえる。しかし問題は、李鴻章が創設しようとしたのは官弁銀行であり、民営の商弁銀行ではなかったことである。しかも経営管理権は完全に外商に渡してしまった。これは当然、人々の受け入れられないところであった。なぜなら李鴻章は輪船招商局などの官督商弁企業の創設にあたり、一度は外商の株式購入を拒絶しており、株主は持株を外国人に譲渡することはできないと明確に規定していたからである。それはこの時の方針と完全に対立しており、外資の排除から全面解放への突然の転換は、その幅が大きすぎた。言うまでもなく、清政府内の保守勢力の干渉を克服するには非常に脇の甘い政策であった。したがって保守勢力が反対し、「陽には謀利の名を借り、陰には包括併呑の計、了見計り知れず、国に災いし民を害す」(37)などと洋商を非難するようになると、李鴻章もさすがに弁解しがたく、近代銀行を創設する計画は流れてしまったのである。

㈢異なる関与

中日両国が株式会社制度を導入、普及していく過程には、始めから終わりまで政府の関与があった。しかし両国政府の関与は、その理念においても措置の面でも大きな違いがあった。

これまでに論述したように、日本政府は明治初期、ほとんど行政命令に近い形で、商人を組織し半官半民の通商会社と為替会社を創設した。通商会社と為替会社はある程度株式会社の特徴を備えていたが、政府はそれらを政府のために存在するものととらえ、資本主義の経営方式に則って管理することはまったくされなかったので、結果的には失敗に終わった。明治政府はここから教訓を得て、政府は企業の私権を保護するが企業経営には介入しないという方針を明確に打ち出した。同時に、明治政府は自らの責任を忘れることなく、また情勢の変化や殖産興業の要求に基づいて、相次いで株式会社制度の形成と発展に有利な一連の措置をとったのである。これらの措置は、株式会社制度に関する知識や近代銀行制度の普及、株式取引市場の開設のほか、株式会社の形成と発展に有利な貸付政策や徴税政策なども含まれていた。例えば、前にも触れたように、国立銀行創設時に民間が資金の制約から脱却できるよう、明治政府は「国立銀行条例」の関係条項を適宜修正し、政府が華族や武士に支払う金禄公債を株式資本として銀行を開設することと許可し、国立銀行の資金調達活動を大きく進展させた。他方、近代産業部門の形成と企業家の投資活動の高まりにつれて資金需要が急速に拡大したため、高利貸の中には暴利を貪る者も出てきた。その結果、近代企業の投資活動は大きな束縛を受けるようになった。

このような状況に対して明治政府は、一八七七年に利息を規制する法案を公布し、すべての金融機関の貸付年利を一二％（貸付額が一〇円以下もしくは穀物一石以下の場合一五％まで可）を超えないように規定した。また、貸付金の中からあらかじめ利息を差し引いたり礼金や手続料をとることを禁じるなどして、資金借入者に対する高利貸の搾取を制限した。[38]さらに、株式会社の設立を促進するため、一八九九年に日本政府は新しい「商法」を施行すると同時に税制を改正し、初めて法人税制を導入し、法人所得（第一種所得）の徴税率を二・五％、個人所得（第二種所得）は一～五・五％の累進課税として徴収することとした。この税制改正は非法人事業経営者に自分の事業を法人化したほうが有利であると感じさせたため、個人企業や家族企業などが続々と株式会社へと転換した。しかしその過程の中で、株式会社形式を採るものは割と少なく、合名会社や合資会社の形式が比較的多かった。なぜなら、後者は会社の決算内容を公開する必要はなく、出資者の人数にも制限がなかったからである。このような状況に鑑み、一九〇五年日本政府は再度税制を改正し、合名、合資会社および株主が二一人未満の株式会社はその累進税率を四～一三％とし、株主が二一人以上の株式会社および合資株式会社は普通税として税率を六・二五％とするなど[39]、累進税を拡大して現状への適応をはかった。これは規模の大きい合名、合資会社が株式会社あるいは合資株式会社の形式へ転換するのに比較的有利に働いた。その結果、大財閥の株式会社組織への転換が促進され、株式会社制度の普及が進んだ。そのほか無視できないのは、一八八〇年以後、日本政府が官営企業の払い下げを決定したことである。軍需産業の企業を除いた官弁企業と鉱山を廉価で民間に払い下げ、またさまざまな名目と形式で民営企業に巨額の補助金を拠出した。これらの措置は株式会社のみを対象としたものではなかったが、株式会社の形成と発展にも大きな役割を果たしたのである。

他方、清政府は株式会社制度の導入の過程において一貫して受動的であったが、封建統治を維持していく必要上、彼らは企業活動への直接的な関与を止めようとはせず、民間企業に自由な経営活動を許そうともしなかった。そのため官督商弁体制の数々の弊害に気づいていたにもかかわらず、そこから教訓を得て積極的に改革を行うことはなかった。このような官主導の方針の下で、清政府が株式会社を支援するための具体的措置はおのずと明治政府のそれとは大きく異なっていた。例えば、清政府の官督商弁株式会社および甲午（日清）戦争後に登場した紳領商弁企業の主な支援方法は、ある種の特権を与えることであった。輪船招商局の設立早々、李鴻章の働きかけを受けて、清政府は輸入税の二割を免除する特権を与えた。また一八九八年、清政府は上海機器織布局に「内地転売の場合には、厘金（税）が免除される」特権を与え、「一〇年以内は華商が株に投資することは許すが、企業を設立することは許可せず」としたり、一八九八年に状元の張謇が創設した大生紗廠には周囲一〇〇里以内に自らの紗廠を建設する特権を許可するなど、例をあげると枚挙に暇がない[40]。この種のある特権を与える支援方式は資本主義の市場原則と逆行するものであり、企業自体の健全な発展に不利なばかりか、株式会社の利益と発展を大きく阻害したのである。

2　官利制度について

西洋国家および日本の株式会社と比較すると、官利制度の存在が近代中国株式会社の大きな特徴といえる。一八七二年に輪船招商局を創設してから、一九四九年に新中国が成立するまで、実に七八年もの長きにわたりこの制度は存在した。いわゆる官利とは、以下のような特徴がある。(1)企業経営状況のいかんにかかわらず、企業株を購入したものは全て株主となり、その企業の固定配当を受け取れる、(2)官利の利率は普通年利で計算し、企業年末に決算する。その際利潤の中から配当を引くのではなく、まず先に官利を別にし、それから営業利益を決算する。(3)株主が出資金（株金）を払い込んだ時点で官利はすぐに計算される。工場の操業以前であっても、鉄道の開通以前であっても官利は支払わなくてはならない[41]。以上三点から見て取れるように、官利制度の下では、近代株式会社が本来有する配当の仕組みは性質上大きく変化することになる。株主は出資者として企業資産の所有権を保持していたものの、一方で出資者として引き受けるべきリスクを負うことはなく、得られる利益は企業経営の悪化や利益の減少には左右されなかった。ゆえに、企業にとって「株主は投資者であるだけでなく、債権者でもあり、株券は投資証券であるばかりか、会社証券という性格も合わせ持っていた[42]」のである。官利利率の推移を見てみると、企業と職種の領域で違っているものの、全体的には高利貸の利率と大体同じ水準を保っており、一八七〇年代と一八八〇年代は年利一分（一〇％）、清朝末期には普通約八厘（八％）、二〇、三〇年代に六厘前後まで下がった[43]。

官利制度の存在が株式会社の経営に悪影響を与えたことは明らかである。この制度の下、企業が自ら有する資本は事実上負債に変わり、企業は実際の経営によって利益を分配することはできず、資本の蓄積と拡大再生能力は大幅に低下した。そして、民族資本企業の外資企業に対する競争力も大いに弱まったのである。このほか官利制度の下では、出資者としての株主はただ決まった配当を受け取ることだけであり、経営者に対して有すべき監督権も失っていた。官利制度にはこのような弊害が存在していたので、一九一〇年代にはすでにある日本人が報告書の中で「この種の制度が変わらなければ、中国の公司、企業の安定した発展は望めない[44]」と指摘している。では、近代中国に登場した株式会社はなぜこのような株式会社制度の基本原則に反するような配当制度を採用したのであろうか。この理由を中国の研究者は概ね以下の数点に要約している。(1)近代中国の資本蓄積は非常に乏しく、資金市場は高利貸に抑えられており、社会の資金を新式企業に投入させるにはこのような保証措置を採らざるをえなかった。(2)中国では商工企業が預金を吸収する現象が長く続いていた。そのためこの種の企業が預金を吸収し利息を支払う制度が長期にわたり広範に存在しており、必然的に一定の社会習慣や規範を形成し、近代企業の創設者や投資者を制約していた。近代企業の創設時には必ずこの社会習慣や規範に従わざるをえなかった。なぜなら、一般の出資者にとって、株式を購入し企業に投資することは、資金を企業に預けることと同様に資金の使用権を譲渡することであり、相応の配当を受け取るのは当然のことであったからである。(3)株式会社は証券取引所と銀行との相互協力が必要である。しかし、近代中国では、銀行と証券取引所の登場は初めての株式会社の誕生からかなり時間が経過した後であり、株を転売したり抵当にするのは大変な困難が伴った。それゆえある程度は官利制度の存在を強化する必然性があった[45]。

以上の諸点に基づいて、ある研究者は「官利という七〇年余り続いた制度には存在の必然性と一定の合理性がある」として、張謇が官利制度について触れた「まずはこの習慣によるのみ。さもなくば資本家は恐れて縮こまり、中国に実業ありと言えるであろうか[46]」という言葉は社会の現実を反映しており、「官利を受け入れることができなければ、企業を興すための社会資金を調達することがまったく不可能であった[47]」と考えている。もし、現存する社会環境と経済条件を前提としていたならば、張謇の発言は疑いなくごく客観的で現実的であろう。しかし問題は、官利制度が一つの経済政策および法規として、必然的で合理的であったかということである。その答えは、おそらくそうではない。近代中日両国の状況を対比してみると、これまで列挙した官利制度の存在の理由は、何も近代中国独自の現象ではないからである。

まず、資金蓄積の状況から見ると、江戸時代の商品経済の発展レベルからすれば日本は確かに当時の中国より少し発達していた。しかしこの状況は社会資本の蓄積を少しも変えることはなく、工業化が要求する資金需要にも適応しようがなかった。また明治維新後も高利貸資本は強大な経済力を有していた。さらに、一八世紀から商工業の急速な発展に伴って、大坂や京都などの大都市に三井、鴻池などの大きな商家が出現したが、それらはその時点で預金吸収と貸付を行っており、預金の出所は比較的広範で大量の官金も含まれていた。さらに注目すべきは、明治維新後の新政府は商家を組織し通商会社と為替会社を創設した際に株による資金調達法を採用したが、配当金は経営収益状況とは無関係で固定的であったことである。それは中国の官利と非常によく似ている。その他、渋沢栄一は日本で最初の近代的紡績企業である大阪紡績会社を創設したが、その時もまた高額の配当金支払を保証する方法で資金不足の問題を解決した。このことからも、配当金を保証する方法で資金を調達し企業を興すというのはなにも近代中国に限ったことではないということがわかる。しかし、この現象は日本では瞬く間に消え去ったのだ。

それでは、類似した原因によって発生した似通った現象は、なぜ日本では短期間のうちに変化したのに、中国では変わりようのない一つの制度として受け継がれていったのだろうか。この問題については、中日両国の政府の異なる動きに関する上述の比較を通してすでに答えが出ているのではないかと思われる。すなわち明治政府は株式会社制度を導入し普及することを資本主義的な社会変革を実現するための要とする明確な指導理念と目標を持っていただけでなく、一連の関与措置と調整の手段を施した。その中には、私企業の権利を尊重する原則の確立をはじめとして、近代銀行体系の設立と運用、租税制度と措置の調整、金融市場の整理と管理、官営企業の払い下げなどがあった。これらすべての措置や手段の運用は、さまざまな方面から株式会社制度が生き残るための環境を整え、もともとからあった社会資本の不足という束縛を克服させたのである。それに比べ、清政府はこの方面でほとんど何の対策もとっておらず、いわゆる高利貸経済体制を変えるのはまったく不可能だった。このことから、官利制度の継続は、資本の蓄積がもともと不足していたという客観的歴史条件が創り出したものというよりは、政府に近代的経済管理の意識と知識が欠けていたためであったことがわかる。

官利制度が株式会社の経営に与えた圧力は非常に大きなものであり、張謇はこのことを身にしみて感じていた。『大生崇明分廠十年事述』の中で張謇は「操業前は工事に専念し利益を得るすべはなくも、株式資本を以て官利を支払う。甲辰より丁未三月初四に至るまで、官利九万一四七〇余両を付する。開弁費のいわゆる九万六五〇四中余両は純費に非ず、官利多数なり。操業以後、営業で利を失うとも、資本を借りて官利を支払う。丁未三月初五より戊申年末に至るまで、また官利一二万三七九〇余両を付する。これら損失は一二万五五〇余両であり、真の損失に非ず、官利がそのすべてなり。始めより今に至るまで、株主の官利は一毫の損もなく、利息の支払いが遅くなれば、利の上にさらに利が加わる[48]」と述べている。企業経営者として彼は官利の支払いを恐ろしいものととらえており、官利制度は一般の人民の文化や知識がまだ向上していなかった状況において、株式投資を刺激する一定の役割を持っていたと認識しながらも、彼の基本的態度は官利制度を改革することを主張するものであった。そうでなければ、「公司保息条例」の中で「被保息公司は実際の利潤なきとき、保息低率外に官利に分配せず」と明文化するはずがない。しかし、残念なことに、辞職により張謇はこの改革を継続して進めていくことができなかったのである。

官利制度と株式会社制度の基本原則は相反しており、その継続が中国の近代化の過程においてもたらした悪影響は広範囲にわたっていた。しかし、ここ数年の中国の研究者による官利制度の研究を見ると、それに対する認識は十分ではなく、「官利制度と西洋の株式会社企業制度の導入はともに始まったもので、変革を経て中国社会の経済構造に適応した一種の経済制度である[49]」ととらえられてさえいる。言うまでもなく、官利制度に対するこの評価は議論の余地があるだろう。なぜなら、まず官利制度の施行と「中国近代資本市場の高利貸性質と中国の悠久な商事習慣」を一緒に結びつけるならば、それは変革とはいえないであろう。官利制度は、新しい制度が旧い制度にとって変わる、というような意味を持ち合わせてはいないからである。

次に、もし官利制度の施行が中国社会の経済構造に適応していたならば、官利制度の依拠する近代中国社会の経済構造は工業化の発展における要求に合っていたかどうかを肯定すべきであろうか。それとも否定すべきであろうか。官利制度は維持強化すべきであったのか。それとも変革し改善すべきであったのか。疑いなく、正解は前者でなく後者である。他方、官利制度は確かに近代中国の株式会社の中で独特の配当方式を有していたといえる。しかしこの独特な配当方式が成功したか失敗したかは、その結果を見なくてはいけない。その結果とは、株式会社の経営体質と拡大再生産機能が官利制度の施行によって絶え間なく高められたのか否か、株式会社の数が官利制度の施行によって大量に増えたか否か、また近代中国が普及した株式会社制度の状況が人々を満足させるものであったか否か、という三点である。ほとんど同時に株式会社制度の導入が開始された中日両国を対比してみれば、結論は言うまでもなく明らかである。

最後に、もう一点指摘しなければいけない。官利制度の施行は官督商弁企業に端を発したもので、その制定者は李鴻章などまずこの制度で利を得られる人々であったことである。それが国民党政府の時期まで継続されたのは、すでに中国経済を全面的に支配していた四大家族の官僚資本がこの制度における最大の受益者であったからである。この決して否定できない事実からはっきり見て取れるのは、官利政策の主眼は官僚資本の利益獲得の維持に置かれていたのであり、新興資産階級や企業家の創業意欲を鼓舞し引き出すことではなかったことである。したがって官利制度の長期にわたる継続は、近代中国における株式会社制度の導入と普及に大変な回り道をさせてしまったと、十分な根拠に基づいて断言できる。

3　中国の株式会社の普及におけるその他の阻害要因

明治維新後、株式会社の日本での発展はかなり急速であったが、近代中国における発展は大変困難なものであった。両者の間に形成されたこのはっきりした相違は一九世紀末から二〇世紀初頭に人々の注意を喚起し、これについて多くの人が論じるところとなった。一九世紀末、中国視察の命を受けて訪中した日本人が提出した『清国出差復命書』の中にこのような一節がある。「会社（上海の民族紡・外資紡）ノ営業近年不振ヲ極メ　就中支那人所有ノモノハ殆ント維持ノ望ナクシテ　半ハ休業スルモノアリ　或ハ全ク停業スルモノアリ　而シテ今尚ホ機械ノ全力ヲ運転シ　幾分ノ利益ヲ得ルモノハ　唯タ怡和洋行其他西洋人管理ノ下ニアルモノノミナリ　惟フニ近代支那一般ノ風紀非常ニ腐敗シ　紡績会社ノ如キモ　上　理事支配人ヨリ　下　手代ニ至ルマテ　唯タ私利是レ事トシ　工場ノ不取締ハ言フニ及ハス　賄賂盛ニ行ハレ　不正ノ利ヲ貪ルニヨリ　遂ニ利益ノ株主ニ及フモノナシ　是レ則チ支那人管理ノ下ニアル各会社ヵ困難ヲ極ムル最大ノ原因ナラン」[50]この日本人の目には、企業経営内の腐敗した行為がすでに中国株式会社の致命的弱点であると映ったのであろう。

では、国内の人には株式会社はどのように見られていたのであろうか。薛福成は『論公司不挙之病』の中で「そもそも外洋公司はすべて挙者であり、志を一つにし、章程（既定）は緻密で、禁止および約束には厳しくあたり、計画は立派である。中国公司は一人の挙者もなく、それぞれの志はまとまらず、章程は混乱しており、禁止および約束には緩く、計画は疎かである」[51]と述べている。思想家の梁啓超も次のような主張を持っていた。彼は、公司を経営する者が思うのは「営業の損益は皆公司の所有であり、その利はすべて自身が享するのではなく、その損の害もすべて自身が蒙るものではない。ゆえに公司のために謀るのは、恒に自身のために謀るに如かず」、「人は皆自身を優先し、公は後である」と述べている。そして、公司企業は「経営規模が小さければ失敗も小さく、大きければ失敗も大きい。優良企業は幸いにして不敗者であるが最終的には発展せず」[52]と主張した。一貫して巧みに自らの利を謀った盛宣懐もまた「華商の眼光は豆の如く、自身ばかりで他人を知らず。資財者は皆、私利を謀る。いわゆる朋允者は数人で一店を開いたにすぎず、西洋のような株式会社は中国で発展するのは不可であり、権利の多くを外国人に譲らざるをえず、嘆かわしいことである」[53]と指摘している。

以上の論評は、傍観者としての日本人も渦中にある中国人も、近代中国において経営管理者の素質が低下し、私利私欲を謀ることのみに精一杯で克己奉公することはなかったことが株式会社の順調な発展にとっての大きな問題点となったことを、異口同音に指摘している。これはもっともである。なぜなら、ほかの形式の企業組織形態と比較して、株式会社の最も重要な特徴は、その資本に大衆性があり、個人一人の完全所有ではなく、株を所有する者の共同財産だということである。株式会社のこの特徴は、その経営管理者に相応の道徳水準と公共意識を有することや、職責を遵守すること、公私のけじめをつけること、会社に損害を与える私欲行為を杜絶することなどを求める。さもなくば株式会社は決して揺るぎない発展を遂げることはできない。近代中国の経営管理者はこの点においてまさしく自らの弱点を曝け出し、株式会社の普及と発展を妨げたのである。

しかし問題は会社に損害を与える私欲行為が中国の株式会社になぜこのように普遍的に存在していたのか、ということである。その原因は、これまでに分析した官督商弁の体質上の弊害や、株式会社制度の知識の欠如、法律および規定制度の不全など多くの面にあり、そのすべてが私欲行為を発生させる客観的な条件と機会を提供していたのではないかと考えられる。主観的な要因については、強烈な金銭欲と家族意識の影響が疑いなくその主要な要因の一つであろう。この二つの要因が形成された条件については、張謇の儒商思想が社会の広い支持を得られがたかった原因を分析した際、歴史や文化および社会背景などの方面からすでに詳細に検討しているので、ここで重ねて論じることはしない。ただし、一点ここで説明を加え強調しておきたい。それは家族意識が中国近代企業の発展にもたらした影響には二面性があったことである。一方で、家族意識の存在は株式会社の家族化の趨勢を招き、企業自体が吸収する資金の出所と専門経営者の任用を大きく制限した。そしてそれは株式会社の規模の拡大と制度の完備を困難にすることになった。しかし他方では、株式会社の家族化は会社に損害を与える私欲行為の発生をある点で、抑制する作用を発揮した。なぜなら、企業は結局のところ家族によってコントロールされているので、企業の興亡は、家族すべての運命に関わることになったからである。「公利」と私利はここで一致し、このような家族意識が独特な「公共」意識へと転化していき、企業の発展を大きく推進することとなった。事実、家族企業が中国において普遍的な発展を遂げた理由は、そこにあるのだろう。このことから伝統的な家族意識という社会的要因の存在は、中国における株式会社の普及に、曲折に満ちているが発展はするという特徴をもたらしたのである。

（1） 植松忠博「渋沢栄一と近代的企業家の出現」『国民経済雑誌』第一六八巻第六号、一九九三年一二月、一～二六頁。

(2) 大阪府史編集室編『大阪府布令集』大阪府、一九七一年。
(3) 菅野和太郎『日本会社企業発生史の研究』岩波書店、一九三一年、二九三頁。
(4) 由井常彦・橋本寿朗『革新の経営史：戦前・戦後における日本』有斐閣、一九九五年、一四～一五頁。
(5) 同前、二五～二六頁。
(6)『渋沢研究』第一三号、二〇〇〇年一〇月、三～二四頁。
(7)『魏源集・籌海篇四』下冊、中華書局、一九八三年。
(8) 張国輝『洋務運動与中国近代企業』中国社会科学出版社、一九九四年、一三二頁。
(9) 同前。
(10)『李文忠全集』『奏稿』巻三九、三二頁。
(11)『李鴻章試弁輪船招商局折』上海市档案館編『旧中国的股份制』中国档案出版社、一九九六年、三三頁。
(12)『閲輪船招商局第二年帳備書后』『申報』一八七五年九月七日。
(13) 前掲『李鴻章試弁輪船招商局折』上海市档案館編『旧中国的股份制』三三頁。
(14)『劉坤一遺集』第二冊、六〇五頁。
(15) 前掲『李文忠公全集』『奏稿』巻三六、三五頁。
(16) 陳旭麗編『盛宣懐档案資料選輯之二』『湖北煤廠試弁章程八条』上海人民出版社、一九八一年、二五頁。
(17) 同前、三一～三二頁。
(18)『総署収軍機処交出北洋通商大臣李鴻章等抄折』台北、近代史研究所編『砿務档』第四冊、一九六〇年、二三〇六頁、李玉『洋務民用企業〝仿西国公司之列〟縁起簡論』『安徽史学』二〇〇一年第一期。
(19) 馬建忠『适可斉記言』巻上「鉄道論」。
(20) 鄭観應『盛世危言』『開砿』(上)『鄭観應集』上冊、華夏出版社、二〇〇二年、五五八頁。
(21)『申報』一八八二年八月一二日。
(22)『交通史航政篇』第一冊、一五六～一五七頁。
(23) 汪熙『从輪船招商局看洋務派経済活動的歴史作用』『歴史研究』一九六三年第二期、七八頁。

(24) 鄭観應『羅浮待鶴山人詩草』巻二。
(25) 李鴻章『北洋特課超等第一名眉批』『格致課芸汇海』已丑年上、四頁。
(26) 「代鄂督条陳立国自強疏」『張謇全集』第一巻、江蘇古籍出版社、一九九四年、三七頁。
(27) 同前「通海墾牧公司集股章程啓」第三巻、二一二頁。
(28) 同前「拟請酌留路股合経営紡績公司意見書」第二巻、一四五頁。
(29) 同前「通海墾牧公司集股章程啓」第三巻、二一二頁。
(30) 『大生紡績公司年鑑』江蘇人民出版社、一九九八年、八七～一〇九頁。
(31) 前掲「実業政見宣言書」『張謇全集』第二巻、一六二頁。
(32) 同前。
(33) 張謇「与財政部会拟保息条例給大統領呈文」『張謇農商総長任期経済資料選編』南京大学出版社、一九八七年、一六頁。
(34) 張忠民『艱難的変遷——近代中国公司制度研究』上海社会科学院出版社、二〇〇二年、七五～七六頁。
(35) 『李文忠公全書』『奏稿』巻二〇。
(36) 西川俊作・阿部武司『産業化的時代』生活・読書・新知三聯書店、一九九八年、四二〇頁。
(37) 李瑚『中国経済史叢稿』湖南人民出版社、一九八六年、二四三頁。
(38) 渋谷隆一「高利貸対策立法の展開」『農業総合研究』第二〇巻第三号、一九六六年八月、一〇三～一三九頁。
(39) 前掲、西川俊作・阿部武司『産業化的時代』四〇四～四〇六頁。
(40) 前掲、張国輝『洋務運動与中国近代企業』三三四頁。
(41) 朱蔭貴『引進与改革——近代中国企業官利制度分析』『近代史研究』二〇〇一年第四期、前掲、張忠民『艱難的変遷——近代中国公司制度研究』三八七～四〇二頁。
(42) 前掲、朱蔭貴『引進与改革——近代中国企業官利制度分析』『近代史研究』二〇〇一年第四期、一四六～一四七頁。
(43) 同前。
(44) 汪敬虞『中国近代工業史資料』第二輯下冊、科学出版社、一九五七年、一〇二二頁。
(45) 前掲、張忠民『艱難的変遷——近代中国公司制度研究』三八七～四〇二頁、前掲、朱蔭貴『引進与改革——近代中国企業官利制度分析』、楊華山『中国早期現代化建設的一難困境――晩清専利与官利制度述評』『安徽史学』二〇〇二年第二期。
(46) 前掲「大生崇明分廠十年事述」『張謇全集』第三巻、二〇九頁。
(47) 前掲、朱蔭貴『引進与改革――近代中国企業官利制度分析』一六四頁。
(48) 前掲「大生崇明分廠十年事述」『張謇全集』第三巻、二〇九頁。
(49) 前掲、朱蔭貴『引進与改革――近代中国企業官利制度分析』一四五頁。
(50) 中井英基『張謇と中国近代企業』北海道大学図書刊行会、一九九六年、三一八頁。
(51) 仲文編『中国近代名人思想録』中国物資出版社、一九九七年、三二七頁。
(52) 梁啓超『敬告国中之談実業者』『梁啓超選集』上海人民出版社、一九八四年、五七一～五八一頁。
(53) 『遵旨陳練兵餉商務各事宜折』『愚斉存稿』巻三。

第5章　渋沢栄一と張謇の企業経営および商工業界における活動

はじめに

近代の中国と日本における企業家たちの活動が直面した社会環境とチャンスは、明らかに先進国のそれと異なっていった。したがって、企業家たちが経営活動を行った方法と内容はさまざまな特徴を有していた。この点に関して、われわれは両国における各種類の企業家の形成過程を分析した際に、ある程度まで論じていたが、日本の指導者型の企業家および中国の郷紳型の企業家の分析はまだ抽象的なものであった。この章では、われわれは渋沢栄一と張謇の企業活動の考察を通じて、両者の企業活動の特徴およびその特徴が形成された主観的・客観的な原因を明らかにする。

第1節　渋沢栄一の企業経営と商工業界における活動

1　渋沢栄一と第一国立銀行の経営

渋沢栄一の企業活動は多岐にわたり、直接的に、もしくは間接的に数多くの企業の設立に関与したが、彼の「本業」は基本的に銀行業であった。彼は第一国立銀行を設立してから企業家の道を歩み始めたのである。そして第一国立銀行の経営活動の成功は、彼の企業家精神と才能を十分に示し、彼のその後の豊富で多彩な企業活動の基礎となったのである。

(一)渋沢栄一を中心とする経営体制の確立

第一国立銀行は一八七三年六月一一日に創立総会を開催した。渋沢栄一は株主代表としてこの大会に出席した。出資数の順位では、彼は第一国立銀行創立当初の七一名の株主の中で第一二位を占め、投資額は四万円（四〇〇株）であった[1]。当時渋沢はそれほど裕福ではなかったことから、この投資額は彼の第一国立銀行と生死をともにする気持ちを表している。

第一国立銀行が創設されて以後、渋沢栄一は正式に第一国立銀行と総監役に就任する契約を交わした。一二条の項目から成り立った契約書では、渋沢の総監としての第一国立銀行での地位、任務、権利と役目などが明記されていた。その中で最も重要な内容は、渋沢が同行の株主であり、総監役を勤めると同時に、株主の権利を有することであった。渋沢は総監役として銀行理事会の議長を担当し、理事会の議題に対して最終決定権を持っていた。銀行の理事長および理事が銀行に不利な言行をすれば、総監役としての渋沢は彼らに対して勧告と教育の権利を持っていた。勧告された者は必ず服従し、抵抗してはいけなかった。他方、渋沢は総監役として責任を持ち、同行の条例、規則、協商規則などに従い、私利を図らず、公正の立場をとらなければならなかった。総監役としての渋沢は公務に勤めて同行を自家とすべきであり、公務時間以外でも有事のときには来行しなければならなかった。総監役としての渋沢の給与は同行が毎月三百円を支給し、適任かつ功績があれば、契約満了時に、同行から収益の一部分を奨励金として与えられた。(2)

上述した契約書の内容から、総監役としての渋沢栄一は第一国立銀行の法律上の責任者ではないが、実際には二つの身分と三つの権利を持ち、次のようにその地位は非常に別格であった。第一に彼は一般株主のすべての権利（資産所有権、利益配分権および議決権）を持っていた。第二に、総監役として、彼は経営権だけではなく、第一国立銀行の事実上の最高権力者であった。第三に、契約上では、彼は被雇用者であるが、彼の給与は三井、小野両理事長の五倍であった。これは彼の存在が他を圧倒していたことを意味していた。

以上の内容から、総監役を設けたのは、渋沢栄一を中心とする経営体制を構築するためであり、第一国立銀行が自らの運命と希望をすべて渋沢に託したことがわかる。こうした第一国立銀行の選択はそれなりの理由があった。まず、第一国立銀行の発起人である三井と小野の両家の近代の銀行知識に対する理解は限界があったため、近代銀行の知識と業務に熟知する人物に経営を担わせる必要があった。そして渋沢は当時の最適任者であった。次に、特権商人として、彼らも政府との関係を大事にすることの重要性はよく承知していた。渋沢はかつて政府高官に勤め、政府の要人との間に密接な関係を持っていたため、政府との交渉に対する「当然」の能力を持っていたのは言うまでもなかった。また、三井、小野の両家は井上馨と渋沢の要請によって共同で銀行を創設したが、お互いを信用していなかった。それゆえ、争いが起きたときに、両者の間に立ち、公平の立場で仲裁する第三者が必要になった。最初に両家を結びつけた渋沢は、その最適任者であった。

(二)小野組の倒産と渋沢栄一による改革の断行

第一国立銀行の創設は日本が近代銀行制度の導入と普及における重要な一歩を踏み出したことを意味していた。しかし、当時の産業発展および制度変革の波が絶えない環境のもとで、第一国立銀行が順調に船出するのは容易なことではなく、必然的に予想できない困難や挫折と出会った。

まずは小野組の経営問題が出てきた。小野組は江戸時代から日本における有数の富商であった。明治維新後、三井組、島田組の両大富商と同様に大蔵省の金銭業務の代理商となり、政府官金の出納と地方が政府に上納する租税金の保管を担当した。第一国立銀行創設後、同行は三井組と小野組から官金業務を受け継ぐことになったが、地方政府から上納した租税金の保管業務は依然として三井と小野組が担当していた。政府から委託されたこの業務は比較的優遇され、また租税金が政府に上納される前の使用も厳格に制限されなかったため、三井、小野と島田の三家はこの業務の資金をよく他の用途に使った。そのため小野家の経営状況はとても混乱し、租税金はたびたび期限通りに政府に上納できなかった。そこで、日本政府は明治七年二月に、租税金業務を取扱う商家が政府租税金総額の三分の一に相当する額を業務保証金として政府に上納することを決めた。その後、政府はやはり不安を感じ、損失を避けるため、部分保証金制度を全額保証金制度に切り替えることに決め、商家が一二月一五日前に業務金の足りない部分を補てんするように命じた。

言うまでもなく、政府のこの決定は誕生したばかりの第一国立銀行にとって厳しい試練となった。なぜならば、そのような経営状況のもとで、第一国立銀行の大株主および貸出先としての小野組が短い時間の中で巨額の業務保証金を補てんすることは不可能なことであったからである。しかし幸いなことに以前から小野組の経営状況に疑問を持っていた渋沢栄一は、井上馨から政府が小野組を規制しようとする情報を得て、小野組に倒産の可能性があることを予感していたので、その貸出の抵当の回収に手を尽くした。その結果、小野組が倒産する前に回収した抵当資産は大体当初の貸出金額に相当した。そして小野組が倒産後は、その資産の売却を行ったため、第一国立銀行の受けた損失は大きくなく、巨大な災難を免れたのである。

小野組の倒産がもたらした危機を乗り越えたが、渋沢栄一はその経験から第一国立銀行の改革の重要性を痛感した。そこで、彼は思い切って以下の九項目の改革措置を打ち出した。(1)第一国立銀行の資本金を二五〇万円から一五〇万円に減らし、配当の負担を軽減する。(2)銀行の当期利潤から七万円を抵当に使い、不良債権の処理に当てる。(3)正規の貸出方式で三井組と取引を行い、小野組のような事件の再発を防ぐ。(4)貸出の方法を変え、貸出の抵当を政府発行の公債証書と金と銀に限定する。(5)支店の数を減らし（大阪、横浜、神戸、西京の四支店を大阪と横浜の両支店に）、経営コストを下げる。(6)理事会の組織規定を修正する（株式総会を開き、新たな理事長と理事を選出する）。(7)大蔵省預り金の取扱い規則の修正を要請する。(8)定期預金などの業務を増やし、業務内容を拡大する。(9)発行紙幣の準備金制限を緩める。こうした渋沢の改革案は大蔵省の支持を得たため、実施できるようになった(3)。

小野組事件の処理を通じて渋沢栄一は充分に自分の才能を世に示し、第一国立銀行の頭取の要職を務めるのは当然なことになった。しかし、小野組と島田組の破産によって、大蔵省は一一〇万円ほど損失を受けた。この教訓は大蔵省に資金の出納業務を民間金融機関に委託する危険性を強く意識させた。その後、大蔵省は内部に納金局の設置を決め、第一国立銀行に委託した資金の出納業務を回収し、第一国立銀行に三カ月以内に保存資金を返却するよう命じた。大蔵省のこの政策転換は、明らかに小野組破産の影響から完全に立ち直っていなかった第一国立銀行にとって思いもよらない打撃であった。確かに大蔵省が第一国立銀行に短期間ですべての資金を返還させようとする施策は理不尽の所があったが、渋沢はそれを利用し、政府資金の返還期限を延ばすために、いろいろ工夫した。その結果、大蔵省は第一国立銀行の政府官金の返還期限を三カ月引き延ばすとともに、その中の七〇万円を政府の貸出として第一国立銀行に貸すことになった。

渋沢栄一の努力によって、第一国立銀行は時間を稼ぎ、新たな危機を免れた。しかし、大蔵省の資金出納業務の回収が第一国立銀行の経営に及ぼした影響はやはり大きかった。その難局を前に、渋沢は、第一国立銀行が窮地から脱出するには、徹底的に過去の特殊業務に偏る経営方針と思想を変えなければならないと認識した。その後、商業銀行としての発展目標を立て、銀行業務の中心を民間貸出に移す方針を打ち出した。その新しい経営戦略を実現するために、渋沢は銀行本店の上層人員数の削減、出張費用の引き下げ、配当原則の改定などの新たな改革措置を実行した。

㈢第一国立銀行の八〇年代における変化と発展

約一〇年ほどの模索と努力により、渋沢栄一が実行した各項目の改革は八〇年代に入ってから顕著な効果を収め、第一国立銀行の業務の規模も急速に拡大した。創設初期と比べると、資金量、預金者の構成、資金の運用状況も明らかに変化した。

①資金量とその構成の変化

第一国立銀行の資金運用量は、一八七七~八九年の間に資本金、積立金、預金と発行紙幣を合わせた量は五七二万円から八九〇万円へと五五%増加した。その構成を見ると、積立金と預金が同時に大幅増加していた。積立金の占める割合は二・〇%から一〇・一%に高まった。預金の占める割合は五一・一%から六一・七%に高まった。両方を合計すれば、運用資金総額における割合は五三・一%から七一・八%に高まった(4)。

預金は官公預金と民間預金から構成されていた。大蔵省が官金取扱いの業務を回収する以前、官公預金と民間預金はそれぞれ預金総額の五〇%を占めていたが、その後預金総額に占める官公預金の割合は絶えず縮小し、一八九〇年の時には九・五%に低下した。民間預金量の増加は著しく、預金総額に占めるその割合は一八八七年から急増し始め、一八九〇年に九〇・五％に達した。民間預金は数量上では官金預金の一〇倍に相当していたのである(5)。民間預金の構成を見ると、定期預金、会社当座預金、振出手形、約定預金、専用預金などが含まれていた。その中でも、定期預金、会社当座預金の二項目が占める割合が最も大きかった。一八七七年前半、一八三万円の民間預金総額の中で定期預金、会社当座預金が占める割合はそれぞれ四七・三％、二八・二％であったが、一八九〇年の前半までに、定期預金の総額は二〇五万円に増加した。会社当座預金の増加も非常に著しく、一八七七〜八六年の間に、会社当座預金の総額は五一万円から一九四万円に増加し、民間預金に占める割合は二八・二％から四五％に高まった(6)。

②資金の運用

民間預金などの資金の大幅な増加に伴い、一八七七年以降の第一国立銀行の貸付金の数量と構造も明らかに変化した。第一に、貸付総額が大幅に増加した。景気変動などの影響によって貸付総額は毎年変動し、起伏も大きかったが、総体的にいえば増加傾向であった。一八八七年の貸付総額は七三一万円で、一〇年前の二六三万円の二・七倍に相当した。第二貸付総額は大幅に増加したが、その割合は顕著に下がっていた。貸付総額は一八七七年の末に二〇七万円で、一八八七年では四八六万円に急増したが、その割合は七八・七％（一八七七年末）から六六・六％（一八八七年末）に下がった。第三に一八七七年の末の会社当座預金貸越額は三六万円で、貸付総額に占める割合は一四％であったが、その後金額の増加が緩やかなものとなり、一八八七年末までに割合は八・三％に下がった。第四に割引手形は大量に増加し、一八七七年末に一〇万円しかなかった割引手形の金額は、一八八七年末には七〇万円に増加し、貸付総額に占める割合は四・三％から九・六％に上昇した。第五に、荷為替手形の数量は著しく増加し、占める割合も大幅に上昇した。一八八〇年以前、荷為替手形の数量に関する記載はなかったが、一八八一年以後は、数量は限られていたものの、増加は相当速く、一八八六年末には一二一万円にも達し、総貸付額に占める割合も一・九％（一八八一年の前半）から二〇・二％に上昇した(7)。

第一国立銀行の以上の変化から以下のような結論が見出せる。すなわち第一国立銀行は一〇年余りの努力により、八〇年代の半ばになると、その経営体制は近代商業銀行への転換を基本的に完了し、近代商業銀行の持つべき特徴を有するようになった。例えば、民間預金額の大きさおよび資本金に占める割合の高さは、すでに第一国立銀行が商業銀行としての役割を果たしたことを示していた。他人資本の吸収と運用を効率的に行って、経営規模も政府業務に制限されていた状態から抜け出した。

次に、会社当座預金が民間預金に占める割合および資金運用の構造の変化から見れば、商人と企業家遊休資金がすでに第一国立銀行の重要な資金源となっていたこと、また両者は第一国立銀行の資金貸付の対象でもあり、両者の間の取引関係が緊密かつ安定したものになっていたことがわかる。統計資料では、割引手形、荷為替手形のような銀行が直接商人と企業者に対して資金貸付できる業務の数量と割合の増加は相当速かったが、貸付に比べるとまだ大きな格差があり、資金貸付面ではまだ伝統的な貸出の色彩を帯びていたように見える。しかし、実際はそうではなかった。貸付の状況を考察すれば、その貸付期間の短いものは比較的多く、貸付利子もかなり低かった。また貸付の担保は不動産が少なく、商品（米、生糸、金銀、紙、砂糖）と有価証券が多かった。それは第一国立銀行の貸付の主たる対象が商人と企業家で、金貸し的な銀行の業務と異なっていたことを示すものである(8)。最後に、資金運用の効果と構造を見ると、一八七七年以前に、分配率は約四％であったが、その後大幅に増加し、一八七八～八七年の間では八～九％を保っていた。利潤総額における割引収益の割合は二％（一八七八年末）から一二％（一八八七年末）に高まり、貸付による利潤（利息＋割引収益）も四六・二％から五一・七％に高まった。公債証書利息からの収益の割合は一八八七年には一三・二％に下がった。これらの変化は明らかに民間商人と企業家への資金貸付活動が第一国立銀行の主要な収入源となったことを示している。以上の指標から、一〇年間で、渋沢栄一の提起した経営方針と目標が実現したことがわかる。

2　渋沢栄一の多種多様な企業活動

日本の工業化の過程において、渋沢栄一が明治初期と中期に行っていた企業活動は特に注目されるべきである。なぜなら、時代の変動が激しく、旧来の商工業者がまだいかに時代の発展に順応するかを知らなかった状況のもとで、渋沢の企業活動は重要なモデルの意味を持っていたからである。では、渋沢は第一国立銀行の経営に取り組んだほかに、どんな動機と目的をもち、またどのような形で他分野の企業活動に関与したのであろうか。事例は非常に豊富だが、いくつかの代表的な事例に基づいて、この問題の解明を試みよう。

㈠大阪紡績工場の創設

近代における日本の紡績業の著しい発展に関して、ほとんどの日本経営史の研究者は一八八〇年代初期の大阪紡績の創設が画期的な意味を持っていたと考えている。大阪紡績は、日本の紡績業で初めて株式会社という組織形態で創られた会社というだけでなく、その生産規模および技術が最も進んでいた企業でもあった。渋沢栄一は大阪紡績工場創設の最初の発案者であり組織者であった。彼は大阪紡績の創設経緯について次のように説明していた。第一に、彼は日本の当時の大きな対外貿易赤字に不安を感じていた。大量の外国の綿糸が絶えず日本市場に流入したのは日本製の綿糸が価格的に競争できないからであり、日本がその局面を打開するためには、今までと違う綿糸の生産方法を採用せざるをえないと強く意識した。第二に、明治政府の官僚は綿糸の大量輸入に対して同じような危機感を抱き、「輸入防遏」という自国産業保護の立場から、渋沢が新型の紡績企業を創設する考えを支持した。

以上の二つの要因から見れば、渋沢栄一が大阪紡績工場を建設する目的は外国から綿糸市場を奪回することにあった。しかし、当時の実際の状況を考えると、西洋列強に競争できる近代的な紡績企業を建設するのは容易なことではなかった。まず資金問題を解決しなければならなかった。しかし、既存の紡績企業の経営不振という状況のもとで、民間から資金を集めてリスクの高い事業を完成することは、困難を極めていた。次に、技術人材の問題があった。それまでの紡績工場は普通、英国技師を雇っていたが、事実上すべての技術的な問題は彼らに頼るだけでは円満に解決できなかった。これらの難題を前に、渋沢は躊躇することなく対処し、最終的にうまくこれらの困難を乗り越えた。

工場の建設資金については、渋沢栄一は俸禄改革後の社会資金の配分状況を詳しく調べ、資金力の豊富な華族に注目した。このため、渋沢は積極的に前田利嗣などの華族に出資を呼びかける「遊」説活動を行った。この遊説活動はそれほど順調ではなかったが、「国家のために」といった理屈を強く主張したため、最後は前田利嗣など一七名の華族の理解を得て一〇・六万円の出資を獲得した。華族が大阪紡績工場に出資することを受けて、近代的な紡績企業の創設に一度は慎重な態度を取った大阪商人も態度を変え、投資者に連なるようになった。松本重太郎、藤田伝三郎などの大阪商人と金融業者は一四・三万円を出資した。こうして渋沢の計画は完全に実現されたのである。(9)

資金問題が解決されると次は技術者を物色する問題が出てきた。渋沢栄一は外国人技術者を雇うのが当時の日本にとって必要であるが、完全に外国人に依頼することは永久の計ではないと考えていたため、最初から日本人を大阪紡績工場の技術責任者に選び、育てることを決心していた。知人の紹介を通じて、渋沢は当時イギリス留学中であった山辺丈夫が理想的な人物であると考えた。彼はロンドンにいる友人を通じ、山辺に経済学の専攻を放棄して機械工学を勉強し、帰国後大阪紡績工場の技術責任者に就任するように説得した。同時に山辺丈夫に勉強と生活の費用として千五百円の大金を送り、期待と激励の気持ちを表した。これを受けて山辺は二年近くの猛勉強と現場の見習を通じてイギリスの紡績業のことを熟知し、大量の知識と技術を身につけた。こうして、帰国後の山辺は工場立地の選択、火力発電の採用、機械の組立と操作などの面で大きな役割を発揮した。

四年の時間をかけて一八八三年に大阪紡績工場は完成した。渋沢栄一はその間、終始第一線に立ち、多大な努力を払うと同時に、多額の資金も投入したため、大株主となった。関係者は渋沢がいなければ大阪紡績工場は建設できなかったとして、彼を大阪紡績工場の最高職に就任させようとした。しかし、大阪紡績工場の建設後も渋沢は相談役の身分にとどまった。

(二)東京風帆船会社および共同運輸会社の創設

一八八〇年代に入り、官営企業の払い下げを経て殖産興業は新しい段階に入った。第一国立銀行の経営状況の好転と民間企業の相次ぐ出現は、渋沢栄一の企業活動の組織化にさらなる有利な条件と舞台を提供した。しかし、その時期に渋沢が関与した会社の中で、東京風帆船会社と共同運輸会社の創設の背景と目的は他の企業とは異なっていた。この点については、日本郵船株式会社の社史の中に次のような興味深い記述がある。

「明治一〇(一八七七)年、西南戦争の軍事輸送に成功をおさめた三菱会社は、その後数年間全盛期に入った。しかし、一方ではそうした三菱会社の隆盛と海運独占の傾向に対して、反三菱の気運が朝野にわたって高まるに到った。……経済界においても、渋沢栄一や三井物産会社の益田孝らを中心となって明治一三年に東京風帆船会社を設立、明治一四年に開業、また越中風帆船会社や北海道運輸会社も相次いで設立された。……同年、政府は三菱会社に対抗できる新汽船会社を設立しようとして渋沢栄一、益田孝らの反三菱系の財界人の協力を求めた。新会社は最初は資本金が三〇〇万円、うち政府出資一三〇万円の計画であったが、のち資本金を六〇〇万、うち政府出資二六〇万円に改められ、東京風帆船、越中風帆船、北海道運輸の三社を合併してできあがった。社名は共同運輸会社」であった[10]。すなわち、渋沢栄一が東京風帆船会社を創設し、二年後、政府に協力して共同運輸会社を創った目的は、明らかに第一国立銀行の顧客を育てるためではなく、三菱会社に対抗するためであった。

渋沢栄一と三菱の創始者の岩崎彌太郎はともに明治時代の日本経済界の風雲児であったが、二人の持つ実業理念はまったく異なっていた。渋沢は実業における合本主義（株式会社制度）を主張したが、岩崎は個人の私利追求が実業の発展にとって必ずしも悪いことではないと主張していた。話が合わない二人が、袂を分かったことは世に知られていた。しかし、東京風帆船会社および共同運輸会社の創設過程から見れば、渋沢が率先して三菱に挑戦を行った動機は、個人の怨念ではなく複雑な経済的、政治的背景にあったのである。経済的背景から見てみると第1章で述べたように、三菱が日本海運業の最大の覇者になるまで発展できたのは、完全に政府の支援と育成の結果であった。しかし、独占的な地位を形成した三菱は手段を選ばず、富と資源を集める活動も新しい段階に入った。為替手形、銀行、海上保険、倉庫などの海運に関わる部門に業務を拡大するほかに、次々と出資して炭鉱と銅鉱を買収した。三菱の企業活動がそのような多角的な展開を見せたのは特別な現象ではなく、三井および安田などの大政商が営んだ事業もさまざまな業種と部門に及んでいた。しかし、三菱が社会の強烈な反感を招いたのは、その事業のやり方であった。例えば、「一八八〇年から、三菱会社が過去の政府発行の紙幣で精算する方法を一方的に廃除し、改めてメキシコ銀元で精算することを決めた。当時では日本円とメキシコ銀元の差が六〇％以上なものであったため、実際に運賃を六〇％高めたことに相当する」(11)。

三菱の富の独占は、明らかに強い経済力を盾にしたものであった。特に三菱は大久保利通と大隈重信という二人の政府の実力者の支持を得ていた。しかし大久保利通は一八七八年に暗殺され、大隈重信も政治派閥の闘争に負け、免職された。その後、井上馨が政府の実権を再び握った。井上馨は海運業が三菱家に独占されればさまざまな弊害がもたらされると考えた。それゆえ早急にその局面を変えるために政府主導で三菱に対抗できる海運会社を創る必要があると考えた。こうして政府と井上馨の意思を受けた渋沢栄一が東京風帆船会社と越中風帆船、北海道運輸会社の合併を促成し、共同運輸会社を設立したのである。

共同運輸会社の成立後、同社は次々と三菱会社に攻撃を行ったが、三菱も覇主の地位を譲ろうとしなかった。双方は取引を拡大するためにコストを考えずに価格の引き下げで競争した。競争はますます激しいものとなったため、双方とも巨額の損失を出した。そのような状況を受けて、政府は両大会社の争いが続けば双方に悪影響を及ぼすと懸念したため、元の方針を変えて両者が合併して新しい海運会社を創設することを勧めた。政府が調整を繰り返した後、三菱会社と共同運輸会社はようやく三年近くの熾烈な競争を終え、一八八五年一〇月に合併し、日本郵船会社となった。この結果からみると、政府は三菱家の独占を打破する目的は達成できなかった。なぜならば、三菱にせよ、その後の日本郵船会社にせよ、単に名称が違うだけで、海運業が一つの会社に独占された状況は変わらなかったからである。しかし一方で、三菱は日本郵船会社が設立された後に、経営戦略を大きく変え、少しずつ海運業の経営を放棄し、事業の重点をほかの産業に移した。この意味では、渋沢栄一が政府と協力し、三菱にかけた攻勢は収穫がなかったとはいえない。

㈢渋沢栄一の浅野総一郎への支持

日本の近代産業の形成と発展において、浅野財閥の存在は重要な地位を占めていた。その創始者の浅野総一郎が茶を売る小さい屋台主から明治期の経済界で活躍した人物までになりえたのは、渋沢栄一の浅野に対する支持と緊密に関係している。それゆえ、浅野は常に渋沢を自分の人生と事業の一大恩人とみなしていた。

浅野総一郎は一八四八年に富山県氷見郡に生まれた。父は平民の医者であった。親の後継ぎを人生の自然の選択とした時代であったが、彼はその伝統の束縛を受けたくなかった、浅野は、一五歳のときから自分で人生の道を拓くことを決心した。しかし、創業までの道は困難と曲折に満ちたものであり、彼を待ち構えたのは失敗の連続であった。一八七三年に、浅野は薪炭の市場に見通しがあると考え、薪炭の商売を始めた。その後、浅野は投機的商人の特有の感覚でコークスの利用に強い興味を持ち始めた。彼は深川セメント工場技師の鈴木義六を訪ねて、石炭の代わりにコークスをセメントを生産する燃料として使う実験を頼んで、よい結果を出した。鈴木義六は実験を通じて確かに石炭の代わりにコークスがセメントの焼結に使えること、効果が非常に理想的であることを発見した。このことを契機として、浅野は横浜ガス局の廃棄物であるコークスを磐城炭鉱の石炭と交換する新しい商機を獲得した。そして王子製紙への石炭供給業務を引き受けたばかりでなく、同時に王子製紙へよく視察に来ていた渋沢栄一の信用と賞賛を得たのである。それは浅野の運命の転機であった。その後、渋沢の援助と支持によって彼の事業は飛躍的に発展していた。

例えば、渋沢栄一の推薦と保証を受け、浅野総一郎は深川セメント工場の買収権を手に入れた。一八八〇年代初期、ほかの官営企業と同様に深川セメント工場は政府の払い下げの対象に指定された。彼はそれをチャンスと思い、深川セメント工場を買収すれば必ず儲かると信じていた。しかし、当時は、政府が官営企業の払い下げを行うときはまず三井、三菱のような大政商を選択し、浅野のような小商人は視野に入れていなかった。そのため、浅野は渋沢に助けを求めた。渋沢は浅野の情熱に感動し、買収の援助を決定した。渋沢は当時の工部卿の山尾庸三を訪ね、浅野を紹介した。渋沢は「浅野は三井、三菱のように名のあるのではないが、大変な勉強家だから、かれに払い下げれば、必ず昼夜の別なく働き通し、工場も盛大になるに違いない」と話した(12)。渋沢の推薦により、浅野は深川セメント工場の買収権を手に入れ、買収後の工場の経営も非常によい結果を出した。

以上は渋沢栄一の浅野総一郎の事業に対する支持と援助の一つの例にすぎない。実は、この類の事例はまだ数多くあった。例えば、官営企業の東京ガス局の買収、東京ガス株式会社の創設、磐城炭鉱の開発、ロシア原油の輸入と販売、宝田石油会社の石油販売の取扱い、東洋汽船会社の創設などはすべて渋沢の助力を得ていた。いずれにしても、浅野にとって、日本の産業界で彼がその実力を拡大するために取っていたあらゆる活動は渋沢の支持なしには考えられないものであった。

(四)東京人造肥料会社と渋沢栄一の高峰譲吉に対する支持

「文明開化」の勃興という波を受け、明治初期の人々の思想と行動は大きな変化を見せた。理想と抱負に満ちた若者は次々と西洋諸国へ留学に赴き、西洋の先進文化知識と科学技術を勉強しようとした。高峰譲吉はその一人であった。彼はイギリスに数年間留学し、化学肥料の製造技術を勉強した後に帰国し、農商務省の技師となった。高峰は化学肥料を日本の農業に応用することに非常に執着し、海外で万国博覧会を見学した際に自費で数トンの燐を購入し、国内の農村で実験的に使った。その結果は良好であったので、彼は工場を創設し、燐酸肥料を生産することを考え始めた。しかし、高峰は経済力がなかったため、企業家の支援を期待しなければならなかった。彼は渋沢栄一を訪ね、一緒にその事業を完成させることを頼んだ。当時の日本の農村では、人糞を主な肥料としていたが、積込でも使用上でも非常に不便であった。農民出身の渋沢はそのことをよく理解していた。また人造肥料が新しい事業だけではなく、耕地の少ない日本で重要な意味を持つことも理解していたため、高峰の提案を大いに支持した。渋沢は益田孝、大倉喜八郎、浅野総一郎などと相談し、高峰譲吉を総技師とし、自ら設立準備委員長に就任し、共同で二五万円を投資し、一八八七年に主に過燐酸肥料の研究と生産を行うことを経営の方針とする東京人造肥料会社を設立した。

しかし、同社の発展は予想したほど順調ではなく、二つの困難に直面した。一つは、当時の農民がまだ貧しく、衣食のほかに生産に投じられる資金が限られたことである。一般的には、肥料を購入しようとする農家は少なかった。もう一つは、当時の農家は科学技術に対する理解が少なく、過燐酸肥料の作用と使い方がわからなかったので、失敗する例が多かったことである。このため、化学肥料の販売はなかなか伸びず、会社の経営は困難な局面に陥った。一部分の株主は失望して渋沢栄一に経営停止の意見を提出した。しかし、渋沢は異なる考えを示した。彼は株主に「資本家の立場になって考へて見ると、それも尤も千万な事であって無理からぬ訳である。併し乍ら私は此の事業を始めるには、決して利益のみを目的として始めたのではない。其の主眼は国家のためになる事業であり、農業振興上必要なものであると考へ、而も将来は必ず有望な事業となると信じて計画した仕事であるから、如何なる災厄に遭うても必ず此の事業を成就させなければならぬと予てから決心していたのであるから、共同者が皆な廃めてしまはうと云う意見なら之れも止むを得ないから、私一人でも此の会社を引き受けて借金してでも必ず成し遂げる積もりである[13]」と話した。渋沢の言葉に株主たちは感動し、この件を彼に任せることに決めた。

渋沢栄一のさまざまな努力により、東京人造肥料会社の経営状況はやっと好転するようになった。一方、彼は経営方針を修正し、化学肥料の主要な原料である硫酸を外部購入から自己生産に切り替え、生産コストを大幅に下げた。また、化学肥料使用の宣伝と指導にも力を入れ、農家の化学肥料に対する認識を改めた。こうして、一八九五年前後から、化学肥料の使用が農家から広範な支持を受けるようになり、需要が急速に増加したため、東京人造肥料会社は困難な局面から脱出し、新しい発展の段階に入った。

以上、渋沢栄一が企業活動に関わった四つの事例を挙げてきた。この中から、われわれは渋沢の企業活動の特徴を見出せる。第一に、渋沢の企業活動は相当に広範な領域と部門にわたっており、銀行業、紡績業、鉱山、化学工業などを含んでいた。その中には新興した西洋の移植産業もあったが、日本の伝統産業もあった。それらの産業部門での企業活動は銀行業務と関わりがあったが、直接的な企業経営上の関係はなかったため、彼の多部門にわたる企業活動は一般的な財閥の多角的な経営活動とは異なっていた。

第二に、渋沢の企業活動の動機と目的はそれぞれ異なっていた。大阪紡績工場の創設は西洋国家に奪われた市場を奪回し、日本の対外貿易赤字を改善するためであった。共同運輸会社の創設は政府の海運政策に協力すると同時に三菱の業界における独占の地位を打破するためであった。浅野総一郎への支援は企業家精神にあふれた企業家に対する信認によるものであった。東京人造肥料会社を興したのは西洋近代産業の移植と新しい事物の普及に対する執着と情熱によるものであった。これらの企業活動の具体的な動機はそれぞれ異なっていたが、思想の出発点や実現しようとする最終的な目的は、個人の富と利潤欲望への満足というよりも、国益の実現と個人の社会地位の向上から精神的な満足を得ることであった。すなわち、彼の企業活動を支配していた基本理念は国家意識であった。

第三に、企業活動の形態も多種多様であった。大阪紡績にしても、共同運輸会社および東京人造肥料会社にしても、会社の組織体制はともに株式会社制度をとった。それは渋沢の企業活動が終始株式会社制度の普及と関わっていたこと、そして株式会社制度の利用が渋沢の企業活動に不可欠な制度的な条件となっていたことを表している。

しかし渋沢が企業活動に関与した具体的な方法と彼の企業経営における具体的な役割は多種多様なものであった。第一国立銀行の創設と経営では、渋沢は主要な経営者として終始第一線に立っていたが、これは上述した四つの事例とはまったく異なっていた。大阪紡績工場は渋沢の企画によって設立されたが、彼は経営活動の第一線から身を退き、会社の具体的な経営活動には参加しなかった。渋沢は共同運輸会社の設立では重要な役割を果たしたが、彼の背負った主要な任務は政府の意図を民間企業の現実の行動に変えて、両者の橋渡しの役割を果たすことであった。浅野総一郎への支援の過程では、渋沢は主に財界のリーダーの姿で出現し、浅野と取って代わることはなかった。最後に、東京人造肥料会社では、彼は主要な組織者であり、所有者であったが、経営者ではなかった。ただ非常に困難なときに第一線に立って直接企業経営者の役割を果たした。以上の具体的な事例をまとめると、渋沢は公益の精神に基づいた豊富で多彩な企業活動を行っていたといえる。

3　渋沢栄一の経済団体活動

工業化発展の要請に適応した近代的な経済団体の発足は、渋沢栄一が活躍したもう一つの領域であった。江戸時代、日本には多数の同業者団体が存在していたが、明治維新後の資本主義生産方式の確立に伴い、封建的な特徴を持つそれらの団体はすでに存在意義と役割をなくしていた。他方、新興した産業部門における企業勃興によって、いかに業界と企業の関係を処理し、いかに自分自身の利益を維持するかが重要な経済上の問題となった。渋沢は最初からその点を意識し、日本における近代的な経済団体の創始者となりリーダーとなった。では、渋沢は一体どのような目的を抱いて近代的な経済団体を設立したのであろうか。そして彼が指導した経済団体は近代日本の産業発展においてどのような職能を担い、どのような役割を果したのであろうか。

㈠択善会の創設

一八七六年の国立銀行条例の改正によって国立銀行創設の気運が高まった。次々と設立された国立銀行および民営銀行は日本の工業化の推進に新たな力を注入した。しかし、当時の多数の銀行経営者は近代的な銀行業務にうとく、銀行の地位や社会的責任に対する認識が欠けていただけではなく、基本的な管理知識さえも最初から勉強しなければならなかった。そのような状況のもとで、第一国立銀行は自然と彼らが模倣する対象となった。人々は絶え間なく渋沢栄一に業務知識を尋ね、援助と指導を求めに来た。そのため渋沢は国立銀行が殖産興業において十分な役割を果すためには、政府の強力な扶助が必要なだけではなく、銀行間の連携と交流をも強めなければならないと感じて、銀行の業界団体を発足する必要性を痛感した。

一八七七年、渋沢栄一は正式に各銀行に業界団体を設立するように呼びかけた。彼の呼びかけは銀行業界で大きな反響を起こし、第二、第三などの国立銀行および三井銀行の賛同を得た。こうして近代日本の銀行業における最初の業界組織が一八七七年七月二日の設立総会を経て設立された。一一の銀行の一六名が最初の正式な会員であった。渋沢の提案により、その組織は「択善会」と名づけられた。孔子の論語の「択其善者而从之」の「択」と「善」の二文字を借用し、「同業者の共同的な行動理念」を表すものであった。設立総会において、会員たちは渋沢が提出した択善会の規約に合意した。そこでは、択善会の活動の趣旨、内容、形式、方法および会員の資格と義務など一三の項目について、明確に規定していた。例えば、択善会活動の趣旨と内容に関しては、次のように規定していた。「此会同ノ本旨ハ相互ニ親睦シテ業務ノ旺盛幸福ヲ図ルニ帰ス因テ要スル所ノ談論ハ現時本業ノ景況及ヒ世上商估ノ状態ヨリ海外各銀行営業ノ事情及ビ貿易ノ形勢（エキスチェンジ）為替ノ高低等ニ至ルマテ凡ソ商務ノ実際ニ就テ各自ノ持論見解ヲ述ヘ以テ我カ営業ヲ補益スルニ止リ其学範法律上ノ論説ニ奔ルコトヲ禁ス」。「銀行業務上ノ事件ヲ持テ官府ニ合同稟請スヘキモノアレハ須ラク其考案ヲ述ヘ各員異議ナキトキハ則書記ヲシテ其草稿ヲ作リ繕写整頓セシメ而シテ連署蓋印シテ之ヲ上稟スヘシ」。「此会同ニ加入スヘキモノハ独リ国立銀行者ヲ持テ限ルニアラス凡ソ銀行ト称スル者ハ衆議允諾ヲ経テ其加入ヲ聴容スヘシ」(14)。

これらの規定から、択善会は銀行業者によって作られた業界団体であったが、伝統的な業界団体とは異なり、近代的な社会経済団体の特徴を有していたことがわかる。択善会の出発点は競争の排除ではなく、お互いに交流を通じ、銀行という西洋から移植した新興産業の普及と発展の促進であった。そしてすべての銀行業者に対して平等を追求していた。

渋沢栄一の指導の下で、択善会は成立直後から殖産興業と銀行の発展に重要な役割を果たした。まず民間で初めての経済問題を主な内容とする雑誌『銀行集会理財新報』を創刊した。渋沢の積極的な唱導のもとで、択善会は国内外の経済問題を主な内容とする雑誌を創刊することを決めた。その雑誌を『銀行集会理財新報』と命名し、択善会の議事録を掲載するほかに、銀行業務知識に関する文章と西洋の経済学者の翻訳論文をも掲載した。一例をあげれば、「泰西銀行史略小序」、「泰西銀行史略」、「銀行実務論の編訳」、「江戸時代金銀貸出業者の変遷」、「アメリカ合衆国国立銀行の功績」、「銀行営業問答」、「銀行の職責」、「銀行税への質問」、「国立銀行の紙幣発行の交換方法の建議」、「欧米四国銀行の概況」、「全国国立銀行損益比較および建議」、などであった。『銀行集会理財新報』は内容が豊富かつ多彩で視野も広く、読者の要求および銀行業の現実的な問題の解決に力を入れたため、社会に広範な影響を与え、銀行業の健全な発展を促進した。『銀行集会理財新報』は九号を発行した後、渋沢が大蔵省の官僚と相談して大蔵省の『銀行雑誌』と合併して『東京経済雑誌』となった。その経営は渋沢の知人の田口卯吉に任された。そして、択善会が雑誌に資金の一部を提供した。

また、渋沢栄一は政府の公債発行を積極的に支持した。一八七八年、内国運輸などの事業の発達を目的に、明治政府は起業公債の発行を決定し、発行業務を第一国立銀行と三井銀行に委託した。政府が計画した起業公債の金額は一二五〇万円で、募集期限は四カ月であった。公債発行の形で建設資金を募集することは、当時では初めてのことであった。加えて額面が巨大で、期間も短かったため、渋沢はその責任の重大さを感じた。公債が社会に理解され受け入れられるかどうか把握できない状況の下で、渋沢は択善会の会員の支持を取りつけることが非常に重要なことをよくわかっていた。それゆえ、渋沢は日本の各地に赴き、企業公債の意義を宣伝し、人々の疑念を取り除こうとした。同時に、択善会で「起業公債が国家と国民に利することを説明し、会員に支持を謳え、起業公債の購入を呼びかけた」(15)。渋沢の説得によって、択善会の会員銀行は起業公債を進んで購入するようになった。渋沢の努力と択善会の会員銀行の積極的な協力により、起業公債の募集活動は成功し、応募額は二四七五万円と、計画額の倍に達した(16)。

渋沢栄一は銀行業務制度の整備にも多くの努力を払った。第一に、政府に銀行業務制度の完備に関する建議を多く提案した。明治初期の銀行業務制度はまだ完備されておらず、いくつかの欠陥が存在していたため、銀行業務の拡大に悪影響を及ぼしていた。その状況に対し、択善会はそれらの問題を十分に研究し、政府に具体的な建議や報告書を提出していた。同時に、政府も択善会を銀行業界との交流の窓口とみなして、多くの問題を択善会に諮問し、支援を求めた。第二に、銀行小切手という新しい決済手段の使用を促進した。銀行小切手の使用は銀行の客に利便を提供したと同時に、銀行間の業務交流と仕事の効率の向上を促進するものであった。しかし、当時の人々は銀行小切手の仕組みをよく理解していなかったため、進んで銀行小切手を使う人は少なかった。そのような状況に対し、択善会は銀行小切手の普及を推し進めることを考えていた。討議を繰り返した結果、小切手の形式、鑑別根拠および支払い保証などの具体的な事項について合意に達した。そして一八の銀行がサインした協議書を大蔵省に上呈したところ、すぐ大蔵省に認められ、その後の銀行小切手の普及と小切手制度の形成において重要な役割を果たした。第三に、小切手の取引所を設立しようとした。銀行小切手の普及と小切手の取引活動の展開には小切手の取引市場が必要であった。銀行間の小切手業務をいかに展開するかについての問題を検討する一方、第三十三国立銀行責任者の種田誠一はアメリカを真似た小切手取引所の設立を提案した。渋沢はその提案を支持し、会員をまとめて討議を行い、その後の東京小切手取引所の設立に必要な条件を準備した。

択善会は一八七七年七月に成立してから一八八〇年八月二日に解散するまでの三年間に三三回の例会を開き、会員銀行は当初の一一行から二八行に増えた。その間、択善会は渋沢栄一の指導のもとで日本の銀行業の発展に大いに貢献をしたと同時に、自己調整と改革を図り、財界活動の展開のために有益な経験を積み重ねた。しかしながら、渋沢はそれらの結果に満足しなかった。彼は終始「択其善者而从之（善き者を択人でこれに従う）」の趣旨を守っていた。一部の会員が東京のもう一つの銀行業商会組織「懇親会」との合併を提案したとき、渋沢は多数の会員意見を聞き入れて、択善会を解散し、東京銀行集会所を創設することを決めた。約一カ月の準備期間を経て、東京銀行集会所は同年の九月一日に正式に設立された。同所には三九行の会員銀行が加盟し、渋沢が集会所の長に選ばれ、銀行業界活動の新しい幕を開いたのである。

㈡東京商法会議所の設立と渋沢栄一の財界活動の意義

渋沢栄一は択善会の設立後の翌年、すなわち一八七八年三月に、益田孝、福地源一郎などと一緒にもう一つの財界団体である東京商法会議所を創設した。択善会と比べ、東京商法会議所は多方面において、近代的経済団体が持つべき特徴をはっきり表していた。まず、東京商法会議所は業界団体と異なり、各業界にまたがる総合的な経済団体であった。その会員は主に商工業界の大企業であり、代表的な存在であった。また、東京商法会議所は完全に西洋諸国の近代的な社会経済団体の組織原則と方式に従って運営されていた。会長と副会長は会員の選挙により選ばれ、活動経費は主に会員が納付した会費でまかなっていた。東京商法会議所の目的は主に商工業界の発展に関する問題の調査や、商工業者内部の紛争の調停などであった。東京商法会議所の創設は日本商工業界の一大事件であったといえよう。

東京商法会議所の創設は社会から広範な注目を集めた。しかしながら、明治初期において、近代的な経済団体の誕生に対する国民の認識と理解は相当限られたものであった。そのため、同所が社会からの広く信認を得られるかどうかは未知数であった。そのような状況で、自らのアイデンティティと社会における地位を確立することが同所の重要な課題となっていた。渋沢栄一が苦悩していたとき、グラント将軍の訪日が彼にまたとないチャンスをもたらした。

グラント将軍はアメリカの南北戦争の時の著名な人物であり、戦後、二期のアメリカ大統領を務めていた。彼の訪日は当時の日本にとって挙国注目のイベントであったため、政府は各種の歓迎活動を計画していた。渋沢栄一は発足したばかりの東京商法会議所を世間にアピールし、自身のアイデンティティを確立するよいタイミングであるから、このチャンスを掴まなければならないと考えた。まず、政府と交渉して、東京商法会議所が民間の歓迎活動を組織する資格と権利を得ると同時に、渋沢はその最高責任者となった。次に、歓迎活動の成功を保証するために、渋沢は益田孝、福地源一郎らと歓迎式典を企画した。例えば、西洋国家の外国貴賓の儀式に従って礼砲を放ち、また市民による歓迎大会、社会の上層の人が出席する晩餐会、日本の伝統舞踊などを工夫した。また、東京府知事や社会の名士が歓迎の挨拶をし、渋沢自身も日本商工業界の代表として歓迎の言葉を述べるほかに、将軍を自宅へ迎え入れるなどのプログラムも用意した。こうして、渋沢の企画に従い、将軍の訪日歓迎活動は成功した。

表面的には、グラント将軍の訪問を歓迎することは単に一つの政治活動でしかなかったが、渋沢栄一と東京商法会議所および商工業界にとって、歓迎活動の成功はより深い意味をもっていた。第一に、渋沢本人の知名度と地位がそれによって、大きく高まり、日本社会の著名な人物となっただけではなく、外国人にも日本の商工業界の代表として認められた。同様に、東京商法会議所もそれを通じて近代的な社会経済団体としての新面目を披露し、社会からの認識と理解を得たのである。第二に、渋沢と東京商法会議所が主導して市民歓迎大会を開いたことは、政府の商工業者への信用の大きさを意味していた。第三に、こうした社会活動の成功は、グラント将軍本人に深い印象を与えただけではなく、西洋国家に日本の企業家の成長ぶりと明治維新後の社会変化を誇示し、彼らの日本に対する印象を改める役割を果たした。他方、渋沢はその活動を組織することを通じ、経済団体が社会活動に参加する必要性を感じ取った。そしてそれは彼がその後展開した豊富で多彩な財界活動に重要な影響を与えた。

総じて言えば、東京商法会議所の設立は近代経済団体が新興社会勢力の一つとして日本の近代化の舞台で頭角を現したことを意味していた。渋沢栄一の財界活動もそれによって新しい一頁が開かれたのである。

4　渋沢栄一の企業活動と井上馨

渋沢栄一の豊富で多彩な企業活動はほとんどの産業にまたがっていた。彼は多種多様の企業活動と財界活動を組織し、指導し、日本の工業化の過程において普通の企業家ではできない役割を果たしたのである。しかし、渋沢が従事していた企業活動と財界活動の特徴は終始一貫していた。すなわち、明治政府の要職にある者との非常に密接な公私にわたる付き合いを背景として行われたものであった。具体的には、渋沢が日本の工業化の組織者という特殊な役割を演じられたのは、彼の企業と財界での活動が明治政府の殖産興業の方針と一致しており、明治政府の支持を得られたからである。無論、彼本人が最大限に明治政府の要職にある者と公私一体の関係を結んだことも、企業活動に非常によい条件を提供した。

そうした関係の中で、井上馨の存在は非常に重要であった。その点について、渋沢栄一は少しも隠すことはなく、『世外井上公伝』のはしがきの中に肺腑からの言葉を綴っている。「余と公との交情は所謂水魚の交といっても過言でない程であった。それから後、公の薨去まで永い間に少しの疎隔も生じたこと無く、勿論余は公から容易ならね庇護を蒙った次第である。一体余は長洲の方には第一に伊藤公、次に公、それから山縣公、桂公などに接近して種種と指導を受けたのであるが、公のやうに懇切に人情味を十分に加へて大鉄案を与へて下さった方は無かった[17]」。この一文の隅々に渋沢の井上馨への尊敬と感謝の情がにじんでいることは明らかであろう。

㈠水魚の交の形成

渋沢栄一と井上馨の付き合いは、渋沢が一八六九（明治二）年に大蔵省の官僚となってから始まった。当時、井上は大蔵大承兼造幣頭であり、ちょうど租税正の渋沢の上司であった。両者の経歴から見れば、二人とも社会変革を志した熱血青年であったが、その後に歩んだ道は完全に異なっていた。井上は明治維新前後の政治転換期に生死をものともせず、長州藩反幕府派の主要な人物になり、明治新政権の誕生に多大な貢献をした。これに対し、渋沢は危急存亡の際、初志を変えて旧幕府の家臣となった。したがって、渋沢が大隈重信の激励に翻意されて官職を拒絶する考えを捨てたものの、心の中では上司である井上の信用が得られるかどうかについては非常に不安であったことは容易に想像できる。しかし、幸運なことに井上は心の広い実務家であり、人材の使用には非常に開明的であった。彼は自分が明治の有功の士であるにもかかわらず、旧幕府の家臣出身の部下の渋沢に劣等感を感じさせることなく、十分な信用を寄せていた。当時ほとんどの官僚が旧幕府の家臣を蔑視する環境の中で、井上の態度と振舞いに渋沢は自然に親しさと慰めを感じ、その後の二人の「肝胆相照親密無間の付き合い」が始まることとなったのである。

明治初期において、新政府は多くの仕事に臨まなければならなかったが、中でも大蔵省の管轄範囲は非常に広範であった。貨幣、金融、財政制度の建設から改革法案の制定までがすべて大蔵省の担当になっていた。任務が多く、責任が重く、すべてが殖産興業に関わる大計であるため、普通の人間はなかなか適任者になれなかったであろう。渋沢栄一はその重要な仕事において非常に才能を発揮した適任者であった。例えば、『立会略則』の制定と株式会社制度の普及、紙幣制度の改革法案の提出と金融システムの整理、国立銀行条例の制定と国立銀行の創設などにおいて、渋沢はそのすべての仕事に多大な努力を払って、明治政府の信認を得た。それらの業績が上司の井上馨にも栄耀をもたらしたため、井上が渋沢を信用し、彼を自分の片腕とみなしたのは自然な成り行きであった。渋沢が井上を知遇の恩師、または親友とみなしたのは、上述した感情的な要因もあるが、もっと重要なのは井上から大いに指導を受けたことであった。渋沢が晩年、井上と一緒に仕事していて忘れられない経歴を思い出し、感慨無量に次のように述べた。「……顧れば公の大蔵大輔時代は僅少の年月ではあつたが、廃藩置県後の事務処理に至つては実に驚嘆す可き偉大な力を振晴れたもので、何事によらず即座に裁断し、総べての綱領は之を繆らず大綱を押して勇往邁進されたのである。それであるから、細目に就いては後世から見て多少の論議は免れぬとしても、大体に於いて真に快刀乱麻を断つの概があつた。余も亦その方法に範をとり、幸ひに成績を挙ぐるを得たのは、これ偏に公の指導に依るものと信ずるのである(18)」。

渋沢栄一と井上馨はともに四年近く大蔵省に勤めていた。その四年間で、彼らは頻繁な付き合いを通じて個人間の信頼関係を築いただけではなく、仕事においても共同の業績と「資本」を積み重ねたのである。実際、彼らの大蔵省での地位と職務の異動は常に連動していた。一八六九年一一月に渋沢が租税正に任命されたとき、井上の職務は大蔵大丞（民部省大丞を兼任）であった。一八七〇年一一月に井上が大蔵少輔に昇進すると、渋沢はほぼ同時に大蔵少丞に抜擢された。一八七一年六月に井上馨が大蔵少輔から民部少輔に転任する一カ月前に、渋沢は大蔵大丞に抜擢された。その二カ月後、井上は大隈重信が参議に昇進したことに伴って大蔵省に戻り、大蔵大輔の職務を引き受けた。その後、四カ月に満たないうちに、渋沢は造幣頭兼任に任命され、一八七二年には三等出仕と大蔵少輔代理に任命された。二人の昇進はほぼ同時であり、井上が一歩昇進すると、渋沢の官職も一級上がった。明らかに、井上の推薦と抜擢がなければ、渋沢がいくら有能であっても、わずか三年間で官職が三級連続して昇進することはなかった。同様に、渋沢の努力がなければ、井上の業績もなかなかあがらなかったであろう。

渋沢栄一は井上馨の信用を得て連続して昇進したが、性格上、上司の機嫌をとるために自分の意見を放棄する人ではなかった。しかし、明治初期のような政策意見の分かれやすい政治と経済環境のもとで、渋沢の性格は彼が井上に信用された重要な要因であったが、行政事務の処理において政府内で意見の衝突を引き起こす要因にもなった。一八七一年、軍事支出の増加を巡って渋沢と大蔵卿大久保利通との間に意見の対立が発生した。渋沢はいかに予算を分配するかは歳入の状況によって判断すべきで歳入を考慮せずに歳出を決めるやり方が無理であると主張すると同時に、軍事支出の予算を増加することに反対したため、大久保の批判を受けた。この衝突によって、渋沢は辞職の意を生じたが、井上の説得により辞職を思いとどまった。しかしその後、政府内で司法と文部の両省の予算と大蔵省の権限等の問題を巡って薩摩派の官僚と長州派の官僚との間に衝突が生じたとき、長州派の井上は自分の主張が無視されたことに抗議を示すために大蔵大輔を辞めた。

井上馨の辞職は、渋沢栄一に疑いなく巨大な心理的な衝撃を与えた。彼は上司の井上の失意に不満を感じ、井上が去った後の官界にも希望と興味を失った。彼は、今の井上が知己の支持を必要としていることを理解していたため、同舟相救うならば、彼への一番の恩返しになると考えていた。同時に、かつて彼の心の中に生まれていた商業に従事することへの願望が再燃し、井上と一緒に辞職することを決めた。

(二)渋沢栄一の企業活動への井上馨の支持

渋沢栄一の生涯において、大蔵官僚の経歴は時間的に短かったが、井上馨と知り合ったことは、彼の以後の企業家人生にとって重要な意味を持っていた。前述したように、辞職後の渋沢は第一国立銀行を出発点として彼の念願の企業家生活を始めた。他方井上は彼とは異なり、明治維新の風浪の中で鍛え上げた政治家であったので、彼の官僚人生の一時的な失意を単なる小さな挫折としかみなさなかった。そしてそれによって人生の目的が変わったことはなかったのである。したがって、辞職後の井上は益田孝などと貿易を主要な業務内容とした先収会社を創設したものの、常に政治の変化に注目し、再起をはかろうとした。井上が辞職してまもなく、朝鮮への派兵の問題について明治政府の内部で意見の対立が表れた。特に薩摩閥に同属する大久保利通と西郷隆盛が反目したため、政局は再び転換期を迎えた。長州閥の伊藤博文が重用され、井上に続いて失脚した木戸孝允も再び参議に任命されたため、井上の再出仕も自然と時間の問題となった。一八七五年末、井上は元老院議官に任命され、再び政界活動を始めた。その後、欧州での財政経済の研究に赴いた。一八七八年の年初に帰国すると参議兼工部卿を担当し、一八七九年に、大蔵卿に転任した。その後の生涯においても井上は内閣総理大臣以外は、政府のすべての要職を歴任した。

井上馨が政治の表舞台に戻った後、渋沢栄一との付き合いは新しい段階に入った。実際、井上は先収会社を経営している間も渋沢との付き合いは続いていた。その付き合いは第一国立銀行が危機に瀕したときに、渋沢を助け、同行が小野組の倒産と政府の官金業務の引き揚げという二度の困難からの脱出に大いに役立った。ただ、そのときの井上は官僚ではなく、権力がなかったため、渋沢に対する援助は個人の情意の範囲に限られていた。しかし、井上が再起して以後、状況は明らかに一変した。権力と地位上の変化は、彼の渋沢との個人的な付き合いに新しい意味をもたらした。すなわち、渋沢の企業と財界における活動は強い政府のバックアップを得られるようになった。言うまでもなく、官尊民卑の風習が依然として残り、政府の民間経済への干渉が当たり前のように感じられた明治時代において、そのような変化は企業と財界における渋沢の地位と権威の向上に、大きな役割を果たした。

では、こういう密接な個人関係を背景に、渋沢栄一はどのように井上馨の力を借り、自分で処理できない実際の問題を解決したのであろうか。また井上はどのように渋沢を助けたのであろうか。以下、九州鉄道会社の事件を例に、具体的な考察を行おう。

いわゆる九州鉄道会社事件の経緯は次の通りである。一八九七年、九州鉄道会社と筑豊鉄道会社の合併後、元筑豊鉄道会社の社長の仙石貢は元九州鉄道会社の社長の高橋新吉に代わって九州鉄道会社の新社長となった。仙石は就任後、改革を行い、経営内部の全面的な整理を実行した。しかし、設備投資と営業費用の増加のために株主の利益が減少したので東京、大阪、熊本などの一部の中小株主の不満を招いた。彼らは、臨時株主総会の開催を要求し、仙石貢を辞めさせようとした。それに対し、取締役会は拒否の態度を示し、大株主の説得を行う一方で、会社の経営方針と経営業績を開示した。双方の矛盾と対立はますます激しくなり、会社の正常の運営に影を落とした。

九州鉄道会社で発生した紛争は当時の社会から広範な注目を集めたので、渋沢栄一は財界の首脳として、大きな圧力を感じていた。この紛争に対する彼の態度は九州鉄道会社の経営陣と同じであった。会社規則によれば、一〇株以下の株主は投票権がないが、二〇〇株以上の株主の投票権は二〇〇株とされていた。したがって、株主総会を開けば、取締役会の改選を要求する中小株主が議決権では優位であった。会社側は不利な状況を変え、取締役会を支持する議決権を増加するために、三井と岩崎の両家の大株主に、株の名義変更を行うように説得しなければならなかった。すなわち、形式上、株の所有権を他人に譲り、議決権を増やす目的を達成しようとしたのである。事の重大さに鑑みて、三井および岩崎とその件について相談するときに、渋沢はわざわざ井上馨の協力を求めた。井上が株の所有権の名義変更という対策に対して、どのような具体的な意見を発表したかを示す資料はないが、井上が会議に出席したのは明らかに渋沢への支持と理解の現れであり、会議の場で中小株主に大きな圧力をかけたと思われる。これを受けて中小株主は臨時株主総会で取締役会と全面対決しようとする態度を変えた。

そのような状況のもとで、渋沢はタイミングを計り、井上を仲裁者とし、彼に全権を持たせて紛争の処理にあたらせるという提案をした。この提案に中小株主側も同意し、正式の委託書に調印した。その内容は「今般九州鉄道会社現重役ト株主トノ間ニ相生ジ候紛議ハ、株主総会ニ依リ其結局ヲ決メ候ハ、将来会社ノ為メ不利益ト相考へ候ニ付、茲ニ双方協議ノ上、御仲裁ヲ閣下ニ御依頼申上候。就テハ向後閣下ノ御指圖ハ双方トモ決シテ違背仕間敷候。右御依頼ノ證トシテ一同連属候也(19)」というものであった。井上は渋沢および取締役と協議した後に、株の配当を六分に高める一方、取締役会に不正行為があるという中小株主の指摘を否定した。井上の介入によって、二年も長引いた九州鉄道会社の紛争はやっと解決できた。

井上馨が渋沢栄一の要請で九州鉄道会社の紛争に直接関与したのは、彼が渋沢を助けたほんの一例にすぎないが、少なくとも以下のことを示している。第一に、渋沢が官尊民卑という封建的で陳腐な社会風習の批判者であったが、彼本人もその社会風習の受益者であった。彼が意図的に、あるいは非意図的にその社会風習を自分の企業と財界活動に利用し得たことは、彼の指導者型企業家までの成長に欠かせない条件であった。第二に、井上が渋沢に対する支持と保護は個人的な付き合いを基礎としていた。しかし角度を変えてみれば、その支持と保護は政府が経済に関与し、民間企業家の活動が直面した難題に分担して対応する独特な方法でもあった。したがって、公と私の間の関係は非常に微妙であり、両者の間に一線を引くことは不可能であった。第三に、政府の要職にあった井上と民間企業家の渋沢が事件の処理の際に果たした役割は異なっていたが、根本的な目標と利益は一致していた。彼らの間に「志向を異にしていても、財界への奉仕精神には違いはない」のであった。このような精神から生まれた共通の利益と目標は、井上が「政商の守護神」となる思想的基盤でもあったが、渋沢が彼と長期にわたって親密な個人的関係を保ち、また彼の保護の対象になった理由でもあった。

第2節　張謇の企業経営と商工業活動

1　大生紗廠創設の過程

中日の「馬関条約」調印後、外国商人は中国の内地で工場を設立する権利を手にしたが、清政府は自国に外国資本が大量に流入する前に、早急に商工活動の実施を望んだ。それゆえ各省に商務局の設置を命令し、商人が資金を集め、工場を作ることを奨励した。両江総督の張之洞はその命令に積極的な態度を示し、一八九五年九月に、ほかの省より先に具体的な措置を行った。「蘇州、鎮江、通州在籍の京官にそれぞれの郷里において工場を設立し製造を行うように言いつけ、それをもって外人に抵抗するための計となす[20]」という文書を出した。同時に、当時服喪中であった張謇に商工振興の運営の担当を依頼した。張謇は以前から官僚を辞め、商工業に従事する念願を持っていたので、慎重に考えた上で張之洞の要請を承諾し、企業経営活動に従事する第一歩を踏み出した。

張謇の故郷の通州（現在の南通）は長江口の北岸に位置し、気候と土壌も非常に綿花の生産に適し、中外に有名な綿花の産地であり、かつ自家製布の生産もすでに発展し、手作業で紡績業に従事する人も多かった。有利な自然条件と経済条件が綿紡績業の発展に極めて有利であったため、甲午戦争以前からそこで紡績工場を建設しようとした人が多かった。張謇はそれらの状況にも詳しかったため、商工活動の振興を受命してから、まずそこで紡績工場の創設を考え、南通、海門および上海などの商人と協議を行った。

それらの商人のうち、海門人の沈爕均（地方の布商人）、南通人の劉桂馨（同上）、海門人の陳維镛（同上）、広東人の潘華茂（上海広丰洋行買弁）、福建人の郭勛（上海洋行買弁）、浙江人の樊芬（上海紳商）などは態度が積極的であり、張謇と一緒に紡績工場を創りたいという意志を表明した。協議を繰り返した結果、彼らは以下のような合意に達した。(1)工場の用地は水陸の交通が非常に便利な通州城の北の唐家閘に決める。(2)工場の名前は大生紗廠とする。すなわち「天地ノ大徳ヲ生トイウ」という語句から大と生の二文字を取り、その含意は「通商恵工、江海ノ大。長財飭力、土地ノ生ズル所[21]」である。(3)工場は株式会社制度を採り入れ、民間資本で賄う株総額は六〇万両にし、生産規模を二万錘とし、国外から新型の紡績機械を導入する。(4)西洋の方法を真似て株式を発行する。百両で一株とし、合わせて六千株を発行する。株の発行活動は通州と上海で行い、潘は上海で、沈と劉は通州で株の発行を行い、合計六〇万両を集める。潘は三分の二（四〇万両）を募集し、沈、劉は三分の一（二〇万両）を募集する。潘と郭勛は銀銭を管理し、通州と海門での募集が足らない場合には上海で補充する。(5)張謇は理事として政府官僚との交渉を担当し、「通官商之郵（官商ノ郵ヲ通ズ）」を図る。(6)政府に製品の地方および他地域での販売税の減免を要請し、一定の期間における独占的な経営権を要求する。一八九五年一二月に、張謇は「南洋大臣の張香涛とその案を確定し、即刻通州に戻り、通州知州の汪樹堂、海門知州の王賓を招集して契約を定め、詳細に立案を行った[22]」。一二月二八日、両江総督の張之洞は大生紗廠の創設の件を正式に朝廷へ報告した。一八九六年二月に、朝廷が張之洞の報告を批准したため、大生紗廠の資金の募集活動が開始された。しかし、資金の募集活動は想像したよりも困難であり、曲折の連続であった。

まず、元の計画では、通州と上海の二カ所で資金を募集しようとしていたが、両地にそれぞれの難点があった。張謇が後に「通州の地は風気また開けず……」と話したように、資金力がある人は多くなかった。また、人々は大生紗廠が外資の紗廠と競争できるかどうかについて、疑念を持っていた。そのため、集めた資金は相当に限られ、少しの土木工程の費用でほとんどの資金を費やしてしまった。上海方面の状況も張謇を失望させた。藩華茂、郭勛の二人は大生紗廠の設立を承諾したが、その後、上海の生糸市場に不況の兆しが出てきて、いくつかの紗廠が相次いで難局に陥ったため、大生紗廠の前途に不安を感じた。そのため、彼らは資金募集に消極的となり、ほとんど進展はなかった。さらに二人の理事（樊芬、陳維镛）が辞職することになった。

一八九六年一一月になっても資金調達活動は依然進展しなかったため、張謇は政府に援助を請わざるをえなかった。その頃、両江の地方政府もある問題に直面していた。光緒一九（一八九三）年、張之洞は湖広総督在任中に、武昌に大型の紡績工場を計画していたため、デアス（地亜士）洋行の借款でイギリスから四万八百錘の紡績機械を購入した。その後、彼が両江総督に転任した時、設備を南京まで持ってきた。しかし、南京では立地条件が悪いと考え、再びその設備を上海に運んだ。一八九六年の春、つまり張謇が大生紗廠の設立を受命した後、張之洞は再び武漢に戻り、湖広総督に再任することになった。両江総督に再任する劉坤一と交代の手続きを行う時、張之洞は設備の処理権を劉坤一と南京商務局の総弁（局長）桂嵩慶に渡した。しかし、その設備は長い間露天に放置され、風雨に打たれていたため、部品の錆、破損や紛失が生じており、劉坤一、桂嵩慶を悩ませていた。劉坤一と桂嵩慶は張謇が資金調達の件で悩んでいることを知り、一石二鳥の策を考え出した。すなわち、設備を政府の出資とし、大生紗廠を民間から官合弁企業に変えさせることであった。そうすれば設備も使えるし、張謇の資金問題の一部も解決できた。

張謇はその案をそれほど受け入れたくなかったが、そのほかに別の良策もなかったため、躊躇した結果、その意見を採用した。双方は繰り返し交渉し、一八九六年一二月初めに次のような合意に達した。「政府所有の紡績機械を官本（官業資本、政府資本）銀五〇万両とし、大生も五〇万両の商本（商業資本）を集め、それで工場を建設し原料（綿花）を購入して資本金とする。資本の合計は銀一〇〇万両であり、一株を一〇〇両とし、株総数は一万株であり、官と商は永久的に合弁を行う。毎年の収益は株数で均等に配分し、損失赤字が出た場合にも株数で負担する。利害を共有し、両者の間に異説を出さない[23]」。調印後、通州の理事と上海の理事に、それぞれ二五万両の集金業務を分担させた。しかし、その後の状況を見ると、資金集めの進展は依然緩慢であった。一八九七年三月二六日に上海で理事会を開くまでに、上海理事の藩華茂、郭勛は集めた株数が六一一株で、実取の資本金はわずか二万両であった。通州理事が募集した株数は千二百株で、実際の資本金は五・八九万両であった。両地で合わせて一八一一株を募集したものの、五千株の計画までに大きな差があった[24]。

さらに重要な問題は、政府株の加入によって上海理事と通州理事の間の衝突がますます激しくなったことであった。通州理事は「潘、郭が調印して以来二〇カ月余りの月日が経ったが、一文も上納しなく、集金の仕事も一切行っていない[25]」と非難した。上海理事にもそれなりの理由もあった。藩華茂、郭勛は大生紗廠を民間企業から官商合弁に変えるのは既定の経営方針と合わないとした。また、政府の出資が政府の干渉と制約をもたらし、契約が信用できなくなるという意見を示した。張謇は懸命に両者を説得したが、最終的には上海理事と通州理事との分裂が避けられなくなった。こうして藩華茂、郭勛の二人は一八九七年七月に正式に理事の職務を辞した。

大生紗廠は民営から官民合弁となり、資金難の問題を解決できなかっただけではなく、新たな難局に陥った。張謇は手を尽くしたあげく、張之洞と劉坤一に助けを求めた。ちょうど同じ時期に、盛宣懐が張之洞と劉坤一に、上海で経営していた紗廠を外国商人に貸した件を報告した。張之洞と劉坤一は盛宣懐に資金の余裕ができたことを知り、盛宣懐に張謇への資金援助を要請した。盛宣懐もそれを承諾した。そして、張謇と盛宣懐は『通沪紗廠合弁約款』と『官商約款』の二つの協議書に調印した。『通沪紗廠合弁約款』は政府の機械を受領し、それぞれ通州と上海で紗廠を創設する契約であった。主な内容は以下の通りである。

(1)大生紗廠が受領した四万余りの紡錘の中から二万錘を上海の工場に分ける。(2)政府から受領した機械を五〇万両の出資金として通州工場と上海工場がそれぞれ半分を受領し、政府資本金を二五万両ずつとする。(3)上海工場の二五万両の政府資本金のほかに、盛宣懐は新株募集の責任をもつ。通州工場の二五万両の政府資本金のほかに、張謇と盛宣懐は新株募集の責任をもつ。(4)両工場の経営は張、盛が共同で行う。盛は通州工場の銀銭、機械を担当する。張は入荷、出荷を担当する。盛は上海工場の経営全般の責任を持つ。[26]

他方、『官商約款』は張謇と盛宣懐が政府代表の桂嵩慶との間で締結した紗廠建設に関する契約では、『通滬紗廠合弁約款』の内容を確認したこと以外に、注目に値する内容が二点ある。第一は「無庸仍照原約、請派官董」、すなわち、政府は官員を派遣して理事とせず、両工場の経営に干渉しないことである。第二は官利取得の方法について規定したことである。すなわち、毎年の所得利益の中から、一株につき、年間官利八厘を税金として上納するほかに(もし損失が出た場合あるいは八厘に足らない時は第一条の約定に従い、利害を共有する)余剰の政府株への配当部分は工場設立後の三年目まで徐々に納めていき、その間工場の中に留保しておいて、機械部品の購入などに充てる。四年目から七年目までは、前の三年間に積み立てられた政府株の余剰利益を四年間に分けて上納する。四年目から政府株の配分額は税金と一緒に上納する。[27]

張謇の言葉を借りれば、二つの協議の調印は進退窮まった大生紗廠にとって「挽回の一大関鍵」であった。[28] まず四万錘の半分の受領で、大生紗廠の集めるべき総額は半分に減らされ、張謇の負担を軽減した。次に官商合弁と異なり、政府は半分の株を有するが、官僚理事を出さず、紗廠の経営にも干渉せず、株主として単に官利だけを徴収することになった。明らかに「官商合弁」から「紳領商弁」となり、工場は実質上の民営企業となって商人の投資の促進に有利となった。もちろん、盛宣懐との契約には、完全に満足できないものもあった。例えば「盛は通州工場の銀銭、機械を担当する。張は入荷、出荷を担当する。盛は上海工場の経営全般の責任を持つ」という項目は明らかに不平等であった。しかし、困難な状況にある張謇は敢えて意を曲げて受け入れざるを得なかったのである。

官商合弁から紳領商弁への転換は、張謇の大生紗廠の創設活動が新しい一頁を開いたことを意味していた。しかし、資金調達は依然として困難な状況から脱出できなかった。紳領商弁の契約に調印後、張謇は一八九七年の初冬から工場の建設に着手した。職員と労働者の賃金および建築材料、防火設備、運輸などの費用が大きかったので、張謇の手元の六万両余りの現金はすぐ使い果たされた。しかし桂嵩慶、盛宣懐が約束した資金はまだ届いていなかった。調印時に、桂嵩慶が五万両の資金提供を口頭で約束したため、張謇は劉忠誠公（劉坤一）にその催促を頼んだが、結果は「桂の口約束は単なる放言であり、忠誠は之に譲歩するのみであり、したがって五万両の望はまったく水泡に帰する」[29]という状況であった。盛宣懐の場合はさらにひどかった。通州上海の紗廠合弁協議において、盛宣懐が張謇の代わりに流動資金を調達するという項目が明記されていたにもかかわらず、張謇が「何度も約束の実行を要請し、告急の書を沈痛な思いで差し出し」[30]資金提供を催促しても、盛宣懐は「百方手を尽して張謇を避けその要請を拒み、一向に正式な返答をしなかった」。計画内の資金調達が達成できない状況の下で、張謇は資金確保のために昼夜奔走したが、「甲日に一、二万を集めても、乙日にはすでに使い切ってしまい、丙日にまた集金しても、丁日には甲の返済に回さなければならない」[31]という状況が続いたのである。

しかし、張謇と沈燮鈞などの通州理事の努力によって、「工場を作り、機械を運輸し、工房を建築し、水門、河岸、堰を修築し、道路と橋を作り、すべての作業が次々と完成した」[32]。一八九八年の末になると、各工程が基本的に完成した。続いて、機械の設置と綿花を購入し、正式に運転して紗を作り出す準備にあたった。しかし、このような最も大事なときに、資金不足も頂点に達した。張謇の計算によれば、「資本金が二五万集金できたとしても、いろいろに使い回し、その綿花の購入に当てられるのはせいぜい四、五万であり、二万四百錘の機械は毎日三七、八箱の紗を生産し、一二〇石の綿花を必要とする計算であり、銀元にすれば三千元が必要であり、加えて灯油、材料、賃金、食料、利息返還金を一千元として計算すると、毎日四千元が必要となり、一カ月なら一二万元が必要で、三カ月で計算すれば三六万元がなければ、生産にまかなえなくなる。今資本金さえも集金できていないため、その欠乏はもっと大きいものである」[33]。

張謇は焦りに満ちた日々を送っていた。張謇の日記によれば、一一月一二日から二五日までのわずか一四日間に、張謇は劉坤一に五通の手紙を出し、張之洞、盛宣懐に三通の電報を打ち、資金援助を頼んだが、その結果は失望的なものであった。盛宣懐は無視、張之洞は支援できなかった。劉坤一は通州の知州の汪樹棠に若干の地方官金の援助を命じたが、汪と張謇との個人的な関係は悪かった。汪は一万両の援助を承知したが、わざと「賓興」と「公車」という地方の秀才、挙人の試験用の積立金を流用し、地方文人の張謇への強烈な不満を引き起こし、張謇を人々の攻撃の対象にさせた。そのような極端な困難の状況のもとで、大生紗廠が紗を作り出し、社会から信用を得るために、張謇は危険な応急措置をとった。例えば、月に一・二分の高利息で銭荘から借金し[34]、また購入した八万両ぐらいの綿花を上海に売り出して[35]、各項目の緊急の支出を賄った。

一八九九年三月二九日、大生紗廠は長かった建設工程をようやく終えて機械試運転の儀式を行い、半月後の四月一四日に、正式に生産を始めた。ところがそのとき、張謇は「生産の始め、手元の流動資金はわずか数万元しかなく、すべて沈敬夫の助けに頼り、あちこちでやり繰りし応急にあてたが、集まったのは小額であり、やり繰りには耐えなかった。新綿が市場に出るに至って、資金は枯れ果て、極めて危険な状態である」[36]という状況に直面していた。仕方なく、張謇は再び各方面に助けを求めたが、その結果は「両江総督に頼めば、使える言葉はすべて使い尽くした。他人に頼めば、笑われることになる」[37]というものであった。このようなす術のない状況の下、張謇は沈敬夫の「綿花のある限りに紗を作り、紗を売り綿を収め、さらに自転を続け、紗を作る綿がなくなるに至れば、すなわち生産を停め、紗廠を閉じるまで」[38]という意見を受け入れた。これは疑うべくもなく背水の陣であったが、幸い当時綿紗の相場は高揚を見せていたので利益を得ることができた。大生紗廠はこれにより難局から脱出し、経営も軌道に乗った。

一八九五年九月に張謇が大生紗廠の創設に着手してから一八九九年四月の生産開始までに、「前後にして五年間で、四四カ月を数えた」。そして四四カ月間に、大生紗廠は最初の商営から「官商合弁」へ、さらに「官商合弁」から「紳領商弁」へと企業組織の形態が変化した。生産規模は計画の四万錘から二万錘に縮小し、計画した株募集数は最初の商業資本の六〇万両から、官商合弁時には五〇万両に、さらに紳領商弁時には二五万両となった。商業資本の理事は入れ替わりが激しく、大生紗廠が建成した時には張謇のほかに、沈燮鈞、蒋錫坤、高清の三人しか残っていなかった。ところで、そのような激しい変化の中で、ただ一つだけ変わらなかったのは、大生紗廠がずっと資金不足の状況から抜け出せず、資金調達で非常に苦労したことであった。張謇は貸せる人さえいれば、額を問わず、頭を下げて借金した。時には、張謇は「状元」の身分を考えず、人に字を売った。いろいろな苦労を体験し、大生紗廠が落成し、生産を開始するまでに集めた総資本金は四四万五一〇〇両であり、その中には政府資金の二五万両と地方官金の四万一九〇〇両も含まれていた。それゆえ、民間から株募集の形で集めた資金はわずか一五万三二〇〇両であり、計画した商業資本額二五万両の六〇％に相当するに過ぎなかった(39)。そのような極めて困難の状況のもとで、張謇が困難に負けず、大生紗廠を建成し、生産を始めたのは奇跡にほかならない。張謇本人が持つ強い企業家精神に感心すると同時に、われわれは次の問題を提起せざるをえない。すなわち大生紗廠の株募集による資金調達はなぜ非常に難しかったのであろうか。当時の社会環境のもとで、風習の未開化、民間資金の限定、外国企業からの圧力などの要因のほかに、張謇本人に原因があるのであろうか。この問題については本章の第3節で分析を行う。

2　中国近代紡績企業の状況と大生紗廠の成功

「馬関条約」の調印と清政府が商工振興政策を次々と打ち出したため、進展していなかった中国の近代工業化はやっと一八九五年前後に新たな段階に入った。外国資本の流入と民間での工場設立のような活動の勃興によって、民用工業部門に短時日の間にいくつかの大規模な近代企業が誕生したのである。では、張謇が大生紗廠を創設した前後の

表5－1　1890年から99年までに落成した近代的紡績企業

年	工場所在地	工場名			注
			紡紗錘数量	布紡績機数量	
1890	上海	上海機器織布局	35,000	530	
1891	上海	華新紡績新局	7,008		
1892	武昌	湖北織布局	30,440	1,000	
1894	上海	華盛紡績総廠	64,556	750	
1894	上海	裕源紗廠	25,000		
1895	上海	裕晋紗廠	15,000		
1895	上海	大純紗廠	20,392		
1896	寧波	通久源紡紗織布局	18,000		
1897	無錫	業勤紗廠	10,192	400	
1897	蘇州	蘇綸紡紗廠	18,200		
1897	杭州	通益公紗廠	15,040		
1898	武昌	湖北紡績官局	50,064		
1898	上海	裕通	18,200		
1899	南通	大生紗廠	20,300		
1899	蕭山	通恵公紗廠	10,192		

出典：厳中平『中国綿紡績史稿』科学出版社、1963年、328～334頁。

中国の紡績業は一体どのような状況にあったであろうか。また大生紗廠は民族紡績業の形成と発展において非常に重要な役割を演じたが、どのように外資系の紡績企業との激しい競争を行い、成功を収めたのであろうか。

㈠中国近代紡績企業の状況と大生紗廠の地位

まず大生紗廠が創設される前の中国の近代紡績業の基本状況を見てみよう。表5－1に示したように、一八七〇年代末に、洋務運動の推進者はすでに近代紡績業の必要性を意識していたが、実際の進展は極めて緩慢であった。八〇年代末までに操業できた紡績工場は一つもなかった。九〇年代に入った後、そのような難産状態はやっと変わり、一八九五年までに七つの紡績工場が相次いで落成し、一七万四五六四錘の紡紗機と千八百台の紡績機械を有するようになった。それらの紡績工場は湖北織布局のほかに、上海に集中していた。各工場の所有した平均的な紡績機械数は（操業当時の紡績機械の錘数で計算すると）二万八千錘であった。その中で、上海織布局、湖北織布局および上海華盛紡績工場（上海織布局から改組）が設立時にそれぞれ有した紡績機の紡錘数は三万錘以上であった。規模上では、当時の西洋国家の紡績工場のレベルと大きな差はなかった。当時の資料によれば、それらの紡績工場が設立した当初の経営状況は一般的によかったため、その後の紡績業投資のブームを引き起こしたのである。

表5－1に示した通り、一八九六～九九年の三年間に八つの紡績工場が設立された。一八九五年以前と比べれば、数量上は倍近くになった。それらの紡績工場の規模は一般的に小さかったが、注目すべきは湖北紡績官局のほかはすべて商弁企業であったことである。また、それらの工場は紗の紡績専業で、布の紡績は兼業しなかった。所在地を見ると、ほとんどは江浙周辺の蘇州、無錫、南通、寧波、杭州などに位置し、上海だけに集中していなかった。明らかに、それらの特徴は一九世紀の後半から民間資本投資の波に推し進められて中国の近代的な民族紡績業がすでにある程度発展していたことを示している。一八九九年までに、中国の近代的な民族紡績企業は一三社に達し、紡紗機総数も三二万錘に達していた。

一八九〇年代の近代的な紡績業の形成は、中国の民族資本が西洋列強の経済収奪に抵抗しようとする強い願望を反映していたが、それらの新生した民族紡績企業は順調に発展できなかった。上述したように、大生紗廠が建設時の綿花の市場価格上昇と上海綿紗市場の状況の変化に伴い、多数の紗廠の経営状況は甲午戦争以前に及ばなかったのである。収益は大幅に下落し、状況がますます難しくなり、経営を維持できなくなった企業も出てきた。それらの企業がやむをえず改組されたり転売されたのは一般的な現象であった。例えば、近代的な紡績企業が最も集中した上海では、一八九〇～九八年の間に設立した民族資本の紡績工場は六つであったが、状況が不明の華新紡績総局を除いた五つの企業はすべて改組あるいは転売されたのである。一八九四年に設立された裕源紗廠は一八九五年に裕通紗廠に改組された。一八九五年に設立された裕晋紗廠は、一八九七年に英国商人に転売されて協隆紡績局に改名されたが、一九〇二年に日本の三井物産上海支店の山本条太郎に買収された。大純紗廠は一八九五年に設立されたが、「開業後まもなく、流動資金が枯渇し、維持ができないため、他人に賃貸し、和太に改名された」[40]。

このように甲午戦争後の民族紡績企業の勃興は一時的なものであった。では、その期間の外資企業の進出と経営状況はどのようなものであったのであろうか。汪敬虞が編集した『中国近代工業史資料』によれば[41]、甲午戦争から一九世紀末の五年間に、中国の裕晋紗廠から改名された協隆紗廠を別にすれば、外国資本が中国に設立した紡績企業は四つであり、上海に集中し、ともに一八九七年に建設されていた。イギリスの怡和洋行の怡和紗廠（Ewo Cotton Spinning Weaving Co, Ltd）は紡紗機械を四万錘所有していた。老公茂洋行（Messre I Ibe & Co）の老公茂紗廠（Laou Kung Maw Cotton Spinning and Weaving Co, Ltd）は紡紗機械を二万錘所有していた。アメリカの茂生洋行の鴻源紗廠（International Cotton Manufacturing Co, Ltd）は紡紗機械を四万錘所有していた。ドイツの瑞記洋行（Arnhold Karberg & Co, Ltd）の瑞記紗廠（Soy Chee Spinning Co, Ltd）は紡紗機械を四万錘所有していた。この四つの外資企業の紗錘の総数は約一四万錘であり[42]、中国民族紡績企業が有した紗錘総数の六八％に相当していた。また平均規模が三万二千錘で、明らかに中国民族紡績企業の平均規模より大きかった。

他方、その経営状況をみると、中国の民族紡績企業と似た点があった。すなわち、最初の段階では収益がよかったが、二年経つと相次いで困難の状況に陥った。例えば、イギリス商人が協隆紗廠を受け継いだ後、経営はずっと好転せず、資金が不足したため、道勝銀行に資金を借り続けた。その額は一九〇一年にすでに三七・六万両にも達した[43]。会社は増資と資産売却などで難局から脱しようとしたが成功せず、一九〇一年末に売却された。鴻源紗廠の経営状況も相当厳しく、損失額が毎年累増していた。株主たちは失望し、トオクシティンは一九〇〇年の株主総会で次のように話した。「私が前の報告をみた。一年目、三億九千万両の利潤を儲けたが、二年目、五千両の損失がでた。昨年、また四億九千万両の損を出したが、今年さらに一六万六千両の損を算出した。このまま続けていけば、来年の損失は二〇万両になるであろう[44]」。ここから、同社の損失の状況は相当厳しかったことがわかる。一九〇一年までに、鴻源

表5－2　大生紗廠株式有限会社の成長

年度	紡錘数	資本（両）	積立金（両）	年純利益（両）	備　　考
1899	20,350	500,000	—	—	開業
1900	20,350	500,000	10,000	52,369	
1901	20,350	580,000	25,000	105,978	
1902	20,350	580,000	55,000	187,002	
1903	20,350	1,130,000	141,494	265,134	新株の増設
1904	40,700	1,130,000	172,908	222,253	紡紗機を増設生産
1905	40,700	1,802,490	307,939	483,070	分社増設のため新株の発行
1906	40,700	1,802,490	387,939	400,204	崇明分廠建成で大生紡紗有限公司に改名
1907	66,700	1,919,390	393,939	55,904	
1908	66,700	1,995,790	413,939	158,852	
1909	66,700	1,995,790	437,939	247,447	以下、純利益は分廠を含める
1910	66,700	1,995,790	443,939	75,324	
1911	66,700	1,995,790	543,939	172,216	
1912	66,700	1,995,790	473,939	442,035	
1913	66,700	1,995,790	522,939	530,231	分廠は「自保険」に加入

出典：厳中平著／伊田薫家訳『中国近代産業発展史：中国綿紡績史稿』校倉書房、1966年、185頁。

紗廠が「道勝銀行に借り越した額は四七万五〇〇〇両に達した」[45]。企業の財務面の負担を軽減するために、会社は資本額を二五％減らし、「株主に目前の犠牲を受け入れてほしい」と希望した。当時資本力が一番強かった怡和紗廠も例外ではなく、損失が大きかったため、一九〇二年に会社は「資本金を一七五万両から七五万両に減らす」[46]減資措置を宣言した。

以上は一八九〇年代の中国における近代紡績工業の形成初期の基本状況である。資金力の弱い民族紡績企業にしても、資金力の強い外資紡績企業にしても、多くは短い時間で大きな起伏を経験し、それゆえ一九〇〇～〇四年の間に新たな紡績企業は創られなかったことがわかる。では、紡績業が不景気に陥った背景のもとで、大生紗廠の状況はどうだったのであろうか。まず、大生紗廠の初期の発展状況を考察しよう。

表5－2から、一八九九年から一九〇七年までの大生紗廠の発展は相当速かったことがわかる。上述のように、一八九九年の大生紗廠は紡績業の中では規模が小さく、資本金が五〇万両で、紡紗機が二万三百錘であったが、一九〇七年になると、資本金を二・三倍に増やし、紡紗機も六万六七〇〇錘に増加した。しかし、同じ期間の民族紡績企業の紡紗機はほとんど増加しな

かったため、大生紗廠の紡紗機が民族紡績企業のそれに占める割合は六%から一六%に高まり、一躍して民族紡績業における最大規模の企業となった。経営状況を見ても、純利益が毎年大幅に上昇し、一九〇〇年から〇五年の間に、年純利益は五万二三六八両から四八万三〇七〇両へと、八・二倍も増加した。収益状況がよかったので、大生紗廠は活気にあふれ、二〇世紀初期の中国民族工業の優良企業となった。当時の民族紡績企業が挫折を経験していた中で、大生紗廠の発展は疑いなく人々に希望と励ましを与えた。厳中平によれば、「われわれが上述した一九の紗廠を考察し、リース、転売などがなく、却って資本を増やし続けたのは南通の大生紗廠一つだけであった。ほかの一八の企業はすべて失敗を経験した」(47)。では、大生紗廠はどのように外資紡績企業との激しい競争に勝てたのであろうか。そして大生紗廠が成功した要因はどのようなものであろうか。

(二)大生紗廠が成功できた要因

大生紗廠の成功の要因については、中日両国の研究者が綿密な研究を行っている。さまざまな角度からの分析は大生紗廠の成功の要因が多方面にわたっていることを示している。それらはいずれも非常に有意義であるが、現存の研究成果の中では中井英基の行った分析に最も注目すべきである。彼は『張謇と中国近代企業』の中で、大生紗廠の発展過程を研究しながら、近代の中国民族紡績業の早期衰退の原因について実証的な分析を行っている。彼は次のように指摘している。近代の中国民族紡績業が正常な発展ができなかったのは中国の研究者がよく提起する外国の綿紗のダンピング、外資企業の圧迫、清政府官僚の介入、高利貸の貪りなどの外部要因の影響と関わっているが、より決定的な要因は、近代中国民族企業の経営者自身の企業家精神と近代企業の管理能力の欠如にあった。中井は多数の近代紡績企業の失敗と大生紗廠の成功の事例から、内部要因に関する論証と解釈が支持されるという認識を示した。彼は、企業が市場原理の行為主体であること、企業家の主観的能動性が企業成長における決定的な役割を果たすことを強調した。そして、大生紗廠の市場対策および張謇の企業家精神に対する具体的な考察を通じて自らの仮説を論証した。中井の分析はわれわれに大きな啓発を与えるものであり、参考に値する。彼の研究を基礎として大生紗廠成功の原因を改めて分析しよう。

①「当地生産と当地販売」経営戦略の確立と市場対策の成功

ほとんどの研究は「綿貴紗賤」が一九世紀末と二〇世紀初期における中国民族紡績業の衰退と紡績企業の経営の失敗の重要な原因であると指摘している。綿貴紗賤というのは綿花価格の上昇と綿紗価格の下落が同時に発生することを指す。その現象が紗の紡績企業の経営に与える直接的な影響は、生産コストの上昇と販売収入の下落である。当時の資料には、「一八九一年前後、上海において、綿花一担の価格は約一二両から一四両までの間で浮動していたが、一八九六年になると、綿花一担の価格はすでに一四両から一九両までの間に上昇した。綿紗と綿花の相対価格は一八八九～九二年の間に、紗一担が約一・六六担の綿花に相当していたが、一八九三～一九〇二年の間には、約一・四九担の綿花にしか当らなかった」[48]。「近年綿花価格が日々上昇した」一方で「紗の価格がそれなり値上がらない」ことが紡績企業の損失をもたらした重要な要因の一つとなった。

当時の状況を見れば「綿貴紗賤」の現象の形成は以下の要因によるものであった。⑴近代紡績工場の急激の増加が綿花需要を拡大しただけではなく、綿紗の販売市場における競争を強めた。⑵日本紡績業の発展が中国からの綿花の輸入を促したと同時に、中国に対する綿紗のダンピングをも強めた。⑶自然災害などの要因で中国およびインド、アメリカでは相次いで綿花の収穫が減少したため、国内外の綿花市場はたびたび供給不足に陥った。⑷当時の中国の国内は市場体系が整っておらず、交通も不便であり、その上、厘金制度があったので、綿花などの原材料の運輸と流通は大きく制約された。また近代紡績企業が上海と江浙に集中していたため、市場流通によって綿花の供給と価格を調整する機能はほとんど効かなかった。⑸自家製の布は農村の主要な副業として維持し続ける必要があったため、洋紗が土紗に取って代わるには時間がかかった。そしてそれが綿紗需要の増加を制限した。これら「綿貴紗賤」現象の形成要因から、大生紗廠が設立されたときから独特な市場構造に直面せざるをえなかったことが窺われる。したがって、こうした状況に相応する経営戦略と市場対策を制定できるかどうかが成功の鍵となった。大生紗廠が成功を収めたのは、張謇が市場の状況に応じて、「当地生産と当地販売」経営方針と有効な市場対策を制定したことにあった。

いわゆる「当地生産と当地販売」というのは、張謇の言葉によれば、「当地で手紡を習い覚えた労働者を雇い、当地に出産した綿花で紡ぎ出した糸を当地および近隣の州県に売り捌く」[49]ことである。つまり、南通地方産出の綿花を主要な原料とし、自家製布に必要な一二支の粗紗を主力製品とし、南通と周辺地域の自家製布生産家庭を主要な販売対象としたのである。「当地生産と当地販売」という経営戦略は「通州で紗廠を創設するのは、通州の民生の役に立たせるためである」という張謇の大生紗廠創設の趣旨を体現したものであったが、企業経営の角度からみれば、それは張謇の大生紗廠の生存発展に対する周密な考えをも体現していた。

第一に、南通産出の綿花は、数量も質も大生紗廠の需要を満たすものであった。大生紗廠が創設される以前、同地の綿花は大体日本の商社が購入していたので、「綿花は輸出され、紗は輸入されるのは日々盛んになっている」状況であった。しかし大生紗廠は自身の有利な地理と社会条件を利用し、綿花資源の競争の勝機をつかんだ。第二に、同地の手工紡績が発達していたため、綿紗の市場需要が旺盛であった。一八九九年に、機械産の粗紗を原料とする関荘布の通州市場における洋紗に対する需要量は一日一二〇件にも達し、大生紗廠の一日の産出量四五件の三倍に相当した。[50]こうした綿紗の需要は大生紗廠の一二支粗紗の主力製品が成熟した市場基盤を有していたことを意味する。第三に、大生紗廠の商人理事の沈燮鈞、劉桂馨らは関荘布の商人であった。彼らが経営した恒記と劉正という店は当地の関荘布の交易で指折りの有名店であったため、同地で大きな影響力をもち、布紡績家庭とも密接な関係を持っていた。この「人脈」の存在は、大生紗廠が同地の綿紗市場をコントロールするのに有利な条件を提供した。第四に、南通および周辺地域の布紡績家庭を主要な販売対象にして、輸送費用を節約しただけではなく、流通による税金徴収を減少させて流通コストを削減して、綿紗の競争力を高めた。第五に、張謇本人が当地で知名な人物であり、良好の社会的信用を有していたため、信用面でほかの紗廠が持ち得ない優位性を持っていた。以上より、「当地生産と当地販売」を大生紗廠の主要な経営戦略にしたのは主観・客観両方の条件に合致する選択であり、それが大生紗廠の順調な発展に疑いなく重要な役目を果たしたことは明らかである。

「当地生産と当地販売」の目的は大生紗廠が持っていた各方面の優位性を十分に利用することにあった。しかし一方で、中井英基が分析したように、大生紗廠が持っていた上述の優位性はその成功を充分に保証するものではなかった。なぜならば、江浙周辺の民族紡績企業は自然条件と社会条件の面では大生紗廠と似ている優位性を持っていたからである。しかし彼らは原材料を当地から買い集め、粗紗を生産し、製品も同地で販売していたにもかかわらずその結果は大生紗廠と大きく異なっていた。この事実は明らかに、経営戦略の選択の重要性を証明している。経営戦略を確定した後に、企業経営のキーポイントをつかみ、市場競争に有効な対策を制定できるかどうかは、企業の生存と発展に決定的な意味を持っている。大生紗廠が成功を獲得した原因はまさにこの点にあった。

同地の自家製の粗布生産の需要を満たすために、大生紗廠は主要製品を一二支粗紗とした。周知のように、八～一四支の粗紗の生産は細紗の生産と異なり、原材料費が生産コストに占める割合は七〇～八〇％にも達した。統計によれば、一八九九年九月、大生紗廠の綿花の購入費が総生産コストに占める割合は八四・三八％に達した(51)。明らかに、「綿貴紗賤」の市場背景のもとで、粗紗の生産は不利であった。技術と生産効率を短期間に向上できないとすれば、企業間の競争の勝敗の鍵は生産面になく、流通面にあったといえる。つまり、企業がいかに綿花原材料と綿紗市場の安定した占有を実現するかが企業の運命にかかわっていたのである。張謇は優れた企業家であり、最初からそれを意識していた。彼は「紡績工場の利益の多寡は鍵は進花出紗（綿花調達と綿糸販売）にその枢がある(52)」と指摘し、「進花出紗」を「工場の大綱」とみなし[53]、綿花の購入と綿紗の販売について具体的な対策を制定した。

まず、綿花対策からみれば、張謇が採った主要な措置は四点挙げられる。

第一は綿花購入のネットワークの構築である。大量の綿花の購入はまとまったシステムがなければ、うまく行えない。そのため、張謇は綿花の購入管理を重視していた。大生紗廠が生産を開始する前に、張謇は専門機構の本荘と分荘（本荘は大生紗廠の正門前に、分荘は各綿花産地および集散地に設置し、分荘の数は二三家に達し、各分荘に職員を一五～二〇人配置した）を設置し、綿花の購入にあたらせた[54]。また、綿花の生産と販売に詳しい沈燮鈞に綿花の購入および綿紗の販売に責任を持たせると同時に、綿紗の品質管理を保証するために、原綿の品質がよくわかる「称手」に原綿の購入を担当させた。また、大生紗廠が操業を始めた後に、張謇は外地の紗廠および日本紗廠と競争できるように、綿花購入のネットワークの拡充に力を入れ、農村の綿花商人と協力関係を結んだ。その協力関係は主に二つのルートで結ばれた。その一つは「抄荘」と呼ばれた。つまり、大生紗廠は綿花商人と先に購入契約を結び、購入数量を約束する。綿花商人は自己資金で綿花を購入し、大生紗廠は料金と運賃などを支払うが、税金は負担しない。もう一つは「下荘」と呼ばれた。それは大生紗廠に綿花の購入資金の大部分を提供され、専門的に大生紗廠に綿花の購入を扱う大生紗廠の代理商であり、その活動はすべて大生紗廠の指揮に従う。大生紗廠は「下荘」に優利な資金条件を提供し、利息を徴集せず、税金と運賃も支払ったが、提供した資金が濫用されないように、検査と監督を常に行った。「抄荘」と「下荘」は当地の綿花生産の状況に詳しく、農家との価格交渉時に有利な立場に立ち、大生紗廠がよい綿花を獲得するのに重要な役割を果たした。

第二は十分な在庫の維持である。中井英基は一九世紀末と二〇世紀初の中国民族紡績企業の衰退の原因を分析して、次のように指摘した。多数の民族企業が「綿貴紗賤」に苦しまされた重要な要因は、資金制約と主観的な認識（綿花の産地に近く、随時に綿花を買える）によって、正常な在庫管理を行わなかったことにある。それらの企業は綿花の在庫量が少なく、半月の生産にしか供給できなかったり、あるいはまったく在庫がなかった時もあり、綿紗の生産と収益は市場価格の短期変動に左右された。しかし、大生紗廠の状況は異なっていた。上述のように、大生紗廠の初期の資金繰りが極めて厳しい状況の中で、張謇は「綿花のある限りに紗を作り、紗を売り、綿を買い、自己循環を行う」(55)方法で難関を乗り越えたのである。張謇はその成功にもかかわらず、在庫を軽視せず、終始十分の綿花在庫を確保し、企業経営の安定に結びつけた。彼は、「綿花の量が充足し、また価格も安定すれば、販売の方がコントロールでき、優勢を取れる(56)」と考えていた。そのため、大生紗廠の綿花の在庫量はほかの紡績企業よりも多く、通常は半年から一年の需要を満足できる量の綿花の確保に努めていた。綿花在庫の資金繰りのために、張謇は企業外部から一部の資金を借りるほかに、配当の延期支払いや企業の積立金などを転用する方法で、流動資金不足の状況を緩和し、綿花の在庫を一定のレベル（半年以上）に維持していた。大生紗廠の帳簿によれば、一九〇〇年、すなわち工場生産開始の翌年の在庫は約一七・三八万両であったが、一九〇一年の在庫の総価値は四二・七九万両に増加し、一九〇二年には五二万両、一九〇三年には一〇二・四五万両に激増した。その後の数年間は、在庫綿花の総価値は約一〇〇万両に達した(57)。

第三は、市場調査と市場変化による綿花購入戦略である。「二〇世紀の初め、通州、海門、崇明三県の皮綿の生産量が約毎年三〇万包ぐらいであり、大生紗廠の年間使用量は約四万包であり、上海一六万包、山東あたりは約四～五万包に運輸され、残る分は地方に使われる(58)」状況にあった。南通の綿花の産出は豊富であったが、綿花市場における需要量がますます拡大する状況において、割安の価格で良質な綿花を購入するのは容易なことではなかった。張謇は綿花市場のイニシアテイブを握る前提条件として、供給関係の重要性を認識していた。張謇は綿花市場の調査を重視し、気候と綿花の生産状況と市場の需給状態を見極めた上で、綿花の購入策を確定した。一九〇三年、張謇は事前の調査により、綿花の減産を予想したため、「収穫後すぐ値段付け購入する」戦略を採り、綿農を引きつけた。翌年は綿花が豊作であったため、張謇は安く購入したかったが、上海の紡績工場が判断を間違え、「昨年の通州の工場の方法を真似、収穫後すぐ値段付け購入」したため、「市場が乱れた」。その時、張謇はすぐ綿花を入荷せず、「各分荘に綿花の購入を中止するように厳命した」。その後、「上海市場の価格が下げつつ」あるようになってから「少しずつ購入するようになり」、綿花の価格が大幅に下落した後に大量に購入を行ったのである。(59) 一九〇五年、通州海門地域が台風に見舞われ、綿花の収穫が大幅に減少したため、張謇は新綿が市場に出回った後、高価格で購入した。「購入価格が上海市場より高かった」ため、上海の工場は高価格を敬遠し、綿花の購入に躊躇した。結果的に、張謇が予想した通りに、「秋から年末にかけ、工場が購入した綿花は五万六一〇〇包余りで、平均で一包が二三元であった。今年、通州地方でも、一包が二五元に上昇した。紗を紡がなくても、綿花だけですでに利益が出た」のである。(60)

次に綿紗の販売対策を考察しよう。大生紗廠が残した資料によると、薄利で販売を拡大するのは張謇の綿紗販売における基本方針であった。しかし、薄利での販売拡大を堅持したのは、市場競争の要因のほかに、大生紗廠が販売先や紡績家庭との関係を水魚の関係とし、利益を販売先や紡績家庭にも分配することを発展の条件とみなしたためであった。張謇は「通常商業では高く売り安く買うのは皆考えることであるが、自分の利益だけを考え、他人に損を与えることをすれば必ず見捨てられる」(61)と考えた。彼は「紗廠が販売先を考慮せず、利益を出させ、活性をつけないと、最終的な手段ではない」(62)と繰り返して強調した。ゆえに、大生紗廠は紗を販売するときに、「価格を抑えに抑え、通州の紗を購入するものが得る利益が常に上海に売り出す紗より多くなるようにした」(63)。当然のことながら、上海各紗廠が綿紗の販売で苦しんでいたときにも、大生紗廠の販売状況はよかった。

薄利で販売する方針を堅持すると同時に、張謇はさまざまな方法で綿紗の販売ネットワークを拡大していた。一八八〇年代に積極的に厘金制度の改革を唱えた張謇は、地方の商人たちと密接な個人的関係を作るようになった。大生紗廠創設後、張謇はそれらの関係を大生紗廠の販売ネットワークに活かし、自家製布の販売商に大生紗廠の紗を原料とする自家製布を積極的に購入させようとした。一方、綿花の購入商の力を十分に利用し、彼らにも大生紗廠の綿紗を販売させた。こうして紡績家庭（特に綿花も生産し、自家製布も生産する兼業農家）にとって、大生紗廠の綿紗で生産する自家製布は価格が安く、また布商人に受け入れやすいものになった。大生紗廠の綿紗は大いに受け入れられ、生産した綿紗の半分が当地の紡績家庭に吸収された。「三一（一九〇五）年の通州地方の販売した紗の総数を考察すれば、崇明を含めないことを考え、本工場が一〇分の五六に占める。将来の発展が明るい」[64]。

②大生紗廠の内部制度および人事管理制度

張謇は綿花の購入と綿紗の販売を重視し、「綿花を入荷し、紗を作り出す」を「工場の経営の中心」とみなしていたが、生産過程の管理もおろそかにしなかった。事実、大生紗廠が激しい市場競争の中で生存でき、また良好な利益を得られたのは、さまざまな方法で原材料のコストを下げるほかに、厳格な賃金と労務管理によって綿紗の加工コストを下げ、製品の市場における価格競争力を保証したことと無関係ではない。

一八九五年以後、民族資本の近代企業創設と外資企業の急激な増加に伴い、上海における労働者の賃金は高まり、特に紡績業は比較的高くなった。賃金水準の上昇は紡績企業間の紡績労働者の争奪と関連していたため、民族紡績業の経営に大きな影響を及ぼした。この点については、当時の某外国商会が訪華団の報告の中で「上海新紡績の創設および各工場の労働者に対する雇用競争が賃金アップを作り上げた」[65]と書いている。李鴻章も『上海華廠紡績虧累招商折』の中で「洋廠が楊樹浦に集まり、わが廠と隣するため、男女の熟練者は高賃金で引かれた」と述べ、また「この雇用競争によって製造コストが上昇した」とも述べている。こうして、賃金コストの上昇が上海の民族紡績企業の経営に大きな圧力をかけたのである。

しかし、それと比べると、大生紗廠の賃金コストは低いレベルに抑えられていた。『中国近代工業史資料』によれば、「南通大生紗廠の労働者の平均賃金が上海紗廠の賃金より一〇〜二〇％低かった。例えば、梳綿工の賃金は二・二元

（〇・〇八米ドル）であったが、上海は二・五〜三・〇元であった」[66]。したがって大生紗廠の賃金コストが製品コストに占める割合は極めて小さかった。一九〇七年の大生紗廠の綿紗一箱の販売価格は一〇七・五元であった。そのうち、綿花のコストが八四％、賃金コストが二・八％、利潤が一三・三％であった[67]。上海などの紗廠の綿紗価格の構成は資料からはわからないが、平均賃金コストが大生紗廠より高かったため、両者の綿紗価格が同じであれば、大生紗廠の利潤は上海のそれよりも高かったであろう。

低廉な賃金コストは大生紗廠の製品が価格面において強い競争力を持ち、大生紗廠が市場競争に負けなかった重要な要因であった。大生紗廠が賃金コストをコントロールできたのは、通州と海門周辺の豊富な労働力に恵まれたからであった。しかし、企業経営の角度から指摘すべきなのは、賃金コストの高低はあくまでも労働生産性の問題である。技術装備条件が同じ状況では、労働生産性の高低は有効な経営組織と労務管理制度に依存する。この意味からいえば、大生紗廠が賃金コストを含めた綿紗の加工コストをうまくコントロールできたのは、同地の豊富な労働力資源という客観的な条件と関わっていたが、さらに重要なのは張謇が人材という鍵を握り、比較的整備された経営組織と労務管理制度を定めたからであった。

まず、「適材適所」という組織原則に従い、張謇は責任と権利がはっきりする管理体制を整えた。大生紗廠が開業する前に、張謇はほかの理事と一緒に『廠約』と内容が一九五項目にも達する『大生紗廠章程』を制定し、ほとんどのポストと労働分野に対してはっきりした制度上の規定を定めた。特に管理層の職員に対する規定は非常に明確なものであった。

張謇が担当した社長の職責は「官商間の融通をし、便益の利を規定し、弊害を除き、章程を定め、仕事の進度を監督し、功績を見定め、賞罰を行う」[68]ものであった。社長の下に、出入荷、廠工、雑務、銀銭の四つの部門を設け、四人の商人理事に担当させ、出入荷理事には子花桟、浄花桟、卸売り所、小売り所を統轄させた。銀銭帳簿理事は銀銭の総帳簿を統轄した。廠工理事は工帳房（揀花廠、軋花廠、清花廠、粗紗廠、揺紗廠、成包廠を含む）、机帳房、物料所を統轄した。雑務理事は雑帳房を統轄した。この四つの部門の理事は直接張謇に対して責任を負っていた。彼らは各自若干の執事（職員）を任命かつ管轄することができた。張謇は特に人材の適材適所を重視した。彼は人材使用の道は、「人材の能力と担当の地位を理解してから、仕事を任せる」[69]にあるという認識を持っていた。その原則に従い、通州関荘布の商人出身で、市場の状況に極めて熟知した沈敬夫に入出荷理事を担当させた。同様に木材商人出身の高清に廠工理事を、徐翔林に雑務理事を担当させた。同時に張謇は兄の張詧に官職を辞してもらい、紗廠の協理を担当させて大生紗廠の経営管理を補助してもらった。張詧は以前布の商売をしていたため、工場の経営には詳しかった。それらの理事はいずれも能力のある人で、また広範な社会関係を持っていたので、彼らは大生紗廠の発展に重要な役割を果たした。

次に、大生紗廠はほかの民族資本企業と同様に、資本主義的な雇用制度を採り、工頭制、抄身制、体罰制、存工制を実行した。また賃金コストを削減するために大量の女工と童工を雇い、一二時間労働を実施した。仕事の効率を上げるために、出来高賃金制度を実施した。しかし注意すべきなのは、大生紗廠の実行した労務管理制度にはほかの国内の民族紡績企業と異なったところもあったことである。例えば、瑞記紗廠のような外資企業を含めた上海の紡績企業は概ね「包工制度」を採用していた。この制度のもとでは「工頭がすべての人員の雇用、解雇、賃金の支払いを握り、労働者と関係するすべての責任も工頭は負う……月末に、公司が製品の数で全体職員の賃金を工頭に渡し、工頭は職員の平日の振舞いによって各職員に配分する」[70]ことが行われていた。包工頭の労働者のコントロールが強い封建的色彩を帯びる「包工制度」を大生紗廠が実施しなかったのは、張謇が「包工制度」の危険性を十分に意識し、労使矛盾の回避と人身の自由の必要性を認識したからであった。張謇は労働者に人身の自由を与えたため、賃金水準が低かったにもかかわらず、大生紗廠の労使対立はほかの企業より緩やかなものであり、労働生産性の上昇に寄与した。

また、大生紗廠の労働者は地元の破産していなかった農民であったが、彼らは賃金収入で家族を養えないので、大生紗廠で仕事すると同時に農作業と家庭労働を行わなければならなかった。そのような状況に鑑みて、張謇は「工も農も、工耕融合」という労務管理制度を打ち立てた。すなわち、繁農期には大生紗廠が生産を一時中止し、労働者を農作業のために帰らせた。当時このような労務管理制度を実行した企業は極めて珍しかった。しかし、このような労務管理制度は熟練労働者流出の防止と賃金コストのコントロールに非常に有効であった。なぜならば、農民は自らの小生産者としての地位を大事にしており、彼らの個人経営に有利ならば、低賃金にもかかわらず大生紗廠の仕事を辞めないからである。

一九世紀末と二〇世紀初めに成立した二〇近くの紗廠規定制度をある研究者が比較したところ、彼らは大生紗廠の管理制度が比較的に整備されたものであったとの結論を出した(71)。以上により、比較的整備された経営管理制度の確立が大生紗廠の成功の重要な要因であったといえよう。

3 張謇の経営多角化戦略

大生紗廠の建設後、張謇の企業創設活動は非常に頻繁に行われた。光緒二七（一九〇一）年から光緒三三（一九〇七年）のわずか七年間に、張謇が創設した株式会社は一九にも達した。それらの企業の部門と業種は農耕、運輸、紡績、食品、造酒、生活用品、印刷出版、製鉄などであり、大生紗廠を中心とする企業集団を構築した。近代中国民族資本がまだ幼年期にある時に、大生企業集団の出現は注目に値する経済現象であった。では、大生企業集団は一体どのように形成と発展を遂げたのであろうか。また大生紗廠の経営が上昇局面にあったときに、張謇がなぜ急いで他の領域に発展の機会を求めたのであろうか。この問題に回答するためには、張謇が創設した大生企業集団の構成企業の具体的な背景と経過を考察しなければならない。

㈠通海墾牧公司の創設

通海墾牧公司の創設は張謇が大生紗廠を創設後、従事した最も社会的影響のある大事業であった。「中国に墾牧公司ができたのは、壮挙である」[72]。この張謇本人の言葉から、その事業の完成に対する彼の誇りを読み取れるであろう。

通海墾牧公司が正式に設立されたのは一九〇一年であったが、張謇がそれを発想したのは六年前に遡る。甲午戦争中、張謇は朝廷の命令を受け、通州と海門の地域で「団練」を行っていた。団練に必要な銀銭は地方の農民に対する租税でまかなっていたが、張謇はそれが生活に苦しんでいた農民にとって重い負担であるとし、それをやめようとした。そこで彼は「典肆に二四櫃の書籍を付し、質銀一千元を得て、通州と海門の団練に資する」[73]ことにした。しばらく後、張謇は通州と海門の各地を巡察した途中で、通州と海門の沿海に大きな未開墾の荒地を見つけ、そこに希望を見出した。すなわち、荒地を開墾して農民に使わせれば、農業の振興ができ、農民耕地の不足の困難を解決できるほかに、海防費用の解決にも利すると考えたのである。こうして、光緒二三（一八九七）年に、張謇は朝廷に公司を創設し、荒地を開墾する建議を正式に提出した。

一八九九年四月、朝廷は各省に令を出し、民に荒地の開墾を勧誘し、官僚の干渉を禁じた。また開墾を奨励するため、租税免除の年限を設けないことにした。張謇はその後、再び耕地開墾の件を提起した。しかし、状況の変化により、耕地の開墾はすでに新しい経済的意義を有するようになった。上述のように、その年、大生紗廠がすでに完成し、予想外の成功を収めたことは張謇を勇気づけたが、厳しい市場環境に直面した張謇はその後の発展を懸念していた。「綿貴紗賤」の影響を克服するため綿花の入荷と綿紗の販売で採用した戦略は顕著な成果を収めたが、激しい競争の中で、張謇は地理上の優位性と流通ネットワークの整備だけでは資金力の強い外資企業との競争に勝てないと強く認識していた。したがって、根本的に綿花の原材料の問題を解決するために、自前の綿花生産基地の開拓を決意したのである。彼自身の言葉でいえば、「原花は輸出されるものが多いために値段も高い。しかし、各国では紡績業者で自ら綿花栽培を経営する者はまだいないが、これは上策ではない[74]」のであった。すなわち、張謇が耕地開墾を提起したのは単に農業の振興と農地不足の改善だけではなく、企業発展の戦略のためであった。このときの張謇は書を売り、資金を集めた彼ではなく、大生紗廠の経済収益が資金面で強い後ろ盾を与えていた。そのことが彼の荒地を開墾する決心を強めた。これらの条件の変化は張謇に墾牧公司の創設がすでに実現段階にきたと感じさせた。彼が一九〇〇年に朝廷に株式会社制度による通海墾牧公司を創設する申請を出したところ、すぐ認められたため、彼の企業活動の領域は工業から農業に拡大することになった。

一九〇五年以後、中国の紡績業に回復の徴候が現れると、西洋諸国による中国市場の争奪も激しくなった。特に日露戦争に勝利を収めた日本が中国における経済拡張の歩みを加速した。財閥は中国の民族資本の紡績企業を買収すると同時に、自らの綿花買取のネットワークを作った。「一九一〇年、日本綿業株式会社が南通地域の優良の綿花原料を貪り、触角を通州と海門の産綿区に手を伸ばし、一三〇余りの買収代理店を設けて、大生紗廠と原綿の買取を争った[75]」。このような経済情勢の変化から、張謇が通海墾牧公司を創設したのは非常に意義深い決定であったことが窺える。通海墾牧公司の創設過程を見ると、大生紗廠の創設と同様に、張謇はかなりの困難に直面したが、さまざまな努力を通じて、とうとう勝利を収め、自分の願望を実現した。

第一は、資金難の解決である。張謇が一九〇一年に制定した『通海墾牧公司集股章程』によれば、通海墾牧公司は最初資本金二二万両を二二〇〇株に分け、一株を銀一〇〇両とし、数量を限定せずに全国で株を募集するつもりであった。しかし、墾牧事業の利益を得るまでの期間が長かったので、投資家はそれほど応募しなかった。このような困難な状況において、張謇は二つの方法を考え出した。一つは、大生紗廠から資金を借りることである。もう一つは、囲い込み済みの土地を農民に貸すことである。その具体的な方法は「佃農頂首」（小作権利金）を徴収することであった。この制度では、小作人は土地を借りる際、まず頭金を払って七～一〇年間の使用権を獲得するが、土地のリース期間中、毎年公司に租金を払わなければならなかった。「佃農頂首」は墾牧公司にとって、まさに一石二鳥の方法であった。利点の一つは大規模の投資の節約である。小作人が開墾するのは普通の農地ではなく、土壌の改良と水利施設の修築をしてから初めて農作物を作れる荒地であったが、小作人には一文も賃金を払わなかった。推計によれば、「溝を発掘するだけで、小作人が二二〇万立方の土を運んだ。当時の最低の賃金基準では、一立方の土が七〇文で計算すれば、銀一二万両（一二五〇文が銀一両）に相当した」。二つは多額の頭金を徴集できることである。一九〇七年の一年間に、五九〇〇ム（畝）の土地をリースしたので、頭金の収入は一万七八〇〇両（一九二七年までに頭金の収入は三九万四〇〇〇両）となった(76)。明らかに、「佃農頂首」というやり方は濃厚な封建収奪的色彩を帯びていたが、墾牧公司の資金難の解決に重要な役割を果たした。

第二は、土地権紛争の解決である。通海と海門の間の沿海荒地は誰も尋ねるものがなく任意に開墾できるように見えたが、実際には内部の所有権は非常に複雑であった。これらの複雑な土地所有権の処理は非常に面倒であり、とりわけ塩農の移転問題が一番難しかった。その原因は各級の塩政官僚からの干渉にあった。淮南地方では牧草で塩を作る方法の普及は立ち遅れたが、生産の歴史は長かった。その方法で作られた塩はコストが高く、品質も悪かった。しかし、塩税は清政府の重要な歳入の項目の一つで、また各級の塩政官僚の汚職の源でもあった。各地の利己的な塩政官僚にとって重要なのは塩を作り続けるかどうかということであり、どんな方法で塩を作り、それが経済的に合理的かどうかについては無関心であった。通海墾牧公司の出現は同地の塩政官僚の既得権益と固有の領地が侵されることを意味した。製塩には海水の注入と牧草が必要であるが、農耕には農耕用の土地および築堤防水と除草植綿が必要である。それゆえ、塩政官僚は墾牧公司の創設に対して恨みを持ち、さまざまな方法で邪魔と破壊を行った。彼らは塩農に移転拒否を教唆したほかに、墾牧公司の所有する場所をも認めなかった。張謇は仕方がなく、彼らと訴訟を起こ

したが、その結果、八年間の歳月を費やして土地の所有権を整理、買収し終えた。(77)

第三は、自然災害の克服である。張謇は墾牧工程の企画と管理を重視し、最初から江導岷、章亮元、洪傑三人の陸師学堂卒業生に工程技術の仕事を担当させた。地形の検分を経て、江導岷は墾牧公司の建設図面と施工方案を提出した。施工工程はまず堤防の修築から始まった。なぜならば、堤防がなければ、耕地を作ることもできなかったからである。張謇は三千人の労働者を募集し、一九〇一年の年末から大規模な工事を始めた。工事条件は非常に厳しく、特に最初の三年間に労働者が経験した苦痛は想像を絶するものであった。しかし、劣悪な工事環境より張謇の頭を痛めたのは暴風雨による潮害であった。光緒二八（一九〇二）年、三二（一九〇六）年に起きた二回の暴風雨は新造の堤防をひどく破壊した。特に光緒三二年に発生した暴風雨の災害によって墾牧公司が蒙った損失は非常に大きかった。落成していた堤防はほとんど破壊され、牧場の羊はほとんど失われ、死傷者も出た。悲惨な挫折を見て公司の株主は動揺し始めた。彼らは非常に多額の修築費用を負担したがらなかったため、墾牧公司は一時的に厳しい試練に直面せざるをえなかった。しかし、張謇は困難に負けず、会社の職員を励ます一方で、積極的に善後策を考えた。その後、劉坤一の助けで張謇は江寧潘庫から貸付を受け、食料と衣服を買い、開墾地域内で救済活動を行った。そして、張謇の指揮のもとで、堤防の修復は二年で完成し、墾牧公司はやっと繁栄ぶりを見せ始めた。

一〇年間の苦心に満ちた創業期を経て、一九一〇年になると、通海墾牧公司の状況は大きく変わった。「各堤防のうち、居住するには住居があり、客を接待するには居間があり、物を貯蔵するにも倉があり、野菜を造るにも田畑があり、小作人にも粗末な住居があり、商人には市があり、歩行には橋があり、まるで小さい世界のようである」(78)という張謇の誇りにあふれる言葉から、彼が描いていた墾牧公司の青写真はすでに形ができていたことがわかる。不完全な統計であるが、十年前後の間に、墾牧公司は大堤を一万二七三九丈、石堤二六〇丈、里堤二万一三八四丈、格堤八六二四丈、幹渠八〇〇二丈、支渠八百丈、外河四五七二丈を修築した。墾牧地域内の小作人は五千戸に増加し、綿花

表5－3　1907年以前の大生企業グループ事業一覧表

名　称	創業時間	資本金（実投入資本）	うち大生紗廠の投資
通海墾牧公司	1901	21万両	2万元
大隆皂廠	1902	2万元	2万元
大中通运公行	1902	2万両	
大兴面粉廠	1902	2万元	
翰墨林印書局	1902	1.669万両	1.669万両
広生油廠	1903	5万両	5万両
大达小輪公司	1903	12万両	1.85万両
大生輪	1903	2.6万元	
船公司	1903	10万両	1万両（通海墾牧公司）
同仁泰塩业公司	1903	6.68万元（加注）	
阜生蚕桑织公司	1904	2.52万両	
天生港大达輪歩公司	1905	2.1万両	
資生冶廠	1905	22万両	22万両
資生鉄廠	1905	2.05万元	2万両（資生鉄廠）
沢生水利公司	1905	5.2万元	3.2万両
頤生醸酒公司	1905（前後）	—	
懋生房地産公司	1906	1.35	
达通航業転運公司	1907	2万元	
頤生罐詰公司	1908	1.1万元	
大昌紙廠			

出典：『大生系統企業史』江蘇古籍出版社、1990年、47～99頁の数字で作成した。大生紗廠の投資は名義上の借款である。

の作付面積は二万七八〇一ム（畝）に達し、耕地面積は三万四一三ム（畝）に拡大した(79)。これを見る限り、墾牧公司の発展速度の速さと規模の広大さは当時では創世の挙ともいえよう。

㈡多角化経営の全面展開

大生紗廠の予想外の成功が張謇を勇気づけたため、彼は事業の発展に自信を持ち、従事したい事業もますます多くなった。それゆえ、墾牧公司を創設すると同時に、新たにいくつかの企業を創設して、七、八年も経たないうちに、事業範囲が多くの産業部門にわたる企業グループを作り上げた。

表5－3によれば、一九〇一年から〇八年までの間に、張謇は百万両余りの資金を集め、各種の株式会社を一九社も創業した。それらの企業の創業経過を考察することは張謇の事業拡張の内容と具体動機を把握するのに非常に重要であるが、紙幅の制限もあることから、その中か

ら三つの代表的な事例を選択し、概括的に考察を行いたい。

(1)大達内河小輪公司

大生紗廠が必要とする綿花および販売する綿紗は主に内川運輸に頼っていた。しかし運輸船は大体が木造で積載量も限られ、航行速度も遅いため、張謇は不便を感じていた。運輸が工場の需要に合わない状況を改善するために、張謇は一九〇〇年から船運送会社の設立を考え始めた。しばらく準備作業をした後に、一九〇三年に張謇は如皋の紳士の沙元炳と共同出資して大達内河小輪公司を設立した。張謇は社長を務め、顧苑渓、沙元炳は経理を担当した。開業の初期段階では二万元しか集められなかったので、「達海丸」という小船(船の長さ九フィート、幅七・六フィート、重さ二・七五トン、三馬力、入水三・六フィート、時速一二・五キロ)一隻だけで南通—呂四(大生紗廠所在地の南通唐家閘から、金沙、余西、余東を経由し、呂四に至る)航路一本を開設した。「達海丸」は大生紗廠の機械、製品および、綿塩など貨物を運び、旅客も運んでいた。二年目に、大達内河小輪公司は「達泰丸」、「達河丸」二隻の小船を投入し、南通から如皋、泰県、揚州までの通揚線(全長二〇〇キロ)を開設した。主に貨物と乗客を運び、貨物は綿花、塩および蘇北各地の物産であった。経営状況がよかったため、張謇は一九〇六年に一万元を増資して二隻の小船を購入し、塩城から劉荘、白駒、東台、溱潼経由、泰州着の塩泰線を開設した。一九一二年になると、大達内河小輪公司の資本金は五万元に増加し、小船(三~五トン、時速二〇~三〇キロ)を二〇隻(うち木造船が一五隻)持ち、経営した内川航路は一〇本に達したのである(80)。

二〇世紀の初め、外資資本が勢いよく中国の内川運輸に参入したが、長江の主要航路のほかには勢力範囲はそれほど広くはなかった。それは大達内河小輪公司の内川航路の事業開拓に有利な条件であった。しかし、地方の保守勢力からの妨害もあった。張謇が大達内河小輪公司を創設する以前、南通および周辺地域の蘇北の内川航路は地方の塩政官僚、塩商人に管理され、航路は少ないのみならず、船も旧式の木造で、運輸効率も低く、郵船運輸と競争できないものであった。それゆえ、大達内河小輪公司の事業拡大は塩政官僚、塩商人および旧式木造船の経営者の不満を起こした。彼らは大達内河小輪公司の蘇北航路の開設に強く反対した。「通揚運河が狭くて浅い」、「沿道の橋梁が多い」ので、郵船運輸に向かないという理由で、政府に大達内河小輪公司が航路を破壊したことを訴えた。これに対して張謇は弱気を示さず、主管の商督に手紙を出し、郵船運輸に向かないという説に反論すると同時に、張之洞に会い、郵船運輸の重要性を強調し、張之洞の支持を求めた。結果的に、願い通りに張之洞の力を借りて、地方の塩政官僚、塩商人の企みを排除し、運輸業にしっかりと根を下ろすことができた。

大達内河小輪公司の経営状況を見ると、時には損失を出したが、全体的な状況は張謇が同期に創設したほかの企業より利益率がよかった。しかし、一九二〇年以後は「連年の災害で、農業がダメージを受け、商業も不景気で、運輸量が大幅に減少した。また一九二七年の軍閥の孫伝芳が蘇北から引き上げたときに、船を強要したため、公司に大きな損失を与え、営業はさらに不振となった」[81]。

(2)資生鉄廠

資生鉄廠は大生紗廠の主な補助産業であった。一九〇八年に開いた株主総会において、張謇は資生鉄廠の創設の件を説明した。大生の機械と部品の修理を常に上海の鉄工場に依頼していたが、その輸送が非常に不便で、また多くの費用がかかった。それゆえ、大生の機械修理および新機械の増設のため、鉄工場を創設することにしたのである[82]。張謇が強調したのは資生鉄廠と大生紗廠の生産の関連性であった。他方、銀二二万両にも及んだ投資額から、張謇の強烈な理念がなければ、その大きな決心は下せなかったことが窺える。その理念とは、綿鉄主義であり、それは彼が資生鉄廠を創設する精神的な出発点でもあった。

一九〇五年、大生紗廠が四八万両もの大きな利益を出したため、張謇はその中から二二万両を引き出し、唐家閘で二〇ム（畝）の土地を買い、資生鉄廠を建設した。そして兄の張詧を社長に就任させた。一九〇六年、資生鉄廠は操業を始めた。当時の労働者は七〇人で、一年後に二〇〇人余りに増加した。各種の機械設備は四〇台も有していた。操業の初期段階で、年間の鋳造部品が三〇〇トン、加工部品が二〇〇トンであった。所用の鋼材の八〇％は大生の上海事務所を経由して洋行から購入したものであり、銑鉄、コークスは漢陽から購入してきたものであった。(83)

資生鉄廠の操業初期は技術的条件の制約のため、大生紗廠の機械設備の修理しかできず、機械設備の製造ができなかったため、仕事の量は少なく、経営状況はよくなかった。一九〇六年に、英国人が借款で上海寧波鉄道支線の修築を独占することに対して、張謇は鄭孝胥らと清政府に拒否することを提案した。そして彼は一九〇七年に大生の理事の王清穆と「蘇路公司」を開設するために資生鉄廠に蘇路公司の南段（蘇州から嘉興に至る）の工程を請け負わせた。具体的には鉄橋三七個を建設し、鉄道車両四台、石積み車両一〇台を製造する計画であった。(84)それは資生鉄廠が受注した最初の大事業であったが、実際には鉄道を敷けず、資生鉄廠は大きな損失を蒙った。

一九〇八年、資生鉄廠は日本の軋綿車を真似した車を一千台造った。それらの軋綿車は近くの農村に歓迎され、両淮地域からも注文を受けるようになった。そのほかに、資生鉄廠は工場の北側に船台を修築し、大達内川輪船公司および漢口の船会社向けに内川用船と動力船を一〇隻以上造ったため、経営状態は好転した。一九一二年、張謇は張督の長子の張敬孺に資生の社長を兼任させた。張敬孺はフランスで機械工の経験のある沈全英を技術指導に招聘した。一九一三年に、資生鉄廠は大達内川輪船公司向けに内川用船を一〇隻以上造り、また銃器およびほかの武器も作り始めた。一九一五年、大生紗廠の布紡績業への拡大に応じて、張謇は資生鉄廠にイギリスや日本の紡績機械を真似させて一千台以上の紡績機械を造らせた。そのうち半分は大生の一、二廠に売り、ほかの半分は地方の紡績企業に販売した。(85)しかし、それらの紡績機械は性能上、品質上において輸入紡績機械に及ばなかったので、いくつかの紡績企業は注文を中止し、注文済みの企業も契約金の返還を要求した。そのため、資生鉄廠は不振に陥り、大生の救済で生存を維持せざるをえなかった。

一九一八年、張敬孺が世を去り、張謇が資生鉄廠の経営に適した人材を見つけられなかったため、鉄廠の経営状況はますます悪化した。その状況を見て、張謇の息子の張孝若は一九三〇年に資生鉄廠の生産停止を決定した。

⑶広生油廠

大生紗廠の操業中、廃棄物の綿種の数量は多かった。綿種は綿油を生産できるので、最初、大生紗廠はただそれを上海の商人に売り出した。しかし張謇はその販売価格が低いと考え、自社でそれを利用しようとした。最初、張謇は社会から資金を集めたが、入手した資金が限られたため、大生紗廠から五万両を引き出し、広生油廠を設立した。

広生油廠は毎年綿種四、五万担を使ったが、少しずつ利益を出すことができた。綿油の生産は季節性が強く、また生産規模も小さく、損失を出しやすいので、張謇の提案に基づいて、新たに設備を購入して隣接地に東工場を建てた。一九〇九年、工場が三万両余りの利益を出したため、同年の株主総会で増資と新機械の購入を決定した。資本金は二一・三万両に達し、その後も増資を続け、一九一四年時点には三〇万両に達した。経営発展のスピードは非常に速かったのである[86]。一九二二年、日本人の駒井徳三は大生企業集団を考察した後に、広生油廠について次のように述べている。「この会社の操業初期の資本金が五万両しかなく、米国の機械を使った。一九〇四年（実は一九一四年）に、四〇万両の増資を行い、イギリスの機械を購入し、面目一新した。産出の油は一〇分の二を南通で販売し、ほかは常州、南京、上海に売り出した。その綿種粕は日本商人によって日本に輸出した。一九二一年の成績は収入が三〇万二三九二両で、支出が二三万七五六五両で、余剰が六万四八二七両で、配当が一・二分である[87]」。広生油廠の経営はその時点までは比較的に順調であった。

しかし、その後しばらくして、広生油廠の経営は不振に悩み始めた。一九二四年、江浙で戦争が勃発し、金融状況が厳しくなり、広生油廠は一〇万両の負債を抱えた。金融業者はその返済を催促したが、広生油廠はすでに返済不能であり、また後ろ盾の大生紗廠も経営不振であったため、やむをえず営業を中止し、金融業者による処理を待つことにした。

4　張謇の商工業界活動

大生紗廠の急激な成長と多角化経営の展開により、張謇は一躍して注目された企業家となった。社会的地位の向上に伴い、商工業界の代表人物として社会活動に従事しようとする張謇の意識は強まった。張謇の関与した社会活動の範囲は非常に広く、その形も多種多様であったが、終始一つの理念を貫いていた。それは「通官商之郵」（官商ノ郵ヲ通ズ）の使命を完遂し、商工業界の発展に資する条件と環境を作ることであった。

㈠釐金制度改革の提唱

一八六〇年代以降、清政府の財政収入は主に釐金制度に頼っていた。それは商品を輸送する途中の関所で必ず高率の税金を払う制度であった。そして「光緒のとき、税金率がすでに五％に上がった」ので、商品の流通を大きく阻害していた。江蘇周辺は河川が多いため、釐金を徴収する関所も多く、通州と海門の二カ所に五七もあり[88]、商工業者は重税に苦しめられた。

張謇は釐金制度が通州と海門周辺の商工活動にもたらした害をよく知っていたので、一八八五年に地方の商人を代表して政府に減税要求を提出した。大生紗廠の創設後は、釐金制度改革の要求も自然に強烈なものとなった。彼は「国家が同治の中興以来、すでに二〇余年が経ち、収入が釐金だけに頼っているため、天下は騒然とし、それに釐金が汚職の官僚、役立たずの士、遊民に使われる。ある者は釐金がなければ、国が成り立たないというが、私は国を強固にするには釐金を排除すべきだと考える[89]」と述べた。このように、張謇は地方の商工業者の負担を軽減するために、清政府に釐金制度改革を要求し続けていた。

一八九五年、属理両江総督張之洞は清政府の令に従い、通州と海門一帯の各種の厘捐を一律に統一した。しかし、税務官僚が暗に邪魔をしたため、統一税の額は以前の厘金総額より六割も増加し、同地の商民の強烈な不満を引き起こした。張謇は通州と海門の地方官僚との協議を経て、統一税を「認捐」に替えるという建議を張之洞に提出した。「認捐」というのは「通州と海門の綿花、布、百貨などの業種が各自に担保を取り、またお互いに考察し、それぞれの厘金額を認知し、それぞれ地方官僚に納め、県はまとめて督部に納める」[(90)]というものであった。「認捐」の総額は税源の最も豊富な年と最も少ない年の実収厘金総額の平均額を採用した。明らかに、「認捐」は国と民衆双方に有利であり、国家の収入を増やす一方で商工業者の税負担も軽減できた。張謇の計算によれば、もし「通州と海門の域内の関所をすべて撤廃し、一局だけを保留すれば、毎年一万八、九千を節約でき、出納の後、国家は毎年八万以上を多く徴収できる。江寧潘司所属の二三の厘金局がもし一律に各業種商人による各自統括献納に替えると、国家は民衆を刻薄しなくとも、座して二、三〇万の増収ができる」[(91)]。張謇は何度も張之洞に自分の主張を述べ、張之洞も張謇の度重なる勧誘を受けてその建議を採択しようとしたが、潘司および厘金官僚の反対で実現できなかった。

(二)商会の創設と南洋勧業会の組織

「洋務運動」の展開に伴い、近代企業が相次いで設立されたが、一九世紀末の中国にはまだ欧米と日本のような近代的な商会組織がなかった。商工業者は完全に組織されず、外資と競争できないことはもちろん、自分自身の権益も守れなかった。それゆえ、大生紗廠が創設されたとき、張謇は清政府に商工業の商会、農会組織の設立への支持を訴えた。彼は商会組織がなければ、「商業が正当に競争できない」[(92)]と主張していた。社会各業界の要求を受けて、二〇世紀に入ってから清政府は民間の商会組織の創設を認めるようになったため、張謇はすぐ商会の組織に着手した。そして一九〇二年に「通州商務総会」を設立し、兄の張詧を理事長に就任させ、また通州、海門、崇明に分会を設立し、その後彼自ら通崇海泰商務理事長に就任した。

一九一〇年、南京で開催された南洋勧業会は清末で最も大規模な全国的な博覧会であり、張謇の商工業活動の重要な成果でもあった。南洋勧業会の開催を両江総督の端方が提起したとき、張謇は大いに支持した。日本の大阪勧業博覧会を見学した経験から、彼は早い段階から博覧会のような経済交流を促す活動を中国に導入しようとした。彼は積極的に影響力のある江蘇商人と一緒に勧業会の具体的な組織の仕事を担当した。勧業会の準備には一九〇八年から着手し、張謇は勧業会審査長となった。その会期は五カ月に及び、辺境の省を除き、各省も展覧館を開設した。またイギリス、アメリカ、ドイツ、日本も出品したため、出品総数は一〇万件以上で、観覧者は二〇万人以上もあった。勧業会の開幕式で、張謇は江蘇諮問局を代表して挨拶した。その後、勧業研究会を組織し、幹事長を務めた。張謇が勧業研究会を組織した目的は、「同志を集め、南洋勧業会の出展商品について、品質の優越およびその改良方法を研究し、その進歩を導き、研究会の本旨に符合し、かつ博覧会で実効を収めることを望む」ためであった(93)。研究会は張謇の主導のもとで、農業、衛生、教育、工芸、機機、運輸などの展覧館の出品物の研究を行い、最後に研究成果を出版し、製品の改良に大きな役割を果たした。

南洋勧業会の期間中、国内外の企業家が集まったので、張謇はそのチャンスを逃さずに豊富で多彩な交流と組織活動を行った。張謇は企業税負担の軽減が商工業の発展に関わる大事であると考えていたため、勧業会を契機に、積極的に上海、江寧と蘇州の商務総会と連絡をとって江蘇商界連合大会を開き、税制改革の問題を討議した。そのほかに、張謇は全国農務連合会、工業演説大会、新聞連合会といった全国的な組織を組織した。彼は全国農務連合会で「全国の農業を連合し、全国の農業状況を調査し、全国の農業改良を企画、導く」という設立趣旨を発表し(94)、農務連合会雑誌の創刊をも決定した。

対外交流に関する張謇の活動も活発であり、また実務的であった。南洋勧業会会期中、日本とアメリカは相次いで実業代表団を視察に派遣した。張謇はアメリカ代表団との接触に大きな役割を果たした。代表団は二三名、同行する夫人は一七名、係は二人であった。団長は前ロサンゼルス商務会長のブース（William. H. Booth）であり、主要な団員はダラー（Dollar）汽船会社社長のロバート・ダラー（Robert Dollar）であった。代表団が上海経由で南京に着くと、張謇は江蘇諮問局で盛大な歓迎会を催し、ほかの一六省の諮問代表の出席も要請した。張謇は挨拶の中でアメリカ商工界と協力する願望と、中国の体制改革への見方を示した。その後、アメリカとの合弁事業を確実にするために、上海に赴き、ダラーと具体的な会談を行い、以下のような合意に至った。⑴双方が協力して銀行を開設し、その資本金は中米が半々ずつ出す⑵中米両国で展覧会を催す⑶一九一五年にサンフランシスコで博覧会を開く⑷双方は相互に貨物を輸入し、貿易による利益は一方に偏らせない⑸両国の商人の相互訪問によって理解を図り、貿易の発展を促進する⑹貨物船を作り、資本金は半分ずつ負担し、中国国旗を掛ける。[95]そのほかにも張謇はダラーと東三省開発の問題を討議した。張謇はその後、意図的に大勢の人を伴って東三省で視察を行った。

㈢蘇省鉄道の自営

清政府が鉄道の修築を認めた後、西洋列強はその利権を虎視眈々と狙っていた。彼らは強い資金力と技術力を盾に清政府に圧力をかけ、修築権を要求し、中国の鉄道をコントロールしようとした。それに対して、民族資本が鉄道を入手し、自営する願望が高まりつつあった。特に資本主義経済が比較的発達していた江浙地域では、その要求はさらに強かった。そのような背景のもとで、張謇は鉄道の自営を主張することを自分の商工活動の重点におき、蘇省鉄道の自営に際して重要な役割を果たした。

一九〇五年、イギリス、アメリカ資本の進出に対抗するために、浙江商工界は商営鉄道公司を設立し、四〇〇万元の資本金を集めて杭嘉線を修築した。それを知った張謇はすぐ行動を始めた。彼は江蘇で紳商を組織し、上海で鉄道権の回収と自営の問題を話し合った。その後二五六人の「江蘇通省京官と在籍紳士」に連絡し、江蘇鉄路有限公司の設立を提案した。各方面の圧力を受けた清政府は「蘇路自営」を認め、王穆清と張謇が蘇路公司の総理と協理を担当することを許可した。

蘇路自営の要求が実現できたことで、張謇は非常に興奮した。彼が中心となって制定した計画によれば、蘇省鉄道は南北両線からなり、南線は沪嘉線（上海～嘉興）であり浙江鉄路公司の杭嘉線（杭州～嘉興）と結ばれ、北線は海州から徐州経由で河南に入るものであった。まず清江浦から徐州までの部分を修築することを決定した。張謇は北線の修築を指揮し、一九〇七年末から作業を始めた。その後、張謇は総協理を辞職し、北線の修築に注力した。二年後の一九〇九年の夏に、清江段が開通され、運行できるようになった。南線工程も同年に杭嘉線と連結し、運行を始めた。

このように張謇は蘇路自営の実現に心血を注いだ。彼は通州地域の交通不便の状態を変えるために、北線工程を通州までに延長しようと考えたが、資金不足、ならびに清政府の西洋列強の圧力による政策転換のためにその念願を実現できなかった。

5　張謇と張之洞の人的結合

近代企業の発展が政治体制と社会制度から保証を得られない清末において、張謇の成功は自身の経営才能と企業家精神によるものであったが、洋務派の彼への支持と援助によるものでもあった。彼らの力を借りて、張謇は封建統治集団内部の保守勢力の妨害を克服し、彼の企業家としての才能を十分に発揮して成功を収めたのである。

江南名士として、張謇は旧知と益友に恵まれ、彼が状元の桂冠を獲得してから知り合った清政府の官員と社会の名士も数えられないほど多かった。そして、張謇の企業経営と商工業界活動の過程を見る限り、後期洋務派の重鎮の張之洞の存在は、張謇の「人脈」において特に重要であったといえる。張之洞は張謇に実業救国の道を歩ませ、張謇が「通官商之郵」という使命を完成するために頼ることができる後ろ盾の一人でもあった。では、「幼少より、冨貴の人物と会することを嫌い、声望のある要人にさえも軽々しく会わず(96)」、また「南においては張（張之洞）を拝さず、北においては李（李鴻章）に投じない(97)」と公言した張謇は一体どのようにして張之洞と同じ道を歩むことになったのであろうか。

㈠張謇と張之洞の人的結合

張之洞は一八三七年の生まれで、原籍が河北の南皮であり、官員家族の出身であった。晩清時代の洋務派の代表的人物である張之洞は科挙の優秀者であったが、官僚昇進の境遇は張謇とずいぶん異なっていた。一三歳で秀才となり、一五歳で挙人になり、二六歳で入京して、会試を受けて「探花」（科挙の会試に第三位の成績で合格した者）となり、すぐ翰林院編修に任命された。いわゆる少年得志であった。光緒六（一八八〇）年、張之洞は侍講学士に任命された。その後、政界での活躍が目立ち、よく張佩佗などと一緒に時勢を評議し、「清流派」の一員となり、西太后にその才能を認められるようになった。一八八二年、張之洞は山西巡撫に昇任し、地方督撫の行列に入った。その後、湖広総督、両江総督の要職を歴任し、一九〇七年に軍機大臣に昇任した。

張之洞が張謇に目をかけたのは一八八二年のことであった。そのとき、張謇は呉長慶の幕僚として「壬午事変」を解決するために朝鮮へ赴いた。その後、張謇は呉長慶の代わりに朝鮮問題の解決に関する『朝鮮善後六策』の建議を書いた。それは李鴻章に「余計なこと」と叱られ、棚上げされたが、朝鮮情勢の分析と主張が潘祖蔭、翁同龢、左宗棠などの在京の重臣の賛同を得られたことから、張謇の名声は上がった。当時、山西巡撫であった張之洞は北京にいなかったが、張謇の名声を聞いて張謇に入幕の誘いを出したが、張謇に謝絶された。その後、二年が経ち、張之洞は両広総督に転任し、呉長慶は病気でこの世を去った。張之洞は張謇が閑居していることを知り、再び誘いを出したが、張謇は依然入幕しなかった。張謇への二度の誘いが成功しなかったことで、張之洞は少し意外に感じたが、張謇入幕への情熱を失わなかった。一八九四年四月、張謇は状元になり、翰林院修撰に任命された。二カ月後、中日の間に甲午戦争が勃発した。張謇は積極的に対日宣戦を主張したが、彼の父の病死（九月一六日）のために南通に帰った。ちょうどそのとき、張之洞も湖広総督から両江総督に転任し、張謇の故郷の江蘇の最高行政長官となった。張之洞は赴任後、張謇が南通にいることを知り、彼に南通地域での団練の組織と、清軍と協力しながら江南の海岸線を防衛することを依頼した。張謇は今度は張之洞を失望させることなく任命を引き受け、張に感慨深い手紙を寄せた。その後、張謇はわざわざ南京に赴いて張之洞を訪問した。二人は非常に気が合ったので、それを契機に密接な交流を始めた。

張之洞と張謇の交流の経過を見ると、二人の人的結合は張之洞が人材尊重を重視したためだが、張謇が最終的に張之洞に心動かされたのはそれだけではなかった。最も重要なのは彼の時局への関心と張之洞に対する態度の変化にあった。張謇は在郷中も常に中日の戦争に関心を持っていた。報国の気持ちによって、彼は団練を組織し、清軍に協力した。次に、張謇が二度張之洞の誘いを謝絶したのは、文人のプライドと張之洞への無理解によるものであったが、実際に出会った張之洞は彼の尊敬の対象となった。張之洞は山西巡撫に赴任して以来、注目すべき成績を収めていた。中仏戦争の期間には両広総督に昇任し、同地の軍民を率い、フランス軍を破った。このことは全国の人民を興奮させた。その後も、洋務を振興するために、外国の技術設備を導入し、広州、武漢両地で漢陽鉄工場などの官営近代企業を設立し、自強の夢の実現に努力するなど、その業績は周知されるようになった。こうして、張謇は張之洞への認識を改め、張之洞が人々を勇気づける力を持っていることを見出した。したがって、張謇が張之洞への手紙の中に書いた賛美の言葉は総督に対するお世辞ではなく、真実の感情の発露であったといえよう。また、張謇は帝党（つまり皇帝派）の主要な一員として、后党（つまり西太后派）との抗争における帝党の力不足を感じており、総督、巡撫などの地方実力派人物の支持と協力を必要としていた。

ところで、張之洞のような実力派にとって、状元を取った張謇は疑いもなく必要な人材となった。山西巡撫に在任していたとき、張之洞が人材を愛し、育て、使うことは周知されていた。彼自身が書いた『延訪洋務人材啓』には「国を治めるには自強をもって基本となし、自強のためには人材の育成を優先しなければならず、今世界万国が同盟し、事変も日に日に多くなり、洋務は急務中の急務であり、沿海各省に洋務局を設置し、実際的成果を収めるべきである」(98)とある。つまり、張之洞は、国家が自強のために西洋の先進的な科学技術を学び、洋務を起こし、商工業を振興しなければならず、それを実現するには、人材の発掘と活用をしなければならないと考えていたのである。そのような思想背景のもとで、彼は才能があふれる張謇を勧誘したのである。張謇が科挙の桂冠を取ったことで、彼はいっそう張謇の才能を認め、張謇を使いたい気持ちも高まった。もちろん、近代的な企業活動の展開と清朝廷の官僚の内部矛盾の深化に伴い、また張謇の政界の地位の向上に伴い、張之洞の張謇に対する希望も新たな内容と意味を持ってきていた。

まず、一〇年間の努力を経て張之洞が従事した洋務運動の成果が上がった。漢陽鉄工場などの近代企業の設立によって、彼は李鴻章を超える洋務運動の新たな代表人物となった。ところで、長期の実践活動において、張之洞も官営企業だけで洋務運動を進めようとする限界を認識し、両江総督に転任するときには官倡民弁の新思想を形成し始めた。そのような背景の下、張之洞は紳士と商人の支持を必要とし、特に張謇のような「学識優秀で、経済に詳しく、仕事に熱心で、評判もよい」有名人の呼応と支持を得ようとした。他方、西洋列強の侵略、特に甲午戦争の勃発に伴って、清政府の統治集団内部の派閥権力闘争も空前の激しさとなった。張之洞は後期洋務派の代表人物として、李鴻章とほぼ同様の目標を持っていたが、李鴻章が採っていた対外妥協の方針には批判的な態度をとったため、李鴻章との間に深い隔たりが生じていた。つまり、彼は張謇の文才だけではなく、利害を考えず、権勢を恐がらず、李鴻章を弾劾する精神を賞賛したのであった。それゆえ、張之洞からみれば、張謇は信用できる人物であった。また、老練した封建統治の官僚として、張之洞は清政府の実力者の西太后の重要性をわかっていたが、洋務運動の実践と西洋列強の侵略の現実は、彼に改革の必要性を意識させた。彼は帝党と后党の均衡状態を保とうしたが、思想的には帝党の主張に反対しなかった。むしろその思想の影響を受け、張之洞は内心帝党に期待を抱いて帝党と交流を図ろうとした。

甲午戦争の勃発を契機に、張謇は張之洞と同じ道を歩んできた。彼らの期待に反して、団練を組織することは朝廷の敗戦によって無意味に終わった。「馬関条約」という屈辱的な条約の調印によって彼らは朝廷のそれまでの強国政策に対して新たな考えを持ち始め、思想上も共鳴するようになった。二人の交流に新しい力が注入されたのである。

甲午戦争の敗戦後、張謇は張之洞の代わりに『代鄂督条陳立国自強疏』を書いた。その陳情書の中で張謇は「馬関条約」の調印が中国にもたらす危害を論じただけではなく、陸軍の編練、海軍の再建、鉄道の修築、銃砲工場の設立、学校の開設、商務の開講、製造業の振興、海外視察などの主張と建議を提出した。また「自強の本を論ずるならば、それはつまり朝廷が常に大局の危さを思えば、天下の人心を動かし、怠惰な慣習も変わるということである。朝廷が常にその条約をもって国家の恥とみなせば、天下の士気はおのずと奮い立ち、智勇に富む人材が輩出されるであろう。わが皇上（皇帝）が頑強不屈の心を持たれ、臥薪嘗胆の志に励まれ、広く臣下の忠言を求め、救時救国の策を採用し、わが国従来の陋習および政令風紀の廃れを改善し、私利私益のみを追求して君国の習を軽視する者などは厳重に処罰されることを切に望む次第である。まずは天下の人材を激励し、彼らの意識を変えるべきである(99)」とも指摘した。その陳情は張之洞が修正した後に朝廷に上呈された。彼らは朝廷が危局国恥を忘れないように希望しただけではなく、同時にそれを動力とし、実業救国の主張を実践に移したかったのである。

(二)張之洞の張謇への支持

甲午戦争敗戦後、実業救国を同じ目標とした張謇と張之洞の付き合いは新たな段階を迎えた。張之洞は極力朝廷に張謇を「人徳が高く、商民が信服する」人材と賞賛、推薦し、南通での大生紗廠の創設を援助するなどできるだけ張謇を支援した。

前述したように、張謇の大生紗廠の創設は極めて困難であったが、張之洞が何度も助力したことで、張謇は難局から脱したのである。例えば、張謇が官商合営で進退両難の窮地に陥ったときには張之洞は官僚理事を派遣しないことやまた三年間の政府配当の保留を認めてくれた。そのほかに、張謇の請求に応じて大生紗廠の通州と海門地域での一〇年間の独占経営権を与え、張謇を官商合営による経営の危機から救い出した。また張之洞は張謇の工場創設を支持すると同時に、張謇に江寧文正書院の管理を要請した。二つは直接関連していないように見えるが、張謇が江寧文正書院を管理することは彼の大生紗廠の創設に大きな役割を果たした。なぜならば、張謇の家族はそれほど富有ではなく、また俸禄もなく、大生紗廠の創設期の四年間の生活費は全て江寧文正書院での収入に頼っていたからである。したがって、張之洞の助力がなければ、張謇による大生紗廠の創設はもっと難しかったであろう。

大生紗廠の創設過程において、張謇は張之洞と頻繁に接触した。張謇の日記によれば、一八九五年の一年間だけで、二人の往来は一五回にも達し、そのうち直接の面会は五回であった。面会の詳細は記載されていないが、「長く談話」、「食事を供」、「酒を交わす」および「商務相談」などの言葉から、少なくとも以下の二点が見出せる。第一に、二人の交流は打ち解けたものであった。第二に、話題は多少なりとも商務と関わっていた。その一年間の張謇の主要な商務活動を考察すれば、商務とは大生紗廠の創設のほかに「裁厘認捐」の件を指していたことがわかる。この件は潘司と厘金総局の干渉と張之洞本人の「優柔不断」で実現できなかったが、両者の交流には影響を及ぼさなかった。

一八九六年の初め、劉坤一が両江総督に帰任したので、張之洞が湖広総督に帰任した。その後、二人の交流回数は明らかに減少したが、二人の感情は疎遠にならなかった。一八九七年、張謇は張之洞から企業創設の経験を学ぶために、大生紗廠の幹部を率いて湖北へ視察に赴いた。張謇は張之洞が創設した企業を見学し、張之洞の実業振興に賭ける気迫に感心し、日記に「そこで西洋人の技術の精妙を知り、張之洞は本当にすばらしい人である」[100]と書いた。それは張謇が視察から大きな啓発を受けたことを証明している。このように、張謇は張之洞を「話せる」知己とみなし、張之洞と実業の体験と感慨を交流するときには必ず「学ぶこと、工場のこと、開墾のこと、船運のこと、造船のこと」[101]を長時間話し合ったのである。

もちろん、張之洞は張謇との交流において、張謇に国事に関与する機会を提供した。例えば、一八九五年、張之洞は張謇が代書した洋々千言の『条陳立国自強疏』を朝廷へ呈上した後、張謇に政府の文書を代書してもらった。また、張之洞は銀五千両を出して、康有為などが設立した「強学会」を支持する一方、張謇に強学会への加入を要請した。それらは張之洞自身の政治活動にかかわるものであったが、張謇の政治生活の地位の向上にも大いに役立ったのである。

第3節　張謇と渋沢栄一の企業活動の比較

以上の二節において、われわれは異なる角度から渋沢栄一と張謇の企業活動に対する考察を行った。これらの考察は先行研究の範囲を超えるものではないが、この考察を通じて、両者の企業活動の基本的性格と特徴を把握するとともに、両者の企業活動の異同を分析する際の確かな根拠が明らかとなった。両者に対する以上の考察を簡単にまとめて比較すると、両者の企業活動における共通点を見出せる。例えば、彼らの企業経営活動の出発点と最終目的は最大限の利潤を獲得するためではなく、西洋列強から市場を奪回して国家の自立を実現するためであった。彼らは辞職し、官僚と商業に身を投じる際に、充分な資本を持たなかったにもかかわらず近代企業の組織者と経営者になれたのは、状元という特別な身分によるものであった。彼らの企業活動の及んだ範囲は相当広範で、方式と過程も多種多様であった。彼らは企業経営の才能を持っていた一方、さまざまな方法で政府の保護と支持を求め、政府官僚との密接な個人関係を利用して企業活動の障害を排除した。これらの共通点からみれば、指導型企業家としての渋沢と郷紳型企業家としての張謇は本質的には明らかに官商結合の「産物」であり、両者の企業活動は近代的要因と前近代の伝統的要因の二重の制約を受け、それゆえ二重の性格を持っていた。無論、近代中日両国政府の性質はだいぶ異なっており、国内の社会環境と経済発展の程度にも大きな差があった。ゆえに、渋沢と張謇の企業活動は共通したところがあるが、その背後に潜んでいる相違点も見極めるべきであろう。

1　官職と経歴の企業活動への影響

資本蓄積の先天的な不足は、中日両国の近代化過程における共通の難題であった。そしてこの制約を克服できるかどうかが経済発展の離陸を実現する鍵であった。われわれが中日両国の株式会社の発展における相違点を分析した際に言及したように、明治維新以後の日本政府は資本不足と殖産興業の実現との矛盾を解決するためにあらゆる手段を取った。しかし清政府は何もしなかった。明らかに、このような背景の下では、中国の企業家の企業創設のための資金調達活動は全体的に日本の企業家より難しかった。この点については、渋沢栄一の第一国立銀行と大阪紡績工場の創設過程と張謇の大生紗廠の創設過程とを比べてみれば、一目瞭然である。しかし、これは問題の一側面にすぎない。なぜならば、主観的な要因の企業活動に対する影響をまだ検討していないからである。清末において、企業家の企業創設のための資金調達活動が直面した社会条件は日本より厳しかったことは事実であるが、同じ中国でも、洋務派の李鴻章や張之洞が自ら関与した資金調達活動は張謇の大生紗廠のそれよりも容易であった。張謇と渋沢の資金調達活動に大きな差が出た要因を、彼ら個人の経歴と社会地位の中から探そう。

表面的には、張謇と渋沢栄一は商工業に転身する以前はともに政府の官僚であった。しかし、両者の政府における地位は大きく異なっていた。前述したように、渋沢は明治新政府が設立されてまもなく、大蔵省という最重要の部門に入り、紙幣頭、大蔵大丞などの要職を歴任し、各項目の重要政策と改革措置の制定過程に直接関与した。その中で彼は実権を握るとともに、商工業界と密接な往来があった。彼は政府内部の最重要な経済官僚の一人として、日本社会で高い地位を持っていた。そのため、資本家からみれば、渋沢は辞職後も相変わらず強い影響力を持っている人であり、彼からの出資要求は断れなかった。しかし、張謇の政府における地位は渋沢と比較にならないほど低かった。知識人から見れば、状元という名誉は至高無上の栄耀であったが、それは権力の象徴ではなかった。翰林院修撰の職もただ国史を編修し、経書を解説する仕事であり、行政権力を持たなかった。時勢を評論し、大臣を弾劾することできたが、軍事権と財政権を持たなかったため、その職務は状元と同じであった。翰林院修撰の職が張謇のその後の企業経営活動に与えるメリットは限られたものである。張謇はその経歴と状元の身分を頼りにして、張之洞、劉坤一などの地方の実力者の信頼を得た。また大生紗廠の資金難のときには彼らの「官机折価入股（政府の機械を現物出資）」と官金借款の援助をもらった。しかし民間で資金調達を行ったときに、その官僚の経歴は大きな役割を果たしえなかった。

次に、個人の経歴を見てみると、渋沢は理財と企業経営の面において一定の実践経験を持っていた。彼が訪欧のときに示した理財能力や静岡商法会所を経営した業績は周知のことであった。そのため、渋沢には大量の資本を握っていた華族と豪商の高い「信用」があった。そのことも彼の資金調達活動に必要な条件を作り出したのである。他方、張謇は商工業に転身する前にほとんど洋務を営んだ経歴がなく、近代企業を経営する能力と才能は公衆にとって未知数であった。特に、四書五経を読んだ文人はただ空論だけを重んじ、実務の能力がないと思われがちであったから、資金力のある人々が張謇の企業創設能力に疑いの態度を持ったのは一種の「常識」に見合った認識と選択であった。

実際、張謇本人もこの点を否定しておらず、上海理事の潘鶴琴、郭茂之が退任を要求したときに、彼は「本来に世の中に信用される実績がないので、内訌が起こらないわけはない[102]」と述べていた。また、渋沢は銀行家であり、社会資金の集金者かつ運用者であったことも指摘すべきである。その特殊な地位は商工業界および資本家を動員する力を発揮した。張謇はこの方面においても渋沢の比較にはならなかった。

以上の分析を通じて、近代中日両国の政治経済体制は異なっていたが、伝統社会から近代経済社会への転換期における上から下への変革要求のもとで、近代企業活動が発展するには何らかの非近代的な要因を必要としたことは共通していたことがわかる。このような背景の下で、企業機会は常に「先天的」な色彩を帯びがちであった。それゆえ、彼らにとって、それまでの地位と官職はある程度まで企業経営に従事する際の無形の資本に転化できたので、権力の大小と官位の高低は自然に企業家活動が順調に行われるかどうかを左右する重要な条件となった。渋沢栄一と張謇の企業創設時の資金調達過程は異なっていたが、それに反映された社会の現実と道理は共通していたのである。

2　「通官商之郵（官商ノ郵ヲ通ズ）」活動の異なった性格

前述したように、張謇は大生紗廠の創設時から、「通官商之郵」を自らの企業活動における重要な使命としていた。彼の言葉を借りれば、それは「介官商之間、兼官商之任（官商の間を介し、官商の任を兼ねる）[103]」、つまり、官僚と商人の仲介人となり、官僚と商人の隔たりを解消することで、「政府と人民上下一心で、全力で合作[104]」を実現しようという意味であった。渋沢栄一は指導型企業家として、明治政府の政策を企業家活動に活かせるように努力する一方で、企業家の希望と要求を明治政府に伝えるとともに政府の保護を求め、官と商の間に密接な合作関係を結ぼうとした。したがって、両者が果たした役割は極めて似ていた。彼らは官と商、政府と企業の間に橋をかけようとしたのである。しかし、前の二節の考察で見たように、張謇の「通官商之郵」と渋沢の「通官商之郵」は最初から異なっていたのである。

形式的には、張謇にしても、渋沢栄一にしても、彼らの「通官商之郵」活動は主に「公」と「私」の二つの側面を持っていた。「公」の側面では商工活動における普遍性のある問題に関して、政府に陳情と建議を提出し、政策上の改革と調整を促した。「私」の側面では政府要員との密接な交流を通じて、彼らの地位と権力を借りて自分の力で排除できない困難を解決した。しかし、問題は「公」にしても、「私」にしても、その対象は張謇と渋沢とでは大きく異なっていた。

まず、「公」の側面からみると、張謇の対象は腐敗した封建統治王朝であった。それは「ただ徴商の政があり、護商の法に欠けている」のであり、商工を振興する必要があるかどうか、いかに振興するかについては、朝廷の上から下まで終始一致した認識を形成しなかった。彼らは封建官僚や地主階級の政治的、経済的利益の代表者であったので、新生の民族資産階級の圧力を受けて政策の調整と改革を行っていたものの、それは一貫して封建統治の維持を前提としていた。他方、渋沢栄一の対象である明治新政府は「一意に欧米を真似する」、私企業の利益の保護を政策の出発点とする資産階級からなる政府であった。それゆえ、両国政府の制度上の相異は渋沢と張謇両者の「通官商之郵」活動に異なった特徴をもたらした。渋沢は政府と企業、官と商の根本的な目標と利益がすでに一致していた前提の下で、「通官商之郵」活動に従事した。これに対して、張謇は政府と企業、官と商の根本的な目標と利益が激烈に衝突する条件の下で、「通官商之郵」活動に従事した。すなわち、渋沢が解決しようとした問題はいかに現行の経済政策を改善するかであったのに対して、張謇のそれは現行の政治経済体制自体の調整と改革の問題であった。この根本的な相違は両者の「通官商之郵」活動の成果に大きな相違をもたらした。この点については、以下の二つの点に非常に明白に示されている。

第一に、第一国立銀行を経営する中で渋沢栄一が提出した銀行業が直面する問題に関する改革方案と意見はほとんど明治政府に受け入れられ、その後の日本の銀行業の発展に大きな役割を果たした。ところが、張謇の「通官商之郵」活動はそのような効果が得られなかった。厘金制度の改革と調整の問題一つとっても、張謇が商民の苦を思い、二〇年ほど奔走したあげく、結局目的を達成できなかった。

第二に、渋沢栄一は大きな社会活動の能力を持ち、日本財界において最も地位と影響力のある人物であったが、失敗の経歴もあった。明治一五年、渋沢をはじめ、東京で朝吹英二、馬越恭平、安田善次郎などの商工業界の名流が共同出資して倉庫会社を創設したものの、経営不振に陥った。その時渋沢は明治政府に「特別保護」を要求した。彼が明治政府に提出した『倉庫会社請求保護書』では、まず倉庫業の必要性を強調し、最後に二つの具体的な要求を提出した。一つは純利益が八朱に満たないときに政府の補塡を要求することであり、もう一つは政府に特許命令書の発行と同類会社の設立の禁止を要求することであった。[105]しかしこれは、予想に反して政府に却下された。主管部門の農商務省の具体的な回答は、「今之ニ保護ヲ与フル時ハ他ニ影響ヲ及シ候ノミナラス国費多端ノ際之ニ応スル金融ハ無之ニ付、今遂ニ難及[106]」というものであった。明らかに、明治政府は渋沢の特権要求に応じた後の悪影響を想定していたのである。他方、張謇が直面した状況はまったく異なっていた。彼は厘金制度の改革の要求を清政府に拒否されたが、大生紗廠が提出した特権要求は大体認められた。[107]

このように、渋沢栄一と張謇の「通官商之郵」の成果は完全に異なっていた。渋沢は政策の改革と調整の方面で大きな成果を得たが、特権は得られなかった。張謇は政策の改革には失敗したが、清政府から多くの特権を入手した。この原因は明らかに中日両国政府の性質上の相違にあるであろう。

次に、「私」の側面からみると、渋沢栄一と張謇の幅広い社会交際網の中には、彼らと密接な個人関係を持った「何でも話せる」政府要人がいた。それらの要人は彼らの「通官商之郵」の重要なルートと「資本」であり、彼らがいなければ、渋沢と張謇の活動は主要な支持を失うことになった。しかし、張謇と密接な関係を持っていた官僚は思想上、階級属性、政治態度および政府における地位などの点において、渋沢の場合と比べて、明らかに性格を異にしていた。例えば張謇を支持する張之洞と渋沢を支持する井上馨の差異は大きかった。前述のように、洋務派後期の代表人物の張之洞は、思想上において改革を拒否する封建頑固派より開明的な側面を持っていた。彼は商工救国を主張し、民族工業発展に適合する考え方を表明すると同時に、中国の「上下の隔たりが大きく、士大夫が商務に関心を持たなく、商工を征圧する政はあるが、商工を守る法はない[108]」状態を徹底的に変革することを主張した。しかし一方で、張之洞は二つの側面において封建官僚としての限界を持っていた。彼は西洋の先進的な技術を学ぶことを主張したが、終始「中学為体、西学為用」（中体西用）を治国の基本におき、腐朽した封建統治を守り、政治体制の改革に反対した。彼は清朝廷の重臣として西太后に認められたが、握った権力は限られたものであった。総督としてただ一つの地域しか管轄せず、また朝廷からの制約を受けていた。大生紗廠の創設を張謇に依頼した時もまず朝廷から認可を求めていた。しかし彼が問題を処理するときには、円滑老練かつ風見鶏のように振舞い、あくまでも官職の昇進を狙いとしていた。しかし、井上馨は張之洞とはまったく異なっていた。彼は幕府の封建統治を打倒した代表的な政治家であり、明治維新と資本主義の改革に全面的に参加し、政府の要職を歴任した国家政策の決定者の一人であった。また政策の対立によって政治衝突が生じた時でも、官職にこだわり原則を放棄したことはなかった。

井上馨と張之洞のこうした差異は、渋沢栄一と張謇が彼らを通じて展開した「通官商之郵」の結果にも自然と相異をもたらした。渋沢と井上との密接な協力は、渋沢本人が「互いに隔たりはない」といった通り、順調に進み、その成果も豊かであった。それに対して、張謇と張之洞の合作はそれほど順調ではなかった。例えば、大生紗廠の創設における資金調達活動が難航したとき、張謇は張之洞に何回も援助を求めたが、張之洞は対応能力を持っていたにもかかわらず、資金の援助をしなかった。また、厘金軽減の件でも、張謇が提出した改革案は張之洞の管轄に属し、改革決定の権限もあったが、自らの利益のために官僚の内部保守勢力に妥協した。したがって、張謇は「通州と海門の認捐の不調はその根元が張南皮（張之洞）にある」[109]という結論を出し、張之洞への不満を漏らした。また注目すべきなのは、清朝廷の封建専制の最高統治者の西太后、ならびに立憲君主の問題に対する張謇と張之洞の態度が異なっていたことである。それによって彼らの間の政治関係は微妙となり、二人の合作にも影響した。一九〇四年、両江総督の魏光燾と張之洞の要請を受け、張謇は南京に赴いて立憲文書を起草したが、張之洞は張謇の文書に不満を示した。張謇は張之洞と四回も会見したが、すべて不愉快な結果に終わり、起草した文書も魏光燾と張之洞に採用されなかった[110]。その影響を受け、張謇と張之洞の往来は少なくなり、関係は疎遠になった。

このように、張謇と渋沢栄一が直面した政府と官僚の性質は異なっていた。同時に個人の経歴と地位などの要因の影響と制約を受け、彼ら本人が従事した「通官商之郵」活動の思想基盤も若干の差異があった。前述のように、渋沢は二年近くの欧州訪問を通じて、近代資本主義社会の官と商の関係を深く理解した。そしてそのときから、商人の社会的地位の向上、官尊民卑の社会慣習の変革、ならびに官商間の平等関係の成立の重要性について明確な認識を持っていた。その後、大蔵省の官僚を務めたときには、彼が自ら三井組、小野組、島田組に出資を働きかけ、第一国立銀行の設立の全過程に関与した。また旧商人との接触を通じ、彼らの保守性を見極め、官が商を誘導する重要性も認識した。渋沢は、官尊民卑を克服し、商人の利益を政府の干渉から守り、商人を殖産興業の方針に適応させるためには官僚と商人との相互理解が必要であるから、政府と企業、官僚と商人の間に相互平等の協力関係を作らなければならないと考えていた。

一方、張謇の「通官商之郵」の役目は、政府と企業、官僚と商人の間の相互理解と協力関係形成の必要性に迫られてというより、むしろ伝統紳士としての彼の社会責任感によるものというほうが正しい。長く科挙の道を歩んできた張謇は苦痛を嘗め尽くしたが、科挙を通じて、早くから地方紳士の仲間入りをした。そして彼はずっと忠実に紳士の責任（治安維持、民食確保、排難解紛、移風易俗、善挙勧業、官民連絡）を果たしていた。このような伝統制度を背景とした思想構造と社会的責任感は、彼自身の行動を制約する強固な規範と準則となっていた。それゆえ、大生紗廠創設後、張謇が「通官商之郵」を自任したのはごく自然のことであった。明らかに、このような伝統紳士の責任意識による「通官商之郵」は、近代資本主義思想による「通官商之郵」と大きな差がある。官僚と商人の関係の重要性に対する張謇の認識は素朴であり、あるいは現実への無力と屈従と絡んでいたものでもあった。張謇の息子の張孝若は「中国の社会においては、事業を起こそうとすれば、官僚と関係をうまく処理せざるをえない。民間の事業に対して、官僚は援助したり、破壊したりする。官僚の支持があれば、自然に半分の苦労を省ける」(11)と語っている。張謇は官僚が民情を知り、民間の急務を解決し、官僚と商人がそれぞれの責任を尽くし、官僚が商工を守るように呼びかけ続けたが、渋沢の提唱したような、法律上の相互平等を前提にした官僚と商人の関係についての主張は明確に示さなかった。この意味からいえば、張謇の「通官商之郵」活動の指導思想は近代資本主義の経済思想や民主平等思想とある程度の距離があった。そしてその差異は資産階級に徹底的に転身できなかった張謇の一面を示している。

3　経営活動における異なる特徴と理念上の要因

前述した張謇の企業活動に対する考察は、張謇の企業活動に現れている二つの鮮明な特徴を明らかにした。第一は、張謇の企業活動が南通を中心とし、彼が創設した企業はほとんどその地域に集中していたことである。第二は、張謇の創設した企業は大生紗廠と通海墾牧公司を除いて規模は大きくなかったが、お互いに生産面で関連性を有していたことである。一方、渋沢栄一が設立と経営に関与した企業は日本各地に点在し、ほぼすべての産業部門と業種に及んでいた。そして、その多くは産業発展における重要な位置を占める大企業であった。それでは、両者の企業活動の相違をいかに解釈すべきであろうか。この問いに対して、中井英基は次のような分析を行っている。彼は「渋沢栄一は近代産業の多面手であり、重要な領域において五〇〇個の大企業の設立と経営に参加した。張謇の紡績業などの軽工業と開墾事業は江北の辺鄙の村に限っていた。このような大きな差を生じさせた原因の一つは、後進国の資本蓄積の低さおよびその対策であった。渋沢栄一が三四歳で辞職した後、第一国立銀行頭取の身分で企業活動に加わった。商工業を振興するために、近代化の金融制度の建設は非常に重要であった。明治政府が早い段階から健全な金融制度を殖産興業の一環として推し進めてきた。その背景のもとで、渋沢栄一以下の企業家たちは非常に巧みに微小の資本を利用して企業を創設した。しかし、張謇の場合になると、清政府が金融面どころか、経済全体に対しても無為無策であった。資本の蓄積は言うまでもなく、国家全般の事業振興も個人の努力に託されていた[112]と指摘している。つまり、中井によれば、張謇と渋沢の企業活動に大差が生じたのは、主に中国の資本蓄積能力の低さと張謇の企業活動が制度と政策の支持を得られなかったからであった。この点についてはすでに触れた通りであるが、では、ほかにどのような要因が考えられるのであろうか。

渋沢栄一と張謇の企業活動の範囲と規模における顕著な差の原因の一つは渋沢が銀行家であったことである。近代銀行の工業化過程における特殊な地位と役割が渋沢の企業活動自身に一種「天然」の社会性を与えたのである。一方、第一国立銀行の成長過程から見てわかるように、銀行業自身の発展はほかの産業の発展と切り離せない。このような認識に基づき、渋沢は最初から銀行業務の中心を民間の企業発展に対する扶助に重きを置き成功を収めた。銀行の資源面での優位と経営上の特徴は、渋沢の経営「多角化」活動に有利な条件を提供した。ところが、紡績業から企業を起こした張謇は利用できる資源が限られ、渋沢のような客観的条件に恵まれなかった。両者のこの差異はわれわれが問題を分析するときに無視してはならない点である。それでは、張謇はどのような動機に基づいて経営多角化の道を切り開いたのであろうか。私見によれば、それは以下の二点である。

㈠張謇の地方自治主張と経営理念への影響

渋沢栄一も張謇も愛国者であり、商工振興と西洋列強からの市場の奪回は彼らの企業活動における共通した出発点であった。しかし、異なる政治と経済環境に対面した彼らが、自身の抱負を実現するために選択した方法と過程は自然と異なった。そしてそのことも彼らの企業経営活動の展開に大きな影響を与えた。明治維新後の政治体制の改革は順調に行われたので、渋沢は経済の近代化に専念できた。日本国内の統一市場の早期形成と運輸・通信条件の迅速な発展により、彼は日本全国に企業活動の範囲を広められたのである。国家の利益のための活動に、彼はすべて積極的に関与できたのである。しかし、中国の状況は張謇にそのような条件を与えなかった。まず、封建社会の統治体制という前提の存在は、彼の企業活動が政治面の干渉と制約を受けることを決定づけた。また、第一次世界大戦まで、厘金制度および交通運輸条件に制限されて、中国の国内に統一市場がずっと形成されなかったので、張謇は地方市場を中心に企業経営活動を行った。さらに、張謇は何度も腐敗した清政府に失望していたが、「国家興亡匹夫有責」（国家の興亡はわれらは責任があり）という歴史的な責任感を持った彼は政治から離れられなかった。明らかに、そのような客観的な立場と主観的な思想状況は、張謇が経済の近代化と政治の近代化の両方に関与せざるをえないことを決定づけていた。こうして、彼の企業活動と彼自身の政治主張は緊密に連係することになり、政治主張の実現手段にもなった。

政治方面における張謇の基本的な主張は中国で立憲君主を実現することであった。それは康有為などの維新派と思想上において一致していた。戊戌維新が失敗した後も、彼の主張は変わらなかった。しかし、そのとき、彼は広大な中国を変革することは容易なことではないとの認識に至り、地方自治の思想が生まれ始めた。彼は「立憲でなければ自存はできず、地方自治でなければ立憲の基本を樹立することはできず」との認識を示し、地方自治こそ人民を火中から救い出す最も現実的かつ直接的な方法であると考えた。彼は「現在人民の苦痛は極限に達しており、彼らが政府の救援を待ち望んでいるにもかかわらず、政府は頑固として援助しておらず、また彼らが社会の救援を求めているにもかかわらず、社会の腐敗状況は斯くの如しである。然らば人民を塗炭の苦しみから救い出すに際し、自治以外にどうして他の方法があるであろうか[113]」と述べていた。当然、張謇の主張した地方自治の具体的な内容は、西洋国家の地方自治とは性質上決して同じではなかった。その基本目標は国家政治制度の民主化を実現する点にあるのではなく、紳士の地方における施政管理への関与を朝廷に認めさせ、彼らの力に依存して地方に人民が安居楽業できる「自存立、自生活、自保衛」なる新村落を建設する点にあったのである[114]。このような一種独特な「地方自治観」の形成に伴い、彼の企業経営活動の理念もそれに相応した形で変化していくことになった。張謇によれば、「自治には資本が必要であり、実業を振興させてこそ利潤が得られ、資本が得られる」のであり、そうでなければ、一切のことは実現できない。すなわち、地方自治を実現するにはまず経済を繁栄させ、当地の人が衣食に窮しないようにする必要があり、そのためにはまず彼らを仕事に就かせる必要がある。そのためには、地元に工場を建設し、土地を開墾し、教育、慈善などの公益事業を興して「新世界の雛型」を建設する必要があるというのである。このような企業経営理念を確立して、張謇は自己の故郷を実業活動の主要範囲としたのである。

中国の社会環境の認識に従い、張謇は地方自治の実現という独特の方法によって実業救国の抱負を実現しようとした。この選択は疑いなく、崇高な探求の精神であった。また、その成果を見れば、確かに南通地域を一新させ、わずか十数年で多数の工場、墾牧農場、学校をつくり、また交通、旅館および他の多数の社会施設、博物館を建設したのである。南通は貧しい小さな村落から有名な模範都市となり、人民の生活も大きく改善した。張謇本人もそれに対して喜びと誇りを感じていた。彼はかつて非常に誇りを持って、通州と海門の墾牧地域について「各堤防のうち、居住するには住居があり、客を接待するには居間があり、物を貯蔵するにも倉があり、野菜を造るにも田畑があり、小作人にも粗末な住居があり、商人には市があり、歩行には橋があり、まるで小さい世界のようである[115]」と述べていた。

南通地域にそうした変化が起きたことは、確かに地方に幸福をもたらそうとした張謇の思想が現実となったことを示している。この意味からいえば、張謇の成果は渋沢と比べても少しも遜色なかった。しかし、地方自治を出発点とした企業経営理念は近代企業発展に内在する要求との間に矛盾が存在した。それは張謇に企業家の持つべく理智を持たせがたく、経済の合理性を基盤にして企業発展のチャンスを選択させることはできなかった。それゆえ、企業が社会を営むという道をたどることになり、その後の彼の事業の失敗の重要な原因となった。

㈡張謇の農本思想の多角化経営戦略に対する影響

企業経営の多角化は明治時代の日本の工業化過程においてよく見られる現象であった。その現象の出現について、中川敬一郎は「近代日本は、いわば商業革命と産業革命を同時に進行しなければならなかったのであり、それだけ様様な潜在的企業家機会が広い範囲にわたって開かれていたと言うことができよう。ところが、そのような多様な企業家機会を捉まえるのに必要な経営諸資源は、資金も技術も企業経営能力もきわめてわずかしか国内には蓄積されていなかったのであり、その結果、ひとつの事業分野での近代企業経営に成功した企業家が他の近代ビジネスの諸部門へつぎつぎに進出していくことになった[116]」と述べている。清末の中国社会の経済の発展状況および資金、技術、企業経営能力などといった経営資源の蓄積の状況を見れば、中川の解釈は張謇の企業経営戦略の説明にも応用できる。なぜならば、事実上、大生紗廠からの資金援助がなければ、他の産業への拡大はほとんど不可能であったからである。しかし、一方で、企業の経営戦略は企業家の選択の結果であり、企業家の経営理念と市場意識などの要因の影響を受けざるを得ない。経営理念の張謇の企業経営活動への影響については、われわれはすでに分析を行っている。では、市場意識の角度から、張謇の多角化経営戦略はどのように解釈できるであろうか。換言すれば、張謇はどのような市場意識と動機に従って多角化経営を選択したのであろうか。

張謇の経営多角化戦略の形成過程を見ると、通海墾牧公司の設立は疑いなく重要な一歩であった。張謇本人は通海墾牧公司の創設目的を、「綿花がよく輸出され、また価格も高い。世界各国を考察すれば、綿花をつくる紡績業者がない。上策ではないため、墾牧公司を経営する」(117)と説明している。当時の綿貴紗賤という市場背景を考えれば、張謇の農耕事業への参入は大生紗廠の原料確保対策であり、近代紡績の経営者として有した市場経済意識を体現したとみることができる。しかし、注目すべきなのは、経済合理性から考えると、その決定は明らかに近代企業の経営意識と矛盾するところがあったことである。第一に、墾牧業と紡績業の間には生産技術面の関係がなく、大生紗廠の経営資源と技術資源は墾牧業での再利用ができなかった。第二に、海に田を作り、墾牧業を経営して綿花の原料問題を解決するのに必要な費用は膨大であり、かつ時間もかかった。それは大生紗廠の資本回転率上昇に有利ではなかった。第三に、「前方統合」の方式（紡績部門から織布部門に拡大）に対して、紡績部門から綿花生産への「後方統合」の方式で事業領域を拡大するのは、壮挙であったともいえるが、その目的は積極的に市場流通に参加することではなく、自家消費で伝統部門の地位を維持するためであった。以上の三点から、通海墾牧公司の設立は経済合理性の角度からは理解しがたい。だとすれば、墾牧公司を単に大生紗廠の原料対策の産物とはみなせないであろう。事実、張謇本人によれば、大生紗廠を創設する以前、張之洞の命令で通州と海門の団練を組織したときに墾牧公司を作ろうとする考えがすでにあったという。したがって、通海墾牧公司の設立と大生紗廠の原料対策との関係は否定できないが、張謇の最初の発想と上述した三点を合わせて考えてみれば、張謇の「後方統合」の経営多角化戦略は、彼の農業に対する基本認識と密接な関係を持っていたことが窺える。

張謇の農業に対する基本認識は次の通りであった。彼は「天下の大本は農業にあり、今日の急務は商業にあり、商業がなければ、農業生産物の輸送の功もなく、農業がなければ、商業の効能もなくなる」(118)として、「立国の基本は兵ではなく、資本確立の基本は商業ではなく、工業と農業である。特に農業が最も重要であり、農業生産がなければ工業生産ができないのであり、工業生産がなければ、商業の存在意義が失われるのである。これは因果関係の必然である」[119]と述べている。これらの論述からわかるように、張謇にとって農業はその他の産業の基礎であり、農工両者を結合させれば中国は貧困から脱け出せるというのである。ここから、張謇の通海墾牧公司の創設は彼の「大本は農業にあり、農工商を併せて挙する」という実業思想の一つの実践であるとみなすことができるであろう。

では、張謇の「大本は農業である。農工商ともに進める」実業思想はどのように解釈すればよいのであろうか。中国の張謇研究者の多くは、この問題に対して、張謇の主張を伝統的な農本思想とみなすのは正しくないと主張している。その理由として、「第一、彼（張謇）は農を重視するが、工をも立国の基本とみなした。第二、彼が農を重視するのは伝統の農本思想と違い、農を人民の食料の源としてみなしただけではなく、植物を作った生産原料の社会生産部門とみなした。つまり、農は工業に経済作物を供給する農業である。第三、彼は立国の基本が工と農であるといったが、事実上に、工をもっと重要視していた。工が農を固くし、商が鍵であると考えていた。なぜならば、彼が言った農は経済作物を作る農業であり、工の経済作物に対する加工製造がなければ、農も続かないと考えていたからである。したがって、張謇の農本思想は伝統的な農本思想の食料重視の観念もなく、以前の重農の意味もない。鮮明な資本主義性質を有した」[120]という三点を指摘している。

しかし、この指摘は、いくつかの点について検討の余地があると思われる。まず、張謇の農本思想は伝統的な農本思想と異なり農を重視し、他を軽視しないものであったことは正しいが、一方でこれは張謇が伝統的な農本思想の束縛から根本的に脱出できていないことを示しているのではないであろうか。なぜならば、農業は国民生活の基本であるが、国家富強の基本ではないからである。張謇本人もはっきり両者の区別を説明しておらず、時には農が基本であると主張し、また時には工農が基本であると主張し、論理の混乱が間々見られる。このような原因により、張謇は両者を同時に立国の基本とし、思想上の矛盾に陥ったのである。次に、近代化の基本目標は工業化であり、工業の近代化があればこそ、農業の近代化が初めて実現できる。西洋の近代化過程を見れば、工業化を実現する重要な意味は工業発展が本国の資源に制約される状態を打ち破り、工業品の大量輸出を後ろ盾として、経済手段（商品交換）と非経済手段（武装掠奪）で世界の資源を占めることであった。張謇の経営多角化の内容を見ると、商品流通と交換範囲の拡大を通じて利潤追求を実現する資本主義市場経済の意識は充分に体現されていなかった。彼は企業間の生産過程と原料の関連性を非常に重視した。彼にとって、油廠の経営は綿籽を処理し、油を作り自家使用するためであった。石鹸工場の経営は綿油と油粕を利用するためであった。鉄工場の経営は大生紗廠の機械を修理するためであった。したがって、張謇の思想は濃厚な自給自足の意識を反映しておりそれは伝統的な農本思想の延長線上にあるといえよう。

農本思想はもともと封建小農経済の産物であり、儒教文化の重要部分でもある。張謇と渋沢栄一は共に農家に生まれ、儒教文化の薫陶を受けたが、渋沢の企業活動の中には農本思想の影響の痕跡があまり見られなかった。その原因は二つの側面に分けられる。主観的な側面からみれば、張謇は三〇年余りの科挙試験の生涯を経てきたため、封建統治階級の治国基礎である儒教の農本思想が彼に与えた影響は渋沢よりも深刻であった。また、張謇の西洋経済や社会に対する理解は渋沢より直接的ではなかった。渋沢は工業化の発祥地である西洋諸国を二年間ほど訪問した。その時期も新思想を受け入れやすい青年期であった。これに対して、張謇が初めて訪問した外国は西洋資本主義の学生である日本であった。彼の当時の年齢もすでに五〇歳を過ぎていた。そのため、思想面において彼は渋沢のように容易に「改造」されなかった。これらの主観的な要因によって、張謇は当然、伝統的な農本思想の影響から脱け出しにくかった。

客観的な側面、すなわち張謇と渋沢の企業活動の社会環境を見れば、その差はもっと大きかった。第一に、現在の研究によって、一九世紀後半の日本の農業の発展レベルは中国を上回り、農業問題の緊迫性がそれほど深刻ではなかったことが証明されている。他方、中国の状況は日本とはまったく異なり、農業の生産性の低下とひどい農作物の供給不足により、億万国民が飢餓状態に喘ぎ、農業発展の重要性は自然に人々の心の中に刻み込まれていた。第二に、明治維新以前に、日本の商品経済はすでにある程度の発展を遂げて国内の統一市場も形成され、自給自足という閉鎖的な封建経済意識は大きく動揺した。それゆえ商品生産と交換を手段として生活必需品や生産原料を獲得することが人々に受け入れられていた。特に明治維新後、殖産興業の迅速な発展の過程で、日本は自国の客観的な現実を認識するようになった。それは、国土面積の狭さと資源の不足により、本国の農業は工業原料の需要を充足できないということであった。そのため、日本にとって、工業品の輸出を通じて必要な原料に換えることは農業の発展に工業原料の供給を任せるよりも現実的であり、工業の発展は農業の発展よりも重要であった。一方、清末の中国においては、商品経済はある程度発展して地域的な市場が出てきたが、国内の統一された流通市場は形成されなかった。このような状況が地域ごとの自給自足の生産構造を成立させる基礎としての農業の重要性を否認することにはならなかった。また、中国は国土が広く、資源も豊富なので、貿易立国の思想を培う土壌に乏しく、自給自足の方式で工業化に伴う原料問題を解決しようと考えがちであった。総じて言えば、近代中国は伝統的な農本思想が生き延びる社会と経済条件を備えていたのである。そしてこの現実は張謇が伝統的な農本思想と徹底的に決別できなかった重要な要因となったのである。

（1）第一銀行八十年史編纂室編『第一銀行史』上冊、第一銀行、一九五七年、九六頁。
（2）同前、一二一～一二三頁。
（3）同前、一九九～二〇二頁。
（4）加藤俊彦・大内力編著『国立銀行の研究』勁草書房、一九六三年、五九頁。
（5）同前、六一頁。
（6）山口和雄編著『日本産業金融史研究』東京大学出版会、一九七〇年、四九頁。

(7)　前掲、加藤俊彦・大内力『国立銀行の研究』七一頁。
(8)　同前、八五頁。
(9)　中川敬一郎「日本の工業化過程における『組織化された企業者活動』」『経営史学』第二巻第三号（一九六七年十一月）、一八〜一九頁。
(10)　日本経営史研究所編『日本郵船株式会社百年史』日本郵船、一九八八年、二三〜二四頁。
(11)　朱蔭貴『国家干預経済与日中近代化』東方出版社、一九九四年、八一頁。
(12)　揖西光速『政商から財閥へ』筑摩書房、一九六四年、一二三頁。
(13)　渋沢栄一述『青淵回顧録』上冊、青淵回顧録刊行会、一九二七年、五一七〜五一八頁。
(14)　田村俊夫『渋沢栄一と択善会』近代セールス社、一九六三年、四〇頁。
(15)　前掲『青淵回顧録』上冊、四〇三頁。
(16)　前掲、第一銀行八十年史編纂室編『第一銀行史』上冊、三四五〜三四六頁。
(17)　井上馨侯伝記編纂会編『世外井上公伝』第一巻、原書房、一九六八年、四頁。
(18)　同前、一〜二頁。
(19)　同前、六八五頁。
(20)　張季直先生事業史編纂処『大生紡績公司年鑑1895-1947』江蘇人民出版社、一九九八年、五頁。
(21)　章開沅『張謇伝』中華工商聯合出版社、二〇〇〇年、七九頁。
(22)　前掲『大生紡績公司年鑑1895-1947』五頁。
(23)　同前、九頁。
(24)　『大生系統企業史』江蘇古籍出版社、一九九〇年、一三頁。
(25)　前掲『大生紡績公司年鑑1895-1947』七八〜八六頁。
(26)　同前、二〇頁。
(27)　同前、一九頁。
(28)　同前、八一頁。

(29) 同前。
(30) 同前。
(31) 同前、八二頁。
(32) 「承弁通州紗廠節略」『張謇全集』第三巻、江蘇古籍出版社、一九九四年、一三頁。
(33) 前掲『大生紡績公司年鑑1895-1947』八二頁。
(34) 前掲『大生系統企業史』一六頁。
(35) 前掲『大生紡績公司年鑑1895-1947』八二頁。
(36) 同前、八六頁。
(37) 同前、八三頁。
(38) 同前、八四頁。
(39) 前掲『大生系統企業史』一八頁。
(40) 徐新吾・黄漢民主編『上海近代経済史』上海社会科学院出版社、一九九八年、九六頁。
(41) 汪敬虞『中国近代工業史資料』第二輯上冊、科学出版社、一九五七年、一八〇頁。
(42) 同前。
(43) 同前、一八七頁。
(44) 同前、三七六頁。
(45) 同前、一八九頁。
(46) 同前、一九二頁。
(47) 厳中平『中国綿紡績業史稿』第二輯上冊、科学出版社、一九五五年、一四一～一四二頁。
(48) 前掲、徐新吾・黄漢民主編『上海近代経済史』九八頁。
(49) 張謇国際学術検討会論文集『論張謇』江蘇人民出版社、一九九三年、一八八頁。
(50) 同前、二三八頁。
(51) 同前、二三七頁。

(52) 前掲『大生紡績公司年鑑1895-1947』七二頁。
(53) 同前、七七頁。
(54) 章開沅・田彤『張謇与近代社会』華中師範大学出版社、二〇〇二年、一六六頁。
(55) 前掲「大生紗廠第一次股東会之報告」『張謇全集』第三巻、八六頁。
(56) 前掲『大生紡績公司年鑑1895-1947』一二〇頁。
(57) 前掲、張謇国際学術検討会論文集『論張謇』二五〇頁。
(58) 前掲『大生紡績公司年鑑1895-1947』一〇一頁。
(59) 同前、七一頁。
(60) 同前、七七頁。
(61) 前掲「改革全国塩政意見書」『張謇全集』第二巻、一三三頁。
(62) 前掲『大生紡績公司年鑑1895-1947』七一頁。
(63) 同前。
(64) 同前、七三頁。
(65) 前掲、汪敬虞『中国近代工業史資料』第二輯下冊、一二四三頁。
(66) 同前、一二三〇頁。
(67) 同前、一二四一頁。
(68) 前掲『大生紡績公司年鑑1895-1947』三四頁。
(69) 前掲「江北運河分年施工計画書」『張謇全集』第二巻、四五八頁。
(70) 前掲、汪敬虞『中国近代工業史資料』第二輯下冊、一二三六頁。
(71) 穆烜・厳学熙『大生紗廠工人生活的調査』江蘇人民出版社、一九九四年、二一五頁。
(72) 前掲「通海墾牧公司説略」『張謇全集』第三巻、二三一頁。
(73) 張孝若『南通張季直先生伝記』附『嗇翁自訂年譜』下巻、上海書店、一九九一年、三九頁。
(74) 前掲「嗇翁自訂年譜」『大生紡績公司年鑑1895-1947』五七頁。

(75) 前掲、張謇国際学術検討会論文集『論張謇』四三九頁。
(76) 前掲『大生系統企業史』四七～四八頁。
(77) 前掲、章開沅『張謇伝』一四二頁。
(78) 前掲「墾牧郷志」『張謇全集』第三巻、三九五頁。
(79) 前掲、章開沅『張謇伝』一四七頁。
(80) 前掲『大生系統企業史』六五頁。
(81) 同前。
(82) 同前、一一三頁。
(83) 南通市档案館編『張謇所創企事業概覧』六九頁。
(84) 同前、七一頁。
(85) 同前。
(86) 前掲『大生系統企業史』九四頁。
(87) 駒井徳三『張謇関係実業調査報告書』江蘇文史資料一〇輯、一六八頁。
(88) 前掲「通海議弁認捐本要略」『張謇全集』第三巻、七五六頁。
(89) 同前「致黄学使函」第四巻、五一〇頁。
(90) 同前「通海議弁認捐本要略」第三巻、七五六頁。
(91) 同前、七五七頁。
(92) 同前「議商会議」第二巻、一一頁。
(93) 馬敏『官商之間――社会劇変中的近代紳商』天津人民出版社、一九九五年、二九九頁。
(94) 馬敏『商人精神的嬗変』華中師範大学出版社、二〇〇一年、二六五頁。
(95) 前掲、章開沅『張謇伝』二二一～二二二頁。
(96) 前掲「大生紗廠股東会宣言書」『張謇全集』第三巻、一一四頁。
(97) 前掲、張孝若『南通張季直先生伝記』四七頁。

(98) 魏瀛涛『張之洞伝』四川人民出版社、一九九五年、八三頁。
(99) 前掲「代鄂督条陳立国自強疏」『張謇全集』第一巻、四〇～四一頁。
(100) 同前、第六巻、三九一頁。
(101) 同前、四七五頁。
(102) 前掲『大生紡績公司年鑑1895-1947』八〇頁。
(103) 前掲「為紗廠致南洋劉督部函」『張謇全集』第三巻、一六頁。
(104) 同前「与記者談実業、導淮等問題」第二巻、三〇五頁。
(105) 渋沢青淵記念財団竜門社編『渋沢栄一伝記資料』第一一巻、渋沢栄一伝記資料刊行会、一九六六年、三三七～三三八頁。
(106) 米田佐代子「日本資本主義の成立期における『指導者』の役割――渋沢栄一の意識と行動について」『人文学報』第四一号（一九六四年三月）、一三二頁。
(107) 大生紗廠が設立された当初、通州と海門周辺での一〇年の独占経営権を獲得した。大生紗廠が操業した後、「二〇年で、一〇〇里以内にほかの工場設立できない」特権を得た。大興面廠の創設後、五年の独占経営権を得た。張謇が関与した耀徐玻璃公司は徐州境内で一〇年の独占経営権を得た。民国八（一九一九）年までに、張謇がまた通燧燐寸公司に一〇〇里内の二〇年の独占経営権を請求していた。各種の独占経営権のほかに、張謇が関与した企業は各種の税金免除の権利を獲得した。例えば、大興面廠は五年の免税権を得た。その後創設され阜生蚕桑公司と鎮江鉛筆公司もある程度の免税権を得た。
(108) 前掲「代鄂督条陳立国自強疏」『張謇全集』第一巻、三七頁。
(109) 同前「通海議弁認捐本要略」第三巻、七五八頁。
(110) 常宗虎『末代状元：張謇家族百年史』中国社会出版社、二〇〇〇年、六五頁。
(111) 前掲、張孝若『南通張季直先生伝記』六八頁。
(112) 前掲、中井英基「張謇与渋沢栄一――日中近代企業家比較」第一届張謇国際学術検討会論文集『論張謇』一一三～一二二頁。
(113) 前掲「蘇社開幕宣言」『張謇全集』第四巻、四三九頁。
(114) 同前「自治会報告書序」四六五頁。
(115) 同前「墾牧郷志」第三巻、三九五頁。

（116）中川敬一郎『日本的経営』ＮＨＫサービスセンター、一九八一年、三九〜四〇頁。
（117）前掲『大生紡績公司年鑑1895-1947』五七頁。
（118）前掲「論商会議」『張謇全集』第二巻、一一頁。
（119）同前「請興農会奏」一三頁。
（120）第二届張謇国際学術検討会論文集『近代改革家張謇』上冊、江蘇古籍出版社、一九九六年、四六〇〜四六一頁。

第6章　張謇と渋沢栄一の異なった歴史的結末と教訓

はじめに

二〇世紀は中日両国の国家の運命にとって歴史的な大転換期であった。そしてその時期に張謇と渋沢栄一の企業家人生はまったく異なった歴史の結末を迎えた。一九一一年に起きた辛亥革命は二千余年も続いてきた封建制度の終焉を宣告し、中国社会に大きな変化をもたらした。しかしそれからの中国では政治の激変が相次ぎ、植民地統治者から押しつけられた不平等条約は依然として廃止されていなかった。一方、日本は甲午（日清）戦争の勝利から得た巨額の賠償金が経済成長に新たな活力を注ぎ込み、産業革命は大きな成功を収めた。欧米諸国と結ばれた不平等条約も大正元年に完全に廃止されて、欧米列強と対等にふるまえる強国の資格を得た。このような時代の激しい変遷の中で、張謇と渋沢は企業家人生の最後の時期に入ったのである。

しかし残念なことに、ともに実業救国の理念を抱いて商工業に身を投じた両者の人生はまったく異なる結末を迎えたのである。渋沢栄一は望み通りに日本の富国強兵を見ただけではなく、自分の事業の成功を収めた。これに対して、張謇の目に映る中国は相変わらず貧困と後進に苦しみ、万難を排して創設した大生企業グループもついに失敗に終わった。それでは、大生企業グループはどのように繁栄から没落へ向かったのであろうか。張謇と渋沢の企業経営活動の結末の相違は何を示しており、そこからわれわれはいかに企業家としての彼らの人生価値を評価すべきなのであろうか。以上は本章が検討する主たる課題であり、本書の総括でもある。

第1節　大生企業グループの成功から失敗へ

1　大生企業グループの拡張

二〇世紀初頭の一〇年を、経済史家は近代中国の民族紡織業発展の黄金時代と称している。その時期は大生企業グループにとっても利益が次々と上がる最盛期でもあった。第一次世界大戦の勃発により、西洋列強が一時的に中国市場の争奪の手を緩めたため、中国の民族紡織業の市場環境は明らかに好転し、かつてない繁栄ぶりをみせたのである。

一九一五年、張謇は袁世凱の帝制復活に強烈な不満を抱いたため、南通に戻り、新たな企業の経営に取り組んだ。その時の張謇は中国政治の行方を憂慮していたが、大生紗廠の日増しに上昇する経営ぶりを受けて、彼は事業の将来性に対する自信を持ち、新しい事業の拡張計画に着手し始めた。綿糸の生産能力と規模を拡大するために、大生紗廠を一、二廠（南通崇明）から九廠（三～九廠を海門常楽、四揚垻、天生港、東台、如皋、南通城南江家橋、呉淞に設置）まで拡張しようとしたのが、それである。しかし株式募集と資金調達がうまく進まず、発注した外国製の紗機も期日通りに届かなかったため、計画のうち四～七廠の設置は実現できなかった。それにもかかわらず、事業拡張の規模は相当なものであった。

その具体的な状況は以下の通りである。大生一廠の一九〇七年の資本金は一一三万両、総紡錘数は四万八〇〇錘、固定資産は九六・一万両であった。一九一五年になると、資本金は二〇〇万両まで増え、紡錘数は六万一四〇〇に達し、織機を四〇〇台増設したため固定資産も一八五・一万両まで増加した。それ以後拡張のスピードは全く衰えず、一九二二年の資本金は二五〇万両まで増加し、紡錘数と織機がそれぞれ七万六三六〇錘、七二〇台まで増え、固定資産は四五八万両に達した。(1)大生二廠の拡張規模は一廠に及ばなかったが、一九〇七年の資本金は八六・四万両で、紡錘数が二万六千錘、固定資産は八一・八万両であったが、一九二二年になると、資本金と紡錘数がそれぞれ一一九・四万両、三万五千錘に増加して、織機を二百台買い入れたため、固定資産は一一八・六万両に増えたのである。(2)一九二一年に新設された大生三廠の資本金は一九八万両で、紡錘数が三万四千錘、織機が四二二台、固定資産は二三七万両であった。(3)そして一九二〇年から大生八廠（一九二四年）を計画し始めた。計画中の大生八廠を別にすれば、大生紡績は一五年間で、資本金は二倍近く（総額五七五・二万両）増加して、紡錘数量は一・五倍近く（総計一四・五万錘）増え、総計一三四二台の織機を買い入れたのである。

絶え間なく紡織業への投資を拡大すると同時に、張謇は塩墾公司を設立した。一九一三年から二〇年にかけて、大有晋、大豫、大賚、中孚、大綱などの塩墾公司を二〇数社創立した。一九二〇年におけるこれらの会社の資本金総額は一二三八・七万元に達して、一九一〇年のそれの二六倍に増加していた。(4)公司が所有していた土地の総面積は四五五万畝であり、すでに開墾した総面積は七〇万畝であった。(5)大生企業の拡張に必要な資金を調達するため、張謇は一九一八年から淮海銀行の設立を計画し始めた。同銀行は一九一九年に正式に営業を始め、資本の総額は五〇〇万元であったという。(6)このほかに張謇は水上運輸業への投資も拡大する一方、南通地区で製紙工場、ガラス工場のような小企業や旅館、ホテルなどの施設も作った。『大生系統企業史』の統計によれば、大生系統企業の資本金総額は二四八三万元（一九二三年）で、一九一〇年の七・三倍に相当した。一三年間で、資本総額は二一四四万元増えたのである。(7)

2　債務危機の発生と大生企業グループの解体

第一次世界大戦前後における市場環境の好転を背景として、大生企業グループの急激な拡張は一〇年近く続いた。しかし、一九二〇年代に入ると、劇的な変化が生じた。大生企業グループは好況の持続ではなく、度重なる深刻な打撃に直面した。時系列的にみれば、最初の挫折は張謇が熱中した墾牧事業から始まった。通海地区は一九一八年から絶えず暴風、高潮、虫害などの自然災害に遭って、農作物生産はあまねく減収となった。特に墾牧公司にとって台風と暴雨のもたらした損失はかなり深刻であった。水利施設は破壊され、まもなく収穫時期になる綿花の多くは水浸しになり、予定された小作料の収入はなくなった。それゆえ、配当金と運転資金を借入金に頼りながら運営しなければならず、結局巨額の債務を負うことになった。一九二〇年までに、大有晋、大豫、大賚、大豊、華成の五社の負債総額は四五〇万両に達したのである(8)。

しかしながら、災害による墾牧公司の損失以上に張謇が最も不安に感ぜざるをえなかったのは、大生紡織企業の収益状況が明らかに悪化し始めたことであった。第一次世界大戦後、外資企業が再び中国の織物市場と綿の流通市場を奪回した。そのため、大生紗廠の境遇は著しく悪化して、使う原綿のコストが高まり、綿糸の販売価格と数量も減少し、すでにもとのレベルでの経営を維持できなくなった。一方、企業のさまざまな支出はますますかさんだので、巨額の営業損失を計上することになった。一九二二年の大生一廠の損失額は三九万両、二廠が三一万両であり、両社の担保付貸付の総額はそれぞれ七〇九万両、一二五万両に達した(9)。大生一廠と二廠は大生企業グループの核心企業であり、両社がこれほど多額の借入をしたのは、決して一時的な原因から発生したものではなかった。大生企業グループは急激な拡張時期において非常に繁栄していたように見えるが、新しく創設した墾牧公司は株主の募集と資金調達に苦しんでいた。募集した払込資本は固定資産への投資額に足らず、開業後は常に運転資金の深刻な不足に悩まされていたので、短期借入に頼って経営を維持するしかなく、借入金を固定資本代わりに使うことさえあった。しかも墾牧公司の投資周期は長く、かつリスクも割に高かったので、金融業者に信用されなかった。そのため、張謇はいつも大生一廠と二廠の資金を流用して、墾牧公司の焦眉の急を救った。大生一廠と二廠が資金の不足に悩んだときには、自分の資産を担保に金融業者から借金をした。しかし、問題は墾牧公司が大生一廠と二廠から受けた資金援助を返済しなかったことである（それは一九二二年までにすでに一三〇余万両に達していた）[10]。そしてこのことが、両社の経営に大きな影を落とした。すなわち、自社が蓄積した資金は合理的に企業内で使えない一方、外部に対する借金の負担に追われ、利子付負債と資金運転コストが上昇したのである。このような資金の運用方式は明らかに、大生一廠と二廠に持続的に高利潤を上げることを要請した。さもなければ、深刻な債務危機が発生して、大生企業グループの全体的な運営に巨大な衝撃を与えることになりかねなかった。したがって、大生一廠と二廠の多額の損失の発生は、大生企業グループが命運をかけた試練に遠からず直面せざるをえないことを意味していた。

大生企業グループが経営状況の突然な悪化によって麻痺状態に陥らないように、張謇は苦痛に耐えながら、作り上げたばかりの大生八廠をそのまま永豊会社に貸し出した。また増資を通じて、必要な資金の一部を自分で調達しようとした。しかし、応募者が極めて少なかったので、張謇はやむをえず、大生紗廠の固定資産を抵当にして、引き続き金融業者から借金をしたが、大生企業グループが必要とする資金には「焼け石に水」であり、はるかに不足していた。張謇の見積もりでは、紡織と塩墾という二つの主事業を全部回復するためには、一〇年以内に少なくとも三、四千万元の巨額の資金が必要であった[11]。国内の金融機関は、明らかにこれほどの巨額の貸付をする力はなかった。このような状況の下で、張謇は外資の利用を思いつき、大生企業グループの事業の復興する望みを外資との協力に託した。ここで、本書のもう一人の主人公である渋沢栄一との間に一つのエピソードが生まれた。

一九二二年八月、駒井徳三（日本外務省嘱託[12]）の紹介で、裕華墾牧公司の経理陳儀、大有晋塩墾公司の経理章亮元、

大生紗廠の高級職員張同寿らの三人は張謇直筆の手紙を持って日本に赴き、正式に渋沢栄一に資金援助と経済協力を要請した。渋沢は大変関心を寄せて、すぐ彼が当時会長を務めていた日華実業協会（一九一九年日本実業界によって創設された対華経済交流団体）で幹事会を開いた。その結果、紡織企業と協議してもらうことが最も適当であるという見解で一致したので、東洋紡織株式会社の社長齋藤恒三に次のような手紙を書いて、張謇の事業および協力要請を説明するとともに、自身の見方をも示した。

「本月廿一日……外務省嘱托駒井徳三氏同伴にて現下支那実業界ニ有名なる張謇氏之書翰携帯にて張氏より特に我邦に派遣せられし章亮元・張同寿・陳儀之三氏来訪有之、張謇書状之表面ハ、大体ニ於て日支経済聯絡を切望する趣旨ニ止るも実ハ目下南通州ニ於て農業と工業ニ種々着手いたし、其農業といふは、通州ニ於て綿花耕作ニ大起工之由ニ有之、幸ニ日本紡績業者之同意を得ハ、所謂経済同盟も切ニ相望候様子ニ有之、……要は張謇企図之事業ニ関し其財源を得る之目的ニ有之候様被察候間、本月廿三日日華実業協会ニ於幹事会を開き、和田豊治君・伊東米次（治）郎・児玉謙二・白岩竜平君等相会し、種々評議之上ニて、張謇氏現在経営之各事業及其人と為り等詳細に取調候処にてハ、頗る大仕掛ニ計画いたし居り、現ニ相応之紡績工場も所有し、且其綿花耕作と申起業ハ、広漠之塩田を綿花農場ニ開拓するものにして、此企図にして目的を達して成功するを得るときハ、綿花之供給ニ変化を生すへしとも被申候由にて可相成ハ我紡績業者中ニ於て関係致候様希望之至と一同申合義ニ御坐候、依而更にニ者生ハ外務省ニ次官を訪ひ、埴原氏と篤と協議いたし、更ニ其廿四日を以て、再応前書三氏及駒井氏と会見し、当方ニ於てハ夫々熟議を進め、張孝若氏は九月中旬ニ東京着と申事なれハ、夫までニハ概略之考案相立置、前書三氏又ハ孝若氏とも御引合致候様可取運と答置候義ニ御坐候、右様之都合ニ付、過日和田君之希望も、此度は可成ハ在大阪之紡績聯合会ニ於て引受、充分之交渉を重ねて契約致度、但其取扱方ハ或ハ東亜工業会社に任せしむるも可然歟。而して聯合会と申候而も不同意の人にても有之、面倒ニ相成候義ハ不好次第ニ付、有力な紡績会社と東亜工（興）業会社等ニて一時之シンヂケートを組織するも可然歟と申事ニ御坐候、依而賢兄ニハ来月初旬其為是非御出京被成下度候……張謇氏南通州ニ於る各種事業経営之直想ハ、貴地日本綿花株式会社上海支店長井藤幸次郎氏より、其社長喜多君へ詳細報告有之候由ニ付、就而御聴取可被下候、而して老生ハ喜多君とハ単に面識と申まで別に御交誼無之ニ付、卒爾之呈書ハ遠慮仕候へとも、賢兄ニ於て可然と御考ニ候ニ候ハヽ、御相談可被下候」[13]。

ここから、渋沢栄一は張謇の要請に対してかなり積極的な態度をとり、全面的に協力しようとしていたことがわかる。しかし不思議なことに、日本紡織業界の名士たちは、張謇の件を巡っていろいろと議論を繰り返したが、一致した意見に至らなかった。彼らの考えでは張謇が必要としているのは耕地などを開墾するのに必要な比較的長期の投資であり、日本の紡績企業が原綿の仕入れに必要な資金とは性質が異なるものであった。その後、渋沢もこの件についてさらに考慮しなければならないと表明した[14]。しかし、外務省に依頼された駒井徳三はこの件について、終始奔走し、その後日本銀行の総裁井上準之助と相談することになった。井上の態度も比較的慎重であったが、駒井が大生企業グループの塩墾事業を詳しく視察することに賛成した。そのため駒井は同年の一一月に南通に戻り、張謇の事業に対して二カ月間の調査を行った。その間、彼は張謇と何度も話しあって大生系統企業の経営状況を逐一、調査し、後日提出した調査報告書の中で一つの結論に達した。彼によれば、日本のような綿業国が、綿の自給を実現できないならば、その大部分を外国に頼らざるをえず、その供給元は、距離の近さと安全性が確保されていなければならなかった。それゆえ、隣邦の中国のほかに原綿供給元は考えられなかった。また彼は「此ノ際、進ンデ該国（中国）ノ実業ト提携シ、給スルニ資金或イハ技術上ノ援助ヲ以テシ、其ノ国人ヲシテ綿花ノ改良・増植ノ大事業ヲ完成セシムル者、最緊要ノ事ナリ。今日幸ニシテ、中国ノ大資本家ニシテ且ツ綿業ヲ以テ中心事業ト為スノ張謇、先ズ日本トノ提携ヲ望ム、此レ豈ニ天与ノ好機会ニ非ザルカ。今若シ之ヲ失バ、恐ラクハ将来永ク有得ノ望有ラズ[15]」とも考えていた。しかし駒井の報告と提案は日本側の態度を変えられず、そのうえ一九二三年九月に起きた関東大震災が日本の金融界を突如麻痺状態に陥らせたため、借款は成立しなかった。張謇は大変失望し、「近キヲ捨テテ遠キヲ求メ」るしかなく、救援を求める方向をアメリカに転じた。一九二四年、張謇は米国視察中の息子の張孝若にたびたび手紙を寄せ、国内の銀貨不足の情勢を伝えるとともに「欧州戦後ノ情形ヲ以テ測レバ、恐ラクハソノ力外ニ及ブ無シ。最後ニ唯米国ノミヲ冀ウ、米国フォードヲ以テ第一ト為シ、ダラーコレニ次グ。此レ須ラク説入ノ機会有ルベシ[16]」と訴えた。その意を体した張孝若は、フォードとダラーなどの企業グループと連絡を取ったが、最終的には失望せざるをえなかった。こうして、外資を利用して苦境を抜け出す張謇の構想は完全に不可能になった。

一九二四年、軍閥の混戦は余命いくばくもない状態にあった大生企業グループにさらに致命的な痛手を与えた。大生紗廠の経営状況はそれによっていっそう悪化し、一九二五年に一廠だけが負った債務はすでに九〇六万両以上に達し[17]、資本金総額の三・五倍になった。中国紡織業の現実を前に、張謇は大生企業グループの再建が事実上、可能性を失ったとはっきり意識し、やむをえず江浙財団に清算を申し出たのである。同年七月、上海の中国銀行、交通銀行、金城銀行、上海銀行と永豊、永聚銭荘は債権者団を作り、大生紗廠全体を差し押さえた。このようにして、張謇が独力で創設した大生企業グループはついに歴史の終焉を迎え、張謇本人もこれをもって企業家としての生涯を閉じたのである。

3　企業経営失敗の個人的要因

大生企業グループの没落と解体は中国近代企業発展史上の大きな出来事であり、それはさまざまな社会的、経済的背景によって発生した。しかし、その創立者である張謇個人からも企業経営失敗の原因を見出すことができる。

(一)近代企業管理に関する知識の不足

長年の努力と奮闘を通して、張謇の事業は一つの紡績工場から多岐にわたる企業グループにまで発展した。それは張謇の事業が巨大な業績をあげたことを意味しただけでなく、彼を新たな試練に直面させた。しかし、彼はこのような変化に応じて近代企業グループの管理知識を深めなければならなかったが、大生企業グループの没落過程をみるに、彼はまさにこの最も重要な面が欠けていたといえる。

周知のように、近代大企業の経営には莫大な資金が必要であるので、企業の経営者にとって、資金の運転コストをなるべく引き下げることはまず目指すべき重要な目標の一つである。しかしながら、張謇の経営活動にはこうしたあるべき知識と意識は体現されていなかった。この点は大生一廠の利潤の配分から明らかである。大生紗廠の利潤は主に「官利」、「余利」、配当、積立金と減価償却の五項に分けられていた。大生紗廠をまだ作り上げていない時点から、株主への官利の分配はすでに始まり、その後利潤の如何にかかわらず、企業経営に巨大な損失が生じた一九二二年まで続けられた（一九二三年中止）。一八九九年から一九二二年間までの官利の支払総額は二六五万両で、純利益配分総額の二〇・九％にあたっていた[18]。余利と配当の配分額も相当なものであり、大生一廠が成立してから一九二一年まで分配した余利は総計五五七万両（一九一六年損失発生によって支払い中止）で純利益配分総額の四四％に相当した。配当の総額は二一七万両で、純利益配分総額の一七％を占めていた[19]。他方、一九〇七年までの七年間、大生一廠はまったく減価償却費を計上していなかった。それ以後減価償却のための社内留保を始めたが、金額はごくわずかであり、一九一九年を除いて毎年の金額は二・五万両にすぎなかった。一九〇七年から二一年まで、計上した減価償却費は三七・四万両であり、純利益配分総額の二・九五％を占めるに過ぎなかった[20]。なお、大生一廠は積立金（自家保険込み）の蓄積を始め、一九二一年までに合計一〇八万両を貯えた。それは純利益配分総額の八・五％に相当していた[21]。

上述した利潤の分配構造からみてわかるように、張謇は「得利全分」（得た利益をすべて配分）という方針を貫いたのである。そしてこの方針は最初から大生企業が持続的な生産を行えないことを運命づけていた。その理由は以下の通りである。第一に、減価償却費はもともと生産コストに入れられるべきで、利潤とみなされるべきではなかった。しかもその金額は極めて限りのあるもので、長い目でみれば単純な再生産でさえ維持する水準になかった。第二に、積立金が利潤に占める比重が小さすぎ、かつその中には生産外支出が入っており、拡大再生産と技術改良の要請を到底満たすことはできなかった。第三に、株主に支払った官利と余利は莫大な金額であった。企業がその支払をしばらく延ばし、もしくは株に割り当てるという形をとれば企業内の運転資金として使えたが、実際大生紗廠はこの方法をとっていた。ただ社内留保の積立金と異なりその資金を無償で使用できず、必ず官利と余利を支払わなければならないので、資金運転コストはそれなりに上昇した。第四に、企業に残された利潤は過少で、企業が必要とする資金、とりわけ大量の運転資金は銀行と銭荘に頼らざるをえず、企業の負債を増加させたのみならず多額の利息を支払わなければならないので、資金の運転コストは大いに上昇したのである。一九〇〇年から二〇年まで、大生一廠の売上高は一三〇万両から一一七六万両まで八倍に増加したが、借入金の利払いも一・六万両から四四・六万両となり、二六倍に増加したのである(22)。

このような高い配当性向、また負債を増やしながら経営するというリスク観念に欠けた方針は大生紗廠の経営の脆さを決定づけた。張謇がこのようなやり方を選んだ理由は、企業の減価償却と資本蓄積に対する理解と認識が欠如していたからである。張謇は「機械と工廠の建物において、減価償却という例がある。しかし、減価償却のため官利が少なくなり、株主の期待に応えられないと懸念している。したがって、三年後減価償却を開始する。まだ『旧』くなっていないうちに、『折』(減価償却)をやらなくてもいい。これも『折旧』(減価償却)という言葉そのものと名実相伴う(23)」と述べていた。明らかに、張謇の頭の中には機械設備を定期的に更新する観念がなく、減価償却を通じて資本の蓄積を促したり、機械設備の価値の下落を防止したりするような意識もなかったのである。それゆえ、彼は減価償却を企業経営において必ず採用すべき基本的な制度の一つとみなすことができなかったのである。一方で、張謇は仕入と出荷の管理を重んじていた。彼にとって、生産加工の過程は原綿の仕入れと綿糸の販売ほど複雑でもなく、重要でもなかった。前にも触れたように、大生紗廠初期の順調な発展は確かに張謇が仕入れと出荷をしっかりと管理したためである。しかし、この成功経験によって、その後の張謇の企業経営の中に「商ヲ重ンジ工ヲ軽ンズル」傾向が生じたのである。さらに、彼は労務管理を重視したが、企業の技術改良と設備更新の必要性や緊迫性をあまり強調しなかった。こうした思想背景の下で、張謇はすべての利益を配当し、債務を負いながら経営する危険性を十分に意識していなかったのである。

㈡近代企業経営意識の欠如

第4章で述べたように、張謇は中国における株式会社制度の普及において重要な貢献を果たした。彼は大生紗廠に対する「官股」（政府資金）の干渉をみごとに退けただけでなく、同時に『公司律』（会社の規則）という法律に拠りながら、大生紗廠の経営体制の改革と調整を行ったのである。毎年定期的に株主総会を開いて、会社の経営状況を報告したのはその好例である。しかし張謇がまだ近代企業グループの発展に適応した経営意識を完全に確立していなかったことも否定できない。これは彼が大生企業グループの中で自己の権力を制御せず、独裁の色彩を帯びた指揮体制をとったことからも明らかである。そしてそれによって、企業経営戦略と経営資源配分の合理化に深刻な影響を与えたのである。

経営多角化は近代の大企業がほとんど採用する発展戦略の一つである。しかし第5章で分析したように、大生企業グループの経営多角化が狙ったのは伝統的農業部門であり、「前方統合」の経営様式とまったく相反する「後方統合」であった。張謇のこうした戦略に対して、大生紗廠の株主は不信の念を抱き、過剰投資による利益より損失のほうが多い可能性があるとし、株主総会の席でこれに対する懸念すら表明した。しかし、張謇は深刻に考えなかった。特に中華民国の農商部総長に就任した後、大生企業グループにおける張謇の発言力はいっそう重みを増した。そのため、彼は、他人からの拘束を一切受けず、墾牧事業を新たな中心事業として推し進めるようになったのである。しかし結果からみれば、張謇のこのような経営戦略が原綿の供給を確保する目的を達成できなかったのみならず、かえって大生企業グループの経営に重い負担をかけたことは明らかである。資料によると、通海墾牧公司を創設するために一九一〇年までに四五万両の資本が投下された。開墾した土地の総面積は約三万畝で[24]、もし一畝当たりで綿を一六斤生産できるとすれば[25]、四八万斤（四八〇〇担）生産できた。しかし当時大生一廠と二廠の総紡錘数は約七万錘であり、一錘当たりに二・四担の綿を使うとすれば[26]、毎年一六万担ぐらいの原綿が必要であった。つまり、墾牧公司が生産した原綿は紗廠需要の三％程度しか供給できなかったのである。その後一〇年代の墾牧公司の設立ブームを経て、開墾した耕地の総面積は四〇〇万畝まで拡大し、原綿を六〇余万担生産できるようになった[27]。

単に数字だけからみれば、一六万錘の紡績工場の原綿需要を満たせる規模になったようにみえるが、実際はそうではなかった。一九二三年に開催した大生一廠の株主総会で、張謇は「本工廠は開設してから二四年経ち、損益計算書によれば損失計上年度と利益計上年度はそれぞれ二年、二二年である。損失の原因が綿の不足にあるので、三、五年前から救う方法を考え、各塩墾公司を設けたのである。今は塩墾の債務を負担とみなしたが、七〜九年の際、大生企業が塩墾公司の預金から得た利益は少なくはなかった。不意に二年前、墾地には虫害と水害が次々と発生した」と言い、「不作の年に遭ったら、市場が不況になったので、『花貴紗賤』（綿が高くなる一方、綿糸が安くなる）を招いた。当工廠が溜めている綿が最も多い場合、二万数千俵に達する。綿が安い時、資金がうまく回転せず、仕入れできなかった。次に、金繰りがつくと、原綿の価格はすでに上昇していた。それがゆえに、今期の経営難は極点に達し損失も非常に大きかった……本紡績業の将来はまだ楽観できない。その原因が原料が綿に頼る点にあり、綿の収穫はすべて天候に任せ、統制可能な要素が一〇分の一、二しか占めていない[28]」と述べていた。このように、張謇が説明した墾牧公司の創設理由は、同時に経営戦略に存在する以下の問題をも浮き彫りにするものであったのである。

第一に、綿の生産高は自然から影響を受けているので、極めて不安定であり、実質上原綿の完全な自給は実現できなかった。そのため、大生紗廠は毎年外部の市場から大量の原綿を購入せざるをえなかった。第二に、原綿の自給率が高まっても、大生紗廠は「花貴紗賎」の悩みから抜け出せなかった。つまり、大生紗廠と墾牧公司の農家との原綿取引は、価格面において外部原綿市況の制約を受けていたので、原料コストは原綿自給率の向上にもかかわらず、下がらなかったのである。第三に、墾牧公司に対する資金援助が回避できない支出の一つとなり、大生紡績の経営に巨大な圧力をかけていた。明らかに、自給自足の農本主義に基づいた伝統的な農業部門への拡充を中心とした経営多角化は、経営の多角化戦略のあるべき役割、つまりリスクを軽減し、競争力を強め、企業経営の基礎を固めるという役目を果たすことができなかった。

また、張謇の近代企業経営意識の欠如は、企業の資金の恣意的な調達と流用にも示されている。実際、このような株式会社の経営原則に反した行為はすでに通海墾牧公司を創設した当初から露わになり、株主やその他の職員の不満を引き起こした。しかし張謇本人はこれに対する十分な自覚と認識に欠けていたので、結局それを是正し、根絶することができなかった。こうして、大生企業グループの内部に錯綜した債務と債権の関係が生じることになった。例えば、『大生帳略』によると、一九二二年の大生一廠の帳簿に記された借入金総額のうち外部への負債は四〇〇万両に達していた。大生三廠は四〇万両近くの負債があり、未完成の六廠、八廠もそれぞれ一二万両と四八万両の債務があり、各塩墾公司の負債（および公債）が一二八万両、実業公司が一一万両、その他各戸七二万両の債務があり、負債総額は三〇〇万両以上に達していた(29)。これらの巨額な負債は最初に大生一廠から短期の流動資金として借入れたが、実際には固定資産を買い入れることに用いたので、回収は困難であった。最後の処理策として債務を株式に転換したが、結局流動資金の不足を招き、金融業者に助けを求めざるをえず、資金コストの上昇と経営リスクの増大を招いた。

大生企業グループにおけるこのような資金の運用方式はいかにして形成されたのであろうか。その主要な責任は張謇本人にあった。内情を知っている者の回想によると、張謇兄弟が恣意的に企業の資金を流用することは習慣化していたようである。「手ずから書いた指示一枚だけで、ある塩墾業と企業はそれぞれ数十万の借金ができる。例えば、伶工学校と南通繡織伝習所は口座を設け、当座貸越にした。張謇個人の当座貸越は一〇〇万両の量に達した。要するに、張謇と縁故のある者は張謇の手書き一枚を持参すれば、上海の帳房へ借金できる(30)」のであった。さらに「もしこれらの規則違反行為を根絶することができるならば、大生は堅実に銭荘の貸付に対処できる。……公と私を分別しなければ、たとえ大生が毎年儲かったとしても結局破綻する始末になる(31)」と考える人もいた。

企業家と経営者にとって事業の発展と市場環境の変化に伴って、絶えず企業管理の知識と方策を充実させるかどうか、また近代経営意識を深めるかどうかは彼自身と企業の運命にかかわる重大な問題である。大生企業グループの没落と張謇自身の企業活動の失敗ははっきりとこの点を証明している。他方、渋沢栄一の収めた成功はこの点を逆の側面から証明している。張謇と同じく、渋沢も社会事業に対して情熱を抱き、教育や福祉などの事業を創設することに大いに参画した。しかし、彼は企業に頼って社会事業を進めることをせず、企業と社会の間に一線を画すべしとし、終始企業の経済利益を中心に置いていた。社会事業への支援の際にはまったく別の組織を採用したため、非経済的行為が企業の経営活動に及ぼす影響を免れた。企業経営と管理の面から見れば、渋沢は継続的に新しい知識と西洋諸国の先進的な経験の吸収を怠らず、制度の完備と企業戦略の規範化を重んじるとともに、経営者が近代企業の経営意識と自己制御力を確立することの重要性を強調したといえる。

また渋沢栄一は次のようにも述べている。「銀行家は権利株を抵当にして貸借を為すこと勿れ。事業の成否は金融機関の力に藉るもの多し、銀行にして金融の緩慢に乗じ、単に事業が確実なりと云ふの理由を以て証拠金払込証を担保として貸出を為すが如きことあらんか、一方には投機的企業の勃興を奨励し、経済界の常調を紊乱せしむるのみならず、他方には一朝貸出先の資力貶して払込を果す能はざるときは、銀行は資金を損失とするか若くは資金を株式に固定せしむることとなり、其存立を危うするに至るものなり[32]」。そして不良債権の発生を防止するため、彼は次のように、第一銀行に具体的な融資方針を制定した。「借主ノ資産信用人格等ヲ第一ノ要素トシ、其資金ノ用途ガ適当ニシテ其回収ノ目的ガ確実ト認ムベキモノニ対シ相当ノ担保ヲ提供セシメテ思惟ス[33]」。彼はこのような原則に従うからこそ、リスクを回避し、安全な経営を実現できると考えていた。いずれにせよ、渋沢の頭の中には銀行家としてあるべき近代企業の経営意識がすでに完全に確立していたのである。そのため彼は多くの事業に関与したが、「未だ嘗て一銭一厘の微と雖も余が主管の第一銀行を煩はしたることあらざるなり[34]」と言明している。

このように、渋沢栄一は第一銀行の総裁としての経営活動と企業家としての経営活動は明確に区分していたのである。そしてこのような区分は企業経営と社会公益との間の区分と同じように、渋沢の企業家人生の平穏な成功を決定づけたのである。

第2節　張謇と渋沢栄一との比較からの啓発

大生企業グループは最終的に失敗の運命から抜け出せなかった。張謇が三〇余年も続けてきた企業家活動も失敗に終わった。しかし、張謇が中国の社会的近代化の過程に登場した傑物として、後世の人々に忘れられていないことも事実である。今日でも歴史研究者は依然として張謇研究を重要な意義を持つ課題としており、その研究を通して歴史の教訓を見出している。

それでは、日本の企業家渋沢栄一との比較を通じて、われわれはいかなる教訓を得たのであろうか。この点に関しては、第2章以下で具体的な分析と検討を行ってきた。その中でわれわれは独自の視点と見解を提示している。この点に関しては今後引き続き考察を充実させなければならないと思われるが、ここではまだ検討していないいくつかの課題について補足的な分析を加えてみたい。これは総括というよりも、むしろこれまでの考察と分析から導かれたものである。

1　張謇と渋沢栄一の企業活動の成否と社会環境

問題はやはり張謇と渋沢栄一の企業活動の直面した異なる結末である。本章の第1節では近代企業管理の知識と経営意識の二つの面から両者の事業の成否を左右した個人的な要素を分析して、企業家個人の資質の重要性を説明した。しかし、問題はまだ解決していない。なぜならば、両者の運命は中日両国の近代化のたどった異なった結末と一致しているからである。したがって、彼らの事業の成否はただ個人の資質の相違によるものだけでなく、近代中日両国の社会環境と政策の大きな相違と必然的に関係していたといえる。もしわれわれがこうした要素が企業家の運命に与えた巨大な影響を否定するならば、両者の比較研究のあるべき価値と意義は完全に失われることになる。

実は、社会環境の重要性を最も真剣に認識するのは、企業家本人にほかならない。張謇の企業家経歴を振り返ってみれば、彼に本当に不安と困惑を感じさせたのは、市況の急激な変動と激しい競争ではなく、企業活動が終始体制による保障と強い支援を得られず、社会の動乱という妨害を免れえなかったことである。張謇が企業家活動に身を投じて以降、彼は自分の企業の社会環境を変えるために全力での奮闘を惜しまなかった。「官商ノ間ヲ介シ、官商ノ任ヲ兼ネ」るにせよ、厘金制度を廃止させるためにいたるところ奔走するにせよ、「東南互保」を促すにせよ、地方自治に尽力するにせよ、企業家としての張謇はほかのいかなる人よりも社会環境と政策を改善することの重要性を体得し、意識していた。

張謇は日本を視察した時、北海道の開墾に応募した中国の普通の農民許士泰が勤勉に働いて富を作った事跡に触れ、中国の企業活動の社会環境が日本と比べようがなく悪いことを嘆いて、「夫レ一許士泰ヲ煙台ノ苦工ノ間に置ケバ、何ゾ恒河沙数中ノ一沙ト異ナラン。人コレヲ簸リコレヲ揚グル有リテ許士泰見ワル。今中国人ノ中ニ許士泰ノ如キ者、何ゾ限ラン。許士泰ニ十百千万倍スル者、亦タ何ゾ限ラン。其レ政府ヲ視レバ、九天九淵ノ隔絶スルガ若シ、其ノ一罾リ而シテ一嘲ニ当タル許士泰ニ十百千万倍セン。抑、聞ク、閩粤ノ人ノ南洋諸島ノ間ニ傭工経商スル者、以テ数十百万ヲ数ウ、ト。閩粤ノ有司ニ問ウ、稽エル可キノ籍有リヤ、ト。一許士泰、又寧ゾ其ノ幸不幸ヲ論ズルニ足ランヤ[35]」と述べた。張謇は、中国政府が企業家に対して日本のような社会環境を提供さえすれば、同じく非凡な業績を収められると考えていた。しかし、残念なことに、彼の念願はずっと叶えられず、自分の払ったさまざまな努力も成果をあげられなかった。大生企業グループが窮地に追い込まれた時、途方に暮れた張謇は政府に緊急の資金援助を請求した。しかし、この時でさえ政府は依然として傍観し何も助けてくれなかった。そのため張謇は感傷的になり、「中国の政府ははるかに日本に及ばない。南通の各事業は今中断時期にある。私はこの不況をそのまま放置しておけるものか。ただ日本人のように政府からの援助を受けられないことは遺憾極まりない[36]」と述べ、さらに「謇は不幸にして、中国に生まれ、〝今の時代に生きている。また中国の振興と書生の意地をみせるため、〝然自待ノ身ヲ以テ穢濁不倫ノ俗に溷る〟ことを不幸に思う[37]」と遺憾の意を表したのである。

張謇の大生紗廠は一九二〇年代の中国紡織業界の先導的な企業であったにもかかわらず、危急存亡の時にまったく政府からの援助と支持を得られなかった。この時、中国紡織業のもう一つの中心企業――栄氏一族企業グループの申新紗廠も窮地に陥ったが、大生紗廠と同様に政府から何の支援と救助も得られなかった。紡織業は当時、中国の最も主要な産業部門であり、国家経済と人民生活の盛衰と直結していたが、その中心企業が危急存亡にかかった時でさえ、政府は最後までまったく無関心なままであった。

偶然の一致であったが、一九二〇年代初めの日本経済も一時恐慌が生じた。第一次大戦後、日本経済は再び繁栄して、企業の投資も非常に増加し、生産量も大幅に高まった。しかしそれらは生産過剰と信用取引の急激な膨張を招き、ついに金融危機と不景気を突然もたらした。信用関係の破壊と株価、物価の暴落により、金融機関と紡織などの企業はかなり深刻な打撃を受けた。しかし日本政府はその情勢に歯止めをかけるために、大規模な緊急措置をとった。政府と日本銀行（中央銀行）は朝鮮銀行、台湾銀行、横浜正金銀行など担保貸付、送金為替を主な業務とした銀行に五千万円の借款を提供した。また東京株式取引所、大阪株式取引所と名古屋株式取引所のために五九〇〇万円を貸付けた。それ以外にも、日本銀行は綿紡織業界に対して、三五〇〇万円の借款を提供する一方、砂糖、製鉄、産銅業などの企業にも相当な資金援助を行った。政府も財政資金から五千万円の緊急貸付を、直接帝国養蚕業株式会社に提供した(38)。これらの資金援助などの緊急な措置の実行は主要な商業銀行と株式取引所および大企業を一時の苦しい境遇から救い出し、金融恐慌を克服し、景気の大幅な悪化を防ぐのに大きな役割を果たした。このような中日両国の政策の対照的な帰結は、張謇の失敗と渋沢栄一の成功が両国の近代化がたどった異なる運命の縮図であったことを示している。張謇が自分の不運を嘆いたのは自己の失敗の口実ではなく、彼の直面した社会の現実から生じた必然的なものであったのである。

シュムペーターの経済理論は企業家の革新活動を社会発展の動力と源泉とみなし、企業家の能動的態度とリスクを恐れぬ精神を強調したが、既存の社会環境が企業家の活動に及ぼす影響も見落としていない。コールの企業者史学はさらに社会環境と企業家の発生、発展過程における内在的関連を強調し、すべての企業家活動の盛衰から社会環境面の背景と原因を見出せると主張している。学派の非常に多い西洋の近代経済学では、政府の経済への関与に対する態度はそれぞれ異なっているが、どこの国でも、どの時代でも、政府が大小を問わず、企業にとって最も重要な存在であり、政策が企業に与える影響はその他の社会要素より、もっと直接的で、際立つという点については異論がない。近代社会の形成過程からみれば、経済学者であろうと、歴史学者や社会学者であろうと、日本と中国のような後進国では上から下への近代化の形成過程における政府の主導的地位と役割が目立つことから、政策が経済と近代企業の発展に与える影響が最も重大であり、決定的な要素でもあると考えている。

われわれは中日両国における伝統社会から近代社会への変遷と企業家の形成過程を考察することを通じて、以下のように考える。両国では資本主義経済発展の要素がもともと不足していたため、政府が必然的に、まず工業化発展の任務を引き受けることになった。同時に政府による制度改革は近代企業家の発生を制約する要素にもなった。それゆえ、中日両国の企業家は経済過程の中から自然と生まれたものではなく、政府の「人為的に設計した」経済過程の中で「作成」されたものである。明治維新後の日本ではもし身分制度の廃止と士族授産政策の実施がなければ、われわれは武士出身の企業家たちの活躍を見られなかったであろう。また、殖産興業の方針と官営企業の払い下げがなかったならば、指導型企業家と政商型企業家の存在はそれほど重要ではなくなったであろう。中国も同様に、洋務運動の展開を抜きにして、買弁商人と官僚が近代企業家へ転身することは考えられない。中日甲午戦争後の政策転換がなかったならば、張謇のような郷紳出身の企業家はおそらく人生の岐路に立たされていたであろう。

いずれの角度から考えてみても、上から下への社会変革が最初から中日両国の企業家の運命と政策と緊密に関わっていたことが、これらの事実によって明らかになった。その意味では、張謇の失敗は成功よりもっと深い社会的な意味を持っているといえる。その中から中日両国における近代化の運命の相違を導いた原因を見出せるからである。

2　いかに失敗者としての張謇を評価するのか

一般に、事業が失敗に終わった歴史的人物を評価する場合、成功者に対する評価よりも意見の食い違いが生じやすい。企業家の評価はさらにそうであろう。なぜかといえば、実業界はもともと「優勝劣敗」の世界であるため、事業の成否が評価の唯一の基準とされがちだからである。日本では、経営史研究者が渋沢栄一の道徳経済一致説を評価する時には、いろいろ意見が分かれるものの、彼が最も傑出した企業家であるという点は誰も否定せず、彼を近代日本産業の父と称している。これはあくまでも彼が企業活動の面において、誰もが認めた成功者だからである。それではわれわれは一体どのように敗者の張謇を評価すべきであろうか。

張謇が逝去した後、彼の息子張孝若は父への追想を込めて、『南通張季直先生伝記』を著し、張謇の生涯と事業を紹介している。当時の有名な学者の胡適は張謇が洪秀全、曾国藩、李鴻章、孫文、張之洞、袁世凱、盛宣懐、康有為、梁啓超などの有名人と同様に「国の運命にかかわる」人物であり、しかも後代の人々が研究し、伝記を書くに値する重要な人物であるとその序文で評している。さらに胡適は「近代中国史上の偉大なる失敗の英雄」である「張謇は自分の有限な力で新路を切り開いた独特な先駆者である。彼は一地方に幸福をもたらしたのみならず、その影響は全国に及ぼした(39)」と論じている。われわれは胡適の評価の鋭さを認めざるをえない。彼は事業の成否を評価の基準にしないと同時に、張謇を失敗の英雄とみなす原因を解明したのである。また、胡適の「失敗の英雄」論は張謇を客観的に評価しようとする発端となり、その後の張謇評価に多大な影響を与えた。一方で、最も注目すべきは、ここ数年来、時代の変化と張謇研究の持続的な進展に伴って、張謇という人物に対する認識の水準が上がる過程で、何人かの研究者が胡適の評価を見直し始めていることである。章開沅は「胡適の論断は大生企業の挫折と張謇の未完の事業を念頭に出されたのである。もし張謇と彼の事業を中国近代の社会の中において考えるならば、このような総括的な評価はバイアスがかかっている。……しいて張謇に対して概括の評価をするならば、むしろ彼を開拓者と呼びたい(40)」と主張している。章開沅は張謇評価の主眼を近代社会のために彼が何を残したかに据えており、成功や失敗といった固定観念から解放されている。そしてこの評価は企業家張謇が持っていた独特の人生価値とも合致しているといえよう。

シュムペーターが述べているように、企業家の本質は技術と制度の革新にある。彼は思い切って危険を冒し、新しい発見を経済の中に取り入れる企業家だけを革新者とみなしている。つまり、革新そのものがリスクを意味しているので、リスクを恐れず、個人の成功と失敗を度外視する性格と価値観の存在を企業家精神の支柱と考えている。まさにこのような企業家に特有な精神的特徴の持ち主であるからこそ、張謇本人は成功と失敗を基準として英雄を評価することに反対していた。彼は「凡テノ事ハ是非ヲ以テ成敗ヲ決メ、軽重ヲ以テ利害ヲ決メル(41)」と主張した。そのため彼は「身ヲ舎テ虎ヲ喂《ハグク》ム」という危険を冒し、高い官位と俸給を放棄し、個人が制御できない商品経済の世界に身を投じたのである。一方、成功者である渋沢栄一の成功と失敗についての見方も張謇と期せずして一致している。彼は「人を見るに、単に成功したとかまたは失敗とかを標準とするのが根本的な誤りではあるまいか。人は人たるの務を標準として一身の行路を定めねばならぬのでいわゆる失敗とか成功とかいうものは問題外である(42)」と主張している。ここで彼の言う「人たるの務」とは社会に対する有益な事業を指している。ここからわかるように、張謇と渋沢の事業理念は共通している。彼らにとって人生の本当の価値は成否のいかんにかかわらず、探求と実践にあり、後代の人のために貴重な経験を残すことにあった。その意味では、章開沅が張謇を開拓者として位置づけたことは胡適の「失敗の英雄」よりも適切な評価であり、より正確に中国の近代化における張謇の地位とをいきいきと描き出しているといえよう。

張謇と渋沢栄一は革新と冒険の精神に満ちた企業家である一方、ともに特定の歴史と文化の背景の下で生きていた人間でもある。彼らはあくまでも「汚イ泥ヲ出テ染メズ」という立場になれず、伝統的な観念と倫理道徳と決別することができなかった。それゆえ、彼らの革新活動は伝統文明と西洋近代文明とが相容れる範囲で行われ、シュムペーターの言う「破壊性」の革新手段をとることができなかった。渋沢の「論語算盤説」にせよ、張謇の「商名儒行」の特徴にせよ、すべては彼らが、伝統社会と近代社会との接点を探し、道を切り開こうとする苦心を物語っている。もちろん、前述したように、社会環境と個人の経験を異にしていた張謇と渋沢はさまざまな面で異なっていた。渋沢が明治維新という社会情勢の下で資本主義社会の「新人」への転身を早々に完成したのに対して、張謇は中国の封建的な統治から制約を受け、「片足が企業家仲間に入ったにもかかわらず、胴ともう一本の足はまだ士人群体に止まっていた」[43]といわれている。こうした相違によって、両者の企業家生涯は異なる終末を迎えたのである。渋沢が予定の目標を実現したのに対し、張謇は願い通りになれなかった。しかし、このような相違は近代社会の開拓者としての張謇の使命は、渋沢よりももっと苦難に満ちていたことを示している。そのため張謇の残した経験と教訓、ならびに精神的、物質的な遺産は後代の人々にとって最も貴重なものであり、深く考えさせられるものなのである。

3　張謇と渋沢栄一の精神遺産

企業家は革新と挑戦の精神に富んでおり、近代経済の発展過程における主体である。それゆえ、近代社会の形成と発展および工業文明の普及は彼らの存在と密接に関連があり、切り離せない。しかし残念なことに、近代史上でみごとな成功を収めた企業家は珍しくないが、人々に英雄とみなされて、社会から幅広い称賛を博した企業家は極めてまれである。しかし張謇と渋沢栄一はその「例外」に属する。渋沢は日本人に近代産業の父と公認されている。他方、張謇は企業活動の失敗にもかかわらず、社会から幅広い賞賛と尊敬を博したのである。張謇がこの世を去ったとき、彼の葬儀に参加した人は万余人に達して、「その柩の行く所、沿道の郷人は数十万人も悲しみを嘆き、目礼で別れを惜しむ」[44]と記録に残されている。

張謇と渋沢栄一が企業家として違大な業績を挙げ、中日両国近代工業化の発展史に大きな貢献をしたことが、彼らが社会から幅広い称賛と尊敬を博した主たる理由である。一方で、日本の財閥や中国の官僚型企業家は近代産業の形成と発展の中でみごとに活躍し、大規模な近代企業グループを形成したのみならず、いくつかの重要な産業部門の生産と販売を独占するまでに達した。しかし、彼らは人々の心の中の英雄になるどころか、いつも社会からの批判を買った。ここから、事業規模が国民経済の中に占める地位は企業家が社会のためにどれだけ貢献したかを判断する客観的な根拠になっているが、それは必ずしも企業家が社会からの幅広い称賛と尊敬を得られることを意味していないことがわかる。

それでは、張謇と渋沢栄一は一体なぜ、社会から幅広い称賛と尊敬を博したのであろうか。この問題は深い考察に値する問題である。これまでの考察を踏まえると、その原因は彼らの企業家活動を貫いた特有な社会的責任意識の中から探すしかないであろう。それは彼らが企業活動を始めた目的と出発点から窺われる。すなわち、彼らの目的は個人財産の蓄積ではなく、西洋列強に略奪されている国家と民族の命運を変えるためであった。そしてこの責任感は国民経済と国民生活に関心を寄せ、道徳的な自律を主張する経営理念と実践の精神によって具体的に表された。

結論的にいえば、まさにこのような強烈な社会的責任意識を持っていたからこそ、渋沢栄一は日本の工業化における民間の組織者としての重任を担い、事業活動の内容と方法が普通の政商やその後の財閥と大きく異なることになり、日本の近代化という歴史の舞台で新しい企業家像を確立したのである。同様に、張謇にもしこれほどの強い社会的責任感がなければ、「村落主義」と地方自治の構想を実践に移して、南通で「新世界の雛形」を描き出せなかったであろう。また、後世の人々が彼を一地方に富をもたらし、独自の旗印を掲げた「偉大なる失敗の英雄」とみなすわけにはいかないであろう。駒井徳三は「今、中国において朝野を問わず、始終中国を開発しようとする念願を抱いた人はほとんどいない。張謇のみ独力で南通を中心に、長江北岸の地域で実業の振興に身を捧げて、教育改革に心を尽くし、卓越した成果をあげた。これは世の人が彼を偉人と呼ぶ由来である[45]」と心から賛嘆している。以上から明らかなように、強烈な社会的責任意識は企業家個人が事業で巨大な犠牲を払うことを意味するかもしれないが、彼らが社会から、幅広い賞賛と尊敬を博すのに必要な条件でもあった。これは言うまでもなく渋沢と張謇の比較研究から得られる一つの教訓である。

もちろん価値観念の不一致により、企業家の社会的責任意識に関する理解と認識において、それぞれ相違点があることは否めない。近代経済学の鼓吹した功利主義の行動原理によれば、利己心のみが資本主義社会発展の永久不変の原動力である。そのため事業の成功がなければ、企業家自身が負った社会の責任は果たせないとされる。それに従えば、企業家の私利追求は客観的に社会発展を促す作用を果たす。これは企業家の社会的責任意識における別のパターンであると考えられる。このような予定調和論を根拠とした企業の社会的責任意識は、張謇と渋沢栄一の持っていた責任感と比較すると「名実相伴わない」ようにみえるが、より普遍的な企業家の特徴と一致している。なぜならば、資本主義式生産と経営という社会的前提に基づいて、企業家が演じるのは「世ニ於テ利ヲ争ウ」の役割であり、利潤の獲得を自身の生存の目標にしなければならないからである。したがって、功利主義者からみれば、張謇と渋沢のような私利を度外視する企業家は企業家グループの「異端」であり、近代資本主義社会における例外的な存在である。しかし資本主義社会の発展に伴って、このような主観的な責任を負わない「社会的責任意識」論は自ら破綻した。資本主義自身の矛盾に満ちた発展過程の中で、最大限の利潤を追求する企業家の行動様式が経済の成長を促すと同時に、一連の社会問題を引き起こしたのである。社会における貧富階層の分化、深刻な社会失業と労資関係の鋭い対立、跡を絶たない環境汚染、ならびに自然生態環境の破壊など、これらの問題の発生は、私利追及と社会の発展との間における対立と衝突が日々深刻になってきていることを如実に示している。「見えざる手」に頼るだけでは、社会の安定と均衡のとれた経済の発展はもはや保証できなくなったのである。社会の絶え間ない進歩と発展の要請に対して企業家が大いに称揚すべきなのは、「人皆有ルノ利己心」ではなく、もともと欠如していた社会的責任意識なのである。さもないと、企業家は社会と民衆の期待に背き、歴史発展の潮流に適応できないであろう。

歴史は発展し、時代は進歩する。社会の企業家に対する期待は、ますます高くなっており、企業家の社会的責任意識もさらに更新し、豊かにしていかなければならない。例えば、経済のグローバリゼーションという現代社会の流れの下で、企業活動の範囲を世界のいたるところに拡大する企業家はますます多くなってきた。くわえて、資金、技術や人的な国際交流も日増しに盛んになりつつある。このような新しい時代背景のもとで、国家と民族の共通利益の繁栄と発展を求めることが企業家の社会的責任意識に欠かせない内容となり、民族主義を思想の出発点とした「社会的責任意識」は古く、偏狭なものになっており、かつての積極的な意義を失っている。張謇と渋沢栄一の社会的責任意識は主に儒教の倫理道徳観念から生まれたものである。今日でも儒教の倫理道徳観念には継承すべき精神が残っているにもかかわらず、全体的には、時代的に遅れた伝統文化に属している。それゆえ、張謇と渋沢の主張した社会的責任意識は内容と実践の両方において明らかに歴史的限界を持っている。しかし彼らのような「天下ヲ以テ己ノ任ニ為」し、社会の全体利益を追求する精神はその貴重な価値を失っておらず、今後も継承し称揚するに値するものである。この点を無視するならば、めざましく進展しているグローバリゼーションに直面して、企業家は革新的活動を育む重要な思想の源泉を失うだけでなく、社会から尊敬と称揚を博せるように自己の歴史を書き換えることはできないであろう。これがわれわれの結論であり、近代企業家に残された重大な課題の一つでもある。

(1)『大生系統企業史』江蘇古籍出版社、一九九〇年、一四三頁。
(2)同前。
(3)同前。
(4)同前、二〇八頁。
(5)『為通泰各塩墾公司募集資金之説明』の中の数字統計による。『張謇全集』第三巻、江蘇古籍出版社、一九九四年、六四六〜六四八頁。
(6)前掲『大生系統企業史』一六八頁。
(7)同前、二〇八頁。
(8)同前、一六五頁。

(9) 同前、二一九～二三一頁。
(10) 同前、一七七頁。
(11) 章開沅『張謇伝』中華工商聯合出版社、二〇〇〇年、三〇六頁。
(12) 駒井徳三は一九一一年、東北帝国大学農学部を卒業し、一九一二年には南満州鉄道株式会社に入社した。その後、一九二〇～二五年に外務省嘱托に就任した。彼の大学時代の恩師佐藤昌介が札幌農学校の校長を務めていた際、日本を視察していた張謇と出会い、深く感銘を受けた。このことがきっかけで佐藤は駒井に彼の存在を伝えていた。また駒井は一九一八～二〇年にかけて中国の各産業を視察した際に南通に赴き、張謇の綿花改良事業を紹介した。駒井は張謇とは面識がなかったが、章亮元を通じて張謇の事業を知り、敬服していた。駒井はその後も中日両国の経済協力を主張し続けた。詳細は浅田泰三「張謇と駒井徳三」を参照（『近代革命家張謇―第二回張謇国際学術検討会論文集（上）』所収）。
(13) 渋沢青淵記念財団竜門社編『渋沢栄一伝記資料』第五五巻、渋沢栄一伝記資料刊行会、一九六四年、一九三～一九四頁。
(14) 浅田泰三「張謇と駒井徳三」『近代改革家張謇――第二回張謇国際学術研討会論文集（上）』五〇〇頁。
(15) 駒井徳三「張謇関係事業調査報告書」『江蘇文史資料』10、一八四～一八五頁。
(16) 前掲、章開沅『張謇伝』三〇九頁。
(17) 前掲『大生系統企業史』二二四頁。
(18) 湯可可・銭江「大生紗廠の資産、営利と利潤分配」の付表三を参照。（前掲『近代改革家張謇――第二回張謇国際学術研討会論文集』下冊、七六七～七六八頁）。
(19) 同前。
(20) 同前。
(21) 同前。
(22) 同前。
(23) 前掲「大生紗廠第二届説略並帳略」『張謇全集』第三巻、四四頁。
(24) 前掲『大生系統企業史』二〇八頁。
(25) 張謇の見積もった生産量である。同前、第二巻、九七頁を参照。

(26)　張謇の見積もりによると、四〇〇万担の綿を増産すれば、一六五万錘増の紗機の綿使用量を保証できるので、一錘の年平均使用量は二・四担であった。同前、九七頁を参照。
(27)　前掲『大生系統企業史』一七九頁。
(28)　『大生紡績公司年鑑』江蘇人民出版社、一九九八年、一六九頁。
(29)　前掲『大生系統企業史』一五一頁。
(30)　章開沅・田彤『張謇与近代社会』華中師範大学出版社、二〇〇二年、五七〇～五七一頁。
(31)　同前、五七一頁。
(32)　前掲『渋沢栄一伝記資料』別巻六、三六〇頁。
(33)　第一銀行八十年史編纂室編『第一銀行史』上巻、第一銀行、一九五七年、八四〇頁。
(34)　前掲『渋沢栄一伝記資料』別巻六、三六〇頁。
(35)　前掲『張謇全集』第六巻、五〇四頁。
(36)　同前、第一巻、五九九～六〇〇頁。、
(37)　同前、第三巻、八三六頁。
(38)　山口和雄『日本経済史』筑摩書房、一九六八年、二四六～二四七頁。
(39)　張孝若『南通張季直先生伝記』上海書店、一九九一年写印版、三頁。
(40)　前掲、章開沅・田彤『張謇と近代社会』八頁。
(41)　前掲『張謇全集』第三巻、一頁。
(42)　渋沢栄一講述、尾高維孝筆録『論語と算盤』国書刊行会、一九八五年、二四七～二四八頁。
(43)　章開沅『開拓者の足跡――張謇伝稿』中華書局、一九八六年、八八頁。
(44)　前掲、張孝若『南通張季直先生伝記』五二一～五二二頁。
(45)　同前、四〇七頁。

主要参考文献

約瑟夫・熊彼特『経済発展理論』商務出版社、一九九一年。
馬歇尔『経済学原理』（下巻）商務出版社、一九八一年。
『張謇全集』江蘇古籍出版社、一九九四年。
張孝若『南通張季直先生伝記』上海書店、一九九一年影印版。
章開沅『張謇伝』中華工商聯合出版社、二〇〇〇年。
劉厚生『張謇伝記』上海書店、一九八五年影印版。
陳有清『張謇』江蘇古籍出版社、一九八八年。
趙鵬『状元張謇』中華工商聯合出版社、二〇〇〇年。
記念張謇一四〇周年誕辰論文集『再論張謇』上海社会科学院出版社、一九九五年。
第一届張謇国際学術研討会論文集『論張謇』江蘇人民出版社、一九九三年。
第二届張謇国際学術研討会論文集『近代改革家張謇』上下冊、江蘇古籍出版社、一九九六年。
第三届張謇国際学術研討会論文集『論文』第三届張謇国際学術研討会組委会編、二〇〇〇年編輯稿。
『大生系統企業史』江蘇古籍出版社、一九九〇年。
穆烜・厳学熙『大生紗廠工人生活的調査』江蘇人民出版社、一九九四年。
南通市档案館『張謇創弁事業概覧』張謇研究中心、二〇〇〇年。
張季直先生事業史編纂処『大生紡織公司年鑑』江蘇人民出版社、一九九八年。
常宗虎『張謇家族百年史』中国社会科学出版社、二〇〇〇年。
常宗虎『南通現代化：1895-1938』中国社会科学出版社、一九九八年。
姜鐸『姜鐸文存——近代中国洋務運動与資本主義論叢』吉林人民出版社、一九九六年。
胡縄『从鴉片戦争到五四運動』紅旗出版社、一九九〇年。

王亜南『中国官僚政治研究』民国業書第二編第二一巻。
伊文成・馬家俊主編『明治維新史』遼寧教育出版社、一九八七年。
万峰著『日本資本主義研究』湖南人民出版社、一九八四年。
聶宝璋『中国買弁資産階級的発生』中国社会科学出版社、一九七九年。
章開沅等『中国近代資産階級研究』華中師範大学出版社、二〇〇〇年。
章開沅等『中国近代史上的官紳商学』湖北人民出版社、二〇〇〇年。
章開沅・田彤『張謇与近代社会』華中師範大学出版社、二〇〇二年。
朱蔭貴『国家干預経済与中日近代化』東方出版社、一九九四年。
厳立賢『日本資本主義形態研究』中国社会科学出版社、一九九五年。
厳立賢『中国和日本的早期工業化与国内市場』北京大学出版社、一九九九年。
馬敏『官商之間――社会劇変中的紳商』天津人民出版社、一九九五年。
馬敏『商人精神的嬗変』華中師範大学出版社、一九九五年。
費維凱『中国早期工業化』中国社会科学出版社、一九九〇年。
陳錦江『清末現代企業与官商関系』中国社会科学出版社、一九九七年。
白吉尓『(1991-1937) 中国資産階級的黄金時代』上海人民出版社、一九九四年。
王相欽・呉太昌『中国近代商業史論』中国財政経済出版社、一九九九年。
王兆祥・劉文智『中国古代的商人』商務印書館国際有限公司、一九九五年。
張正明『晋商興衰史』山西古籍出版社、二〇〇一年。
趙秀玲『中国郷里制度』中国社会文献出版社、一九九八年。
張忠民『前近代中国社会的商人資本与社会再生産』上海社会科学院出版社、一九九六年。
唐力行『商人与中国近代社会』浙江人民出版社、一九九三年。
王暁秋・尚小明主編『戊戌維新与清末新政』北京大学出版社、一九九八年。
朱英『晩清経済政策与改革措施』華中師範大学出版社、一九九六年。

彭信威『中国貨幣史』上海人民出版社、一九八八年。
王孝通『中国商業史』商務印書館、一九九八年。
夏東元『鄭観応伝』華東師範大学出版社、一九八五年。
王家驊『儒家思想与日本的現代化』浙江人民出版社、一九九五年。
『梁啓超文選』上海遠東出版社、一九九五年。
史仲文編『中国近代名人思想録』中国物資出版社、一九九七年。
馬克斯・韋伯『新教倫理与資本主義精神』四川人民出版社、一九八六年。
福沢諭吉『勧学篇』商務印書館、一九八〇年。
福沢諭吉『文明概論』商務印書館、一九八〇年。
趙靖・易梦虹『中国近代経済思想史』中華書局、一九八〇年。
趙豊田『晩清五十年経済思想史』民国業書（第一編）三六巻。
王中田『江戸時代日本儒学研究』中国社会科学出版社、一九九四年。
林景淵『武士道与日本伝統精神』自立報系出版、一九九〇年。
張蘭馨『張謇教育思想研究』遼寧教育出版社、一九九五年。
羅栄渠『東亜現代化：新模式与新経験』北京大学出版社、一九九七年。
沈祖煒主編『近代中国企業：制度与発展』上海社会科学院出版社、一九九九年。
上海市档案館『旧中国的股份制』中国档案出版社、一九九五年。
王培『晩清企業記事』中国文史出版社、一九九七年。
張忠民『艱難的変遷——近代中国公司制度研究』上海社会科学院出版社、二〇〇二年。
張国輝『洋務運動与中国近代企業』中国社会科学出版社、一九七九年。
厳中平『中国棉紡織史稿』科学出版社、一九五五年。
孫毓棠『中国近代工業史資料』第一輯上下冊、科学出版社、一九五七年。
汪敬虞『中国近代工業史資料』第二輯上下冊、科学出版社、一九五七年。

濬家五『張謇農商総長任期経済資料選編』南京大学出版社、一九八七年。

魏瀛涛『張之洞』四川人民出版社、一九九五年。

陳景華『盛宣懐』哈尔浜出版社、一九九六年。

梁啓超『李鴻章伝』百花文芸出版社、二〇〇〇年。

張健・王金林『日本両次跨世記的変革』天津社会科学院出版社、二〇〇〇年。

彭澤周『中国の近代化と明治維新』同朋舎出版部、一九七六年。

藤岡喜久男『張謇と辛亥革命』北海道大学図書刊行会、一九八五年。

中井英基『張謇と中国近代企業』北海道大学図書刊行会、一九九六年。

中川敬一郎『比較経営史序説』東京大学出版会、一九八一年。

中川敬一郎編『企業経営の歴史的研究』岩波書店、一九九〇年。

A・H・コール著／中川敬一郎訳『経営と社会：企業者史学序説』ダイヤモンド社、一九六五年。

中川敬一郎・森川英正・由井常彦『近代日本経営史の基礎知識』有斐閣、一九七四年。

中川敬一郎『日本的経営』NHKサービスセンター、一九八一年。

鳥羽欽一郎『企業発展の史的研究：アメリカにおける企業者活動と経営管理』ダイヤモンド社、一九七〇年。

宮本又郎『日本の近代十二企業家たちの挑戦』中央公論新社、一九九九年。

土屋守章・森川英正編『企業者活動の史的研究：中川敬一郎先生還暦記念』日本経済新聞社、一九八一年。

社会経済史学会編『近代企業家の発生』有斐閣、一九六三年。

渋沢栄一述『青淵回顧録』上下冊、青淵回顧録刊行会、一九二七年。

渋沢栄一述、梶山彬編『論語と算盤』国書刊行会、一九八五年。

山本勇夫編『渋沢栄一全集』平凡社、一九三〇年。

渋沢青淵記念財団竜門社編『渋沢栄一訓言集』国書刊行会、一九八六年。

渋沢青淵記念財団竜門社編『渋沢栄一伝記資料』渋沢栄一伝記資料刊行会、一九五五—一九七一年。

渋沢栄一講述、尾高維孝筆録『論語講義』二松学舎大学出版部、一九七五年。

土屋喬雄『人物叢書197　渋沢栄一』吉川弘文館、一九八九年。

渋沢秀雄『明治を耕した話』青蛙房、一九七七年。

白石喜太郎『渋沢栄一翁』刀江書院、一九三三年。

渋沢研究会編『公益の追求者・渋沢栄一：新時代の創造』山川出版社、一九九九年。

大島清・加藤俊彦・大内力『人物・日本資本主義3明治初期の企業家』東京大学出版会、一九七六年。

植松忠博『士農工商：儒教克服と官僚支配』同文舘、一九九七年。

植松忠博『信仰とビジネス』大修舘書店、一九九八年。

植松忠博「渋沢栄一市場国家論」京都大学社会思想研究会編『再構築する近代――その矛盾と運動』全国日本学士会、一九九八年。

植松忠博「渋沢栄一と近代的企業家の出現」『国民経済雑誌』第一六八巻六号（一九九三年一二月）、一～二六頁。

森川英正編『日本経営史講座第四巻　日本の企業と国家』日本経済新聞社、一九七六年。

由井常彦編『日本経営史講座第二巻　工業化と企業者活動』日本経済新聞社、一九七六年。

間宏編『日本経営史講座第六巻　日本の企業と社会』日本経済新聞社、一九七六年。

中川敬一郎編『日本経営史講座第五巻　日本的経営』日本経済新聞社、一九七七年。

安岡重明編『日本経営史講座第三巻　日本の財閥』日本経済新聞社、一九七六年。

宮本又次編『日本経営史講座第一巻　江戸時代の企業者活動』日本経済新聞社、一九七七年。

速水融・宮本又郎編『日本経済史1　経済社会の成立　一七～一八世紀』岩波書店、一九八八年。

新保博・斎藤修編『日本経済史2　近代成長の胎動』岩波書店、一九八九年。

梅村又次・山本有造編『日本経済史3　開港と維新』岩波書店、一九八九年。

西川俊作・阿部武司編『日本経済史4・5　産業化の時代　上・下』岩波書店、一九九〇年。

J・ヒルシュマイヤー、由井常彦『日本の経営発展』東洋経済新報社、一九七七年。

海野福寿『明治の貿易：居留地の貿易と商権回復』塙書房、一九六七年。

山口和雄『日本経済史』筑摩書房、一九六八年。

高橋亀吉『日本の企業・経営者発達史』東洋経済新報社、一九七七年。

高橋亀吉『日本近代経済発達史』東洋経済新報社、一九七三年。

呂万和『明治維新と中国』六興出版、一九八八年。

岩生成一『日本の歴史』中公文庫、一九七九年。

馬家駿・湯重南『日中近代化の比較』六興出版、一九八八年。

依田憙家『中日近代化比較研究』上海三聯書店、一九八八年。

沈才彬『天皇と中国皇帝』六興出版、一九九〇年。

任鴻章『近世日本と日中貿易』六興出版、一九八八年。

新渡戸稲造『武士道』商務印書館、二〇〇二年。

土屋喬雄『日本の政商』経済往来社、一九五六年。

葛東莱訳／小島直記・邦光史郎『三井財閥』時報出版公司、一九八六年。

土屋喬雄『続日本経営史理念史：明治・大正・昭和の経営理念』日本経済新聞社、一九六七年。

J・ヒルシュマイヤー著、土屋喬雄・由井常彦訳『日本における企業家精神の生成』東洋経済新報社、一九六五年。

坂田吉雄「士魂商才論と士族出身実業家」『人文学報』第一九号（一九六四年二月）。

坂田吉雄「明治の官僚」『人文学報』第二四号（一九六七年四月）、一〜三三頁。

浅野俊光『日本の近代化と経営理念』日本経済評論社、一九九一年。

土屋喬雄『日本の経営者精神』経済往来社、一九五九年。

楫西光速『政商から財閥へ』筑磨書房、一九六四年。

森川英正『財閥の経営史的研究』東洋経済新報社、一九八〇年。

安岡重明編『日本の財閥』日本経済新聞社、一九七六年。

伊牟田敏充「明治中期における『会社企業』の構成、統計分析による一考察」『研究と資料』第二五号（一九六七年一二月）、二〇〜九五頁。

渋沢栄一『立会略則』。

渋沢栄一著福地源一郎編訳『会社弁』大蔵省、一八七一年。

菅野和太郎『日本会社企業発生史の研究』岩波書店、一九三一年。
加藤俊彦・大内力編著『国立銀行の研究』勁草書房、一九六三年。
第一銀行八十年史編纂室編『第一銀行史』上下冊、第一銀行、一九五七〜五八年。
東洋紡績会社『東洋紡績七十年史』東洋紡績、一九五三年。
日本経営史研究所編『日本郵船株式会社百年史』日本郵船、一九八八年。
田村俊夫『渋沢栄一と択善会』近代セールス社、一九六三年。
井上馨侯伝記編纂会編『世外井上公伝』原書房、一九六八年。

あとがき

一九八一年に修士課程を修了した後、私は主に従事したのは現代日本経済の研究でありました。なぜ中途から比較経営史というまだわが国の学界であまりよく知られていない分野に進んだのかといえば、二人の日本人学者の影響を受けたからであります。一九八八年、訪問学者として日本の神戸大学経済学部へ研修に行き、植松忠博教授の下で指導を受けました。それまでにも戦後の日本経済を紹介、分析した本をいくつも読み、日本の経済学者の講演や報告も何度となく聞いてまいりましたが、植松先生の「経済文化論」はすべて新鮮に感じられ、日本経済の発展と歴史、文化間の探究に対し意外にも強烈な衝動にかられました。一九九一年、今度は青山学院大学の客員研究員となり、そこで幸いにも東京大学の名誉教授中川敬一郎先生の格別なお世話とご指導を受けることがかないました。中川先生は比較経営史という戦後に新しく興った学問の日本における創始者の一人であり、先生の大学院における講義は十分に人を引き付けてやまない内容のものであり、その中から私は比較経営史学の持つ独特の魅力を深く感じました。先生のゼミナールに参加した時、先生は中国伝統文化および近代社会体制などに関することについて折りにつけ問題提起してくださり、そのことが私に近代中国の歴史と文化に関する書籍を多くの時間をかけて繙かせてくれることにつながりました。また、中川先生の教えを受けているうちに、どのようにして比較と学際的な方法で直面した問題を分析、思考すればいいのかが身についていきました。このように二年間にわたる薫陶を受けた結果、私はついに比較経営史研究という領域に導かれることとなったのです。

帰国した後、日本式経営とその社会、文化の歴史条件と主な表現および日本の近代化過程における影響などの問題について、私は前後していくつかの論文を発表し、世界経済史学界の著名な専門家である樊亢先生の賞賛と心のこもった励ましを頂戴いたしました。このことは日本のお二人の恩師より授かったものを大いに発揮できたものと実感させてくれることとなり、さらに続いて新しい試みをしようと決意するにいたり、近代中日両国企業家の比較研究を一冊の本にまとめようと考えはじめました。折りしも植松先生が北京にて半年間にわたる研究訪問される時期と重なりました。先生は私の研究に大いに協力くださり、その後この研究のために日本学術振興会に援助を申請して、二〇〇〇年四月より、本書の執筆に全力を傾けることが叶うようになったのです。

四年近い歳月を費やしようやく書き上げることができ、出版する運びとなりました。今の私は確かに肩の荷をおろしたような感覚にとらわれておりますが、心は却って落ち着かず、といった感じです。本書を書き上げることは私にとって苦しい、学問における長征のようなものでした。多方面にわたる皆様方の援助、協力がなければ完成させることは間違いなく不可能であったことでしょう。この四年間、恩師である植松先生はご多忙であるにもかかわらず本書の完成のために心血を注いでくださり、これ以上無いお気遣いと惜しみない協力をして下さったことを私は生涯忘れることはできません。また、神戸大学元経済学部長野尻武敏先生の優しいお心遣いにも感謝の言葉もございません。先生のご指摘にはいつも目からうろこが落ちるような思いで、本書の完成にも大きな助けとなりました。さらには、文語体の日本語で書かれた書籍を繙くことは容易なことではなく、神戸大学経済経営研究所の藤村聡先生の度重なる協力が得られなければ、手も足も出なくなってしまうところでした。同様に、中国においても、各方面からのご指導とご協力が得られなければ本書が完成することなど想像もつきません。張緒武先生は張謇研究の新兵である私を心から励ましてくれただけでなく、たくさんの貴重な資料と書籍をくださり、私に張謇の故郷である南通に行き実地調査を兼ねた訪問をすることを勧めてくださいました。また、南通博物苑の責任者ならびに関係研究員の方々も心のこもった歓迎をしてくださったばかりでなく、私の提起した問題についても討論をしていただき、さらには大生紗廠（現在南通第一紡績工場）と張謇の墓地を参観する手配までしてくださりました。私の勤めている中国社会科学院の世界政治経済研究所も私の研究と著作に大きなご支援をいただきました。私の指導教授である戎殿新先生と私の同窓である路愛国教授とは折に付け本書に関する問題について討論を交わし、たくさんの貴重な意見を提起していただきました。また、日本でも中国でも今のところ近代中日両国の企業家を比較研究したような専門書は世に出ておりませんが、歴史と文化の研究についての基礎が不十分な私にとって、中日両国の同じ研究をなさる皆様方の張謇と渋沢栄一に関する豊富な著述を拝読して得ることができた啓発は非常に大きなものであった、ということをここに明記しなくてはなりません。さらには、中国で日本語の資料を調べることが極めて困難である状況下で、もし日本学術振興会の援助がなければ、渋沢栄一の考察と研究はおそらく完成不可能であったことでしょう。また、このような学術著作物を出版するには多くの困難に直面してしまうこの時代に、中国社会科学出版社の多大なる支持、特に張樹相、馮斌など諸先生方の推薦および日本国際交流基金の資金援助が得られなければ本書が出版され世に出されることはこれほど順調にはいかなかったことでしょう。妻である張小曼は私の研究と著作を後押ししてくれ、ほとんどすべての家事雑事を引き受けてくれました。その私心のない奉仕と払ってくれた犠牲は筆舌に尽くしがたいものであります。つまるところ、本書は私一人の心血でできたものでなく、皆様方のご協力があって生まれた結晶であります。この場をお借りして心からのお礼を申し上げます。

現代日本経済という比較的盛んな研究分野から、比較経営史学というわが国の学界で開拓の待たれる〝荒れ果てた辺鄙な所〟に踏み込んだときには、もとより学術研究における苦しい道のりの中での孤独や寂しさ、苦しみを身にしみて感じたわけでありますが、研究が完成し実った果実を手にした時の喜びはその苦しみを頭の向こうに追いやるに十分なものでありました。けれども、この世界での人との別れ、悲しみだけはいかにしても補うことはできないものであります。本書を書き始めたばかりのとき、私の母はこの世に別れを告げ旅立ちました。私の悲しみはあまりにも深く、長い間、憂鬱と苦悶の中を彷徨っておりました。私は母を北京の新居に迎え人生の最後のひと時を心安らかに過ごさせてあげることができませんでした。悔やんでも悔やみきれません。また、上田正一先生がお亡くなりになられたことも悲しくて仕方ありません。上田先生は父の若いころの同窓生であり、九〇年代初めに私が東京に留学したとき、私の家族ともども親身になってお世話してくださいました。このたび日本に渡ったおり、お体の具合があまりよろしくないと伺い、一度お訪ねしたかったのですが、本書の完成が近いこともあり家族の方との連絡が遅れてしまい、お訪ねしようとしたその矢先、まさかお亡くなりになられてしまうとは。最後に一目お目にかかることもできずまことに残念でなりません。さらに私の心を震撼させたのは、長きにわたって本書の執筆に多大なるご指導とご協力をしてくださいました戎殿新先生までもが突然の病に倒れてお亡くなりになられました。先日一時帰国した際にはお話もしました。その後日本に戻って後二〇日も経たないうちにそのような凶報を受けることになろうとは誰が予想しえたでしょうか。また、異国にある身としましては先生の告別式に参加することも叶わずまことに遺憾の極みであります。過ぎし日の後悔はどうすることもかないません。ですが、これらの亡くなった方々にすべての心血を注いだ本書を捧げることで、私の哀悼の意とさせていただきたいと存じます。天国にて楽しく、心安らかにお過ごしになられていることを願いましてあとがきと変えさせていただきます。

二〇〇四年春節　神戸大学国際会館にて　　筆　者

【翻訳分担】

序と日本語版によせて	北京外国語大学	山内美穂
序　章	中国人民大学歴史学部修士課程	山田卓也
第１章　第１節	浙江工商大学日本文化研究所助教授	福田忠之
第２～５節	北京大学歴史学部博士課程	中村　悟
第２章	北京外国語大学	増田真吾
第３章	浙江工商大学日本文化研究所助教授	福田忠之
第４章	北京外国語大学	山内美穂
第５章	中国传媒大学助教授	張　　宏
第６章	東京大学教養学部博士課程	于　　臣
あとがき	北京外国語大学	増田真吾

【著者紹介】
周　見（Zhou Jian　しゅう・けん）
中国社会科学院世界経済與政治研究所教授。経済学博士（神戸大学）
1951年　中国遼寧省瀋陽市生まれ
1975年　中国遼寧大学経済学部卒業
1981年　中国社会科学院研究生院（大学院）世界経済学科修士課程修了
1995年　中国社会科学院世界経済與政治研究所助教授
2002年より　現職

〈近年の主要著書〉
『近代中日両国企業家比較研究』中国社会科学出版社，2004年
『渋沢栄一と張謇』国際日本文化研究センター，第212回日文研フォーラム，2008年

分担執筆
『中国の中小企業改革の現状と課題』西川博史・谷源洋・凌星光編著，日本図書センター，2003年
『近代東アジアの経済倫理とその実践』陶徳民・姜克實・見城悌治・桐原健真編，日本経済評論社，2009年
『北東アジア地域協調体制の課題』西川博史・谷源洋・凌星光編著，現代史料出版，2009年

張謇と渋沢栄一――近代中日企業家の比較研究――

2010年5月31日　第1刷発行　定価（本体5800円＋税）

著　者　周　　見
発行者　栗原哲也

発行所　株式会社日本経済評論社
〒101-0051　東京都千代田区神田神保町3-2
電話　03-3230-1661　FAX　03-3265-2993
nikkeihy@js7.so-net.ne.jp
URL：http://www.nikkeihyo.co.jp
装幀＊渡辺美知子　印刷＊文昇堂・製本＊高地製本所

乱丁本落丁本はお取替えいたします.

Printed in Japan　ISBN978-4-8188-1858-3

坂本慎一著
渋沢栄一の経世済民思想
A5判　五六〇〇円

日本資本主義の父と言われる渋沢は「論語とそろばん」という独自の思想で私的利益よりも公的、国家的利益を重視し数百にも及ぶ営利、非営利団体の設立、運営に携わった。

杉原四郎・逆井孝仁・藤原昭夫・藤井隆至編著
日本の経済思想四百年
A5判　三五〇〇円

江戸時代から今日に至るまで、日本の経済発展に重大な影響を及ぼした経済思想家六〇人余の著作から、その思想を象徴する一節を選び四〇〇年の軌跡をたどる。

藤原昭夫著
福沢諭吉の日本経済論
A5判　三二〇〇円

政治、外交、世界情勢、社会等あらゆる問題に鋭利な観察眼をもって対し、国民経済の安定をめざす福沢は、激動期日本経済の実態をいかに把握し、どのような政策を示したか。

藤原昭夫著
フランシス・ウェーランドの社会経済思想
—近代日本、福沢諭吉とウェーランド—
A5判　八一〇〇円

福沢諭吉の「学問のスヽメ」に深い影響を与えたウェーランドの著作は、明治初期に一大ブームをまきおこした。日本の近代化過程の中にウェーランドの業績を位置づける。

松野尾裕著
田口卯吉と経済学協会
A5判　六〇〇〇円

明治期の経済思想家、田口卯吉が主宰した経済学協会の活動の実態を発掘。経済学の普及、政策形成との関わり、啓蒙活動の地方への拡大、経済職能集団の形成などを考察する。

杉原四郎・岡田和喜編
田口卯吉と「東京経済雑誌」
A5判　九五〇〇円

明治期を代表する思想家の一人、田口卯吉は『日本開化小史』『史海』等多くの出版物を手がけた。田口は何をめざしていたのか。生涯をかけた『東京経済雑誌』を軸に検討。

（価格は税抜）